KB252994

나남출판

자식교육, 이제는 프로부모의 시대다
전문부모의 길 74장

2005년 5월 30일 발행
2019년 8월 15일 2쇄

지은이 韓斗鉉
발행자 趙相浩
발행처 (주) 나남출판
주소 10881 경기도 파주시 회동길 193
전화 (031) 955-4601 (代)
FAX (031) 955-4555
등록 제 1-71호(1979. 5. 12)
홈페이지 www.nanam.net
전자우편 post@nanam.net

ISBN 978-89-300-0862-4
ISBN 978-89-300-0859-4 (세트)

책값은 뒤표지에 있습니다.

자식교육 이제는 프로부모의 시대다

전문부모의 길 74장

한두현 지음

NANAM
나남출판

책머리에

  우리 인류는 수없이 많은 문제 속에서 살아왔고 또 살아가고 있다. 그런데 문명이 발달하면 할수록 문제는 더욱 다양해지고, 더욱 심각해져서 엉킨 실타래같이 얽히고 설켜 풀리지 않는다. 이들 인류의 난제들은 어떤 종교나 철학도, 어떤 이데올로기나 정치체제도, 어떤 성현의 가르침이나 윤리도덕도 아직까지 풀지 못했고, 그렇다고 가까운 장래에 풀릴 기미도 보이지 않는다. 이처럼 인류의 문제가 풀리지 않고 점점 더 꼬여만 가는 데는 그럴 만한 이유가 있다.

" '작은 우리 사상' 속에 갇혀 있는 우리 인간"

  우리 인간이 '작은 우리' 속을 벗어나지 못하는 것을 마냥 나무랄 수만은 없는 노릇이다. 왜냐하면 우리 인간이 지난날 기나긴 세월동안 험악한 생활환경 속에서 살아남을 수 있었던 것은 '작은 우리' 속에서 똘똘 뭉치게 한 이기심 덕분이었고, 문명이 발달한 것은 최근의 아주 짧은 기간이라, 우리 인간의 본성이 미처 바뀔 새가 없었기 때문이다. 그러나 우리 인간이 '작은 우리' 속에 갇혀 있다는 사실보다도 더욱 심

각한 문제는 이들이 실제로는 '작은 우리' 속에 안주하면서 편협한 사고
를 하고 잔인한 행동을 서슴없이 하면서도 박애주의니 뭐니 하면서 정
의를 부르짖는다는 점이다.

이들이 이른바 정의라고 부르짖으며 자행한 만행으로 8만 명이나 되
는 관체족이 몇 안 되는 스페인 정복자에 의해 멸종되었고, 태즈메이니
아인 5천 명은 영국인에 의해 지구상에서 씨도 없이 사라졌으며, 아메
리카 인디언 7천만 명의 95%가 서구정복자들의 인간사냥으로 죽어가
야만 했다. 이와 같은 '작은 우리' 속 인간들이 저지르는 만행은 오늘날
까지도 계속되고 있어서, 근래 전세계적으로 일어나는 전쟁의 90%가
종교전쟁이며, 이것 역시 자기종교만이 유일한 종교이고 자기들이 믿
는 신만이 유일한 신이라는 지난날 '부족종교'의 탈을 벗어 던지지 못하
는 데에서 오는 결과이다.

현대과학은 우리 인간 모두가 한할아버지 자손임을 입증해 준다. 더
나아가 동물과 식물을 비롯하여 미생물까지도 같은 조상으로부터 진화
해 온 형제로서, 지구촌의 모든 생물들이 슈퍼패밀리임을 확인시켜 주
는 이 마당에 아직까지도 '작은 우리' 속에서 헤매는 우리 인간은 하루
빨리 '큰 우리 사상'을 깨달아 만물의 영장답게 모든 형제들에게 노블레
스 오블리주를 실행해야 할 것이다. 이렇게 될 때 우리 인류의 문제는
어렵지 않게 풀려나갈 수 있을 것이다.

"'지혜의 눈'을 감고 사물의 본질을 외면하는 우리 인간"

우리 인간은 욕심에 눈이 어두워 문제의 근본원인을 통찰하지 못하
거나 깊이 알아보려고 하지도 않으면서, 장님이 코끼리 다리를 만지고
기둥처럼 생겼다고 우겨대듯이 억지를 폄으로써 문제를 더욱 꼬이게

전문부모의 길 74장

하기 일쑤이다. 이스라엘과 팔레스타인의 살육전만 해도 그렇다. 문제의 본질은 덮어둔 채 겉으로 드러난 테러행위만 가지고 비인간적이니 뭐니 하면서 비난하곤 한다. 물론 테러행위야 이유여하를 막론하고 근절되어야 하지만, 만약 유태인이 약 2천 년 전에 잃어버린 이스라엘 땅을 찾는 것을 미국과 영국이 도와주지 않고 계속 원조를 하지만 않았어도 오늘날과 같은 테러행위는 일어나지 않았을 것이고, 팔레스타인 사람들이 이스라엘의 무력에 무참히 죽어가지도 않았을 것이다.

결국 이 사건의 근본원인은 유태인이 무리하게 약 2천 년 전에 빼앗긴 땅을 되찾으려는 데서 발생된 것이다. 이런 논리라면 미국을 비롯한 아메리카대륙을 강탈한 서구인들은 인디언에게 땅을 되돌려주고 자기네 옛 조상들이 살던 유럽으로 되돌아가야 마땅하다.

우리는 아무리 풀기 어려운 문제에 봉착하더라도 문제의 본질을 통찰하고 그에 합당한 대책을 세운다면, 그리고 이와 같은 지혜로운 인간들이 늘어난다면 강자의 논리에 의한 억지정의는 설 땅이 없어지게 되어 인류의 난제는 하나씩 풀릴 것이다.

이런 관점에서 우리 인류가 당면한 문제들, 예컨대 인구문제, 환경문제, 세계화문제, 종교문제, 생존전략문제, 빈곤문제, 섹스문제, 동성애문제, 가족문제, 고령화문제 등의 원인을 분석하고 그 대책을 찾아보았다.

"자식교육의 질을 점점 떨어뜨리는 우리 인간"

우리가 이제까지 못된 짓을 저질러왔다 하더라도 한가닥 희망을 가질 수 있는 것은 인간의 생명이 영원하지 못해서 아무리 악행을 저질러 온 강자도 머지 않아 죽어갈 것이고, 이 세계는 새로 태어나는 아이들

책머리에

의 몫이 된다는 점이다. 결국 우리가 기대할 것은 다음세대의 주인공들인데, 이에 대한 전망이 어둡기만 하다.

왜냐하면 문명이 발달할수록 핵가족화되고, 부부가 맞벌이를 하며, 엎친 데 덮친 격으로 이혼이 급증하다 보니 자식들의 교육은 뒷전으로 물러나기 때문이다. 특히 미성년 자식을 둔 가정의 이혼으로 가장 크게 상처를 받는 것은 뭐니뭐니해도 능력이 없는 어린아이들이다. 이들은 자칫 잘못하다가는 버려지기도 하고, 시설에 맡겨지기도 하는 등 비참한 환경에 놓여 청소년 문제를 일으키는 큰 원인이 된다.

또 이처럼 이혼한 가정이 아니더라도 학교가 끝나면 빈 집에 혼자 열쇠를 열고 귀가하는 아동들, 스스로 끼니를 챙겨먹는 아이들뿐 아니라 성인오락물이나 폭력물, 지나친 소비생활을 부추기는 상업광고물 등에 무방비상태로 노출되는 아이들의 문제 역시 심각할 수밖에 없다. 이뿐만 아니라 현대 산업사회가 되면서 자식의 효용성은 줄어들고 부담만 늘어나다 보니, 자식을 하나만 낳는 경우가 많아졌다. 이럴 경우 과잉보호로 인하여 자식을 마치 애완동물 기르듯 사육함으로써 사회성이 떨어지고 자립의지가 약해지는 등 인간구실을 제대로 할 수 없는 것도 큰 문제가 된다.

따라서 개선은커녕 점점 더 질이 떨어지는 환경에서 우리 인류의 미래를 책임질 인재를 양성할 수는 없기 때문에 어떤 획기적이고 과감한 대책이 나와야 할 시기가 된 것이다.

"인류문제 해결의 열쇠를 쥔 프로부모"
이제 부모도 아마추어가 아닌 프로가 되어야 하는 시대가 왔다. 아이들의 교육환경은 가정만 악화된 것이 아니라 사회나 학교 또한 악화

전문부모의 길 74장

일로에 있다 보니 기존의 교육제도만으로는 아무리 최선을 다한다 해도 현상유지도 곤란한 처지에 놓여 있다. 따라서 아이들 교육에 가장 영향력이 큰 부모를 프로화시키지 않고서는 우리 인류의 문제를 풀어 나갈 수 없다.

그렇다면 프로부모는 어떤 사람이며 어떤 일을 해야 할까? 인류미래의 무거운 짐을 짊어질 훌륭한 일꾼을 생산하고 잘 길러내야 하는 거룩한 임무를 띤 프로부모. 그들은 심신이 건강하고, 남녀는 종교와 가치관이 같아야 하며, 성격이 맞고, 서로 매력을 느끼며, 자라난 환경이 서로 이해가 되는, 그야말로 궁합이 잘 맞아야 한다. 이렇게 선정된 예비부부는 결혼준비 프로그램을 이수하고, 프로부모로서 손색이 없도록 전문지식과 교양을 쌓아야 한다.

그리고 결혼 후에는 최소한 3명 이상의 자식을 낳아 아이들이 정상적인 가정환경에서 자랄 수 있게 해주어야 하고, 이들이 성년이 되기까지는 어떤 어려움도 참고 견디며 이혼을 하지 않도록 해야 한다. 프로부모에게는 이런 무거운 짐만 지게 하는 게 아니고, 국가가 이들에게 소정의 보수를 지급하고, 살맛 나게 하는 권리도 주어 즐거운 마음으로 자식교육에 전념할 수 있도록 한다. 이들 프로부모는 자라나는 자식들에게 어려서부터 '작은 우리 사상'이 아닌 '큰 우리 사상'을 가질 수 있도록 깨우쳐 주어야 하고, 사건의 본질을 통찰할 수 있는 '지혜의 눈'을 뜨게 해주어야 하며, 어떤 곤경에 처하더라도 남에게 짐이 되지 않고 자립할 수 있도록 자립의지와 능력을 길러주어야 한다.

이처럼 모든 부모들이 프로가 되어 자식을 잘 길러만 준다면 그 가정, 그 사회, 그 국가는 평화와 번영을 누릴 것이다. 이것이 전세계로 확산될 때 인류의 어떤 난제도 풀릴 것이고, 문제 자체가 발생하지도

책머리에

않는 지구촌까지도 기대할 수 있을 것이다. 그러나 프로부모가 이 임무를 잘 수행하기 위해서는 의욕이나 노력만으로는 어려운 일이므로, 이들 스스로가 잘 익은 과일과 같은 인간이 되어야 할 것이다.

　"프로부모는 잘 익은 과일처럼 살아갈 수 있어야…"

　하나의 과일이 익을 때까지는 수많은 고난을 이겨내야 한다. 꽃망울을 터뜨릴 때면 꽃샘추위도 견디어내야 하고, 수정도 되기 전 떨어지지 않도록 비바람도 참아내야 하며, 풋과일 시절에는 끈질기게 버티면서 까막까치의 피해도 입지 말아야 하고, 기나긴 여름동안 세찬 폭풍우도 이겨내야 한다. 그러나 잘 익고 나면 스스로 나무에서 떨어져 자기 몸을 뭇생명들에게 보시함으로써 다시 태어날 수 있듯이, 우리 인간, 특히 프로부모는 이런 삶을 살 수 있어야 한다. 왜냐하면 아무리 전문부모제도가 잘 되어 있고, 프로부모가 의욕에 차서 열심히 자기 자식을 잘 기르려고 노력한다 하더라도 그들 자신이 잘 익은 과일과 같은 사람이 되지 않고서는 성공하기 어렵기 때문이다.

　하나의 과일이 잘 익기만큼이나 하나의 인간이 잘 익은 인간이 되기는 그렇게 만만한 일은 아니다. 젊어서는 악착같이 공부하며 열심히 일하고 저축해서 자식들을 잘 기르고 노후자금도 마련해야 하며, 남는 것은 적든 많든 사회에 환원시킬 줄 알고, 세상 어떤 것에도 집착하거나 걸림이 없이 자유로운 인간이 되는 것을 목표로 삼아야 한다.

　그러나 누구나 이와 같은 자유로운 인간이 될 수는 없는 노릇이다. 다만 이루어 보려는 의욕이 있고 노력이 뒤따른다면 최상품의 과일은 아니더라도 뭇생명들이 먹을 수 있을 만큼의 것은 가능하리라고 보아 잘 익은 과일인 대자유인을 향한 길을 제시해 놓았다. 다시 말해 프로

전문부모의 길 74장

부모들이 이 길을 간다면 나와 남이 둘이 아니고 나와 우주 역시 둘이 아님을 깨닫는 이도 있을 것이고, 심오한 공의 깨달음까지는 도달하지 못한다 해도 프로부모로서 임무를 수행하는 데 손색이 없을 정도의 인격은 갖출 수 있으리라.

이 책은 전문부모제도의 필요성을 밝히고, 그 실행방향을 제시할 목적으로 씌어졌음을 밝혀두는 바이다.

끝으로 이 책이 나오기까지 애써주신 여러분과 처음부터 끝까지 읽고 교정을 맡아준 아내에게 고마움을 금치 못한다.

2005년 5월

覺空書齋에서

中里　韓斗鉉

자식교육 이제는 프로부모의 시대다

전문부모의 길 74장

차 례

Ⅰ. 우주 그리고 나

II. 인류의 꽃, 프로부모

Ⅲ. 잘익은 과일, 대자유인

I. 우주 그리고 나

I. 우주 그리고 나

01. 신화로 본 우주

예나 지금이나 인간에게 영원한 수수께끼를 던져주는 우주에 관하여, 아득히 먼 옛날 우리 조상들이 어떤 생각을 하였을까를 알아보는 것은 흥미 있는 일이 아닐 수 없다.

거친 자연 속에 내던져진 우리 조상들에게 가장 원초적인 의문은 자연과 우주의 근원에 대한 의문이었으며, 그것을 체계화하고 논리화하는 노력이 철학과 종교의 근본과제였다.

이리하여 생겨난 것이 우주의 기원이나 형태에 관한 신화로서 BC 수천 년경부터 세계 각지에서 정리된 형태로 나타났다. 우주의 기원신화를 크게 둘로 나누면 초인간적 존재가 만들었다는 창조신화와 자연발생적으로 생성되었다는 자연발생신화가 있다. 또한 우주기원신화는 흔히 볼 수 있는 천계, 지상, 지하와 같은 우주형태 신화와 인간기원신화를 동반한다.

그러면 세계각지에서 발생된 대표적인 우주신화 몇 가지를 들어보자.

중국의 반고(盤古)신화

태초에 우주는 달걀껍질 같은 것에 둘러싸여 꽉 막힌 칠흑 같은 어두

I. 우주 그리고 나

움과 혼돈에 휩싸인 이른바 카오스 상태였다. 이 달걀 같은 우주 속에는 반고라는 거인이 무의식의 깊은 혼수상태에 빠져 있었는데 1만 8천 년을 자고 난 그는 드디어 깨어난다.

그는 숨이 막히고 답답하여 공포와 절망을 느끼자 달걀껍질을 깨버려 온 우주가 진동하면서 굉음이 천지를 뒤흔들게 하였다. 그러자 맑은 양(陽)은 하늘이 되고, 탁한 음(陰)은 땅이 되었으나 거인 반고는 갈라진 하늘과 땅이 다시 엉킬 것을 염려하여 머리로 하늘을 이고 두 발로 땅을 눌러 하늘은 하루에 한 장(丈)씩 높아가고, 땅은 한 장씩 가라앉기를 1만 8천 년을 거듭하다 보니, 하늘은 땅으로부터 구만 리(九萬里)나 떨어졌으며, 반고 거인의 키 역시 매우 컸다.

그리고 나서 거인 반고가 죽으니, 반고의 입김은 바람과 구름이 되었고, 그 목소리는 천둥소리로 변했으며, 왼쪽 눈은 태양으로, 오른쪽 눈은 달로 변하여 세상을 밝게 비추었다. 또한 온몸의 살은 기름진 옥토, 혈맥은 하천, 머리털과 수염은 하늘의 별, 피부의 털은 초목, 치아와 뼈는 금은보석, 땀방울은 비와 이슬로 바뀌니, 반고는 죽어서도 온 세상을 풍요롭고 아름답게 보살펴주었다는 신화이다.

바빌로니아의 마루둑 신화

티아마트라는 거대한 용의 모양을 한 바다의 여신이 자손신들을 많이 두었는데, 그들이 난폭하여 모두 없애버리려다가 도리어 신들의 왕으로 선발된 마루둑과의 싸움에서 진다. 그리하여 두 동강이 난 몸의 상반신은 위로 들어올려져 하늘이 되었고, 하반신은 대지가 되었으며, 그녀의 머리와 유방은 산으로, 두 눈으로부터 티그리스강과 유프라테스강이 흘러나왔다는 신화이다.

전문부모의 길 74장

구약성서의 창세신화

구약성서의 창세기에는 두 가지의 창조신화가 있는데, 그 하나는 조물주가 말로서 하늘과 땅, 식물과 동물, 그리고 자신의 형상을 닮은 인간을 만들고 마지막 일곱째 날 쉬었다는 것이며, 다른 하나는 하늘과 땅을 창조한 다음 그 땅을 일굴 남자를 진흙을 이겨 만들고 그를 위한 동산과 동물들 그리고 마지막 날 남자의 갈비뼈로 여자를 만들었다는 신화이다. 그리고 창세시기는 아담과 이브로부터 기록한 족보를 계산하면 수천 년 전 정도밖에 안 된다.

그리스의 카오스신화

땅과 바다와 하늘이 만들어지기 전에는 만물의 원천이 되는 모든 물질의 원형과 에너지로 꽉 차 서로 뒤죽박죽으로 섞여 있는 곤죽과 같은 혼돈의 늪, 바로 카오스만이 있었다.

얼마 지나서 대지의 여신인 가이아(Gaia: 대지)가 생겨나고, 가이아는 자신의 크기와 같은 자식인 우라노스(하늘)를 낳아 자신을 덮게 하였으며, 또 산맥과 바다를 만드는 등 카오스로부터 태어난 여러 신들이 만물을 만들어간다는 신화이다.

인도의 창세신화

태초에는 무(無)도 없고, 유(有)도 없고, 공계(空界)도 없고, 또한 천계(天界)도 없었다. 오직 암흑뿐으로, 이 모든 것은 암흑에 뒤덮인 빛 없는 파동계(波動界)였다. 이런 상태로부터 절대자 브라흐마〔梵天〕가 처음으로 불을 만들고, 그 불은 물을 만들었으며, 그 물은 곡식을 만드는 등 만물을 만들고 나서 절대자 자신은 그 안에 용해됨으로써 사

23

물은 신(神) 그 자체가 된다는 신화이다. 다만 특기할 만한 것은 우주가 영원불멸한 것이 아니고 약 100억 년을 주기로 생성과 소멸을 반복한다는 점이다.

이 밖에도 우리나라의 창세신화에서는 하늘과 땅이 붙어 있는 것을 미륵불이 땅의 네 귀퉁이에 구리기둥을 세워서 갈라놓았다고 한다든지, 이웃나라 일본에서는 태초에는 온갖 요소들이 뒤섞여 있는 혼돈의 바다밖에 없었는데 하늘에서 이 바다를 내려다보던 세 신령이 세상을 창조했다고 한다. 또한 인디언은 우주를 에너지가 충만한 공간이라고 말하며, 그러한 공간에서는 에너지가 움직이면서 끊임없이 변화에 변화를 거듭한다고 한다든지, 이집트에서는 하늘을 거대한 소가 지구의 네 모퉁이에 발을 뻗고 있는 것으로 생각했다든지, 남미에 사는 지구상의 마지막 석기시대 사람인 야노마모족은 우주를 네 층의 시루떡으로 상상하여, 죽으면 이 네 개의 세계를 넘나들며 삶을 되풀이한다고 보는 등 우리 인간들은 제각각 독특한 우주관을 가지고 살아왔으며, 아직까지도 그것을 굳게 믿는 사람들도 있다.

이처럼 우주신화란 우리 조상들이 미개한 상태에서 기원을 알고자 하는 욕구를 만족시키려고 만들어낸 그럴듯한 창작극이다 보니 오늘날 현대과학적 입장에서 보면 허황된 것임에 틀림없다.

그러나 중국신화, 그리스신화 및 인도신화에서 태초의 우주상태를 혼돈의 늪인 카오스로 본 것이라든지, 중국신화에서 본 우주의 팽창개념이나, 인도신화에서 우주가 생성과 소멸을 반복하는 것으로 본 것이라든지, 또한 대부분의 신화에서 우주의 기원시기를 언급하지 않거나 구약성서 신화에서 겨우 수천 년 전으로 본 것에 비하여 인도신화에서는 무려 100억 년 전으로 본 것은 이제까지 현대과학이 밝혀낸 실적과 너무나 유사하여 그 천재적 상상력에 감탄하게 된다.

따라서 신화의 우열을 가린다는 것이 부질없는 일이기는 하나 굳이
순위를 매겨본다면 1위가 인도신화, 2위가 중국신화, 3위가 그리스신
화이며, 그 외의 신화들은 현대과학과는 동떨어진 것이라 하겠다.

I. 우주 그리고 나

알면 알수록 더욱 신비한 우주

어릴 적 여름밤이면 시골마당에 깔아놓은 멍석에 드러누워 하늘을 수놓은 별들을 바라보곤 하였다. 그때만 해도 우주과학이 발달되어 있지 않았던 때인지라 은하수라는 것이 별들이 많이 모여있는 곳이라든지, 아주 먼 별은 1초에 지구를 무려 일곱 바퀴 반이나 돈다는 이 세상에서 가장 빠른 빛이라도 무려 몇백만 년을 달려가야만 하는 멀고 먼 곳에 있다는 정도의 지식이었지만, 한없이 큰 우주 속에 먼지에 불과한 우리 지구에 대하여, 그리고 그 큰 우주 밖에는 또 무엇이 있을까, 라는 의문에 사로잡히곤 하였던 기억이 난다.

그 후 반세기를 훌쩍 뛰어넘은 오늘날 수많은 새로운 사실이 증명되었고 새로운 학설이 나왔지만, 우주의 신비를 벗겨냈다기보다는 점점 더 기기묘묘한 경지로 이끌어간다는 느낌을 받는다.

우선 간단한 예로 블랙홀부터 생각해 본다면, 블랙홀이란 한마디로 중력덩어리로서, 태양보다 20~30배 이상의 질량을 가진 초대형 별이 늙어 열핵반응을 못하면 자기자신의 중력 때문에 무한히 수축되어 원자핵마저 녹아 중성자만 남는데, 중력이 어찌나 강한지 자연계에서 가장 빠르다는 빛이나 어떤 복사선도 탈출하지 못한다. 만일 지구에 압

전문부모의 길 74장

력을 가하여 블랙홀을 만든다고 가정하면, 반지름이 0.5㎝도 되지 않는 콩알만한 크기밖에 안 되는데, 우리 은하계 중심부에는 이보다 33조 배나 더 큰 블랙홀이 존재한다고 하니 놀라지 않을 수 없다.

그러나 지구보다 무려 33만 배나 더 무거운 우리 태양은 블랙홀이 되기에는 너무 작아 앞으로 50여억 년 후에 생애를 마치면 수축해 백색 왜성이 되었다가 최후에는 암흑성이 되고 만다.

다음으로 초신성을 보면, 초신성이란 태양질량의 10배 이상의 항성으로, 핵융합 반응이 다 끝날 무렵 매우 어두웠던 상태에서 갑자기 폭발을 일으켜 며칠동안 100만 배나 밝아지는 별인데, 이때 폭발에너지 총량은 우리 태양이 일생(100억 년) 동안 방출한 양과 같다. 이렇게 폭발을 마치고 나면 중성자별이나 블랙홀이 되는데 마치 인간이 운명을 앞두고 하루 정도 정신이 반짝 나는 것과 같이 늙어서 죽어가는 큰 별의 운명과도 같은 현상이다.

이처럼 별들의 수명이 다하여 죽으면 백색 왜성이나 중성자별이나 블랙홀 등이 되어 밤하늘이 점점 어두워지는데, 별들은 늙어 죽어만 가는 게 아니고 새로운 별들이 계속해서 탄생하고 있다.

은하계란 1천억 개 이상의 항성이 서로의 중력으로 결합되어 있는 집단인데, 이들 별과 별 사이의 공간에는 200여 종이나 되는 성간(星間) 물질이 있다. 이들은 주로 초신성이 대폭발을 일으킬 때 내뿜는 성간 가스이며, 이것들이 한데 모여 푸르고 젊은 별을 만들어간다.

또한 은하들은 가까이 있는 은하끼리 합쳐지기도 하는데, 이렇게 되면 질량이 증가되어 더 밝아지기도 한다. 그 비근한 예로 우리 은하와 같은 종류의 나선은하로 가장 가까이(200만 광년) 있는 안드로메다 은하는 빠른 속도로 우리 은하쪽으로 다가오는데, 약 50억 년 후쯤이면

Ⅰ. 우주 그리고 나

우리 은하와 충돌하여 더 밝게 빛나는 은하가 될 것이다.

그러면 우리 우주는 어떠한가? 우주 역시 지금으로부터 100~150억 년 전에 태어나 현재에도 계속 팽창하고 있다는 빅뱅(Big Bang)설이 정설이 되어가니 혹성도 항성도 은하도 은하단도, 심지어 우주까지도 태어나고 진화하고 결국은 죽어가는 살아있는 존재임을 알게 된다.

그러나 빅뱅은 대부분의 학자들이 인정하는 편이지만 그 형태에 대하여는 시간, 공간, 물질이 전혀 없는 상태의 어느 한 점에서 일어난 것으로 본다든지, 영원한 우주 속에서 일어나는 수많은 빅뱅 중의 하나로 본다든지, 또는 동시다발적으로 발생한 것으로 본다든지 등 여러 가지 설이 있다.

어찌되었든 간에 어떤 형태의 빅뱅이 일어났다는 것은, 빅뱅 당시 고온의 불덩어리로 시작해서 우주팽창과 함께 점차 식어 현재 약 3K의 복사가 우주에 골고루 남아 있는, 이른바 우주배경 복사가 발견됨에 따라 증명된 셈이지만, 우주나이보다 더 오래된 별도 존재하는 것 같기도 하고, 빅뱅이 일어난 지점이 있는 것도 아니며, 팽창하는 양상도 어느 한 지점을 중심으로 퍼져나가는 것이 아니고, 잘 늘어나는 고무판을 사방에서 잡아당길 때처럼 은하와 은하 사이의 공간이 확장되는 것 같은 형상이므로, 아무래도 한 지점에서의 탄생으로 보기는 어렵다.

이처럼 우리 인간의 판단을 어렵게 만드는 이유 중의 하나가 우주의 시간과 공간의 스케일이 너무 크기 때문일 것이다. 예컨대 우리 우주는 인간으로 치면 이제 겨우 10대를 벗어나지 못한 한창 자라는 소년이다 보니 영원히 자라기만 할 것으로 오판하기 쉬우나, 우리 우주도 앞으로 몇백억 년 지나다 보면 성장도 멈추고, 늙어 죽음에 이를 것으로 생각된다. 이리하여 우리 우주가 성장을 멈춘다는 것은 중력에 의

전문부모의 길 74장

한 수축의 시작을 의미하는 것으로, 수축이 진행되다 보면 내부에 크나큰 에너지가 여기저기에 뭉칠 것이며, 그것들이 어느 시점에서 동시 다발적으로 폭발하여 새로운 우주의 탄생이 시작될 것이다. 그리되어 새 우주의 나이가 100억~150억 년이 될 즈음 어느 행성에 우리 인간처럼 지능이 발달된 생명체들이 있어 우주를 연구한답시고 아무것도 없는 절대 무에서 어떻게 그 엄청난 빅뱅이 일어났을까 라고 골머리를 썩이지 않는다고 누가 장담하겠는가? 또한 우주가 유한한가, 무한한가 라는 문제 역시 3차원 세계 속에 살고 있는 우리 인간에게는 영원한 수수께끼일 수밖에 없는 일이다. 탄생과 죽음을 되풀이하는 우리 우주만을 놓고 본다면 유한하다고 볼 수도 있겠으나, 이 우주 전체 속에는 우리 우주만 있는 게 아니고 무수히 많은 다른 다중우주가 있을 것으로 생각되기 때문에 역시 우주란 아무래도 무한할 것이다. 마치 우리들이 목욕탕에서 일으키는 수없이 많은 비누거품 하나의 막 속에 우리 우주가 존재한다고 가정할 때 그것만이 전부인 양 착각하고 다른 거품을 보지 못하듯이, 우리 인간이 우리 우주 밖에 있는 수많은 다른 우주를 볼 수 없을 따름일 게다.

그렇지만 우리 인간으로서는 우리 우주가 영원히 팽창을 하든, 5백~1천억 년 후 수축을 하여 붕괴하고 재탄생을 하든, 또는 우리 우주 밖에 다른 우주가 있어 무한하든, 그렇지 않고 우리 우주밖에 없어 유한하든 간에 연구과제는 될 수 있을지언정 우리 인간의 삶에 직접적인 영향을 미칠 수는 없을 것이다.

티끌보다도 못한 이 작은 지구상에서 더 가지려고 욕심을 부리고 다투며 찰나의 수명에 너무 연연하기보다는 삶과 죽음을 초월할 수 있는 계기로 이 우주관을 승화시킬 수만 있다면 얼마나 바람직한 일이겠는가?

I. 우주 그리고 나

살아 숨쉬는 우리 지구의 찰떡궁합, 해와 달

　　우리 인간이 이 지구상에 살게 된 것은 매우 희귀한 인연들이 모여 이루어낸 대단한 업적이다. 이처럼 우리 우주에서 우리 인간의 존재가 가능하기 위하여 요구되는 연속적인 우연의 일치를 인류원리라고 한다.

　　그러면 이 인류원리를 우선 우리 우주가 생성되었을 때부터 생각해 보자. 만약 빅뱅 초기에 물질이 반물질보다 조금 많았으니 망정이지, 만일 같은 양이었다면 이 우주에는 원자들이 전혀 없어 어떤 별도 존재할 수 없었을 것이므로, 우리 지구나 태양도 당연히 태어나지 못했을 것이다.

　　다음으로 우리 태양은 태양계 전체 질량의 99.87%를 차지하는 명실상부한 태양계의 주인별로서, 우리 은하의 중심으로부터 3만 광년쯤 떨어져 약 2억 년에 한 번씩 은하를 도는데, 이 태양만 해도 그렇다. 만약 우리 태양의 질량이 너무 무거웠다면 수명이 짧아 초신성 폭발로 이미 죽었을 것이고, 또한 나이가 현재 45억 년보다 너무 젊다면 설령 생물이 탄생했다손 치더라도 아직 우리 인간과 같은 지능으로까지 진화하지 못했을 것이다. 그리고 너무 늙어 빅뱅초기에 생성되었다면 태양계를 이루는 물질 중에 탄소에서부터 우라늄까지의 무거운 원소들이

존재하지 않아 생물의 탄생이나 진화가 이루어지지 못했을 것이다. 왜
냐하면 탄소에서 우라늄까지의 무거운 원소들은 초신성의 폭발로 이루
어진 것이기 때문이다.

그리고 우리 인간이 살아가는 데 별로 필요하지 않다고 생각되기 쉬
운 우리 달만 해도 그렇다. 홀로 빛을 발하지도 못하고 크기도 우리 지
구보다 작아 부피는 1/50, 질량은 1/80밖에 안 되는, 어찌 보면 초라
하게까지 느껴지는 달이지만 이 달 역시 우리 인간이 있게 하는 데 크
나큰 공을 세우고 있는 것이다. 만약 우리 지구에 이 달이 없었다면 지
구의 자전축은 심하게 흔들려 태양에 대한 기울기가 수시로 변하게 됨
으로써 극심한 기후변동으로 결국 생물의 진화는 어려웠을 것이다. 또
한 달이 있음으로 해서 바다의 밀물 썰물로 인한 생물번식에 기여한 바
도 크다 하겠으며, 달의 크기 역시 지금보다 작았다면 있었어도 제구
실을 하지 못했을 것이다.

이와 같이 우리 지구가 살아 숨쉬는 행성으로 태어나 인류가 존재하
게 된 데에는 적당한 태양, 적당한 달의 인연이 절대적이었으니, 이보
다 더 잘 맞는 찰떡궁합이 어디 있겠는가?

그렇다고 해서 적당한 태양과 달만 있어서 이루어진 것은 아니고,
우리 지구 역시 기가 막히게 딱 들어맞는 조건을 가지고 태어났다는 점
이다. 우선 우리 지구가 태양으로부터 현재보다 멀리 떨어져 있었다면
표면은 얼음으로 뒤덮였을 것이고, 지금보다 가까이 있었다면 표면이
불덩어리처럼 뜨거워 생물은 자라지도 못하고 타 죽었을 것이다. 또한
지구의 질량이 화성처럼 가벼웠다면 대기를 잡아두지 못해 대기가 우
주 속으로 발산되어 생물이 살아남기 어려웠을 것이고, 반대로 지금보
다 몇 배 무거웠어도 생물의 진화는 원활하지 못했을 것이다. 왜냐하

I. 우주 그리고 나

면 중력이 크기 때문에 생물은 어린 시절에는 견디기 어려워 물 속에 들어가 부력을 이용해 자라야 한다든지, 다 자란 후에도 육지로 나오려면 다리는 짧고 기둥처럼 굵어야 하고 네 개로 부족해서 다리 숫자가 많아져야 한다든지, 심장이 매우 강해야 피가 중력을 거슬러 높은 곳까지 펌프질을 할 수 있다든지 하는 진화의 어려움을 겪었어야 하기 때문이다.

이 밖에도 현재까지 지구의 공전이 안정되어 있다는 것 역시 대단한 우연의 일치 중 하나가 되는 것으로, 만약 어떤 이유로 해서 지구가 지금의 궤도를 5%만 벗어난다고 가정해도, 바깥으로 이동하면 우리 인간은 추워서 살기 어렵게 될 것이며, 안쪽으로 이동하면 뜨거워서 살기 어렵게 될 것이기 때문이다.

이처럼 지구의 공전궤도가 안정된 데에는 직간접적으로 이웃한 다른 행성들의 도움을 무시할 수 없으니, 이 또한 좋은 인연이 아니고 무엇이겠는가? 또한 혜성이나 운석 등의 충돌도 이제 어지간히 정비된 상태라는 것 역시 중요한 요건이 된다.

또 한 가지 더 예를 들자면 약 6천 5백만 년 전에 일어난 공룡의 멸종사건이다. 그 사건은 틀림없이 거대한 운석이 지구궤도를 지나가다가 떨어졌기 때문일 것으로 추정되는데, 만약 운석이 20분만 더 일찍 또는 20분만 더 늦게 지나갔다면 지구와 충돌하지 못했을 것이다. 그리되었다면 공룡은 여태껏 살아 있을 것이며, 그 당시 생쥐 수준의 포유동물은 공룡에 눌리어 현재와 같은 진화를 이루지 못했을 것이고, 아마도 우리 인류는 탄생하지 못했을 것이다.

이렇게만 생각하다 보면 아무리 이 우주가 넓고 크다 해도 오직 우리 지구만이 선택받은 유일한 행성이며, 따라서 우리 인간만이 이 우

주 속에서 유일한 고등동물로서 주인인 양 착각에 빠지기 쉬우나 그것
은 잘못된 생각이다.

왜냐하면 우리 은하만 해도 지름이 10만 광년이고, 두께는 중앙이
1.5만 광년이며, 주변으로 갈수록 얇은 원반형으로 생겼는데, 이 속에
우리 태양과 같이 스스로 빛을 내는 항성이 무려 1천억 개나 있고, 더
나아가 100억 광년의 광활한 우리 우주공간에는 이러한 은하들이 무려
1천억 개나 있다는 것을 생각한다면 이처럼 많은 태양들이 거느리는 수
없이 많은 행성 가운데 어찌 우리 지구와 같이 살아 숨쉬는 행성이 없
을 수 있겠는가? 만약 확률이 극도로 낮아서 1천억 개의 태양계 중에
단 하나밖에 존재하지 않는다고 가정한다 해도, 이 우리 우주 속에는
무려 1천억 개의 행성 속에 우리 인간과 같거나 더 이상 지능이 발달된
생물이 살아간다고 봐야 할 것이다.

따라서 우리 인간들은 이 지구라는 것의 희소성, 우연성에 너무 도
취된 나머지 우물안 개구리식의 아만심(我慢心)에 사로잡혀 우주의 주
인인 양 만행을 저질러서는 안 되고, 그렇다고 해서 무한한 우주 속에
티끌만한 지구라고 업신여겨 지구를 비롯한 모든 생물, 나아가서는 인
간의 희소가치까지 무시하고 경멸해서는 더욱 안 될 일이다.

불가(佛家)에서는 이 세상에 인간으로 태어나기란 망망대해 깊은 물
속에 눈먼 거북이가 살고 있다가 천 년에 단 한 번씩 물 위로 올라오는
데, 떠다니는 구멍 뚫린 판자를 만나고, 또한 그 판자구멍으로 목을 내
밀기만큼이나 어렵다고 말한다. 이 이야기를 그냥 무심히 들을 때에는
허풍 치고는 너무 심하다는 생각이 드는 게 사실이다.

그러나 이제까지 살펴본 바와 같이 우리 지구와 같은 살아숨쉬는 행
성으로 태어나기가 얼마나 어려우며, 더 나아가 이 지구상 수많은 생

I. 우주 그리고 나

물 가운데 인간의 몸을 타고난 희귀한 인연까지 생각한다면 허풍이라기보다는 오히려 고개가 끄덕여질 만큼 우리 인간의 희귀하고도 희귀한 인연에 감탄할 따름이다.

04. 태초에 세포가 있었다

천지가 개벽하여 지구가 생겨난 46억 년 전 이 땅 위에는 어떤 생물도 살아숨쉬지 않는 황량함만이 존재하였다. 그로부터 약 10억 년이 지나자 이 땅에는 원시적인 단세포 생물이 태어났으니, 이가 곧 오늘날이 땅 위에서 살아숨쉬는 우리 인간을 비롯한 모든 동물과 식물은 물론 미생물의 조상이 되었다.

우리 인간이 그간 연구 발전시킨 지질학과 화학으로 화석을 분석하고, 미생물학으로 유전자 정보를 파악해서 현 시점으로부터 아득히 먼 36억 년 전까지 진화의 계통수를 쫓아 거슬러 올라가보면, 그곳에 지극히 원시적인 단세포 생물이 있었음이 증명되고 있으며, 이는 누구도 부인할 수 없는 엄연한 과학적 결과이다.

그러나 이 원시적인 단세포 생물이 어떻게 생겨났는가에 대한 생명의 기원에 관해서는 아직까지도 현대과학이 해결하지 못한 생물학의 가장 어려운 문제로 남아 있는 것도 사실이다.

또한 생물의 기원문제는 생물학뿐만 아니라 신학의 과제이기도 하지만 이것은 잠시 접어두고 생물학에서 활발히 연구되는 물질진화의 결과로 생성되었다는 학설을 더듬어보면 다음과 같다.

지구가 처음 탄생했을 때는 생물은 말할 것도 없고 생물을 구성하는 유기물질 또한 존재하지 않았다. 그리고 7억 년쯤 지나 물이 존재할 만큼 지각이 충분히 냉각되면서 유기물질이 나타나기 시작했으며, 그로부터 다시 3억 년쯤 지나자 원시적 형태의 단세포 생물이 진흙이나 바위표면을 더듬고 다니다가 거기에 파묻혀서 자취를 남기기 시작한 것이다. 이와 같은 진행이 이루어진 것은 원시 지구에 존재하는 간단한 무기화합물로부터 화학반응에 의한 분자의 진화가 먼저 진행되고, 다음 차례로 오랜 기간을 거쳐 유기화합물이 생성되었으며, 이를 원료로 하여 생체고분자 화합물이 만들어졌기 때문이다.

이렇게 생성된 생체고분자 화합물이 원시바다 밑바닥에 축적되고, 이들이 무수한 집합체를 이루어 기나긴 시간이 경과하는 동안, 이윽고 물질대사나 자기복제 능력을 갖춘 세포구조, 즉 생명이 탄생하였다고 추정하는 것이다.

이상과 같은 분자 진화과정에 기초한 과학적인 생명기원론을 처음 제창한 사람은 1924년 러시아의 오파린(Oparin)이고, 그 후 많은 과학자들에 의하여 분자진화의 몇몇 과정들이 실험으로 증명됨으로써 오늘날에는 대부분의 학자들이 용인하는 학설이 되었다.

자연환경에서 비생물적 방법에 의하여 무기화합물로부터 유기화합물과 아미노산 등이 생성되는 사실에 대하여는 1953년 유레이(Urey)와 밀러(Miller)의 실험에 의하여 처음으로 확인되었는데, 이들은 원시지구의 대기성분으로 추정되는 수증기, 수소, 메탄, 암모니아로 구성된 기체혼합물에 자연현상의 번개에 해당하는 전기방전 에너지를 이용하여 몇 주간 방전실험을 한 결과 여러 단순한 유기분자들이 기체상에서 분리되어 유리관 밑바닥에 쌓였고, 이들간의 반응으로 이루어졌다고

전문부모의 길 74장

생각되는 여러 가지 아미노산들이 그 속에서 발견되었다.

그 이후에도 기체화합물을 변경한다든지, 전기방전을 자외선이나 열 등으로 대체한다든지 하는 실험에서도 동일한 결과가 얻어진다는 것이 많은 연구자들에 의해 확인되었다. 이러한 생성물의 상당한 종류가 달에서 채취한 돌이나 운석에서도 검출되는 것으로 보아 간접적이긴 하지만 생명탄생에 필요한 유기화합물이 무생물적으로 원시지구에서 생성되었음을 뒷받침해 주는 것이라 하겠다.

그러나 남은 중대한 문제는 이처럼 세포의 집을 지을 수 있는 건축자재가 만들어진 게 사실이긴 하지만, 이들을 어떻게 한데 모으고 기둥을 세우고 서까래와 지붕을 씌워 집을 완공했느냐 하는 점이다. 여기에 대해서는 여러 가지 가설이 있으나 아직까지 실험으로 증명되지 못하고 있다.

이들 가설 중의 하나로 오파린은 글리세린이 다른 분자들과 섞일 때 코아세르베트라고 부르는 겔(*gel*) 같은 구조를 형성하는데, 이와 같은 현상이 원시대기로부터 만들어진 생체고분자 화합물인 원시스프 속에서 발달함으로써 세포를 만들 수 있는 적절한 농도까지 농축시켰을 것이라고 하며, 또 다른 하나로 1967년 영국의 버날(Bernal)은 산화백토성 점토립 속에서 발생했다는 가설을 세웠는데 이는 담수나 해수에서 미세한 점토의 침전물에 작은 유기분자가 점토분자 사이에 일정한 위치로 배열되어 서로 쉽게 작용했을 것이고, 여기에 더하여 빛 에너지를 흡수하면 한층 복잡한 화합물을 형성했을 것이라는 주장이다. 이 밖에도 요즘 관심을 끄는 가설로는 자기조직화 이론으로, 물질은 어떤 물리적인 조건이 갖추어지면 일정한 구조를 형성해서 아무런 사전계획이 없이도 점점 더 복잡하게 발달해가는 성질이 있으며, 이런 과정을 자

I. 우주 그리고 나

기조직화라고 하는데, 만약 충분하게 다양한 분자들의 혼합물이 어딘가에 축적된다면 자신을 부양하고 자기를 재생산하는 신진대사인 자기촉매계가 성립되어 각 분자는 한 반응의 원료나 생성물이 되기도 하지만, 또한 다른 반응을 위한 촉매가 된다는 것이다. 이렇게 외부로부터의 조종됨이 없이 자체의 역동성을 가지고 발전시키는 자기조직화 원리에 따라 원시스프는 원시세포 생성에 적절한 농도까지 스스로 농축됨으로써 세포탄생이 가능하였다는 것이다. 아무튼 이들 가설을 비롯해서 향후에도 수많은 새로운 가설이 등장하고 끊임없는 확인실험이 이루어질 것이며, 또한 우주과학의 발달로 다른 행성내 생명의 존재여부에 따라 언젠가는 이 어려운 수수께끼도 풀릴 것이다.

다만 우리가 짚고 넘어가야 할 점은 이 문제가 아직 풀리지 않았다고 해서 어느 초월자의 행위로 보는 것은 큰 의미가 없다. 왜냐하면 전지전능한 초월자의 행위라면 어찌하여 하다 못해 물고기나 바퀴벌레도 아닌 원시세포 하나를 만들었겠는가? 초월자가 만들지 않았을 경우 생명의 존엄성에 흠이 간다고 생각하는 사람도 있을 수 있으나 생명의 기원이 맹목적으로 물리적 힘에 의해 생겨났다고 해서 존엄성이 떨어진다고 한다면, 마치 어떤 사람의 모습과 능력을 보고 감탄하고 존경하다가 그 사람의 출신성분이 낮음을 알고 나서는 무시하는 것과 다를 바 없다. 그리고 만약 현재 인간을 포함한 생태계가 초월자의 작품이라고 한다면 현재가 최선의 형태로 봐야 할 것이므로 미래에는 현재보다 더 발달된 형태의 생명체를 상상해서도 안 되고 더구나 그런 생각 자체가 신에 대한 모독으로 받아들여질 수도 있으므로 발전을 저해하는 요인이 될 것이다.

지금으로부터 약 7백만 년 전 우리 인간의 4촌격인 유인원 침팬지와

전문부모의 길 74장

인간이 갈라진 후 인간의 진화가 빨라 그간 우리 인간은 침팬지를 동물원에 가두기도 하고 잡아먹기도 하였듯이, 앞으로 몇백만 년 후 우리 현생인류보다 탁월하게 우월한 신생인류가 나타나 우리가 침팬지를 대하듯 우리 현생인류를 가두고 잡아먹고 하지 않는다고 누가 장담할 수 있을 것인가?

만약 이런 사태가 벌어진다고 가정한다면, 아마도 그때 가서는 우리 인간들도 우리만이 초월자가 만든 최상의 작품이고, 모든 동식물은 인간이 마음대로 해도 되는, 인간을 위하여 초월자가 만들어 준 것이라고 말하고 그에 집착하지는 못할 것이다.

따라서 현 시점에서 우리 인간이 취할 태도는 생명기원에 대하여 너무 경직된 사고에 집착할 것이 아니라, 과학적으로 이미 증명된 사실을 존중하고, 자연이 만들어놓은 현 결과에 외경심을 가져야 할 것이다.

어찌되었든 간에 지구상에 모든 생태계가 같은 조상인 원시 단세포의 자손으로 판명되어 슈퍼패밀리임이 밝혀진 이상, 이것을 알게 된 우리 인간으로서는 솔선수범해서 현재까지 저질러온 인간중심적인 만행을 중지해야 할 것이며, 이렇게 하는 것이 우리 인류가 살아남을 수 있는 터전을 만들어주는 일이 될 것이다.

I. 우주 그리고 나

지구창업의 1등 공신, 미생물

미생물이 우리 지구의 1등 공신이라니 말도 안 되는 소리라고 생각하는 이들도 많으리라.

세포가 탄생되던 지금으로부터 약 36억 년 전 이 지구는 아직 표면이 덜 식어 뜨거웠고, 시도 때도 없이 지진이 나고 화산이 폭발하여 유황냄새가 진동하고 먼지와 수증기가 태양을 가리곤 하였다. 그리고 생물이 숨쉴 때 필요한 공기에는 산소라고는 눈을 씻고 찾으려야 찾을 수 없었고, 탄산가스와 질소를 비롯한 수증기, 수소, 암모니아, 황화수소, 염화수소, 이산화황 등이 혼합되어 악취가 나고 혼탁하여 오늘날 이 지구상에 존재하여 산소를 호흡하는 생물들은 즉시 질식사시킬 수 있는 그런 대기상태였다. 그뿐만 아니라 엄청난 양의 방사선이 지표에 도달하였고, 산소가 없던 때라 대기상층권에 오존층이 없어 막대한 자외선에 노출되었으며, 기온과 습도 또한 지진과 화산폭발, 운석, 가뭄, 홍수 등으로 인해 수시로 매우 극심하게 변하고 있었다.

또한 바다 역시 오늘날의 바다와는 판이하게 달랐으니, 지구탄생 당시에 대기중에 있다가 지표가 식어감에 따라 빗물에 용해되어 물 속으로 들어온 염화수소 및 이산화황 등으로 인하여 바닷물은 강한 산성을 띠고 있었으므로 이곳 또한 현재 이 지구상에 존재하는 어떠한 물고기라도 살아남을 수 없는 그런 환경이었음에 틀림없다.

이렇게 상상을 초월하는 악조건하에서도 무산소성 세균인 미생물들은 가능한 한 모든 지화학적(地化學的) 자원을 최대한 이용하여 끊임없이 번성하는 방법을 익혀나갔으니, 어떤 놈은 탄산을 환원시켜 메탄을 만들기도 하고, 어떤 놈은 황산염을 흡수하여 황화물을 만들어 보기도 하며, 어떤 놈은 철화합물이나 햇빛에서 에너지를 얻는 등의 제각기 독특한 능력을 지닌 미생물로 진화해 갔다. 물론 이놈들은 뜨거운 물이나 추위는 물론 강한 산에 잘 견딜 수 있었으며, 이처럼 다양한 화학적 능력을 발휘해서 그들이 살아가던 나쁜 환경의 화학적 성격을 개선시켜 나가는 것이었다.

그러나 미생물들의 이러한 끈질긴 노력에도 불구하고 지구의 환경은 쉽게 개선될 기미가 보이지 않았다. 이러한 상태는 생명이 태어난 후 약 10억 년 동안, 다시 말해 지구가 생성된 지 20억 년 동안에는 커다란 변화가 일어나지 못했고, 생물이라고는 무산소성 미생물만이 활동하고 있었다.

그도 그럴 것이 무산소성 미생물들이 아무리 열심히 환경개선 작업을 벌인다 해도 지구에는 끊임없이 화산이 폭발하고, 운석이 떨어지고 있었으므로 대기나 바다가 정화되기에는 어려운 환경이었고, 많은 시간이 소요될 수밖에 없었다. 그러는 가운데 산성의 바닷물은 물 속의 암석들을 녹여 마그네슘, 칼슘, 철 등을 이온상태로 용출시켰으며, 이러한 반응이 진행됨에 따라 바닷물의 산성도는 서서히 저하되었고, 강한 산에 녹기 힘든 대기중의 탄산가스가 용해될 수 있는 정도에까지 이르렀다. 그리하여 바닷물 속에 녹아있던 마그네슘, 칼슘이온 등이 탄

I. 우주 그리고 나

산가스와 반응하여 탄산염을 형성해서 침전하자 점차 대기중의 탄산가스 농도가 감소하기에 이르렀다.

탄산가스를 감소시키는 데는 이러한 물리적 방법만 있었던 것이 아니다. 초기의 무산소성 미생물 중에는 광합성 유황세균이라는 독특한 능력을 지닌 놈이 있어서 광합성을 하되 탄산가스와 물로 하는 것이 아니고 그 당시 자연에 널려 있던 유화수소와 탄산가스를 이용해서 자신의 영양분인 포도당을 만듦으로써 대기중의 탄산가스와 유화수소를 감소시키는 역할을 수행하였다.

그러나 자연에 존재하던 그 흔한 유화수소도 생명탄생 후 10억 년 가까이 되자 광합성 유황세균인 미생물의 활동으로 거의 바닥이 남으로써 새로운 종의 진화가 절실하였다. 이리하여 새로이 나타난 놈이 유화수소가 아닌 여기저기에 널려 있는 물과 탄산가스에 의한 광합성을 하여 포도당을 합성할 줄 아는 시아노 박테리아인 남조류인 것이다.

이 새로 나타난 미생물에 의한 광합성이야말로 지구생명의 역사에서 가장 중요하고 일대 혁명적인 사건으로서, 이렇게 만들어진 산소는 지구환경을 개혁하기에 이르렀다. 이 새롭고 획기적인 광합성 방법을 발명한 놈이 식물이 아니라 바로 미생물인 박테리아였다.

이렇게 만들어진 산소가 처음에 한 일은 물 속에 다량으로 녹아 있던 철이온을 산화시켜 대규모의 적철광을 만들었으며, 이렇게 되자 지구의 자장이 급격히 강하게 되어 지구자기장이 생성되기에 이르렀다.

그리고 광합성에 의해 만들어진 산소가 대기중에 늘어나자 이때까지 활발하게 번식하고 활동하던 무산소성 미생물은 산소독으로 인해 점차 자취를 감추었다. 이 발명이 있은 후 7억 년, 그러니까 지금으로부터 약 20억 년 전쯤 대기중 산소량이 어느 정도 되었을 때 이제까지의 원

핵 미생물이 아닌 세포내에 핵을 가지고 있는 진핵 미생물이 출현하였
으며, 또 그로부터 10억 년이 지난 후, 그러니까 지금으로부터 10억 년
전쯤 다세포 생물이 나타난 것이다.

그리고 나서 대기중의 산소량이 급격히 늘어나고, 이로 인하여 오존
층이 형성되어 자외선 차단이 어느 정도 이루어진 5억 년 전쯤에 비로
소 생물이 바다에서 나와 육지로 상륙할 수 있게 된 것이다.

이처럼 우리 조상에 해당되는 미생물들은 20억 년이 넘는 기나긴 세
월동안 주어진 환경에 적응만 해온 게 아니고 적극적으로 열악한 환경
을 개혁시켜 온 것이다. 그리하여 오늘날 산소가 풍부한 청정한 대기와
맑은 바다 그리고 자외선 차단까지 완벽에 가깝도록 이루어 놓음으로
써 우리 인간을 비롯한 모든 동식물들이 잘 살 수 있게 하였으니, 어찌
미생물이 우리 지구창업의 1등 공신이 아니고 무엇이겠는가?

그런데 오늘날 그 미생물의 후손으로서 가장 잘났다고 자부하는 우
리 인간들은 환경을 개선하기는커녕 오염시키고 파괴시키고 있으니,
그리고서야 어찌 잘난 후손이라 할 수 있을지 심히 부끄러운 일이라 아
니할 수 없다.

I. 우주 그리고 나

인간 없이는 살 수 있어도,
미생물 없이는 살 수 없는 지구

우리 지구에 처음으로 태어난 우리의 조상인 미생물, 그리고 지구창업의 1등공신 역할을 멋지게 수행한 미생물, 그들은 오늘날에도 이 지구에 꼭 필요한 존재일까? 한마디로 대답한다면 '그렇다'이다.

미생물이란 거의 대다수가 하나의 세포로만 이루어져 있는 매우 작은 생명체들로서, 대부분 현미경으로나 볼 수 있고 바이러스와 같이 전자현미경이 아니면 관찰할 수 없는 것도 있다. 이처럼 미소(微小)하여 현미경적 크기의 생물에 대한 총칭으로 미생물이라 하며, 여기에는 원핵생물인 박테리아·방선균·남조류 등과 진핵생물의 곰팡이·효모·버섯 등의 균류 및 단세포 조류·원충 등이 포함된다.

이들 미생물들의 생명력은 매우 탁월하여 어떤 놈은 112℃의 펄펄 끓는 온천 속에서도 살아가고, 어떤 놈은 염도가 높아 얼지 않는 영하 12℃의 얼음 바닷물 속에서도 살아남으며, 설령 이들이 얼음덩어리 속에 갇히더라도 녹으면 다시 되살아난다. 또한 어떤 놈은 수면보다 압력이 1천 배나 더 높은 수십 킬로미터나 되는 깊고 깊은 바다 속에서도 살아가며, 어떤 놈은 PH가 0인 강산이나 PH가 13인 강알카리 속에서도 살아남고, 어떤 놈은 거의 진공상태에서도 살아간다.

그뿐만 아니라 이미 잘 아는 바와 같이 산소가 필요치 않는 무산소성 세균은 물론이고, 햇빛이 없는 곳에서도 햇빛 대신 철이나 수소, 황, 암모니아 등 광물로부터 에너지를 얻고 이를 통해 탄산가스를 유기물질로 만들어 살아가는 놈이 있는가 하면, 유기물질 없이도 햇빛을 이용해서 탄산가스와 물을 가지고 유기물을 만들어 사는 놈들도 있다. 또 지하 6백 미터의 유전에 살던 박테리아를 발견했는가 하면, 118년 묵은 고기 통조림과 166년 된 맥주병에서 다시 살려낸 미생물도 있고, 300만 년 동안 시베리아 동토층 밑에 있던 박테리아도 살려냈는가 하면, 지하 6백 미터에 있는 소금광산에 갇혀 있던 무려 2억 5천만 년된 박테리아를 되살려냈다고 한다. 이 기적 같은 일이 일어날 수 있는 이유는 지하 같은 곳에 갇히어 사정이 나빠지면 박테리아는 모든 것을 닫아버리고, 약 10분이면 번식을 하는 놈도 이런 상황에서는 5백 년에 한 번 분열한다든지 하면서, 좋은 시절이 오기만을 기다리며 굶주림도 너끈히 참아내기 때문이다.

이처럼 미생물은 마치 불사신과도 같아서 물이 있기만 하면 어떠한 극한 상태에서도 살아가는 끈질긴 생명력을 가진 게 사실이다. 미생물의 생명력은 그렇다손 치고 그러면 그들이 하는 일의 능력은 어떠한가? 한마디로 말해 미생물이야말로 이 지구상에 살아가는 생물 중 가장 다재다능하다는 표현이 적절할 것이다.

미생물은 공기 속에도, 물 속에도, 흙 속에도, 우리의 몸 속은 물론 피부나 머리카락에도 그리고 우리가 먹는 음식 속에도 존재한다. 이처럼 미생물이 없는 곳이 없다 보니 이 지구상에 있는 미생물의 총량은 약 5천억 톤으로 우리 60억 인구무게의 무려 1천 배나 되고, 동물 전체무게의 40배, 동식물 전체무게의 5배나 된다고 하니 그 머릿수가 얼마

I. 우주 그리고 나

이겠는가?

그들은 흙을 기름지게 만들고, 쓰레기를 분해하여 환경을 정화하며, 음식물을 발효시켜 질을 높여주기도 하고, 우리 몸 안에서 비타민을 만들어주기도 하며, 나쁜 미생물의 침입을 막아 우리 몸을 방어하는 역할도 수행하고, 무엇보다도 우리가 먹은 음식물을 소화시켜 주는 등 우리 인간은 미생물 없이는 하루도 살 수가 없는 형편이다. 그뿐만 아니라 해수면 근처를 떠다니는 남조류가 만들어내는 산소의 양은 이 지구상의 그 많은 식물이 만들어내는 산소량보다 많으며, 질화세균들은 매년 30억 톤 이상의 질소를 처리하여 전체 생태계 속의 질소의 균형을 잡아주고, 메탄박테리아는 연간 20억 톤의 메탄을 생산시켜 주고, 어떤 놈은 흰개미의 후장 속에서 원생동물과 함께 서식하면서 섬유소를 소화시킴으로써 자연에 널려 있는 섬유소 쓰레기의 청소역할을 담당하기도 한다.

아무튼 이쯤 되면 미생물이 이 지구를 좌지우지한다 해도 조금도 지나침이 없다고 보일 것이다. 생명력으로 보나, 그들의 역할로 보나, 또는 숫자로 보나, 몸무게로 보나 우리 인간은 그들의 상대가 되지 못하여 동식물을 다 합쳐도 그들을 당해 낼 도리가 없을 만큼 위대한 존재임에 틀림없다.

만약 어느 날 갑자기 이 지구상에 있는 모든 미생물이 사라져 버린다면 이 지구는 살아 숨쉴 수 없게 될 것이다. 왜냐하면 대부분의 동물들은 먹은 것을 소화시키지 못해 굶어 죽어갈 것이며, 식물 또한 섬유소 분해가 이루어지지 않음으로서 생태계 운행은 빠른 속도로 정지하고 말 것이기 때문이다. 그도 그럴 것이 동식물의 시체든, 그들이 버리는 오물이나 낙엽이든 부지런히 씹어 썩혀줄 수 있는 박테리아가 없어 바다

전문부모의 길 74장

건 육지건 썩지 않고 나뒹구는 동식물의 시체만 쌓여갈 것이니 말이다.

　아득한 먼 훗날 다른 별들과의 충돌이나 핵전쟁 등으로 이 지구상의 모든 동식물이 사라지는 큰 재앙을 겪는다 해도, 아직 태양의 수명이 남아 있는 한 우리 미생물들은 살아남아 우리 지구의 제2의 창업을 해나갈 것이므로 결국 어디로 보나 이 지구의 진짜 주인은 미생물이 아닌가 싶다.

I. 우주 그리고 나

동물, 식물 그리고 미생물의 공존공생

지구의 생태계를 좁은 눈으로 들여다보면, 서로 아무 영향을 미치지 않고 소가 닭 보듯이 무덤덤하게 살아가기도 하고, 한정된 먹이를 놓고 서로 더 먹겠다고 아옹다옹 다투며 살아가기도 한다. 한쪽이 다른 쪽에 붙어 피를 빨아먹으며 기생하기도 하고, 먹이와 잡아 먹는자의 약육강식의 관계로 살아가기도 한다. 한쪽에는 이익이 되나 다른 쪽에는 아무 해를 미치지 않는 사이로 살아가기도 하고, 필요할 때에만 서로 협동하여 서로가 이익을 취하며 살아가기도 하며, 떨어지면 서로 죽고 못 사는 상리공생의 관계를 이루며 살아가기도 하는 등 다양한 관계를 맺으며 살아가므로 몇몇 경우를 빼놓고는 이들이 공존공생을 하고 있다고 보이지 않는 게 사실이다.

그러나 눈을 조금 크게 뜨고 넓고 깊게 바라다보면, 이 지구 위의 생태계는 생산자로서의 식물, 소비자로서의 동물 그리고 분해자, 환원자로서의 미생물이 절묘하게 공존공생을 하면서 균형을 이루어가는 세계임을 깨닫게 된다.

미생물들은 지구의 청소부로서 떨어진 나뭇잎이나 동식물의 시체, 잘라낸 나무 그루터기, 남은 뿌리들을 비롯한 유기화합물을 분해하여 간단한 무기화합물로 환원시켜 줌으로써 식물의 영양으로 쓰이게 하며 지구의 원소순환에 공헌한다. 특히 이 경우에 중요한 것이 탄소순환인데 지구상에 있는 탄산가스는 보급되지 않는 한 250~300년이면 모두 소비되고 말기 때문에 이들 미생물에 의한 탄소순환은 매우 중요하다.

또한 미생물이 수행하는 역할 중 매우 중요한 것의 하나로 질소순환을 들지 않을 수 없다. 왜냐하면 질소는 모든 생명체들이 10~15%를 몸 속에 함유하지만 식물과 동물을 비롯한 대부분의 미생물들은 공기 중에 흔하게 널려 있는 질소기체를 사용할 줄 모르는데, 오직 질소세균 박테리아만이 공기중의 질소기체를 식물이 비료로 이용할 수 있는 형태로 바꾸어줄 수 있기 때문이다. 이리하여 식물에 흡수된 질소는 질소유기물이 된 후 동물로 옮겨가고, 이들의 배설물과 사체는 흙과 물 속에서 미생물에 의해 다시 분해되어 질소화합물이 되고, 이것을 식물이 다시 사용하며, 일부는 질소기체가 되어 대기로 되돌아가기도 한다. 이처럼 미생물에 의한 질소순환이 없다면 질소를 섭취하는 생물은 생존을 이어나갈 수 없을 것이다.

한편 식물은 생태계 속의 1차 생산자로서 물과 공기와 무기화합물로부터 광합성에 의해서 유기화합물을 만들고, 그 몸뚱이는 동물이나 미생물의 먹이원으로 이용된다. 따라서 동물은 제아무리 잘난 체해도 식물 없이는 생존할 수 없는 것이며, 다만 몇몇 동물들은 식물을 직접 먹기보다는 초식동물을 먹기도 하나 결국 이 육식동물도 식물 없이 못 살기는 매한가지다.

식물은 광합성으로 만들어낸 유기화합물을 자기몸뚱이를 만드는 데만 쓰는 것이 아니고 자기자신의 호흡에 이용하거나, 또 일부는 뿌리나 잎을 통해서 체외로 분비한다. 그리하여 체외로 배출된 유기화합물은 식물 몸체에 기생하거나 공생하는 미생물이나 뿌리 주위에 사는 미생물들의 먹이가 된다. 이렇게 보면 미생물은 토양 속 생물의 사체나 유기물의 찌꺼기를 분해하는 단순한 청소부만으로 그치지 않음을 알 수 있다. 이처럼 미생물들은 생태계의 제1차 생산자인 식물 곁에 생육하며 식물이 만든 광합성산물의 혜택을 직접으로 받기도 하는 등 식물과 미생물은 상상 이상으로 밀접한 관계를 맺으면서 살아간다.

또한 동물들이라고 해서 식물이 만들어놓은 유기물을 받아먹기만 하는 것이 아니다.

예를 들어, 우리들이 징그러워하는 지렁이 하나만 보더라도 그들은 열심히 흙을 갈아엎는 트랙터이자 땅 속에 있는 여러 단계의 유기물질과 광물질을 몸 속으로 통과시켜 탄소, 질소, 칼륨, 나트륨, 인 등 식물에 유익한 영양분을 배설하는 비료공장인 데다가, 이 배설물로 토양을 비옥하게 해주는 미생물의 활동까지 촉진시켜 준다. 또한 토양의 통기성을 높여주고 담수능력을 20%씩이나 높여주니 다목적 댐 역할까지 담당하는 셈이 된다. 이처럼 흙의 힘을 회복시켜 주는 데는 지렁이가 1등 공신임에 틀림없고, 오죽하면 다윈이 말년에 그의 저서 한 권을 통째로 지렁이에게 할애했겠는가.

관절이 있는 다리를 가지고 있다고 해서 이름 붙여진 이른바 절지동물만 해도 그렇다. 지구상의 절지동물의 수는 알려진 것만 해도 110만 종이고 그 중에서 95만 종이 곤충인데 생태계에서 이들이 담당하는 역할 역시 매우 중요해서 하버드대학의 윌슨 교수는 이렇게 말한다. "곤충류를 비롯한 육상의 절지동물들이 모두 사라져 버린다면 인류는 불과 몇 개월을 지탱하기 힘들 것이고, 양서류, 파충류, 조류 그리고 포유류의 대부분이 멸종할 것이다. 다음으로 꽃을 피우고 벌이나 나비가

전문부모의 길 74장

수분을 해주어야 하는 현화식물이 대량으로 멸종되고 전세계 대부분의 숲과 서식처들이 사라지게 된다. 그리고 지표면은 황폐해질 대로 황폐해지고, 죽은 식물들이 쌓여 바싹 마르면 영양분의 순환이 막혀 다른 식물들도 대부분 죽게 될 것이다"라고 말이다.

좀 지나친 표현인지 모르지만 식물이 아무리 꽃을 피워 열매를 맺고자 해도 곤충이 없으면 불가능하여 씨를 퍼뜨릴 수 없고, 그리 되면 열매를 먹고 살아가는 동물은 굶게 될 것이며, 또한 곤충이나 동물이 수행해 오던 물질의 재순환이 거의 막힐 것이고, 흰개미와 같이 마른 목재까지도 먹어 소화시켜 분해해 주던 역할도 없어지는 등 얽히고 설킨 복잡한 생태계의 원리를 좀더 깊이 들여다보면 이 말이 진실임을 알 수 있다.

연못 등에 사는 짚신벌레는 몸 속에 단세포 조류와 함께 살면서 조류에게 탄산가스를 주고 햇빛이 있는 곳으로 데리고 가며, 조류는 짚신벌레에게 광합성을 해 얻어진 영양분을 나누어주며 살아가고, 민물에 사는 이매패라는 조개와 납줄갱이 같은 물고기의 경우 조개가 물고기의 지느러미에 알을 붙여 20~30일간 기생시키는가 하면, 물고기는 조개껍질 속에 산란을 해서 20~30일간 새끼를 키워주니 생물들의 공존공생의 방법도 매우 다양하다.

아무튼 동물이든 식물이든 심지어 미생물까지도 대부분 혼자서는 살아갈 수 없으며, 설사 일부 미생물들이 홀로 살아갈 수 있다 하더라도 그들의 삶 또한 비참해질 수밖에 없는 일이므로, 특히 혼자서는 도저히 살아갈 수 없는 약하디 약한 우리 인간들은 공존공생의 중요성을 깊이 깨닫고, 그간의 무지했던 행동을 반성해서 이제부터는 올바른 삶을 살아가야 할 것이다.

51

우리 몸무게의 10%가 미생물,
떼려야 뗄 수 없는 운명

　우리 몸을 이루는 모든 세포 속에는 지금으로부터 7~8억 년에 우리 조상의 세포 속으로 미세한 박테리아가 들어와 공존공생하고 있는 것으로 확실시되는 미토콘드리아라는 독립된 기관이 있다. 이들을 외부로부터 들어온 박테리아로 보는 이유는 미토콘드리아의 유전물질로 작용하는 DNA는 우리 세포의 DNA와 달리 독립적이며, 다만 복제시에만 서로 보조를 맞출 따름이고, 또한 미토콘드리아가 가지고 있는 DNA는 박테리아가 가지고 있는 DNA 특성을 많이 가지고 있기 때문이다.

　그리고 이 박테리아가 들어온 시기를 7~8억 년 전으로 보는 이유는 이 미토콘드리아가 우리 인간세포에만 있는 것이 아니고, 모든 다세포 식물과 동물들이 다 가지고 있는 것으로 보아 다세포 생물이 출현할 당시 들어왔다고 추정되기 때문이다.

　그리하여 이 미토콘드리아는 아주 길고 긴 세월 속에서도 독립성을 유지하며 자신만의 유전자를 보존해 온 기특한 놈인 데다가, 우리 인간은 이 미토콘드리아 없이는 잠시도 살 수 없는 매우 중요한 일을 담당한다. 말하자면 인간세포로부터 영양을 얻고 안전한 생활을 보장받는 대신, 인간이 필요한 에너지를 생산해 주는 화학공장으로서, 산소를 소비하여 만든 에너지를 통해 성장과 보수 등 세포가 해야 하는 모든 일을 가능하게 하는 세포 속의 독립국가격인 세포소기관이며, 한 개의 세포 속에 한 개만 있는 것이 아니고 간세포 속에는 2,500개씩이나 있다. 그러니 우리 몸은 단일체가 아니고 무수히 많은 박테리아와의 연합체이며 떼려야 뗄 수 없는 운명임을 알게 된다.

그러나 여기서 우리 몸무게의 10%가 미생물의 무게라고 한 데에는 이 미토콘드리아의 무게는 들어 있지 않은 것이다. 그렇다면 무슨 미생물이 우리 몸에 그리 많다는 말인가. 미생물은 생명이 있는 곳이라면 어디든지 없는 곳이 없다. 우선 우리 피부만 하더라도 박테리아에게는 넓고 비옥한 평야와 같아서 1cm² 안에만도 1천 마리 정도의 박테리아가 살아간다. 그들은 매일같이 피부로부터 떨어져 나오는 100억 개 정도의 피부조각과 땀구멍과 갈라진 틈으로 새어나오는 맛있는 기름과 미네랄 성분을 먹어가며 산다. 그들에게 우리 인간의 피부는 가장 풍요로운 음식물 창고인 셈이고, 적당한 온습도와 통풍은 물론 편리하게 움직일 수 있으니 낙원일 수밖에 없다. 이렇게 피부에만 붙어 살아가는 박테리아 숫자만 해도 대략 1조 마리 정도가 된다고 하니 얼마나 놀라운 일인가.

특히 대장에 사는 박테리아 중에는 초식동물의 섬유소 분해 박테리아와는 조금 다른 놈이 있어서 섬유소를 분해하여 비타민 B나 K 같은 영양분을 공급해 주는 놈들도 있다. 그리고 인간은 매일 평균 200그램의 대변을 배설하는데 이 대변 1그램 안에는 약 1억 마리의 대장균이 늘 존재한다. 따라서 한 사람이 배변 후 매일 200억 마리의 박테리아를 새롭게 만들어내는 것이 된다. 사람의 몸은 1경 (10^{16}) 개의 세포로 구성

Ⅰ. 우주 그리고 나

되어 있는데 그 속에 사는 박테리아는 무려 우리 세포수의 10배인 10경(10^{17}) 마리나 된다고 하니 입이 다물어지지 않을 뿐이다.

그러니 우리가 아무리 소독을 하고 항생제를 먹고 씻고 닦는다 해도 미생물을 우리 몸으로부터 털어내려야 낼 수 없는 노릇이고, 더구나 그들을 항생제 등으로 박멸하려는 생각을 해봐야 헛수고가 되고 만다. 한때 페니실린이 모든 포도상구균에 대하여 완벽한 효능을 발휘하던 1960년대 초까지만 해도 박테리아 전쟁에서 승리한 것 같은 착각에 빠진 적도 있었다. 그러나 박테리아는 100만 번 분열할 때마다 돌연변이가 일어날 만큼 돌연변이의 천재이며, 번식속도가 매우 빠르기 때문에 인간이 아무리 강력한 항생제를 개발한다 해도 머지않아 그 항생제를 속이거나 공격을 막아낼 수 있는 능력 있는 놈이 나타나 더욱 두려운 무기로 공격해 올 수 있으므로, 인간이 섣불리 박테리아를 정복할 수 있다고 생각해서는 안 될 것이다.

천만다행인 것은 대부분의 미생물은 우리 인간에게 독성을 나타내지 않고, 다만 1천 종에 한 종 정도의 미생물만이 문제가 된다는 점이다. 독성이 없는 대부분의 터줏대감격인 미생물이 깔려 있는 곳에는 독성 있는 뜨내기가 발붙이기 어려워진다고 하니 방위군 역할을 하는 셈이 된다. 어찌되었든 간에 우리 인간의 몸과 미생물 숫자의 비율은 1 : 10^{17}이라고 하니 이 몸이 내 몸인지 미생물 집합체의 몸인지 알기 어렵다는 생각이 드는 것도 무리가 아니다. 이러나 저러나 공존공생할 수밖에 없는 운명이고 보면 너무 씻고 닦고 결벽증에까지 걸릴 필요 없이 털털하게 한세상 살아감이 좋을 듯싶다.

전문부모의 길 74장

한 곳에 뿌리를 박고도 능히 살아가는 '식물의 슬기'

　　아무리 재주는 제각각이라고 하지만 인간을 비롯한 동물들은 한 곳에 뿌리를 박고 살아갈 재주는 없는 것이 분명하다. 먹을 것도 구해야 하고, 적이 있으면 공격을 하거나 피해야 하고, 추위나 더위가 닥치면 준비를 해야 하고, 홍수나 산불이라도 나면 급히 대피해야 하는 등 이리저리 옮겨다니지 않고는 도저히 살아남을 수 없는 것이 우리 인간이고 동물이다.

　　그런데 식물은 어떠한가? 아무리 광합성으로 영양을 자급자족할 수 있다지만, 먹기만 한다고 살 수 있는 게 아닌데, 지난 수억 년 전부터 지진이다 화산폭발이다 운석충돌로 인한 빙하기다 홍수다 해서 이루 말할 수 없는 극심한 환경변화 속에서도 끄떡 없이 한 곳에 뿌리를 박고서 살아남을 수 있었다. 뿐만 아니라 수많은 동물과 미생물에게 먹이까지 공급해 주면서 우리 지구를 푸르게 덮을 수 있었던 것은 그들만의 큰 슬기가 있었음에 틀림없다.

　　그들은 몸의 일부를 과감히 버리는 전략을 쓰고 있으니, 추운 겨울에 에너지 소비를 줄여 세찬 바람과 추위를 견뎌내기 위해서건, 노화된 잎을 세대교체시키기 위해서건 간에 대부분이 그들 몸의 일부인 잎

I. 우주 그리고 나

을 버려 낙엽지게 하는 슬기를 가지고 있다. 또한 그들은 환경에 매우 잘 적응하는 유연성 전략을 쓰고 있어 동일한 나무종이라 하더라도 따뜻하고 비옥한 산 아래에서는 키가 크고 굵게 자라지만, 춥고 메마른 정상부근에서는 키도 작고 눕기도 하는 등 도저히 같은 종류의 나무라고 보이지 않을 만큼 모양이 다르며, 세포모양까지도 환경에 따라 변화시킬 줄 아는 슬기로운 놈이다.

이들의 번식전략으로 가장 눈에 띄는 것은 좀 낭비다 싶을 정도로 많은 씨앗을 생산하는 대량생산 전략을 들 수 있으며, 이때 특기할 사항은 인간이 재배하기에 편리하도록 만들어놓은 재배식물의 씨앗과는 달리 씨앗의 개성이 제각각 다르게 하여 어떤 예기치 못한 극한 상황이 닥치더라도 그 환경에 맞추어 새싹을 돋아낼 수 있는 놈이 있도록 한 개성전략을 쓰는 슬기가 있다는 점이다.

그뿐만이 아니라 그들의 씨앗은 우리 인간이 상상할 수 없는 기나긴 세월동안 알맞은 환경이 올 때가지 잠을 자기도 하는 휴면전략을 쓰기도 하는데, 지금까지 알려진 바로는 약 2,000년 전인 석기시대 통나무 배 한 척이 연꽃씨 3개를 배 안에 품고 5.4m나 되는 늪지대에 빠져 있던 것을 발견해서 발아시켜본 결과 3개 씨앗 중 2개가 기나긴 잠에서 깨어나 새싹을 틔워 꽃을 피웠으니 얼마나 놀라운 끈기이며 슬기인가. 번식전략은 아니지만 이와 같은 휴면전략은 씨앗만 하는 것이 아니다. 하나의 나무에는 헤아릴 수 없을 만큼 많은 싹의 눈이 있으나 그 대부분은 나무가 죽을 때까지 일생동안 싹을 틔우지 않고 마는데, 만일 나무가 베어지거나 가지가 꺾이는 돌발적인 사고가 벌어지면, 남아 있는 몸통에서 휴면상태에 있던 눈을 틔우는 생존을 위한 휴면전략을 구사하는 슬기가 있다.

·

전문부모의 길 74장

또한 꽃을 피우는 현화식물들의 꽃가루받이 전략 역시 만만치 않다. 예를 들면 꽃가루받이를 해주는 곤충의 구미에 맞게 화려한 색깔이나 향기로 유혹하기도 하고, 그들이 좋아하는 꿀을 선사하거나 꽃가루받이가 끝나야 벌이 벗어날 수 있도록 독특한 함정을 만들기도 한다. 어떤 난초과 식물은 자기가 좋아하는 수놈 파리를 꾀어내려고 그 종류의 암놈 파리 모습과 똑 닮은 모양의 꽃을 피우기도 하고, 달맞이꽃은 밤나방과 밤나비들을 보다 잘 꾀어내려고 하얗게 피어나 황혼 무렵에 더욱 강렬한 향기를 피우기도 하며, 캐리온 백합이란 놈은 파리들만 우글거리는 곳에서 고기 썩는 냄새까지 피워가며 꽃가루받이 전략을 수행하는 슬기를 지니고 있다.

이렇게 만들어진 자손인 씨앗을 퍼뜨리는 전략 또한 수없이 많다. 어떤 놈은 맛좋은 달고 단 과일로 싸서 동물들이 먹어 퍼뜨리게 한다든지, 너트위드 같은 놈처럼 닻줄 매듭을 팽팽하게 매고 있다가 건조해지면 닻줄이 탁하고 끊어지면서 씨앗을 가능한 한 어미로부터 멀리 떨어진 곳으로 보낸다든지, 민들레 씨앗처럼 솜사탕 같은 부드러운 솜털로 싸서 바람에 날려보낸다든지, 난초씨앗처럼 무게를 100만분의 2 그램 정도로 먼지같이 가볍게 만들어 하늘 높이 날 수 있게 한다든지, 야자 열매나 연꽃씨와 같이 물에 떠내려가게 한다든지, 씨앗에 갈고리나 뾰족한 침을 만들어 동물의 몸에 붙여 퍼지게 하는 등 퍼뜨리는 전략과 그 슬기는 알아줄 만하다.

그러면 이렇게 슬기로운 식물이 적으로부터 자기 몸을 보호하기 위해 어떠한 방어전략을 쓰고 있을까? 식물은 적으로부터 도망갈 수 없으므로 자기몸 속에 독소를 지녀 대항하는 화학무기 전략을 쓰는 게 일반적이다. 따라서 대부분의 식물은 일정량 이상을 섭취할 경우 유해할 수

I. 우주 그리고 나

있는 독소를 가지고 있는데, 이는 우연이 만들어진 것이 아니고 식물을 먹으려고 덤벼드는 초식동물에 맞서기 위한 필수적인 방어전략이다.

예를 들자면 벼과의 1년생 풀인 김의털 아재비는 강한 독소를 만들어내는 균류에 감염되어 있는데, 이 풀은 독소를 잎의 꼭대기 부분으로 보내어 초식동물의 공격을 막아낸다든지, 떡갈나무의 새순이나 도토리 또한 탄닌과 알칼로이드 등의 독소를 가지고 있어 동물들이 그대로 먹을 수 없게 한다든지, 살구씨나 사과씨처럼 자신들의 씨앗을 보호하기 위하여 독성을 가지고 있다든지, 아편이나 카페인, 코카인과 같은 동물의 신경계를 해치는 물질을 만들어낸다든지, 우리가 잘 먹는 감자 역시 독성이 강해 먹을 수 없었던 것을 안데스산맥의 인디언들이 수백 년 동안 선택적 교배를 해서 먹을 수 있게 되는 등 수없이 많다.

또한 이런 독소에 의한 화학무기 전략이 아니라 견과류와 같이 딱딱한 껍질을 뒤집어쓰고 있어 동물로부터 보호를 받는 갑옷전략을 구사하기도 하고, 수줍음을 잘 탄다는 별명이 붙은 미모사란 녀석은 수동적이 아닌 능동적인 방어전략으로 개미나 송충이와 같은 벌레들이 잎사귀를 향해 줄기를 타고 올라오면 줄기를 갑자기 들어올릴 뿐만 아니라 잎사귀를 접어버림으로써 침략자들이 놀라 굴러 떨어지거나 혼비백산하여 달아나도록 하는 흔들기 전략을 쓰기도 하는 등 식물들의 방어전략은 실로 다양하다.

그렇다고 식물이라고 해서 방위전략만 쓰는 놈만 있는 게 아니고 적극적으로 곤충을 공격하여 잡아먹는 공격전략을 멋지게 구사하는 놈들도 있다. 예를 들어 끈끈이주걱이란 녀석처럼 먹이가 있음직한 곳으로 정확히 움직여 백발백중의 실력으로 파리 같은 곤충을 잡아먹는다든지, 네펜데스란 놈처럼 아름답게 장식한 물항아리를 드리우고 항아리 속으

·

전문부모의 길 74장

로부터는 곤충이 좋아하는 독특한 냄새를 피우고 있다가 곤충이 맛있는 음식을 먹어보려고 물항아리 속에 빠져버리면 잡아먹는다든지, 비너스파리잡이풀이란 녀석처럼 잎이 사냥할 때 쓰이는 덫과 같은 구실을 하여 곤충이 잎에 앉으면 눈 깜짝할 사이에 감싸고 꽉 조임으로써 죽게 하여 먹어버린다든지, 수생(水生) 식물인 통발이란 놈처럼 벌레잡이의 명수답게 연못이나 도랑에 문이 닫혀 있는 통발을 물 위에 띄우고 있다가 장구벌레 따위의 작은 벌레가 와서 닿으면 갑자기 문이 열리면서 고속카메라도 잡기 어려우리만큼 빠른 속도로 벌레를 빨아들여 먹어치워 버리는 등 식충식물의 공격전략 또한 능수능란함을 알 수 있다.

이들 육식을 즐기는 식물들은 벌레를 잡아먹음으로써 부족한 질소성분을 보충하는 것이며, 작은 벌레를 먹는 것에서부터 작은 동물의 고기까지 먹는 것에 이르기까지 500여 종이 넘고, 육식식물의 촉수는 입의 작용뿐만 아니라 위의 역할까지 겸하고 있어 그 촉수로 먹이를 잡아 통째로 먹고는 앙상한 뼈다귀만 남겨 놓는다. 그리고 더욱 흥미로운 것은 끈끈이주걱의 잎사귀에 돌이나 쇠조각 같은 먹을 수 없는 것을 올려놓으면 전혀 반응을 보이지 않다가도 어떤 고깃덩어리에서 느껴지는 감촉에는 즉각 반응을 나타내는데 어찌나 예민한지 100만분의 1 그램의 작은 먹이까지도 감지해 낼 수 있으니, 이쯤 되고 보면 이들이 식물인지 동물인지 헷갈리는 게 사실이다.

또한 빼놓을 수 없는 특수한 생존전략을 가진 덩굴손은 부단히 굽히기도 하고, 방향을 바꾸기도 하는데 포도나무 덩굴손은 어떤 버팀대를 발견하면 20초 내에 그것을 감싸기 시작해서 약 27분 만에 완전히 한 바퀴 휘감으며 1시간 내로 떼어내기가 힘들 정도로 자신을 버팀대에 단단히 붙잡아맬 수 있다. 그리고 만일 마땅한 버팀대를 찾을 수 없을

I. 우주 그리고 나

만큼 떨어진 곳에 감춰놓을 경우 덩굴손은 버팀대가 숨겨진 쪽을 향하여 정확히 뻗어나가며, 이 덩굴손은 식물에게 실뿌리 다음으로 예민하여 0.00025그램에 불과한 비단실 한 오라기만 있어도 그것을 발견하고 든든히 맬 수 있다.

그리고 식물의 뿌리 또한 대단한 생명력을 지니고 있어서 토양이 건조해지면 방향을 바꾸어 수맥을 찾으며, 매우 건조할 때면 콘크리트와 같이 단단한 땅까지도 뚫을 수 있을 만큼 강해지는데 이 단단한 땅을 파고드는 특수한 뿌리세포들이 바위나 자갈 등에 의해 닳아버리면 곧 새로운 세포가 생겨나 그 자리를 메워준다. 그러나 일단 뿌리가 비옥한 지대에 이르면 이 두더지 같은 세포는 사라지고 대신 토양 속의 무기염을 분해해서 그 원소들을 빨아들일 새로운 세포가 생겨나 영양소를 뿌리에서 잎사귀로 퍼 올리는 펌프 역할을 담당하기도 한다. 식물의 뿌리는 이 밖에도 신비하리만큼 실뿌리가 많고 길어서 호밀 한 포기에 140억 개의 실뿌리가 있으며 이들의 총연장 길이는 남극에서 북극에까지 갈 만한 길이이고 보면 어찌 놀라지 않을 수 있겠는가?

우리 인간이 하찮게 여기기 쉬운 식물이 이처럼 우리 인간을 비롯한 동물들로서는 도저히 흉내낼 수 없는 슬기와 전략으로 살아남는 끈질긴 생명력이 있으며, 개체의 생존보다도 종의 생존을 우선하는 식물의 삶에 감탄할 따름이다.

아무튼 우리 인류가 향후 어떤 극한 상황에 처하더라도 멸망하지 않고 살아남으려면 이들 식물로부터 많은 것을 배우고 실천해야 됨을 명심해야 할 것이다.

전문부모의 길 74장

10. 동물도 말을 할 뿐만 아니라 배우기도 한다

우리 인간과 동물을 구분하는 여러 가지 기준 가운데 가장 먼저 손꼽히는 것이 바로 언어문제로, 우리 인간만이 말을 할 줄 안다는 것이었다. 그러나 동물 역시 그들도 우리 인간과 같이 말을 하여 의사소통도 하고, 말을 가르치면 배우기도 하는 녀석들도 있다는 사실이 속속 밝혀지고 있다.

베르베트(Vervet) 원숭이란 녀석은 표범이나 독수리나 비단뱀 등 포식자에 의하여 죽임을 당하기가 일쑤인데, 그 숫자가 자그마치 사망원인의 3/4을 차지하다 보니 항상 이들 포식자의 공격을 어떻게든지 피해야 살아남을 수 있는 처지이다. 그리하여 포식자가 나타나기만 하면 처음 발견한 녀석이 소리를 질러 자기 가족과 동료들이 피할 수 있도록 하는데, 이때 지르는 소리가 단순한 경계음이 아니고, 세 종류의 포식자에 따라 각각 다른 소리로 의사전달을 한다.

가령 표범이나 대형 야생고양이를 만난 베르베트 원숭이는 높은 소리로 "키리키리"라고 말하며, 그 말을 들은 원숭이들은 재빨리 나무 위로 올라가서 피신한다. 또 사냥독수리가 머리 위를 빙빙 돌 때에는 두 음절로 된 짧은 기침소리와 같은 말을 하고, 그것을 들은 녀석들은 상

I. 우주 그리고 나

공을 쳐다보면서 급히 덤불 속으로 들어가 숨는데, 만일 사냥독수리가 아니고 크기는 비슷하지만 위험하지 않은 검정가슴털 뱀독수리나 흰등 콘도르가 나타났을 경우에는 용케도 잘 구분해서 아무 소리도 지르지 않고 피하지도 않음을 알 수 있다. 그리고 비단뱀 등 위험한 뱀을 만나면 "치치치치"라는 말을 하는데, 그것을 들은 녀석들은 뒷발로 서서 뱀이 어디 있는지 살펴보며 적당히 피한다. 이를 다시 확인하기 위하여 그 녀석들의 말을 녹음해서 숲 속에 숨겨둔 스피커를 통해 음성을 내보내고 녀석들의 동태를 비디오로 촬영해 본 결과, "표범이 나타났다"는 음성을 내보냈을 때에는 녀석들이 나무 위로 올라갔으며, 독수리나 뱀이 나타났을 때의 음성에 대해서도 각각 거기에 알맞은 행동을 취하는 것으로 보아 녀석들의 음성에는 말뜻이 담겨 있음이 검증되었다.

이 밖에도 자기들보다 우월한 원숭이가 나타났을 때라든지, 자기들보다 열등한 원숭이가 나타났을 때라든지, 자기들 라이벌 원숭이가 나타났을 때라든지, 하이에나와 같이 자기들을 거의 잡아먹지 않는 놈이 나타났을 때라든지, 인간이 나타났을 때라든지 여러 가지 상황에 따라 각각 다른 음성을 내며 그것에 상응하는 행동을 취하는 것으로 보아 이들의 언어는 상당히 많으며, 더구나 우리 인간이 구별하지 못하는 음의 고저장단 및 음색의 미묘한 차이까지 감안한다면 대단한 언어실력을 가지고 있을 것으로 추정된다.

원숭이 실력이 이 정도이고 보면 우리 인간과 더 가까운 유인원의 언어실력이 더욱 뛰어날 것은 뻔한 노릇이고, 침팬지 연구의 세계적 권위자인 제인 구달의 연구에 따르면, 이제까지 밝혀진 것만 해도 침팬지는 25개 이상의 음성과 아주 풍부한 표정 및 동작을 통하여 의사소통을 하고 있음이 확인되었다. 비록 우리 인간과 같은 구조의 성대

전문부모의 길 74장

를 가지지 못해 인간과 같은 소리를 낼 수 없는 침팬지나 고릴라나 피그미침팬지에게 인간의 말을 발음하게 할 수는 없을지라도 말을 하지 못하는 장애인들이 하는 수화를 가르칠 수는 있어 와쇼(Washoe)라는 이름의 침팬지에게 수화공부를 시키는 실험을 실시했다. 그 결과 서아프리카에서 생포된 한 살배기 와쇼는 1966년 미국으로 잡혀와 수화공부를 한 지 3년 뒤에 85개 단어를 능숙하게 사용했으며, 5년 뒤에는 무려 300개 단어를 사용했을 뿐만 아니라, 그 동안 배운 단어를 조합하여 "내게 물을 달라"(Give me water)와 같은 간단한 문장을 만들기도 하였다. 또한 우리 인간과 의사소통을 하면서 무엇을 맹세하는 의미를 이해하는가 하면, 넌지시 거짓말도 할 줄 알았으며, 우스갯소리까지도 할 줄 알게 되었다.

몸집이 크고 힘이 세서 침팬지처럼 언어교육을 하기 어려운 고릴라의 경우에도, 11세 된 70 kg 짜리 코코(Koko)라는 이름을 가진 암고릴라에게 수화공부를 시킨 결과 침팬지보다도 더 많은 400개 단어까지 다룰 줄 알았으며, 침팬지 와쇼보다 더 복잡한 문장을 사용할 줄 아는 것으로 나타났다.

또한 단순히 가르쳐준 단어만을 아는 것이 아니고, 생전 처음으로 수박을 먹여주었더니, 수화로 '마시는 과일'(*drink fruit*)이라는 새로운 단어를 만들어냈고, 물 위에 떠다니는 백조를 처음 보는 순간 물(*water*)과 새(*bird*)를 지칭하는 수화를 연속함으로써 '물새'(*water-bird*)라는 새로운 단어를 만들어내는 등 그들에게는 배운 것을 활용해 새로운 단어까지 만들어가며 인간과 의사소통을 할 수 있는 지적 능력이 있음을 증명해 주기도 하였다.

그런가 하면 침팬지보다 우리 인간과 더 닮은 칸치라는 이름의 보노

I. 우주 그리고 나

보에게 주입식 교육을 시키지 않고 취학 전 어린이들에게 가르치는 것과 같이 많은 어휘를 제공하고 칸치로 하여금 좋아하는 어휘를 스스로 고르도록 하는 유희적 교수법으로 10년간 학습시킨 결과 200개 단어에 통달했다. 문제를 어렵게 내느라고 칸치 옆에 오렌지를 놓아두고 명령하길 "휴게실에 가서 오렌지를 가져와"라고 했더니 옆에 놓여 있는 오렌지를 가져오는 것이 아니고, 잠시 망설이다가 벌떡 일어나 휴게실로 가서 오렌지를 가지고 오는 게 아닌가. 이처럼 칸치는 두 개의 문장으로 된 명령의 뜻을 정확히 이해하고 행동한 것이며, 이는 우리 인간의 두세 살짜리 어린이에게서 나타나는 언어능력 수준인 셈이 된다.

동물들의 언어와 의사소통은 이와 같이 원숭이나 유인원 정도의 동물에서만 나타나는 게 아니고, 우리 인간이 하찮게 여기는 곤충인 꿀벌들도 고도로 복잡한 '춤언어'를 가지고 있어 꿀이 많이 있는 곳의 방향뿐만 아니라 거리까지도 정확하게 알려준다는 사실이다. 이 연구에 따르면 아침나절 꿀을 찾아나섰던 정찰벌들이 돌아와서는 제각기 꿀이 있는 곳을 자기 동료들에게 알려주기 위하여 꼬리춤들을 추는데, 몸통을 좌우로 부르르 떨며 짧은 직선거리를 움직인 다음 반원을 그리며 원점으로 돌아와선, 또 몸통을 흔들며 직진한 후 이번엔 반대방향으로 반원을 그리며 제자리로 돌아오는 춤으로, 마치 8자를 옆으로 눕혀 놓은 것과 같은 형상의 춤이다. 그런데 이 꼬리춤 언어 속에 꿀이 있는 방향과 거리가 정확하게 표시되어 있어서 이를 지켜본 꿀벌들은 벌집을 떠나 꿀이 있는 곳을 정확히 찾아가 꿀을 따오는데, 그 이유는 방향은 직진춤의 각도로 표시해 주고, 거리는 멀수록 직진춤의 길이가 길고 춤 속도도 느리게 춤으로써 에너지 소모량이 많음을 나타내 주기 때문이다.

그뿐만 아니라 우리들이 싫어하는 까마귀조차도 서로 이름을 지어주고 서로를 이름으로 부를 수 있다는 사실이 밝혀졌으며, 물 위에서 사는 소금쟁이는 자신의 발로 수면을 차서 물 위에 잔물결을 일으켜 암컷을 유혹하는 신호를 보낸다든지, 돌고래나 박쥐는 초음파를 이용해 사물을 인지하고 의사소통을 하는 등 동물의 언어와 의사소통에 관한 연구는 이제 시작단계에 불과할 뿐이므로 향후 새로운 사실들이 속속 밝혀질 것이다.

그리고 한 걸음 더 나아가 우리 인간이 동물들의 언어를 이해하고 배워서 만물이 평화롭게 살아가는 지구촌이 이루어질 수 있는 꿈을 꾸게 된다.

Ⅰ. 우주 그리고 나

동물도 도구를 사용할 뿐 아니라 제작할 줄도 안다

우리 인간과 동물을 구분했던 기준으로 첫 번째가 언어였다면, 두 번째로 들 수 있는 것이 도구로서, 1960년대까지만 해도 인간과 동물이 다른 것은 인간만이 도구를 이용하는 능력이 있기 때문이라는 주장이 지배적이었다. 그러나 동물 역시 도구를 사용하는 것은 물론이고, 어떤 녀석들은 자기들이 사용할 도구를 만들기까지 한다는 것을 알게 되었다.

우선 포유류나 새들보다 뇌가 극히 작은 곤충부터 살펴보아도, 가시개미란 녀석은 도구를 이용하여 자기 뱃속에 넣어 운반할 수 있는 양보다 더 많은 먹이를 집으로 운반하는데 이들은 과일즙이나 죽인 애벌레 체액을 나뭇잎 그릇에 담은 후 그 나뭇잎을 끌고 감으로써 자신의 몸무게 보다 두배 이상이나 되는 먹이를 집으로 운반한다. 또한 홀로 생활하는 나나니벌이란 녀석은 땅굴을 파고 자신의 알과 자식들의 먹이가 될 애벌레를 채운 다음, 적의 침입을 막기 위하여 땅굴의 출입구를 막는데, 이때 땅굴의 흔적을 없애기 위하여 돌멩이를 가져다가 흙을 다지니, 마치 우리 인간들이 집을 짓기 위하여 지경다지기를 하는 것과도 같은 일을 한다. 이뿐만 아니라 땅강아지 수컷은 땅을 파서 굴을 만드는데, 땅굴입구 모양을 트럼펫과 비슷한 음향증폭장치로 만들고, 소리가 가장 크게 들리는 지점에 앉아 날개를 비벼 소리를 내면 그 소리가 크고 우렁차게 퍼져 암컷을 유혹함으로써 마치 암컷 유혹용 악기를 만든 격이 된다 하겠다.

그러면 우리 인간이 새대가리라고 깔보는 새들은 어떠한가? 남아메리카 에콰도르의 갈라파고스 제도에 사는 딱따구리되새와 맹그로브되새는 딱따구리와 같은 날카로운 부리가 없어서 선인장 가시를 꺾어 도구로 사용하는데, 그들은 선인장 가시를 입에 물고 나무로 날아가 나무껍질을 이리저리 휘젓다가 통통한 애벌레를 찾아내면 찔러 먹음으로써 딱따구리가 없는 갈라파고스 제도에서 도구를 사용해 딱따구리 행세를 하게 된 것이다.

그리고 몸집이 작은 이집트 독수리란 녀석은 단단한 껍질의 타조알을 깨기 위하여 부리에 돌을 물고 구멍이 생길 때까지 위에서 내리친 다음 구멍이 뚫리면 내용물을 맛있게 빨아먹는다. 옥스퍼드 대학 연구팀이 기다란 통그릇 속에 까마귀가 좋아하는 음식을 넣어두고 그 옆에 철사막대 하나를 놓아두었더니, 이 까마귀란 녀석이 아무리 통 속 먹이를 먹으려야 먹을 수 없자 옆에 놓인 철사막대 끝부분을 구부려 갈고리를 만들어 긴 통 속에 집어넣어 갈고리로 먹이를 꺼내먹는 일이 벌어지기도 하였다.

또 검은댕기 해오라기란 녀석은 물고기를 잡아먹으려고 부리로 마른 나무 껍질이나 풀을 씹어 가루를 만든 다음 뭉쳐서 파리모양으로 만들어 물 위에 띄워놓고 물고기들이 파리인 줄 알고 잡아먹으려고 위로 올라올 때 잽싸게 잡아먹으니 우리 인간들이 물고기를 잡기 위해 미끼를 던지는 것과 똑같은 행동을 하는 것이 된다.

67

　곤충이나 새들이 이 정도 실력이고 보면 우리 인간의 친척인 유인원의 도구사용은 보나마나 잘 할 것이 분명하다. 우선 침팬지란 녀석은 흰개미를 무척 좋아해서 그들을 잡아먹기 위하여 도구를 만들어 사용한다. 침팬지가 흰개미 사냥을 나갈 때에는 가느다란 나뭇가지나 담쟁이덩굴 같은 질긴 풀줄기를 찾아내어 약 30센티미터 길이가 되도록 자른 다음 잎사귀나 가시 등을 따내는 등 잘 다듬은 후 그 낚싯대를 들고 흰개미들이 사는 언덕으로 올라간다. 올라가서는 손톱으로 흰개미 출입구를 후벼파서 준비한 낚싯대가 들어갈 수 있게 되면, 그 속으로 깊숙이 막대기를 밀어넣는다. 그러면 흰개미 병정들이 적의 침입을 막으려고 집게같이 생긴 턱으로 낚싯대를 물 때쯤이면 떨어져 나가지 않도록 요령좋게 뽑아내어 붙어 있는 흰개미들을 핥아먹는다. 또 아프리카 병정개미를 사냥할 때에는 그들이 막대기를 타고 올라오므로 낚싯대 길이를 70센티미터 정도로 준비하고, 이 막대기로 개미집을 쑤셔서 기어올라오는 놈들을 재빨리 손으로 쓸어 입에 넣고 씹어먹는다.

　침팬지가 나무굴이나 암벽 굴 속에 들어있는 꿀을 파먹기 위해서는 한 종류만의 도구로는 불가능해 무려 네 가지나 되는 도구를 만들어 사용한다. 우선 벌집의 단단한 밀랍껍질을 관통시킬 창으로 쓰일 단단하고 끝이 뾰족한 막대기가 있어야 하고, 뚫어놓은 구멍을 통해 정확히 들어갈 통로를 만들기 위해 조금 가늘고 반듯하게 곧으며 끝이 뾰족한 50센티미터쯤 되는 막대가 필요하며, 꿀로 가득찬 벌집을 하나 하나 후벼파기 위하여 30센티미터 정도의 섬세한 작업이 가능한 막대, 그리고 방울방울 떨어지는 꿀을 받아낸 다음 빨아먹기 위한 잎이 많이 달린 나뭇가지가 필요한데, 이들 작업목적에 따라 각각 알맞은 도구를 만들어 쓰니 놀랄 일이 아닐 수 없다.

전문부모의 길 74장

또한 단단한 땅 속에 있는 맛있는 뿌리를 캐먹을 때에는 뾰족한 나무 막대를 사용해 쉽게 파내며, 이쑤시개가 필요할 때에는 나무가시를 떼어내어 사용하고, 귀를 후빌 때에는 새의 깃털촉을 사용하며, 콧물이 심하게 나올 때에는 풀줄기로 코를 쑤셔 코를 풀어버리고, 커다란 나뭇잎을 냅킨이나 설사를 할 때 휴지로 사용하는 등 문명이 발달되기 전 우리 인간들이 사용했던 것과 유사한 도구를 쓰는 것이다.

입구가 좁아 입이 닿지 않는 암벽틈 사이에 고인 물을 마시기 위해서는 나뭇잎을 따서 씹어 뱉어 둥글게 뭉친 다음 그 뭉치를 물 속에 담가 스펀지가 물을 빨아들이듯 물을 빨아들이게 해서 입 속에 짜 넣어 물을 마시고, 이 뭉치를 무엇을 닦는 수세미로 사용하는가 하면 피가 나는 상처를 닦아내는 데에 사용하기도 한다.

또한 표범과 싸움을 할 때에는 몽둥이를 무기로 사용하며, 사바나 개코 원숭이와 같은 다른 적들을 쫓아낼 때에는 정확한 돌팔매질로 목적을 달성한다.

피그미 침팬지인 보노보는 더욱 영리해서 통신수단과 지휘수단으로 깃발을 사용하는데, 약 2미터 길이의 나뭇가지를 꺾은 후 가지 끝부분에만 나뭇잎을 남겨두고 다 없앤 다음 우두머리가 필요시에 획획 소리가 나도록 이 막대기를 휘둘러댐으로써 행군할 때에는 뒤에 처진 녀석들에게 빨리 쫓아오라는 통신수단으로 쓰이고, 아침 기상시나 휴식시간이 끝났을 때에는 기상나팔용 및 행동개시 지휘용으로 쓴다.

또한 유인원이 아닌 포유동물로서 알래스카 태평양 연안에 사는 바다수달이란 녀석은 바다 밑에서 평평한 돌을 주워들고는 그 위에 조개, 소라, 성게 등을 잡은 뒤 물 위로 올라와 등을 대고 누운 다음 돌판을 배 위에 올려놓고 잡아온 먹이를 두 손에 쥐고 딱딱한 껍질을 돌판에

I. 우주 그리고 나

깨서 먹으며, 바다 밑 암벽에 붙어 있는 전복은 돌로 내리쳐서 떨어뜨린 뒤 먹는 것이다.

이쯤 되면 아무리 교만한 인간이라 할지라도 인간이 최고의 도구제작 및 사용자라면 몰라도 인간만이 유일한 도구제작 및 사용자라고 억지를 부리지는 못할 것이다. 따라서 동물과 인간과의 차이는 이제 더 이상 질적인 차이가 아니라 양적인 차이라는 것을 인정해야 할 것이며, 우리 인간이 그 동안 얼마나 자기중심적이었고 교만하였으며 무식했었는가를 깊이 반성해야 한다.

12. 동물도 자식교육을 잘 시키는 녀석들이 있는가 하면, 남을 보고 잘 배우는 능력도 있다

동물사회에 무슨 교육제도 같은 게 있겠느냐고 반문하는 이들도 있겠지만, 살아남기 위해 치열한 생존경쟁을 해야만 하는 그들에게는 우리 인간보다 자식교육이 더 절실할 수밖에 없고, 사실 나쁜 환경에 놓여 있는 녀석들일수록 더 열심히 가르치고 배워 살아남게 됨을 알게 된다.

가령 새들의 경우만 보더라도 새끼새가 깃털이 나서 날 때가 되면 어미새는 먼저 저만치 날아보이곤 새끼새로 하여금 날도록 격려하면서 나는 법을 가르친다. 새끼새가 일단 날아다닐 수 있는 능력이 갖추어지면 어미새는 먹이 잡는 법을 열심히 가르쳐 독립시킨다. 여기에 덧붙여 수컷새끼들은 아빠새로부터 노래하는 법까지 배우는데, 이는 그들이 커서 암컷을 유혹하기 위함이다.

수중생활을 하는 수달은 새끼수달이 생후 3개월쯤 되면 물을 유난히 무서워하는 새끼들에게 수영연습을 시키는데, 어미수달을 따라 굴 속에서 나와 물가로 온 새끼수달을 한 마리씩 꼬리나 귀를 물고 물 속으로 던져버리는 것이다. 그러면 새끼수달은 깜짝 놀라 큰소리를 질러대면서 미처 두 번째 새끼수달을 던지기도 전에 다시 물가로 기어오른다. 이렇게 며칠동안 끈질기게 반복해서 새끼수달들이 수중생활에 익숙해

I. 우주 그리고 나

지고 즐길 수 있을 때까지 가르치고 또 가르치는 것이다.

표범이란 녀석은 새끼표범이 꽤 자라 사냥할 때가 되면 어미표범은 먹이로 잡은 동물을 살아 있는 상태로 새끼표범들에게 던져주어 그걸 가지고 새끼들이 그 동안 관찰해온 어미표범의 사냥법을 연습하며 자신들의 사냥기술을 익혀나가도록 한다. 이때 만약 새끼표범들이 미숙하여 잡아다준 먹이가 도망이라도 칠 때면 어미표범이 달려가 뒷다리를 옆으로 쳐서 쓰러뜨린 후 번개처럼 목을 물어 죽이는 시늉을 해서 새끼표범들이 보고 연습할 수 있도록 시범을 보여주니 얼마나 훌륭한 산 교육이란 말인가.

사자 역시 새끼사자가 태어난 지 1년 반쯤 되면 거친 들판으로 데리고 나가 사냥하는 법을 가르치는데, 어미사자들은 새끼사자들에게 먹이를 향해 살며시 기어가 가까이 접근했을 때 급습해서 물어 죽이는 방법을 교육시키는 것이다. 어미사자들이 먹이를 향해 살살 기어가기 시작하면 새끼사자들도 어미사자들의 몸동작을 열심히 흉내내며 배운다. 만약 사자새끼들이 실수로 공격 타이밍을 잘못 맞추어 사냥감을 놓치는 일이 발생하더라도 어미사자들은 실수를 저지른 새끼사자를 벌하지 않는 너그러움을 발휘함으로써 새끼사자들이 위축되지 않고 즐겁게 사냥교육에 열중할 수 있도록 하는 것은 우리 인간도 배워야 할 것이다.

그러면 우리 인간의 친척인 유인원 침팬지의 자식교육은 어떠할까? 나무타기 명수로 알려진 침팬지라 할지라도 어릴 때부터 본능적으로 나무를 잘 타는 것이 아니고 어미침팬지가 가르쳐야 된다는 것을 알게 된다. 왜냐하면 만일 우리 인간이 어린 침팬지새끼를 데려다 기른 다음 열대우림 속으로 보내려면 반드시 나무 타는 교육을 시키지 않으면 안 되기 때문이다. 이 교육을 시키기 위하여 인간이 침팬지를 업고 나

전문부모의 길 74장

무 위를 올라야 하고, 나무꼭대기에 올라가 잎이 많이 달린 나뭇가지들을 끌어당겨 서로 엮어서 밤에 잘 수 있는 둥지를 만드는 법도 가르쳐야만 한다.

또 침팬지는 새끼들에게 호두와 같은 단단한 껍질의 열매를 까는 방법을 가르치는데, 그 교육방법이 어찌나 완벽한지 우리 인간이 학생들에게 기술교육을 시키는 것과 조금도 다를 바가 없다. 우선 어미침팬지는 너무 세게 치면 으스러지고, 잘못 치면 깨지지 않고 퉁겨 나가기 때문에 고도의 기술을 요하는 호두까기 시범을 보여주는 것으로 시작된다. 우선 어미침팬지는 새끼침팬지가 보는 앞에서 넓적한 돌판 위에 호두를 올려놓고 돌망치로 호두를 깨서 새끼들과 맛있게 나누어 먹은 뒤 아직 까지 않은 호두와 돌망치를 넓적한 돌 옆에 놓아두고 몇 미터 간격을 두고 떨어져 앉아 새끼침팬지들이 어떻게 하는지 살펴보는 것이다. 그러면 맛있는 호두를 더 먹고 싶은 새끼침팬지는 어미침팬지가 한 것과 같은 동작을 수없이 반복해 보지만 제대로 되지 않으면 결국 포기하는데, 이때를 기다렸다가 어미 침팬지가 다가가 새끼손으로부터 부드럽게 돌망치를 받아든 다음 새끼침팬지가 잘 볼 수 있도록 아주 천천히, 그리고 아주 정확하게 호두를 내려쳐 호두 까는 시범을 여러 차례 반복해서 보여주고 나서 다시 새끼침팬지에게 망치를 들려주는 것이다. 이런 시범교육은 새끼침팬지가 호두를 제대로 깔 때까지 반복되며, 새끼가 호두를 까는 데 성공하면 그간 깐 호두를 상으로 먹게 하는 것이다.

이처럼 동물들이 어미로부터 받는 교육 이외에도 동료들로부터 배우거나 스스로 방법을 터득하기도 하는데, 일본원숭이의 고구마 씻어먹기는 잘 알려진 얘기이다. 어느 날 일본원숭이 한 녀석이 모래 묻은 고

Ⅰ. 우주 그리고 나

구마를 씻어먹는 법을 터득해서 먹게 되자 이를 본 동료 원숭이들이 모두 보고 배우게 된 것이다. 또한 이 고구마를 씻어먹는 법을 터득한 명석한 녀석은 모래에 엎질러진 쌀을 씻어먹으려고 쌀을 모래와 함께 들고 물가로 가서 쏟아 부어 위로 올라오는 쌀을 먹는 방법도 개발해 동료 원숭이들이 따라 배우게도 한 것이다.

또 영국에서는 아침마다 현관에 배달되는 우유를 박새들이 먼저 시식하는 골치 아픈 일이 벌어졌는데, 이 사건은 어느 날 우연히 한 박새가 찢어진 우유병 마개 사이로 그 당시 정제되지 않은 우유 속의 지방이 표면에 떠올라 엉겨 있는 것을 먹어보고는 기가 막히게 맛이 좋자, 이집 저집 다니면서 우유병 마개를 따고 기름기를 걷어먹었으며, 이를 본 동료 박새들이 따라함으로써 전국으로 퍼져나간 사건이다. 결국 이 사건은 우유생산업체들이 단단한 병마개의 우윳병으로 바꿔 일단락되었으니, 동물들의 모방학습 능력이야말로 뛰어남을 알 수 있다.

하천이나 호수바닥을 기어다니는 약 3센티미터의 작은 편형동물인 플라나리아란 녀석도 학습능력이 있음을 보여준다. 플라나리아로 하여금 T형으로 된 미로를 걷게 하고, 갈림길에 다다를 때마다 한쪽에서 가벼운 전기자극을 주는 실험을 해보면, 다음 번에 갈림길에 서면 전기자극을 주지 않아도 지난번에 전기자극을 받았던 반대방향으로 몸을 트는 것을 볼 수 있다. 이처럼 작은 동물일지라도 그저 두어 번 경험이면 충분히 배워 생활에 적용할 수 있는 학습능력이 있음을 보여준다.

이렇듯 동물들은 학습능력이 뛰어날 뿐만 아니라, 어미는 새끼에 대해 철저한 자식교육을 시켜 자립능력이 길러지면 독립시킨다. 그러나 우리 인간들 가운데에는 돈푼이나 있다고 해서 자식들이 다 늙어가도록 옆구리에 끼고 먹여 살려주는 어리석은 짓을 해서 자식들이 자립심

전문부모의 길 74장

을 잃고 불로소득이나 바라고 기생하려는, 사육되는 동물원의 동물처
럼 만들고 있음을 부끄럽게 생각해야 할 것이다.

Ⅰ. 우주 그리고 나

동물도 인간 뺨치게 사회생활을 잘하는 면이 있다

　우리 인간에게 악의 화신으로 잘 알려진 흡혈박쥐는 알고 보면 협동심이 아주 강한 사회적 동물이다. 이 녀석들은 2~3일 동안 피를 먹지 못하면 굶어죽기 때문에 동물 속에 여남은 마리씩 무리지어 살면서 운이 좋아 배불리 먹고 온 녀석은 굶은 녀석에게 먹고 온 피를 나누어줌으로써 굶어죽는 것을 면할 수 있게 된다. 그런데 이 녀석들은 지난날 자신이 굶어 죽어갈 때 피를 나누어주었던 녀석에게만 피를 나누어주려고 한다. 따라서 평소에 이웃이 굶어죽건 말건 피를 나누어주려 하지 않고 자기 혼자 배불리 먹던 녀석들이거나, 전에 도움을 받고도 도움을 준 녀석이 굶을 때 못본 체한 배신자로 낙인찍힌 녀석은 운이 나빠 굶어죽게 되어도 누구 하나 거들떠보지도 않는다.

　돌고래 사회에서는 나이가 든 암컷들이 조산원 역할을 떠맡는데 새끼가 어미 뱃속에서 빠져 나오면, 어미는 주둥이를 사용하여 새끼를 물 위로 올려 숨을 쉴 수 있게 해주는데, 이때 곁에 있던 조산원들이 함께 새끼를 물 위로 들어올려 준다. 또 돌고래 사회의 수컷들은 짝지을 적령기가 되어도 암컷을 차지하기가 어렵기 때문에 삼삼오오 떼를 지어 다니며 암컷을 찾은 다음 여럿이서 암컷 하나를 줄기차게 쫓아다님으로써 마침내 암컷으로부터 승낙이 떨어지면 그 중 한 마리 수컷에

게 짝을 지어주고, 다음날 이와 같은 방법으로 또 다른 암컷의 허락을
받아내면 이번에는 다른 수컷이 차지하는 짝짓기 협동도 잘한다. 뿐만
아니라 고래사회에서도 고래가 상처를 입기라도 해서 수면까지 뜨지
못해 공기를 마시지 못하는 일이 벌어지면 동료들이 모여들어 서로 힙
을 합하여 다친 동료고래를 들어올려 준다.

　조산원제도는 사회성 곤충인 개미나 벌의 사회에는 더 잘 발달되어
있는데, 그것은 개미나 벌, 흰개미 사회의 여왕들은 대개 몸이 너무 비
대하기 때문에 가만히 앉아 알을 낳으면 일개미나 일벌들이 새끼를 받
아서 아기방으로 옮긴다. 이들 사회성 곤충은 거대한 가족으로 모든 개
체들은 일반적으로 같은 여왕의 몸에서 태어났으며, 여왕, 수놈, 일꾼
의 3계급으로 나뉘어지는데 이들이 하는 일은 완전히 분업화되어 있는
게 특징이다. 예를 들어 여왕개미와 수개미는 애를 낳는 그룹이다. 여
왕개미는 토실토실하게 부풀어오른 거대한 알 공장으로, 몸의 크기는
일개미의 수백 배에 달하고 거의 움직일 수 없어서 계속 일개미의 시중
을 받아야 살아갈 수 있다. 그리고 애를 키우는 그룹의 일개미는 조산
원 역할뿐만 아니라 여왕의 몸을 돌봐주어야 하고, 먹이도 주어야 하
며, 여왕이 이동해야 할 때에는 수없이 많은 일개미들이 등에 업어 운
반해야 한다. 또 일개미는 일만 하는 순수한 일개미 외에 병정개미 및
꿀단지개미 같은 고도로 특수화된 계급으로 나뉘어지는데, 일개미의
주요 임무는 여왕시중 말고도 먹이를 물어오는 일, 새끼 키우는 일, 집
짓고 통로 만드는 일 등을 한다. 병정개미는 몸이 크고, 특히 머리와
턱이 발달하여 파수병으로서 외적을 막는 일을 하고, 딱딱한 먹이를 깨
뜨리는 데 도움을 주기도 한다. 꿀단지개미는 꿀을 잔뜩 저장할 수 있
는 커다란 배를 가진 녀석으로, 개미집 천장에 붙어 부풀어오른 전구처

I. 우주 그리고 나

럼 축 늘어져 있으면서 다른 일개미들의 먹이저장소 역할을 담당하니 얼마나 철저한 분업화 사회인가 말이다. 그리고 흰개미의 병정개미는 적이 침략해오면 공격을 하고, 만일 통로에 구멍이 뚫리면 자기머리로 막기도 하며, 사태가 위급해지면 자기내장을 터뜨려 적에게 끈적거리고 냄새가 고약한 물질을 흘려보내는 용감무쌍한 녀석이며, 꿀벌 역시 적이 침입하면 적을 침으로 쏘고 자기자신은 죽음으로써 이러한 극단적인 이타주의가 존재하지 않는 무리보다 더 잘 번성하게 된다.

포유류 중에서도 개미나 벌과 같이 유일하게 여왕을 가진 진사회성(眞社會性) 벌거숭이 두더지 군락이 있다. 이 벌거숭이 두더지란 녀석은 사는 환경도 지저분할 뿐만 아니라 생긴 것도 털이 없고 눈은 멀었으며 쭈글쭈글한 피부에 앞니 두 개가 입에서 삐쭉 튀어나와 있는 그야말로 못생긴 녀석이다. 이 녀석들은 한 마리의 암컷이 세 마리 정도의 수컷들과 교대로 짝짓기를 하기 때문에 개미나 벌처럼 '초친척들'도 아니면서, 이들의 초협동은 실로 놀랄 만한 일이다.

번식을 하지 않는 일꾼들은 새로운 터널을 파고, 쓰레기를 치우며, 여왕뿐만 아니라 서로 돌보고, 포식자들로부터의 방어라는 위험한 임무까지 도맡아 하는 것이다. 이 녀석들은 만약 자기자신이 기생충에 감염되면, 공동배설지역으로 가서 죽을 때까지 꼼짝 하지 않음으로써 자기무리에 기생충을 옮기지 않으려고 하는데, 이렇게 일단 죽기로 마음먹은 녀석은 절대로 움직이지 않으며 강제로 먹여보려고 실험을 해봐도 먹일 수 없었다고 한다. 그러니 이 녀석들은 동료에게 전염병을 퍼뜨리지 않으려고 스스로 굶어죽는 의리 있는 녀석들임이 분명하다.

또 송사리과에 속하는 열대담수어인 거피(GUPPY)라는 물고기는 무리를 지어 사는데, 만약 자기들을 잡아먹는 개복치와 같은 대형물고기

전문부모의 길 74장

들이 저 멀리 나타나면, 모두 도망을 가는 게 아니고 도리어 그 중 몇 마리가 쌍을 이루어 대열을 이탈해서 적이 있는 방향으로 정찰을 나가는 것이다. 그리하여 어떤 적들인가, 얼마나 굶주려 있는가, 얼마나 떨어져 있는가 등의 정보를 수집한 다음, 즉시 몸을 돌려 무리로 되돌아와 수집한 정보를 전달하고, 무리는 이 정보에 따라 행동한다. 그런데 이 정찰임무를 수행하는 것은 마치 군대의 정찰임무와도 같아서 자신들에게는 매우 위험하나 전체 무리의 안전을 위해서는 꼭 필요한 것으로, 정찰대를 파견하는 무리가 파견하지 않는 무리보다 매우 안전하다는 것이 실험에 의하여 증명되고 있다.

또한 점프선수로 유명하여 한 번 점프로 무려 9~12미터까지 뛸 수 있는 아프리카의 임팔라영양은, 혀로 핥아 몸에 붙어 기생하는 진드기를 없애주어야 건강을 유지하고 생존경쟁력을 가질 수 있는데, 자기 혀가 닿지 않는 부분은 어차피 다른 녀석에 의존하는 수밖에 없다. 그런데 이 몸단장은 한두 번에 쉽게 끝나는 것이 아니고, 네 차례에서 열두 차례까지 반복되는 고된 일인 데다가, 이때 에너지 소비는 물론 침의 낭비나 적에 대한 감시소홀로 위험부담도 크기 때문에 일방적 서비스 행위로는 정착될 수 없는 것이다. 따라서 이 녀석들은 자기의 몸단장을 해준 녀석을 잘 기억하고 있다가 반드시 자기가 받은 횟수만큼 그대로 되돌려준다.

아프리카 초원에는 협동하여 사냥하는 맹수들이 많이 있다. 암사자의 경우, 작은 먹이감일 때는 혼자서 사냥을 하지만 혼자서는 도저히 사냥할 수 없고 나누어 먹을 수 있을 만큼 먹이가 클 때에만 협동을 하는 것으로 보아 사냥에 가담한 당사자들 모두가 각자의 이기심에 근거를 두는 협동유형으로, 고등동물 협동의 가장 흔한 일반적 유형이다.

Ⅰ. 우주 그리고 나

족제비 고양이라고도 불리는 몽구스(mongoose) 란 녀석은 약 열 마리에서 스무 마리씩 무리를 지어 사는 사회성 육식동물인데, 흥미로운 것은 조금 큰 형뻘의 새끼가 먹이사냥을 포기하고 교대로 어린 동생을 본다는 것이다. 그리하여 모든 식구들이 먹이사냥을 나갈 때면 새끼 돌보는 형뻘의 몽구스가 적어도 한 마리 이상 남는데, 위험한 포식자가 다가오면 경고음을 내거나 굴에서 쫓아내기까지 하는 위험을 감수하면서 형제자매를 돌보는 것이다.

또한 개코원숭이라고도 불리는 비비원숭이도 흡혈박쥐나 임팔라영양 등과 같이 한 번 진 신세는 반드시 갚을 줄 아는 녀석들이다. 따라서 어떤 녀석이 싸울 때 도움을 요청하는 소리를 녹음해 두었다가 그가 속해 있는 무리 근처에 가서 틀어놓으면, 전에 싸움이 있었을 때거나, 번식을 위한 수컷동맹을 맺었을 때거나 녹음된 목소리의 주인공한테 도움을 받았던 녀석이 가장 빨리 달려오는 것을 볼 수 있다. 물론 이 경우 부모자식이나 형제자매와 같은 가까운 친족은 제외시킨 것이며, 이처럼 혈연관계가 없는 녀석들은 서로 사회적인 부채, 즉 신세진 것을 예민하게 의식하며 꼭 갚아야 한다는 생각으로 살아간다는 증거이니 배은망덕을 식은 죽 먹듯 하는 우리 인간이 부끄러워해야 할 일이다. 또한 성숙한 수컷 비비원숭이는 표범과 같은 포식자로부터 공격을 받아 무리가 위험에 처했을 때에는 자기 무리를 지키기 위하여 앞장서서 목숨을 걸고 싸우기도 하는 의리 있고 용감한 녀석이다.

요즘 널리 알려져 있는 우리 인간의 친척뻘 되는 침팬지나 고릴라 등 유인원들의 사회생활을 제외하고라도, 이처럼 동물들의 흥미롭고 다양한 사회생활을 엿볼 수 있으며, 거칠고 위험한 생존경쟁에서 살아남기 위해 협동으로 진화해온 이 녀석들의 투혼에 감복할 따름이다.

전문부모의 길 74장

14. 동물도 자기동족을 사랑하고, 남에 대한 자비심을 가지고 있기도 하다.

치명적인 독을 지니고 있는 방울뱀은 자신의 독에 대한 면역성이 없기 때문에 동료에게 물리면 죽고 만다. 그래서 그들은 쥐와 같은 먹이동물을 잡아먹을 때에도 물고 난 뒤에 자신의 치명적인 독이 희생자의 체내에서 어느 정도 분해되어 자기자신에게 해롭지 않게 될 때까지 물고 한참동안 기다렸다가 삼키는 것이다.

이와 같은 방울뱀 녀석은 종류가 다른 뱀이나 다른 동물일 때에는 가차없이 독니로 공격하지만, 자기들끼리 싸움을 할 때에는 결코 치명적인 독니를 사용하지 않고 일정한 규칙에 따라 레슬링 경기를 한다. 즉, 서로 몸을 꼬아 조이고, 적의 머리를 세차게 땅바닥에 눌러 꼼짝 못하게 한 쪽이 승자가 되며, 게임이 끝나면 승자는 조임을 풀어주고, 패자가 도망가도록 하기 때문에 승자패자 모두 치명적인 부상을 입지 않는 신사적인 싸움이다.

또한 몸의 길이는 3센티미터밖에 안 되고, 강렬한 빨간색, 노란색 등을 띤 독개구리란 녀석은 동물세계에서 생산되는 독 가운데 최고의 독을 가지고 있어서 이 독개구리 한 마리의 독이면 50명의 인간을 수초내에 죽일 수 있는 양이 된다. 그래서 인디언들은 이 독을 채취하여

81

전쟁 때 사용하는 독화살을 만들어 쓰기도 한다. 이렇게 강한 독을 가진 독개구리 역시 자기 동료들끼리 싸움을 할 때에는 절대로 물고 싸우는 일 없이 수염소들처럼 머리에 머리를 맞대고 서로 밀어내는 힘겨루기 게임을 한다. 이리하여 힘이 약한 녀석이 밀리거나 뒤로 넘어지면 지는 것이고, 일단 게임이 끝나면 승자는 패자가 도망가게 내버려두니 기사도 정신이라고나 할까.

그리고 1960년대 중반에 동물이 자기동료의 고통에 대해 어떻게 반응하는가를 시험한 일이 있었다. 즉, 붉은털 원숭이에게 레버를 당겨야 그날 먹을 음식을 얻어먹을 수 있도록 훈련시킨 다음, 다른 동료원숭이를 바로 옆 우리에 넣었다. 그리고 나서 첫 번째 원숭이가 레버를 당기면, 두 번째 원숭이에게 강한 전기충격이 가해지도록 한 것이다. 그랬더니 놀랍게도 첫 번째 녀석이 레버당기는 것을 중단했을 뿐만 아니라 레버를 당기지 않아 먹이를 먹지 못하면서도 며칠 동안 참고 견디는 것이 아닌가. 또 여러 가지 실험을 해본 결과 낯선 녀석보다 잘 알고 지내던 녀석이 옆방에 있을 때 레버를 당기지 않는 기간이 길었고, 더욱이 전기충격을 경험해 본 녀석들이 그런 경험을 해보지 못한 녀석들보다 더 오랫동안 레버를 당기지 않았다. 그러니 악랄한 전기고문도 서슴지 않고 행하는 우리 인간에 비하면 얼마나 자비심 넘치는 행위란 말인가.

또한 타투라는 이름을 가진 난쟁이 몽구스 녀석이 다른 무리의 몽구스들과 싸움을 하다가 앞발을 심하게 다친 일이 있었다. 그리하여 자기자신의 털을 손질할 수 없게 되자 동료녀석들이 타투의 털을 다듬어 주기도 하고, 먹이를 잡았을 때 타투가 요청하면 먹이를 양보해 주기도 했다. 그러나 이런 방법만으로는 하루에 필요한 먹이의 절반 정도

전문부모의 길 74장

밖에 얻을 수가 없어 결국 타투는 죽고 말았다. 그러나 몽구스 무리는 이동을 중단했으며, 타투의 시체가 썩기 시작한 다음에야 다시 이동하기 시작했으니 동료간의 각별한 우정이라고나 할까. 잘 알려진 바와 같이 돌고래나 고래는 다친 동료가 공격해오는 인간들로부터 도피하는 것을 도와줄 뿐만 아니라, 동료가 잡혔을 때에 그물이나 작살에 연결된 밧줄을 물어뜯는 것이 종종 목격되곤 한다.

또 엄마와 자식 간의 사랑은 흔히 있는 일이지만 코끼리도 예외가 아니다. 태국에서 스물세 살짜리 팡소이쏭이란 이름을 가진 어미코끼리가 진흙뻘에 빠져 헤어나지 못하고 비명을 지르는 딸을 구하기 위해 자기 발목에 묶여 있던 쇠사슬을 끊은 다음 달려갔다. 그리하여 마침내 딸코끼리는 구해냈지만 정작 자기자신은 진흙뻘에 빠져 나오지 못하자 인근주민들과 딸이 힘을 합쳐 어미코끼리를 구해냈는데, 코끼리 모녀의 끔찍한 사랑을 느낄 수 있다.

인도에서는 아기원숭이 한 마리가 자동차에 치여 다리가 부러져 꼼짝도 못하자 리서스 원숭이가 100여 마리씩이나 몰려들어 교통이 마비된 일이 있었다. 이들 원숭이들은 다친 새끼원숭이가 다치자 주위를 뱅뱅 돌며, 그 중 몇 녀석은 새끼의 다리를 마사지하기도 했고, 결국 다친 새끼원숭이를 데리고 갔으니 얼마나 정이 많은 녀석들인가. 그런데 교활한 사냥꾼들은 동물들의 이러한 끈끈한 정이랄까, 사랑이랄까를 역으로 이용해 오리나 기러기, 늑대 등을 잡아놓고 기다렸다가 반드시 나타나는 죽은 녀석의 짝마저 잡아죽이는 악랄함을 보이기도 한다.

또 케냐에서는 코뿔소새끼 한 마리가 물을 마시러 갔다가 깊은 진흙구덩이에 빠져나오지 못하자 어미코뿔소는 한동안 바라보다가 할 수 없다는 듯이 숲 속으로 돌아갔다가 새끼의 울음소리가 나면 다시 오는

I. 우주 그리고 나

상태였다. 그때 한 무리의 코끼리들이 나타났다가 이 광경을 보고는, 커다란 엄니를 가진 코끼리 한 마리가 새끼코뿔소에 다가가 무릎을 꿇고 엄니를 새끼코뿔소의 배 밑에 집어넣고 들어올리기 시작했다. 그런데 숲 속으로 들어갔던 어미코뿔소가 새끼의 울음소리를 듣고 다시 나타나자 코끼리는 구조작업을 중단하고 비켜서는 것이었다. 한참 후에 어미코뿔소는 다시 숲 속으로 들어갔고, 코끼리의 구조작업은 여러 차례 반복됐다. 그러나 그때마다 자기 새끼를 해치는 것으로 오인한 어미코뿔소의 돌진으로 결국 성공하지 못했지만, 자기 동족도 아니고 그렇다고 평소에 사이가 좋았던 것도 아닌 코뿔소에 대한 코끼리의 이러한 행위는 곤경에 처한 이에 대하여 연민의 정을 느끼고 도와주려는 자비심이라고밖에 달리 설명할 도리가 없다.

생포되어 사육되던 토토라는 이름을 가진 침팬지가 자기주인이 말라리아에 걸려 꼼짝 못할 정도로 아파서 누워 있자 주인 곁을 잠시도 떠나지 않고 약과 물 등의 심부름을 하는 등 극진히 간호해서 완쾌시켰으며, 회복기에는 주인이 장화를 벗지 않고 잠이 들면 시키지 않았는데도 주인의 장화를 벗겨주곤 하였다. 또 수화교육을 받은 님이라는 이름을 가진 침팬지는 자기주인의 아버지가 암으로 갑자기 죽어 매우 슬퍼하자 자기주인의 슬픔을 가장 적극적으로 위로해 주었는데, 그 어느 가족보다도 절실했다고 한다.

이처럼 동물들도 자기동족을 사랑하는 마음이 있어서 싸움을 하여도 서로 죽이지 않는 기사도 정신이 있는가 하면, 다른 종족에 대해서도 연민의 정을 느껴 자비심을 베푸는 녀석들이 있음을 볼 때, 우리 인간이야말로 잔인한 동물이라는 생각을 금할 수 없다. 인간이 싸움을 할 때에는 적이라 하여 수단과 방법을 가리지 않고 수없이 죽이는가 하면,

전문부모의 길 74장

아무 이유도 없이 죽이기도 하며, 비명을 지르는 것도 아랑곳하지 않고 전기고문을 하는 등 우리 인간이 이러고도 만물의 영장이라고 할 수 있는지, 자기들보다 착한 동물들을 죽이고 학대할 자격이 있는지 묻고 싶다.

I. 우주 그리고 나

 동물도 수치심이나 분노나 기쁨의 감정을 가지고 있다

에리히 보이머라는 생물학자가 길렀던 자존심이 아주 강한 수탉 한 마리가 있었다. 아우닥스라는 이름의 이 수탉은 몇 년간 암탉과 병아리들 위에 군림하여 위풍당당하게 살아왔는데, 어느 날 힘이 세어진 그의 아들과의 치열한 왕위권 다툼에서 그만 지고 마는 사건이 벌어졌다. 하지만 분에 못이긴 아우닥스는 자신의 패배를 인정하지 않고 다음날에도, 또 다음날에도 설욕전을 시도해 보았지만 역시 패배하고 말았다. 그러자 셋째 날에는 아들이 다시는 도전을 못하게 하려는 듯이 싸움에 지고 달아나는 아우닥스를 암탉들이 지켜보는 가운데 끈질기게 쫓아다녔으니 아우닥스의 위신은 말이 아니었다. 그 후 아우닥스는 갑자기 폭삭 늙어 그 멋지던 볏과 깃털의 광택은 사라졌고, 보기에도 흉하고 더러워졌으며, 울음소리도 낮아졌고, 수줍어하는 아이처럼 뒷구석에 자리잡고 꼼짝도 하지 않을 때가 많아졌다. 그러다가 잘 먹지도 마시지도 않더니만 2주일이 지난 어느 날 뚜렷한 병도 없이 죽고 말았다. 아우닥스의 죽음의 원인은 참혹한 패배를 당하고 왕의 지위를 빼앗긴 수치심 때문에 자존심이 너무 상해서 더 이상 생존할 의욕을 가질 수 없었다고 보인다.

또한 탄자니아 초원에 사는 야생 암사자 한 마리가 다른 암사자들과 공동사냥을 하던 중 1, 2미터 길이의 날카로운 창모양의 뿔을 가진 오릭스영양을 물어 넘어뜨렸으나 동료 암사자들이 달려왔을 때 그만 그 암사자의 부주의로 놓치고 마는 일이 벌어졌다. 그야 놓쳐버린 것으로 끝이 났다면 별일이 아니겠으나 성이 난 오릭스영양은 달려온 다른 암사자의 갈비뼈를 날카로운 뿔로 들이받고 달아났고, 뿔에 받힌 암사자는 나흘 뒤 내출혈로 죽음으로써 사건이 커지고 말았다. 따라서 굳이 잘잘못을 따지자면 오릭스영양을 처음에 물었던 그 암사자의 실수 때문이었으나, 사자 무리의 그후 행동을 관찰한 바로는 잘못을 저지른 그 암사자에게 어떤 징벌이나 추방조치가 내려지는 기색은 전혀 없었다. 그러나 그 암사자는 며칠 후 자발적으로 공동체를 떠나 몇 주간 외톨이로 초원을 헤맸으며, 혼자 사냥할 만한 먹이감이 부족하다 보니 얼마 지나지 않아 굶어죽고 만 것이다. 그러니 그 암사자는 자기자신의 실수로 동료가 죽게 된 죄책감 때문에 무리 안에 머물러 있을 염치가 없어 홀로 초원을 헤매다가 죽은 것으로 생각하지 않을 수 없다.

웰라라는 이름의 병코돌고래는 물 밖으로 뛰어올라 조련사의 손에 있는 생선을 받아먹는 훈련을 받고 있었는데, 조련사가 다른 생각을 하다가 그만 제때에 생선을 들지 못하고 멍청하게 손만 내밀고 서있을 때, 웰라는 본의 아니게 조련사의 손을 물고 말았다. 그러자 평소에 한 번도 벌을 받은 바 없는 웰라라 벌이 무서운 것도 아닐 텐데 탱크바닥으로 잠수해서 코를 구석에 박은 채 꼼짝도 하지 않고 나오려 하지 않는 것이었다. 그래서 조련사가 들어가 어루만지며 달래주니 그제야 평정을 되찾은 듯 다시 물위로 나왔으니, 이 역시 자기가 생선이 아닌 조련사의 손을 문 실수로 인한 수치감 때문에 그리하였다고 봐야 할 것

I. 우주 그리고 나

이다.

또한 비비원숭이 수컷은 하품을 하면 날카로운 이빨이 드러나는데, 야생 비비원숭이들을 관찰해 보면 늙어서 이빨이 많이 마모되었거나 다쳐서 부서진 수컷들은 이빨이 튼튼한 녀석들보다 하품하는 횟수가 훨씬 적다는 것이 발견된다. 그러나 주변에 다른 수컷들이 없으면 이빨이 좋지 않은 녀석도 정상적으로 자주 하품을 하는 것으로 보아 자기 자신의 이빨이 빠진 것을 의식하는 게 분명하고, 그 이유는 자기 약점을 드러내지 않으려는 의도이거나, 부끄럽게 생각하기 때문인 것으로 해석된다.

그리고 동물도 분노한다는 것이야 누구나 잘 아는 일이다. 어느 날 해양수족관에서 돌고래 올라의 쇼가 진행되고 있었는데, 바다새 한 마리가 탱크 바로 옆에 날아와 앉아 있자, 올라는 물 위로 머리를 내밀고 그 새를 뚫어지게 바라보는 것이었다. 그러나 그 새는 아랑곳하지 않고 그대로 앉아 있었으며, 신경이 거슬리는 듯 올라는 그 새를 향해서 뛰어오르며 입을 크게 벌렸지만 그래도 새는 꼼짝도 하지 않고 버티는 게 아닌가. 이렇게 되자 대부분의 관객들은 돌고래 쇼는 잊어버리고, 올라와 새의 신경전을 열심히 보았는데, 이때 올라는 빠른 속도로 탱크 안을 돎으로써 물탕을 튀게 하여 새의 발을 물로 뒤덮었으나, 그래도 새는 여전히 움직이지 않았다. 그러자 약이 오를 대로 오른 올라는 잠수하여 물을 입안 가득히 물고 올라와 새를 향해서 직선으로 내뿜었다. 그제야 물을 함빡 뒤집어쓴 새는 날아올랐고, 관객들은 웃음을 터뜨렸으니, 귀여운 돌고래가 분노하는 쇼를 보게 된 만족감이었으리라.

해양수족관에서는 물탱크 안에서 일하는 한 잠수부가 그 탱크 안에서 사육되는 돌고래의 일종인 범고래와 친숙하다 보니 장난을 너무 심

전문부모의 길 74장

하게 쳐서 괴롭혔다. 그랬더니 성이 난 범고래가 잠수부를 탱크 밑바닥에 쓰러뜨려 놓고, 꼼짝못하게 주둥이로 누르는 사건이 벌어진 것이다. 그리하여 놀란 조련사는 잠수부를 구출하려고 범고래에게 올라오라는 명령을 내리기도 하고, 커다란 소리를 질러 놀라게 하기도 하고, 생선을 주어보기도 했으나 전혀 들으려 하지 않다가, 5분쯤 지나자 그 잠수부를 놓아주었다. 다행히 잠수부는 잠수복을 착용하고 있었기 때문에 익사를 면할 수 있었다. 그러니 동물도 먹이확보나, 새끼보호나, 생명의 위협과 같은 생존을 위한 본능적인 성냄만이 아니라 자존심의 손상시에도 분노함을 엿볼 수 있다.

그리고 놀이는 우리 인간들만이 아니라 많은 동물들도 무척 즐기는 것으로, 놀면 놀수록 점점 놀이에 빠져들어 어떤 때에는 놀이 그 자체가 목적인 것처럼 보이기도 한다. 예를 들면 알래스카에서는 버펄로들이 얼음 위에서 미끄럼을 타고 노는 것이 목격되곤 한다. 얼어붙은 호수 위에 있는 능선에서 한 마리씩 호숫가로 뛰어내려와 얼음 위로 몸을 날리는데, 이때 다리를 한곳에 모아 그 큰 몸뚱이를 팽이처럼 돌게 만들면서, 도는 것이 멎는 순간에는 우렁차게 환호성을 질러대는 것이다. 그런 다음에는 비틀비틀 뒤뚱거리면서 빙판 위를 걸어 다시 미끄럼을 타려고 언덕을 올라가는 것을 보면, 이 녀석들이 놀이를 얼마나 즐기는가를 알게 된다.

또한 동물은 미적 감각도 있고 음악을 즐기기도 해서, 침팬지는 그림을 그리기도 하고 아름다운 일몰광경을 꼬박 15분 동안이나 지켜보았다든지, 야생 곰이 웅크리고 앉아서 생각에 잠긴 듯 넋을 잃고 일몰을 바라보는 광경이 목격되었다. 수화교육을 받은 고릴라인 마이클이란 녀석은 음악을 좋아하는데, 특히 테너가수 루치아노 파바로티의 노

Ⅰ. 우주 그리고 나

래를 너무나 좋아해서, 텔레비전에서 그의 공연이 방송될 때에는 바깥 외출도 거부하고, 또한 이 마이클 녀석은 난타를 좋아해서 칠 것을 주면 시간가는 줄 모르고 신나게 두드리기도 한다. 그러니 미술이나 음악과 같은 예술감각 또한 우리 인간만의 전유물이 아님을 알게 된다.

우리 인간이 그 동안 동물들을 무시하여 그들도 감정이 있다는 것을 느끼면서도 알아보려고 하지 않았을 뿐만 아니라, 애써 모른 체하거나 부정하기에 급급해 온 게 사실이다. 그러나 이처럼 동물에게도 우리인간과 같이 희(喜), 노(怒), 애(哀), 락(樂)의 애틋한 감정이 있다는 것을 솔직히 받아들여야 하고, 더 많은 사실을 연구 개발해서 인간과 동물이 다르지 않은 하나임을 깨달아 학대와 살생이 아닌 공존공생의 길을 하루빨리 모색하는 지혜로운 인간이 되도록 힘써야 할 것이다.

전문부모의 길 74장

동물도 이별을 슬퍼하고 죽음을 애도하기도 한다

동물들이 자기 친족뿐만 아니라 자기 주인의 죽음을 애도했다는 옛 이야기는 많이 있다.

우선 강원도 고성사람이 사냥을 갔다가 사슴 한 마리를 죽이자 사슴떼가 줄지어 서서 죽은 사슴을 핥은 것을 보고 후회했다든지, 주인이 흉년에 굶다 못해 어미개를 잡아먹고 뼈다귀를 개울가에 버렸는데 그 이후 새끼강아지가 잠적하고 나타나지 않아 찾아헤맨 끝에 뒷산 양지바른 곳에 가보니 개울가에 버린 어미의 뼈를 물어다 양지바른 곳에 옮겨 묻고 그 위에 죽어 있었다는 강원도 정선 효구총(孝拘塚)의 주인이 강아지였다는 얘기라든지, 경상도 선산고을에서 자기를 길러준 노파가 죽자 그 장례식에 달려와 울다가 죽은 소를 기리기 위해 만들어준 의우총(義牛塚) 얘기라든지, 숙종이 고양이를 사랑하여 금손이라 이름을 지어주고 곁에 두어 손수 먹이를 주어 길렀는데 임금이 승하하자 일체 먹이를 먹지 않고 죽어 숙종 곁에 묻어준 얘기라든지 수많은 이야기가 전해 내려오지만 사람들은 이런 얘기를 액면 그대로 믿으려 하지 않는 게 사실이다. 그러나 요즘 많은 사람들이 연구하고 관찰한 바에 의하면 이와 유사한 사실들이 속속 밝혀지고 있다.

로키산맥 속에 사는 송골매 부부가 새끼 다섯 마리를 둥지에 낳아 기르고 있었는데, 무슨 사고인지 어미 송골매가 나타나지 않자 아비송골매는 애타게 울부짖으며 둥지 속을 기웃거리면서 기다리는 것이었다. 그러다가 3일째 되는 날에는 몹시 괴로워하는 듯한 신음소리를 내면서 하루종일 꼼짝도 하지 않고 바위 위에 앉아 있더니, 5일째 되는 날부터는 전에 없이 새벽부터 해질녘까지 미친 듯이 사냥하여 먹이를 새끼들에게 물어다주는 것이 목격되었다. 7일째 되는 날 관찰하던 생물학자들이 둥지를 살펴본 결과 새끼 3마리는 굶어 죽어 있었고 2마리만 살아 있었으니, 아내 잃은 슬픔에만 잠겨 새끼 돌보는 것을 포기하는 게 아니고 아내 몫까지 하려고 더 열심히 먹이를 물어오는 송골매가 기특하다는 생각이 든다.

또 해양수족관에서 낚시로 생포한 돌고래 암컷을 탱크에 집어넣자 절망상태에 빠져 몸을 똑바로 가눌 수 없을 지경에 이르렀는데, 잡힌 지 3일째 되는 날 돌고래 수컷을 넣어주었더니 암컷은 눈에 띄게 생기가 돌기 시작했으며, 수컷이 암컷을 떠받들어 수면 위로 올려주기도 하고, 헤엄치는 것을 도와주기도 하였다. 그러나 암컷이 생포될 때 낚시바늘에 입은 상처가 악화되어 두 달 후에 갑자기 죽고 말았다. 그러자 그 동안 정이 들었던 수컷은 상심한 나머지 먹기를 거부하더니 결국 일주일도 못 가서 그만 죽고 말았다. 그리하여 죽은 수컷 녀석의 시체를 부검해 본 결과 위궤양으로 위천공이 생겨 죽은 것으로 밝혀졌는데, 슬픔으로 인한 단식 때문에 위궤양 증세가 악화된 것이 틀림없다는 판단을 내렸다.

또한 침팬지 연구의 권위자 제인 구달이 몇 년간 꾸준히 관찰해오던 어미침팬지 폴로가 죽었을 때 응석받이 선머슴 같은 녀석인 아들 플린

전문부모의 길 74장

트의 나이는 여덟 살이나 되어 어미 없이도 충분히 혼자 살아갈 수 있는 나이였다. 그런데 어미 잃은 플린트는 슬픔에 잠긴 듯 어미의 시체 옆에 등을 구부리고 오랫동안 앉아 있으면서 마치 어미에게 살아오라고 간청이라도 하듯이 이따금씩 죽은 어미의 손을 잡아당기기도 하는 것이었다. 그러나 며칠이 지나자 플린트는 점점 무감각해지고 무기력해지더니 하루하루 급속도로 건강이 나빠져, 어미가 죽은 지 2주 후 아들 플린트는 결국 죽고 말았다. 그리하여 플린트의 시체를 부검해 본 결과 사망원인은 위장염과 복막염이었는데, 어미의 죽음으로 인한 심리적, 생리적 장애가 병에 대한 저항력을 떨어뜨린 것 같다는 결론이 내려졌다. 즉, 플린트는 어미 잃은 슬픔을 못 이겨 죽고 말았다고 보는 게 타당하다.

코끼리들은 다른 동물의 뼈에는 아무런 관심을 보이지 않지만, 코끼리의 뼈를 발견하면 가던 길을 멈추고, 반드시 그들의 긴 코로 뼈 냄새를 맡으며 뼈를 이리저리 굴려보기도 하고, 때로는 오랫동안 들고 다니기도 한다. 더구나 코끼리들은 이동중에 자기 어머니의 두개골이 있는 곳을 지나갈 때에는 몇 년이 지났어도 잊지 않고 어김없이 행진대열에서 벗어나 한동안 자기 어머니의 두개골 뼈를 굴리며 시간을 보낸 다음 무리를 쫓아가는 것을 볼 때 우리 인간들이 부모나 조상의 산소를 찾아가 성묘를 하는 것과 조금도 다를 바 없다고 생각된다.

이처럼 동물들도 어미나 사랑하는 이를 잃었을 때에는 슬픔을 못 이겨 죽기도 하고, 두고두고 죽음을 애도하기도 하는데, 요즘 우리 인간의 행태는 어떠한가? 자기 부모가 죽었는데도 상심하여 울고 실신하기는커녕, 아직 시신이 식지도 않았는데 밥을 꾸역꾸역 먹고, 밤이 되면 드러누워 쿨쿨 잠을 자며, 부조를 더 받아낼 요량으로 죽은 시신을 멀

I. 우주 그리고 나

리 옮겨가는가 하면, 남긴 유산이나 챙기려고 혈안이 되는 등 인간의
탈을 쓰고는 도저히 할 수 없는 일을 하고 있는 게 일반적인 현실이다.
어찌하다가 우리 인간이 동물보다도 못하게 타락하였는지 한심스러운
일이 아닐 수 없다.

·

전문부모의 길 74장

17. 동물도 가족계획에 따라 개체수를 조절하는 녀석들이 있다

바다철새인 가마우지란 녀석은 매년 봄 수천 년 전부터 내려오는 부화장소인 암벽에 먼저 도착하여 둥지를 튼 놈만이 짝짓기를 하고 알을 낳고 새끼를 양육할 수 있다. 다시 말해 지정된 부화장소에 둥지를 튼 놈만이 번식을 위한 공인된 티켓을 거머쥐는 셈이다. 따라서 늦게 도착하여 그 암벽에서 밀려난 녀석들은 비어 있는 이웃암벽에 둥지를 틀고 짝짓기를 하고 새끼를 낳아 기를 수도 있을 법한데 이상하게도 그렇게 하지 않음으로써 개체수를 조절하니, 우리 인간들이 대도시 주변에 무분별하게 난개발을 하고 인구를 급증시키는 것과는 대조된다 하겠다.

또 물개녀석들 역시 새끼를 낳아 양육하는 시기에는 바로 이웃한 섬이 비어 있건만, 예전부터 내려오는 섬으로만 빽빽하게 몰려와 밀집상태를 만들어 냄으로써 개체수를 조절한다. 물고기의 과잉소비를 초래하여 개체들이 굶주려 죽는 상황이 올 때까지 기다리지 않고 미리미리 대비할 줄 아는 지혜로운 녀석들이 아닐 수 없다.

이렇게 한정된 번식장소 밖에서의 짝짓기를 금지하는 방법 말고도 황소개구리처럼 어린 개구리의 노랫소리가 너무 크게 울리면 번식능력을 갖춘 성숙한 수컷 황소개구리들이 암컷을 꾀어내기 위한 합창소리

Ⅰ. 우주 그리고 나

를 포기하여 출산을 조절하는 녀석들도 있다.

찌르레기 녀석들 또한 과밀해져서 울음소리가 너무 시끄러워지면 출산율을 감소시키는데, 이는 소음에 의한 감각자극을 생식시스템에 결부시키는 신경이나 호르몬 메커니즘의 결과이다.

그리고 레밍을 주식으로 하는 흰올빼미는 수컷이 레밍을 선물하지 않으면 암컷은 교미를 거부하는데, 레밍은 3~4년마다 대량죽음으로 매우 부족한 상태가 초래된다. 따라서 그런 해에는 수컷 올빼미는 자기자신이 굶어죽을 지경이다 보니 암컷에게 선물을 할 수 없어 교미가 이루어지지 못하니 자연 출산이 제한될 수밖에 없다.

또한 붉은여우란 녀석은 자유자재로 출산율을 조절할 줄 아는 영리한 놈이다. 농가피해를 줄이고자 독일에서는 30년간 꾸준히 붉은여우 소탕작전을 펴봤으나 그 결과는 소탕작전 전이나 후가 조금도 차이가 없었다. 그래서 그 원인을 조사해 보았더니 이 녀석들의 가족은 부모를 비롯하여 성숙한 딸들과 어린 자식들로 이루어지는데, 개체수가 과도한 해에는 한 어미만 새끼를 낳고 성숙한 딸들은 금욕을 하다가 사냥 등으로 수많은 동료들이 희생당하는 사건이 벌어지면 모든 암컷들이 새끼를 낳아 부족분을 메우기 때문인 것으로 밝혀졌다.

이렇게 출산율 조절을 잘 할 줄 아는 동물로 코끼리도 있다. 이 코끼리들도 보통은 4~5년에 한 마리씩 새끼를 낳다가도 과밀로 인한 스트레스 상태가 되면 금욕을 해서 8~9년에 한 마리씩 낳아 출산을 제한한다.

그리고 이처럼 짝짓기 제한이나 금욕에 의한 개체수 조절만이 아니고 밀가루벌레와 같이 향기나는 피임약을 쓰는 녀석들도 있다. 밀가루 속에서 살아가는 밀가루벌레는 급속도로 번식하다가도 그 개체수가 밀

·

전문부모의 길 74장

가루 1~2그램당 두 마리가 넘으면 암컷은 생산을 줄이고, 애벌레의 성장기간을 늘리며, 그래도 안될 경우에는 자기가 낳은 알을 낳자마자 먹어치운다. 이는 밀가루벌레가 눈 똥과 함께 분비되는 화학적 향료 때문인 것이다.

또한 개구리의 올챙이 역시 향기를 내뿜어 만일 120리터의 어항 속에서 살아가는 여섯 마리의 작은 올챙이 속에 큰 올챙이 한 마리를 넣으면, 아무리 먹이가 풍부해도 작은 녀석들은 먹기를 그치고 스스로 굶어죽고 만다. 실험을 달리해서 큰 올챙이를 직접 넣지 않고, 큰 올챙이가 사는 물을 작은 올챙이가 사는 물과 교체해도 똑같은 결과를 가져오는 것으로 보아도 큰 올챙이로부터 나오는 화학적 향료 때문임이 분명하다. 이는 먼저 태어난 올챙이에게 우선권을 부여하는 방식으로 밀집도를 효율적으로 조절하는 것이다.

원시적인 생물체에 속하는 편형동물인 플라나리아란 녀석은 개체수가 너무 많아지면 모두 굶기 전에 단식을 하는 것으로 유명하다. 즉, 성체에 가까운 크기인 10밀리미터 길이의 플라나리아는 줄어들고 작아져서 2밀리미터 정도가 되면 어려져서 번식능력을 상실한다. 그리하여 다시 얻은 유년기로 살아가다가 살기 좋은 시기가 돌아오면 다시 성장해서 자식을 낳는다. 다시 말해 유년기를 연장시켜 번식속도를 늦추는 편리한 녀석들로서, 마치 인간이 오랫동안 갈망해오던 젊어지는 샘물 얘기를 듣는 것 같기도 하다. 만일 우리 인간에게도 이런 현상이 일어난다면, 아마도 인구 밀도가 많은 우리나라에는 어린이가 우굴우굴할 것이고, 특히 노인들의 집합장소인 종묘공원은 노인이 아닌 어린이들의 집합장소로 바뀔 것이니 얼마나 좋을까 라는 허황된 생각을 해본다.

또 중앙아메리카에 사는 좀나방의 애벌레는 초록색의 보호색을 가지

I. 우주 그리고 나

고 외톨이 생활을 즐기는 녀석들인데, 다른 녀석들과 부딪히는 횟수가 많아짐에 따라 보호색이 초록색에서 파란색 → 갈색 → 회색 순으로 바뀌어 위장상태가 나빠진다. 그리하여 애벌레를 잡아먹는 천적들로 인한 손실을 증가시킨다. 즉, 이들은 스스로 위장하는 것을 포기하여 적에게 몸을 내던짐으로써 개체수가 끝없이 늘어나는 것을 막는 것이니 마치 남을 위하여 자기 목숨을 바치는 살신성인(殺身成仁)의 보살도를 이루는 것과도 같다.

그러나 모든 동물들이 이처럼 금욕, 출산제한, 피임약, 유년기연장과 같은 합리적인 방법을 쓰는 것이 아니고, 무자비한 카니발리즘을 일으켜 개체수 조절을 하는 녀석들도 있다.

예를 들면 거피란 녀석은 성숙했을 때 생활공간으로 한 마리당 2리터의 물이 필요한데, 만일 물이 그보다 적을 때에는 거피는 자기 새끼건 누구건 간에 가리지 않고 동류를 잡아먹는다. 다만 동류를 잡아먹을 때 늘 한 마리의 수컷과 두 마리의 암컷 비율로 살아남을 수 있도록 균형을 잡아나가고, 반드시 일정한 숫자의 거피를 살려두니, 종의 안전과 번식을 위한 확실한 인구조절책을 쓰는 게 분명하다.

또 우리 인간과 친척관계에 있는 동남아시아의 다람쥐원숭이도 매일 두 시간 이상씩 나쁜 동류를 보는 것과 같은 스트레스가 지속되면 어미가 자식을 잡아먹는 카니발리즘이 나타난다. 만일 스트레스를 매일 여섯 시간씩 받으면 모든 암컷은 불임이 되고, 모든 수컷은 발기부전이 되고, 출산 직전 산모의 태아는 녹아 체액으로 변한다. 또한 이들의 휴식이 없는 지속적인 스트레스 상황은 인구과잉의 정도가 최고치에 이르러 어디를 가나 동류를 만나게 될 때 일어나는데, 그 결과 스트레스 정도가 약할 때에는 몇 시간 뒤, 스트레스 정도가 강할 때에는 몇

전문부모의 길 74장

분 뒤 죽고 만다. 즉, 이 녀석들은 개체밀집도가 견딜 수 있을 만큼 낮아질 때까지 물어서 죽이는 것이 아니고, 남을 위하여 스스로 죽어가는 것이니 좀나방의 애벌레보다도 더 적극적인 이타행(利他行)을 행하는 것이다. 자기가 살아남기 위해서는 서슴없이 남을 죽이는 우리 인간의 잔인한 모습과는 너무나 대조적이 아닐 수 없다.

그리고 동물 가운데에는 이처럼 합리적이든 야만적이든 인구조절을 잘해 나가는 녀석들만 있는 게 아니고, 인구조절을 전혀 할 줄 몰라 수십억 마리씩 떼지어 다니는 메뚜기떼처럼 분별없이 대량번식을 하였다가 삶의 터전을 황폐화시켜 대량죽음을 초래하는 어리석은 놈들이 있는가 하면, 레밍처럼 과밀해진 문제를 해결하려고 신천지를 찾아 대행군에 나섰다가 차디찬 북극해에 빠져죽어 수중고혼이 되는 놈들도 있다.

I. 우주 그리고 나

18. 동물은 자기 유전자를 되도록 많이 남기려고 다양한 섹스 전략을 개발해 왔다

동물이 자기유전자를 많이 남기려는 전략에서 암컷과 수컷의 전략이 다를 수밖에 없다. 왜냐하면 암컷의 난자는 정자에 비해 생산되는 숫자가 훨씬 적을 뿐만 아니라 크기가 크고 많은 생산비용이 들어가므로 우수한 수컷을 찾는 것이 최선의 선택이 되는 반면, 수컷의 정자는 천문학적 숫자로 생산되며, 크기도 작고 생산비용도 싸므로 되도록 많은 암컷과 교미를 해서 많은 자식을 낳게 하는 것이 최선의 선택이 되기 때문이다.

따라서 일반적으로 수컷은 더 많은 암컷을 차지하기 위하여 용감하고 힘이 센 장수형이 되든가, 암컷을 매혹시킬 만한 기발한 섹스상품을 만들고 광고를 해서 잘 팔 줄 아는 판매왕형이 되어야 하며, 일단 팔린 상품이 유효하게 쓰일 수 있도록 애프터서비스까지 신경을 써야한다. 반면 암컷은 가장 우수한 수컷의 정자를 받아 우수한 자식을 낳아야 우수한 손자를 볼 확률이 높아지기 때문에 어느 것이 우수한 섹스상품인가를 뛰어난 식별안으로 골라서 살 줄 아는 구매고객의 입장이 되는 것이다.

우선 장수형인 수컷코끼리 바다표범 녀석은 경쟁자를 물리치고 암컷들이 좋아하는 해변의 일정지역을 차지하기 위해 덩치를 불리고 호전성을 키우는 데 모든 에너지를 쏟아붓는다. 그리하여 경쟁자를 물리치고 승리한 장수가 되면 열 마리에서 스무 마리 정도의 암컷들과 짝짓기를 한다. 하지만 이 권좌도 오래갈 수 없는 이유가, 암컷무게의 3배 이상이 되고 너무 많은 상대와 교미를 하다 보니 에너지 소비가 너무 심하여 길어야 2년 정도 유지하다가 더 젊거나 더 강한 수컷에게 물려 죽기 때문이다. 그러니 짧고 굵게 사는 수컷이 되고 만다.

또 펭귄을 닮은 바다쇠오리 수컷은 유능한 사냥꾼이어야 하는데 그 이유는 이 바다쇠오리의 암컷은 일 년에 알을 단 하나밖에 낳지 않는만큼 하나뿐인 새끼를 유능한 물고기 사냥꾼으로 낳고 싶어하기 때문이다. 그리하여 물고기 사냥에 훌륭한 솜씨를 보여주는 건강하고 재주있는 유능한 사냥꾼형 수컷을 눈여겨보았다가 자기배필로 맞이한다.

그리고 미남형 상품을 파는 수컷공작은 매우 현란하고 우아한 꼬리를 내놓고 암컷들을 유혹한다. 사실 이 꼬리는 날기에 거추장스러운 방해물일 뿐만 아니라 수컷의 에너지를 고갈시킬 정도이다. 따라서 훌륭한 꼬리를 가지고 있다는 것은 그만큼 건강하고 억센 체력을 가지고 있다는 증거가 되므로 암컷들은 서로 다투어 이 수컷과 교미를 하려든다. 뿐만 아니라 일단 교미를 한 암컷은 이 우수한 유전자를 독점해서 자기자식에게만 전달시켜 주려고 다른 암컷들을 공격하거나 수컷에게 계속 교미를 요구하니, 암컷 공작의 시샘도 인간 못지 않게 대단하다.

또 오스트레일리아와 뉴기니에 사는 건축 및 조경예술가형인 수컷바우새는 집을 짓고 현관에 이르는 통로를 온갖 종류의 반짝이는 장식물로 꾸며놓기도 하고, 딸기류를 부리로 으깨서 만든 페인트로 자기집벽에 그림을 그려넣기도 하며, 나뭇가지를 얼기설기 엮어서 무려 3미터 높이의 탑을 만들기도 하는데, 암컷들은 마치 미술품 감정가처럼

I. 우주 그리고 나

가장 마음에 드는 건축물 소유자에게 교미를 허락한다.

그러나 이처럼 섹스판매자로서의 수컷과 구매자로서의 암컷이 신사적인 거래형식에 따라서만 교미가 이루어지는 것이 아니고, 비버원숭이 수컷이나 돌고래 수컷들은 수컷들이 연합해서 발정기에 들어선 암컷을 유괴해서 그 중 한 녀석이 교미하도록 하고 다음 번에는 다른 녀석이 하는 식으로 비신사적인 방법을 쓰는 놈들도 있는 등 다양한 절차를 통하여 교미가 성립된다.

어찌되었든 간에 일단 암컷과 수컷이 교미에 성공했다 하더라도, 그것으로 모든 것이 끝난 것이 아니다. 즉, 수컷은 섹스를 통해 전달한 정자가 무사히 난자와 결합할 수 있도록 여러 가지 경우를 고려해서 대책을 강구해야 하고, 암컷은 바람직한 상대일 경우에는 그 정자들의 행진을 도와주지만, 만일 어쩔 수 없이 맺어진 상대일 경우에는 정자들의 행진을 방해하고 다시 우수한 수컷을 받아들이는 전략을 쓴다.

수컷들의 정자경쟁을 보면, 포유류이면서 알을 낳는 바늘두더지라고도 하는 가시두더지 수컷의 페니스는 무려 네 개의 머리를 가지고 있다. 꽃양배추와 비슷하게 생긴 끝부분에서 정액이 방출됨으로써 암컷의 자궁 구석구석에 골고루 사정할 수 있을 뿐 아니라 교미시간을 세 시간 동안이나 지속시켜 정자가 난자에 도달할 시간을 확보하고, 그 시간 동안 다른 수컷들이 올라타지 못하도록 한다.

교미시간이 길기로 유명한 물밭쥐 수컷은 무려 30~40시간 지속시키는데 이러한 마라톤섹스는 두 파트너를 성실한 부부로 묶어줄 체내호르몬 및 신경반응을 불러일으켜 주는 역할도 한다. 그러나 뛰는 놈 위에 나는 놈이 있다는 속담처럼 마라톤섹스의 기록보유자는 바구미 수컷이다. 이 녀석은 결합을 풀지 않은 채 무려 한 달 동안이나 암컷의

전문부모의 길 74장

등에 올라탄 기록을 보유하고 있으니, 해구신을 찾아헤매는 사내들이 탐낼 만도 한데, 내가 과문한 탓인지 수컷 바구미를 정력제로 먹는다는 얘기는 아직 듣질 못했다.

또 수컷코끼리 녀석의 페니스는 길이가 무려 2미터나 되고, 무게가 25킬로그램이나 되며, 페니스 끝부분은 갈구리 모양으로 되어 있어 암컷의 생식기를 거쳐 자궁 깊숙이 들어가 사정한 다음, 일정기간 동안 암컷이 다른 수컷과 외도를 하지 못하도록 관리한다.

하렘을 이루고 살아가는 실버백 고릴라 수컷은 정자경쟁이 불필요하기 때문에 몸무게는 침팬지 수컷의 네 배이지만 고환은 침팬지 고환의 1/6밖에 안 되어 정액량도 적다.

그러나 암컷 침팬지는 난교를 함으로써 자기자식이 어떤 수컷의 자식인지 모르게 하여 자식의 생존을 보장받으려는 전략을 쓰다 보니 암컷은 6주 동안 여러 수컷과 무려 천여 회까지 교미를 하기도 한다. 그러다 보니 수컷침팬지의 정자경쟁 전략은 극도로 발달할 수밖에 없어 수컷의 고환은 유인원 중에 제일 크고, 정액량도 매우 많아 교미를 시작할 때 암컷의 질을 세척해서 이전의 교미에서 주입된 다른 수컷의 정액을 모두 씻어낸 다음 자기정액을 주입시키는 전략을 쓴다.

또한 동물들 가운데에는 자기가 교미한 암컷에게 다른 수컷이 교미할 수 없게 하려고 정조대를 채워놓는 녀석들도 있다. 즉, 박쥐 수컷이나 고슴도치 수컷은 교미가 끝난 후 딱딱하게 굳어버리는 액체를 생산하여 질 입구를 막아버리며, 무르쿠리원숭이 수컷은 엄청난 양의 정액을 쏟아붓는데, 이 정액이 응고해서 튼튼한 아교질 마개가 되어 훌륭한 정조대가 마련된다.

그러나 여우 암컷이나 회색다람쥐 암컷은 교미가 끝난 후 30초 이내

I. 우주 그리고 나

에 스스로 정조대인 고무질 마개를 제거하는 재주가 있으니, 마치 중세에 아무리 열기 어려운 맹꽁이 자물쇠 정조대라 할지라도 능히 여는 기술이 번성했던 것과도 같은 현상이라고 할까.

그래도 정조대는 신사적 전략인 것이, 모기와 비슷한 각다귀 수컷 녀석은 정액 속에 암컷의 성적 관심을 사라지게 만드는 성욕억제 호르몬을 집어넣어 자기와 교미한 암컷이 다른 수컷을 받아들이지 않도록 하는 전략을 쓴다. 이 성욕억제제는 어찌나 효능이 탁월한지 한 마리 수컷에서 추출한 물질로, 무려 60마리 이상의 암컷들을 성적으로 완전히 냉담하게 만들 수 있으니 바람기 심한 아내와 사는 남편들의 귀가 번쩍 뜨일 만한 일이 아닐 수 없다.

그런데 성욕억제제로도 부족하여 더 심한 전략을 쓰는 녀석들이 있으니, 그놈이 바로 과일파리 수컷이다. 이 녀석은 정액 속에 암컷을 중독시키는 독약을 집어넣으니 얼마나 과격한 방법이란 말인가. 그리하여 이놈 저놈과 난교를 즐기는 암컷은 단명하게 마련이지만, 그렇다 해도 알을 낳기 전까지는 목숨을 부지하는 것으로 보아 자연의 끈질긴 번식력에 감탄할 따름이다.

이처럼 암컷이 늘 수동적 입장에만 있는 것이 아니고, 정사 후 수컷을 잡아먹는 끔찍한 암컷들도 있고, 정사 후 탈진해서 죽고 마는 수컷들도 있다. 예를 들면 사마귀 암컷은 짝짓기 상대를 잡아먹는 습성이 있어서 수컷을 정사 후 먹이감으로 본다. 따라서 교미가 끝나면 수컷은 도망치려고 애쓰지만, 일부 종에서는 그 시도가 실패로 돌아가고 암컷은 수컷의 몸뚱이를 우적우적 씹어먹음으로써 영양분을 흡수하여 더 많은 알을 낳을 수 있으니, 수컷의 죽음이 마냥 헛된 일은 아니다. 또한 독거미인 꼬마거미 암컷은 수컷보다 일곱 배 가량 큰데, 교미가 끝</p>

전문부모의 길 74장

나면 가여운 수컷의 몸을 먹어치워 태어날 자식의 영양분으로 사용하니, 단 한 차례 교미로 자기유전자를 남기기 위해 목숨까지 바쳐야 하는 수컷들을 용감무쌍하다고 해야 할까.

목숨을 바치는 방법이 이와는 다른 녀석인 오소리와 비슷하게 생기고 유대류인 웜뱃(wombat) 수컷은 오스트레일리아의 짧은 봄철동안 매우 경쟁적으로 되도록 많은 암컷을 찾아 몇 주일 동안 먹이를 먹을 시간조차도 없이 거의 광적인 성행위를 한다. 그리고 나서 기진맥진한 수컷들은 몸이 쇠약해지고 병이 들어 한 마리의 수컷도 살아남지 못하고 몽땅 죽어버리고 마니, 하는 일 없이 먹고 마시고 여색만 즐기는 사내들의 단명함을 보는 것과 같다.

이처럼 동물은 자기유전자를 남기기 위해 태어났다고 해도 좋을 만큼 번식가능성을 높이기 위해서는 어떤 수단과 방법도 가리지 않고 필사적이라 해도 과언이 아니다. 심지어는 하나밖에 없는 자기목숨까지도 바치기도 하니 동물들이 어려운 환경 속에서도 멸종되지 않고 살아내려 온 저력이 여기에 있음을 알 수 있다. 특히 암컷이 우수한 수컷을 찾아내어 짝짓기를 함으로써 더 좋은 자식을 낳을 수 있도록 한 공은 크다 할 것이다.

그러므로 우리 인간 역시 가족계획에 따라 자식수를 조절하는 것이야 좋은 일이지만, 우수한 자식을 낳을 수 있는 능력이 있으면서도 단지 귀찮고 자식 낳는 일을 자기희생으로 생각해서 자식 낳기를 기피하는 것은 잘못된 생각이며, 인류의 종을 위하여 바람직하지 못한 일이다. 왜냐하면 자식을 낳아 기르는 것이 아무리 힘이 들고 귀찮다 해도 그것은 희생이 아니고 마땅히 자기가 부모로부터 인류사회로부터 받은 빚을 갚아야 하는 채무변제의 성격이며 보은행위이기 때문이다.

I. 우주 그리고 나

19. 동물은 환경에 맞추어 최대번식이 되도록 짝짓기와 육아형태를 진화시켜 왔다

동물의 아비와 어미는 제각기 최소한의 노력으로 최대로 많은 후손을 남기려고 치열하게 다투기도 하고 협력하기도 하며 살아간다. 즉, 수컷들은 신속하게 교미를 끝내고 어버이로서의 책임에서 벗어나려 하는 게 일반적 현상인 반면, 암컷들은 수컷들을 육아의 울타리 안으로 끌어들여 새끼의 생존율을 높이려 하거나, 또는 맡겨놓고 도망치려고 지혜를 짜내기도 한다. 그러나 모든 동물들의 부모가 육아를 하는 것도 아니고, 물고기의 대부분은 물량공세 전략을 써서 한 어미가 수백만 개의 알을 낳아 포식자에게 먹히고 남은 녀석들이 자신의 유전자를 이어가도록 한다.

하지만 물고기 중에서도 검은자리돔 녀석은 알에서 깨어난 치어들을 산호초 우리 속에 몰아넣고 양치기 개처럼 적들로부터 보호한다. 이렇게 부모 보호체계를 진화시킨 물고기들은 주로 포식자들에게 노출될 가능성이 높은 얕은 물에 사는 녀석들이다.

예를 들어 연안해초에 서식하는 날쌔기 수컷은 짝짓기 철이 되면 산실을 물로 깨끗이 청소해 놓고 알을 밴 암컷을 유인하여 짝을 짓고 산란시킨 다음 수컷은 4일 밤낮으로 다른 포식자로부터 둥지를 지킨다.

전문부모의 길 74장

그리하여 알에서 깨어난 치어들을 성게의 길다란 가시들이 촘촘히 나 있는 안전지대로 들여보낸 후 어버이의 책무에서 벗어난다.

특이하게도 해마 수컷은 암컷보다도 더 정성껏 새끼를 기르기로 유명하다. 이 녀석은 자기배에 있는 육아주머니 속에 암컷이 알을 낳게 한 다음, 수정만 시키는 게 아니고 태반처럼 혈관을 통해서 배아에게 충분한 산소와 양분을 공급해 주면서 약 한 달 가량 키운다. 그리고 나서 치어들을 바다 속에 풀어주는 기이한 녀석들이다. 암컷이 아닌 수컷이 이런 역할을 떠맡은 데에는 그럴 만한 이유가 있다. 왜냐하면 해마란 녀석은 거의 움직이지 않고 뾰족한 주둥이로 흐르는 물 속에 떠있는 먹이조각을 빨아들이다 보니, 암컷 혼자 새끼를 낳을 만한 영양분을 흡수할 수가 없어서 수컷이 생식에 적극 참여하여 비용을 분담할 수밖에 없기 때문이다.

또한 개구리나 두꺼비들도 90%는 물량공세 전략을 써서 자기가 낳은 만여 개의 알 중에 한두 개 정도만 성체가 될 때까지 성장시키지만, 10%의 양서류는 새끼를 돌보는 행동을 나타낸다. 예를 들면 아프리카 황소개구리의 경우 알과 올챙이를 돌보는 쪽은 몸집이 크고 공격적이며 험상궂게 생긴 이빨을 가진 수컷이 담당하는데, 새나 뱀들을 격퇴시킬 뿐만 아니라 작렬하는 태양으로 웅덩이물이 뜨거워지거나 말라버릴 위험에 처하면 주둥이와 앞발을 이용해서 이웃 웅덩이까지 도랑을 파 그쪽 웅덩이의 물이 흘러들어 오게 하거나 올챙이들이 옮겨가도록 한다. 또 중앙아메리카의 독개구리 역시 수컷이 알이 부화될 때까지 남아서 알을 보호하고, 알이 부화되면 올챙이들을 자기 등에 태우고 강이나 웅덩이로 데려가는 임무도 수행하는 것을 보면 자식을 내팽개치고 집을 나가거나 귀찮다고 때리기나 하고, 심지어 강물에 내던져

I. 우주 그리고 나

버리는 인간의 아비야말로 개구리만도 못한 존재라는 생각이 든다.

이처럼 개구리 수컷이 알을 지키는 것이 얼마나 효과가 있는지를 실험해본 결과, 암컷이 낳은 알을 수컷이 지킬 때에는 3/4이 부화할 수 있었지만, 수컷을 제거해 버렸더니 1/4도 채 부화하지 못했다. 물론 그 이유는 탈수나 포식자가 알을 먹어버리기 때문이었으니, 개구리 수컷은 이리저리 돌아다니며 바람을 피우기보다는 알과 올챙이를 지키는 쪽이 더 유리하다는 것을 알았다고 보인다.

그런데 정자와 난자는 물을 떠나서는 살 수 없다 보니 물에서 육지로 올라온 동물들의 번식은 정자 난자를 몸 속에서 결합시킬 수밖에 없게 되었다. 그리하여 큰 난자는 전달하기가 힘들기 때문에 수컷의 작은 정자를 암컷의 몸 속에 넣게 되었고, 이 때문에 양육의 책임이 암컷에게 더 무겁게 지워진 것이다. 극단적인 예로 에레시드 거미의 어미는 새끼들이 알에서 깨어나면 새끼들에게 자기 몸을 파먹도록 자살을 하니 얼마나 지극한 모성애로 진화했는가를 알 수 있다.

그러나 겉보기로 90% 이상이 일부일처제를 유지하는 조류(鳥類)의 경우에는 반드시 암컷이 더 무거운 육아책임을 지는 게 아니고, 여러 가지 전략들이 난무한다.

예를 들어 펜줄린 박새의 경우에는 암컷과 수컷이 치열한 신경전을 벌여 동작이 느린 쪽이 양육의 책임을 떠맡는다. 즉, 수컷이 만들어 놓은 둥지에 들어간 암컷은 알을 다 낳을 때까지 수컷에게 둥지접근을 못하게 하고 몰래 알을 다 낳은 다음 수컷을 홀아비로 남겨 놓은 채 다른 수컷과 새 가정을 꾸미러 떠나간다. 그러나 암컷이 알을 낳았다는 것을 수컷이 먼저 알면 이번에는 수컷이 암컷을 홀어미로 남겨 놓은 채 다른 암컷과 새 가정을 꾸미러 도망치고 마니, 마치 요즘 못된 부부가

전문부모의 길 74장

이혼을 하면서 자식은 상대방에게 떠맡기려는 현상과 다를 바 없는 추태라고나 할까.

새들 중에는 이처럼 기회주의자만 있는 게 아니라 알바트로스와 같이 부부가 모든 희생을 감수하면서 정성껏 육아에 전념하는 녀석들도 있다. 물론 이들이 이렇게 진화한 것은 그들의 환경이 극히 나빠 부모가 협력하지 않으면 도저히 새끼가 살아남을 수 없기 때문이다. 이들이 사는 대서양 남부 조지아 섬에서 먹이를 구하려면 차갑고 거센 바람을 헤치고 장장 36시간의 기나긴 여행을 해야 하므로 암컷이 한두 개의 알을 낳아 품고 있을 때 수컷이 먹이를 잡아와야만 한다. 또 새끼가 부화되어 먹이를 구할 수 있으려면 무려 10개월이 걸리며 몸집이 워낙 커서 하루 1.5킬로그램의 먹이를 잡아다 먹여주어야 하니, 아비나 어미 혼자로서는 도저히 감당할 수 없어 이들 부부는 꼼짝없이 자식에게 얽매여 40년 동안 잘 살아가는 금실 좋은 부부가 되고 만 것이다. 그러니 농촌에서 부부가 피땀 흘려 농사를 지어 자식들 먹여 살리고, 공부시키느라고 평생 고생을 하지만 금실 좋은 부부로 살아가는 모습과 같다고나 할까.

어찌되었든 간에 조류는 90%가 일부일처제이지만, 포유류 중에는 전체의 5%만이 일부일처제이고, 그 나머지는 수컷들이 육아의 의무를 저버린다. 그것은 포유류의 경우에는 조류와 달리 알의 부화과정이 암컷의 체내에서 이루어지고, 낳은 새끼는 일정기간 어미젖으로 길러야 하므로 포유류 암컷은 숙명적으로 육아의 책무를 벗어날 수 없게 된 것이다. 다시 말하자면 포유류 암컷들은 수컷의 도움 없이도 효과적으로 새끼를 기를 수 있다는 얘기가 된다.

그러나 포유류 역시 어미 혼자 육아를 책임질 수 없는 나쁜 환경에

I. 우주 그리고 나

놓여 있을 경우에는 아비가 육아에 직접 개입한다. 예를 들면 아프리카에 서식하면서 턱이 약하고 이빨이 작아 흰개미와 같은 작은 곤충을 주식으로 하는 땅늑대 녀석은, 하루 저녁에 25만 마리 가량의 흰개미를 8시간에 걸쳐 잡아먹어야 새끼에게 젖을 줄 수가 있다. 그러니 어미가 사냥을 나간 사이 수컷이 새끼들을 돌봐주지 않으면 안 되게 진화한 것이다. 이 역시 실험을 해보면 수컷이 아기 보는 서비스를 할 경우에는 1년에 암컷 한 마리가 평균 1.5마리를 성공시키지만, 홀어미가 기르면 평균 0.3마리밖에 성공시키지 못한다. 따라서 수컷이 한 마리의 암컷에게 아기보기 서비스를 하지 않고 홀어미 암컷에게 새끼를 낳게 해서 더 나은 결과를 얻으려면 무려 6마리 이상의 암컷에게 새끼를 낳게 해야만 하니 한 마리 암컷의 아기보기로 진화한 것이리라.

이처럼 특별한 종을 제외한 포유동물의 95%가 일부일처제가 아니다 보니 우리 인간과 가장 가까운 친척인 침팬지는 섹스 공동체를 이루며, 뚜렷한 아비가 없는 상황이라 수컷의 육아서비스를 기대할 수 없고, 일부다처제로 하렘을 이루는 마운틴고릴라의 경우는 아비는 확실하지만 수컷은 육아에 관심이 없다. 다만 침팬지나 고릴라 수컷은 외적을 막아 영토를 확보함으로써 먹을 것을 보장해 주고, 암컷과 새끼들의 안전을 도모해 주는 역할에 그친다. 다시 말해 부모는 각기 다른 역할을 수행하도록 진화해 온 것이다.

어찌되었건 우리 인간의 대부분은 현대에 이르러 바람직한 방향인 일부일처제를 지향하는 게 현실이다. 그러나 현대는 먹을 것이 풍부하고 의료기술의 발달로 유아사망률이 낮다 보니 잘 기르고 못 기르고를 떠나 자기유전자 번식만을 생각한다면, 홀어미나 홀아비나 보육원이나 입양이나 간에 별로 걱정할 게 없는 세상이 되었다. 거기다가 생활이

전문부모의 길 74장

편리해져 여유시간이 많고 향락할 것들이 널려 있는 상황에서 떠돌이 새 알바트로스나 땅늑대와 같이 자식양육에 전념하는 금실 좋은 부부를 기대하기는 매우 어려워진 게 사실이다. 그러나 만물의 영장으로 자처하는 우리 인간은 자기유전자 번식만으로 만족해서는 안 되며, 인간다운 인간으로 길러져야 하는 만큼 어떻게 해서든지 부모가 협력해서 자식을 잘 기르는 일은 매우 중요한 일이다.

Ⅰ. 우주 그리고 나

20. 섹스야말로 우리 지구상에 다양한 생물을 만들어낸 창조신이다

생명은 약 36억 년 전 단세포생물로부터 시작되었다. 그 단세포 생물은 자기분열을 해서 똑같은 복제품을 만들어냈다. 그러나 복제품이란 아주 가끔씩 돌연변이가 일어나거나, 경험에 의해서 새로운 어떤 것을 배울 때에 한하여 그 모습을 조금씩 바꾸다보니 진화과정이 매우 느릴 수밖에 없었다.

그러다가 약 10억 년 전 세포는 우연한 과정을 통하여 아주 놀라운 기술을 배우게 되었는데 그것이 다름 아닌 다른 세포와 유전자를 교환하는 방법을 알게 된 것이다. 그리하여 다른 세포가 가지고 있는 생존상의 장점을 새로 태어난 아기세포에게 전달할 수 있으니, 이것이 바로 섹스의 효시이며, 이로 인해 태어난 생명은 복제품이 아닌 창조물이 된 것이다.

그리하여 새 세포는 부모보다 더 강하고 더 유연하였으며, 이제 세포가 돌연변이를 일으켜 더 나은 생존을 향해 나아가는 데는 몇백만 년씩 기다릴 필요가 없게 되었다. 이리하여 새로 탄생되는 생물은 더 크고 더 복잡한 상태로 변해갔으며, 처음에는 해파리 같은 연체동물이 탄생되더니, 차차 뼈와 껍데기를 갖춘 동물이 창조되었다. 그리고 약 5억

전문부모의 길 74장

년 전 드디어 물에서만 살던 동물이 땅으로 올라오면서 엄청나게 다양한 생물이 육지와 바다와 하늘을 차지하였다.

이 모든 창조가 바로 섹스를 통한 유전자 교환이 이루어낸 결과였다. 그러나 모든 생물이 섹스를 통한 유성생식을 해온 것은 아니고, 현재까지도 무성생식을 통해 복제하는 녀석들이 있는가 하면, 환경에 따라 무성생식과 유성생식을 하는 녀석들이 있기도 하고, 유성생식을 해오다가 무성생식으로 되돌아간 녀석들도 있다.

예를 들어 무성생식을 하는 녀석들로는 모체(母體)가 거의 같은 크기로 두 개 또는 여러 개로 나뉘어지는 말미잘이나 짚신벌레 등이 있고, 모체의 일부에서 돌기가 나와 모체와의 사이가 잘록해지면서 떨어지는 히드라, 갯지렁이 등이 있고, 모체의 일부에서 포자가 생겨 새로운 개체를 만드는 균류, 조류, 고사리류 등이 있고, 모체로부터 영양기관의 일부가 분리 발육하여 한 개체를 만드는 감자, 고구마, 양파 등이 있다.

또 무성생식도 하고 유성생식도 하는 녀석으로는 진딧물이 있는데, 이 녀석은 환경이 좋은 여름철에는 무성생식을 해서 자기자신을 기하급수로 복제하다가, 겨울철이 다가오면 수컷이 생겨 유성생식을 해서 다음해 봄에 암컷만이 태어나게 한다.

그리고 유성생식을 해오다가 무성생식으로 되돌아간 녀석으로는 민들레가 있는데, 이 녀석은 강건한 유전자를 가진 행운을 누리며 그 유전자를 보존하기 위하여 아마도 독신주의를 택한 것으로 보인다. 민들레는 더 이상 꽃가루받이가 필요하지 않음에도 불구하고, 여전히 화려한 노란꽃을 피우고 달콤한 꿀을 만들어 쓸모없는 투자를 하는 것으로 보아 아주 최근에 와서 무성생식으로 되돌아간 것으로 보인다.

113

·

또 미국 남서부의 사막에 사는 채찍꼬리 도마뱀 역시 무성생식을 하여 자신과 똑같은 딸들만 낳는데, 다만 유성생식을 하던 시절의 생리적 유산을 지닌 탓에 암컷은 알의 생성을 자극하기 위해서 암컷들끼리 레즈비언 짝짓기 시늉을 한다. 이것은 아직 번식준비가 덜된 아가씨 암컷이 가짜 수컷의 역할을 맡아 번식기의 아줌마 암컷이 눈에 띠면, 이 가짜 수컷은 허겁지겁 그 뒤를 쫓아가 목덜미를 붙잡고는 자신의 몸으로 암컷을 휘감아 수컷을 모방한 짝짓기 시늉을 하여 알의 방출을 가속화하는 데 필요한 호르몬 분비를 자극해 주는 것이다. 이들이 사는 환경조건은 가혹하지만 예측이 가능하고 확실히 병원균의 압력이 적어서 유전자 섞기가 생존에 꼭 필요치 않자 무성생식으로 되돌아간 것 같다.

어찌되었건 무성생식을 하는 녀석들은 지금까지 조사기록된 약 300만 종 정도의 생물 가운데 겨우 0.1만여 종밖에 안되며, 이들은 질병의 위협이 거의 없는 종이거나, 클론화와 빠른 개체군의 성장이 요구되는 장소에서 선호되는 정도이다. 이처럼 무성생식을 하는 녀석들은 극히 적을 뿐만 아니라 포유동물과 같은 고등동물에는 없으며, 이것을 달리 표현한다면, 유성생식 없이는 고등생물이 창조되기가 어렵고, 설령 창조된다 하더라도 살아남기가 어렵다는 얘기가 된다.

그리고 유성생식을 하되 암수한몸인 녀석들도 있다. 리불루스 맘로라투스라고 부르는 이빨 있는 잉어는 암수한몸으로, 암컷이면서 또한 고환을 가지고 있어 스스로 수정을 하여 모두 알을 낳을 수 있는 암수한몸의 자손만을 생산한다. 또 카리브연안 산호초에 살아가는 할리퀸베스라는 농어와 사촌격인 이 물고기는 암수한몸이면서도 스스로 수정을 하지 않고 다른 녀석을 골라 교미하여 잡교 수정시킴으로써 유성생식의 이점을 그대로 살리고, 모두 알을 낳을 수 있는 암수한몸의 자손

전문부모의 길 74장

만을 생산한다.

아무튼 섹스를 통한 유성생식이 생물의 다양성을 창조한 것은 두말할 필요가 없고, 단순히 다양성에만 그친 것이 아니고 삶의 질을 향상시켜 준 것에 감사해야 한다. 만약 이 세상에 섹스가 없었다면 우선 식물들의 아름다운 꽃이 피지 않았을 테니 눈부신 꽃색깔, 진동하는 꽃향기, 달콤한 꿀이 없는 세상이 되었을 것이다. 그뿐인가. 꿀이 없으니 꿀벌이 살 수 없을 것이고, 맛있는 열매가 없으니 이것을 따먹고 살아가는 동물이 없을 것이 아닌가. 또한 동물들 역시 섹스전쟁이 없다보니 휘황찬란한 수컷 공작새의 깃털이나 아름다운 수컷 극락조의 깃털을 비롯한 모든 새들의 다채로운 깃털은 볼 수 없었을 것이며, 그들이 배우자를 유혹하기 위해 개발한 아름다운 노랫소리나 흥겨운 댄스, 멋들어진 집짓기 등도 볼 수 없었을 것이다. 그리고 하렘을 이루려고 단련하고 키워온 코끼리 바다표범 수컷이나 마운틴고릴라 수컷의 무시무시한 거구와 싸움기술도 발달되지 못했을 것이고, 많은 동물들이 성전쟁용으로 갈고 다듬어온 멋진 뿔도, 낳은 자식을 보호하고 잘 기르려고 머리를 짜낸 수많은 지혜도 개발되지 못했을 것이다. 그뿐만 아니라 환경변화에 발빠르게 대응할 수 없어 큰 변화가 닥쳐왔을 때 살아남기 어려웠을 것이다. 특히 바이러스, 곰팡이, 박테리아와 미세한 기생충들의 위협에 대처하고자 할 때 섹스에 의한 유성생식이 아니고서는 마땅한 무기가 없는 게 사실이다. 다시 말해 이들 병원균과 기생충들이 아무리 강한 무기를 가지고 덤벼든다 해도 유성생식으로 다양한 체질의 자손이 창조된다면 그들로서도 다양한 모두에게 위력을 발휘할 수 없기 때문이다.

또한 인간에게도 섹스는 우리 삶에 크나큰 영향을 미쳤다. 남녀 사

I. 우주 그리고 나

이에서 발생하는 열정과 좌절감 및 분노는 장엄한 음악이나 감동적인 시, 또는 심원한 문학으로 나타내는 위대한 예술작품의 모티브가 되어 왔다. 그리고 우리의 몸화장을 비롯한 옷차림새나, 남녀가 결혼을 하고 자식을 낳아 기르고, 사회생활을 하는 목적이나 방식에서도 섹스를 빼놓고는 생각할 수 없는 것들이 허다하다.

이처럼 섹스는 우리 인간은 물론이고 모든 생물에 매우 중요하며 그 중요성은 아무리 강조해도 지나치지 않다. 왜냐하면 이것이야말로 지구상에서 가장 창조적인 힘이기 때문이다.

전문부모의 길 74장

21. 침팬지는 우리 인간과 4만 촌밖에 안 되는
동물 중 가장 가까운 친척이다

지금으로부터 약 800만 년 전 침팬지와 우리 인간의 공동조상이 아프리카 동남부에 살았다. 그런데 지구의 격심한 판구조 운동에 의하여 동쪽해안 부분이 상승하고 서쪽의 넓은 땅이 침하해서 남북으로 길게 뻗친 거대한 벽이 생겼으니, 이른바 그 유명한 동아프리카 대지구대(大地溝帶)가 생겼다. 그리하여 공동조상은 본의 아니게 동쪽과 서쪽으로 나뉘어 살았는데, 서쪽에서 불어오는 습한 공기가 거대한 벽에 부딪혀 비로 변하여 서쪽에 내리니 서쪽은 습하고 비옥한 환경으로 변했고, 반대로 동쪽은 건조해 살아가기 힘든 환경이 되고 말았다.

동쪽의 건조지대에 남아 있던 공동조상 중에 두 발로 걷기 시작하는 무리가 나타나면서 우리 인류로 진화했고, 서쪽의 습지에 남아 있던 공동조상은 현재의 침팬지 생활을 그대로 적응해 내려온 것이다. 그리하여 대지구대의 동쪽에서 발견되는 몇십만 년 전 화석은 인간조상의 화석뿐이고, 침팬지화석은 안 나오는 것으로 보아도 이 대지구대가 침팬지와 인간을 갈라놓았음을 알 수 있다.

아직 확실한 이유는 밝혀지지 않았지만, 인류가 발생한 지역이 비옥한 서쪽이 아니고 건조한 동쪽지역이었다는 것은 아무래도 부족함이

I. 우주 그리고 나

없으면 발전과 진화가 어렵다는 것으로 봐야 할 것이다. 이것은 부유한 집 자식들이 크게 자라기 어려운 반면, 적당히 결핍된 가정의 자식들이 올곧고 크게 자라기 쉬운 것과 같다고나 할까. 마치 소나무가 거름더미 위에서는 자랄 수 없어도 험한 산 바위틈에서는 자랄 수 있는 것처럼 말이다.

그러면 우리 인간과 가장 가까운 동물인 침팬지는 우리 인간과 몇 촌이나 되는 친척일까?

인간과 침팬지는 공동조상으로부터 약 600~700만 년 전에 갈라졌으니 우리 인간 한 세대를 30년으로 계산하고 침팬지 역시 똑같이 계산하면 약 2만세대가 되니까, 우리 인간과 침팬지는 4만 촌이라는 계산이 나온다.

그런데 언뜻 생각하면 침팬지와 고릴라는 같은 유인원이다 보니 그들 사이가 침팬지와 우리 인간보다는 더 가까울 것으로 생각하기 쉬우나 그렇지가 않다. 다시 말해 침팬지와 고릴라는 약 900만 년 전에 갈라져서 촌수는 6만 촌 정도되고, 유전자 차이도 2.3%나 되어서 침팬지와 우리 인간과의 유전자 차이 1.6% 보다 훨씬 크다. 다시 말해 침팬지의 친척으로는 피그미침팬지라고도 불리는 보노보를 제외하고는, 우리 인간이 가장 가까운 친척이며, 고릴라는 조금 먼 친척인 셈이다.

그러면 우리 인간과 가장 가까운 친척인 침팬지는 우리 인간을 얼마나 닮았을까?

우선 생김새부터 살펴보면, 다른 동물과 달리 꼬리가 없고, 손톱과 발톱은 사람처럼 갈고리가 없이 평평하며, 손으로 물건을 잡을 수 있고, 엄지손가락은 다른 네 개의 손가락과 마주보게 되어 있으며, 가슴은 등배쪽으로 얇고 좌우로는 넓어서 사람처럼 생겼고, 척추 역시 사

전문부모의 길 74장

람처럼 곧지 않고 S자 모양으로 되어 있으며, 페니스는 복부에 착 달라붙어 있지 않고 그저 매달려 있고, 이빨수 역시 사람처럼 32개이며, 몸의 길이 또한 암컷 130센티미터, 수컷 150센티미터로 작은 사람과 비슷하고, 몸무게도 암컷 35킬로그램, 수컷 50킬로그램으로 작은 사람 정도이며, 얼굴에는 털이 적고 얼굴모양도 사람을 많이 닮는 등 우리 인간과 너무나 비슷하다는 것을 알 수 있다.

또한 생김새뿐만 아니라, 침팬지의 임신기간은 257일로 우리 인간 265일과 비슷하고 한 배에 한 마리의 새끼를 낳으며, 월경주기도 사람과 비슷해서 28일주기가 많고, 피그미 침팬지는 사람처럼 얼굴과 얼굴을 마주보는 자세로 섹스로 하며, 수컷만이 아니라 암컷도 섹스를 유도하는 것이 우리 인간과 닮은 점이라 하겠다. 이외에도 침팬지는 열 가지가 넘는 얼굴 표정을 지어 감정표현을 할 수 있고, 혈액형, 질병, 혈청학적 시험결과 등에서도 사람과 유사한 점이 너무나 많다.

그리고 침팬지는 인간과 거의 마찬가지로 수컷들은 암컷들보다 몸집이 약간 크고, 수컷은 뚜렷이 정립된 위계질서의 정상을 차지하며, 어린 침팬지는 다 자랄 때까지 어미와 긴밀한 관계를 유지하고 생후 4년 정도에 젖을 떼는데, 처음에는 새끼가 심하게 조르면 젖을 주다가 나중에는 거절한다. 이때 새끼가 짜증을 부리고 의욕을 상실하며 우울증이라도 걸리면 어미는 간지럼을 태운다든지, 털고르기를 해주면서 달래주기에 급급하다. 또 젖을 떼면 어미는 새끼를 등에 태우지 않고 제 발로 걸어다니도록 한다.

이리하여 젖을 뗀 젊은 침팬지들은 장기간 동년배끼리 몰려다니며 놀기도 하고, 어미로부터 도구 쓰는 법을 배우기도 한다. 그리고 만일 어미가 죽을 경우에는 사람처럼 자기동생을 맡아기른다. 또한 암컷 새

I. 우주 그리고 나

끼가 자라서 성적 성숙기에 이르면, 태어나서 자란 무리를 스스로 떠나 인접한 무리 속에 들어가 그곳에서 새끼를 낳아 키우는 것이 마치 여자가 시집을 가서 사는 우리 인간의 부계(父系) 사회와도 같다. 그리고 침팬지는 우리 조상들처럼 열매 같은 식물성 먹이를 채집하여 주식으로 하고, 사냥은 부업에 해당된다. 다만 수렵채집 사회의 우리 인간이 평균적으로 섭취하는 열량의 35% 정도를 육식을 통해 얻은 데 반하여, 침팬지는 5%밖에 안되며, 그 이유는 인간과 달리 침팬지는 큰 동물을 공격해 잡지 않아도 살 수 있을 만큼 열매 등이 풍부하기 때문이다. 또한 침팬지들이 사냥을 할 때에는 보통 어른 수컷들만 참여하고, 그들의 모습을 보면 털을 곤두세우고 긴장된 자세를 취하면서 소리를 죽이고 표적에 다가간 다음 쏜살같이 돌진하여 먹이를 잡는 것이 우리 인간들의 사냥하는 모습과 너무나 비슷하여 아주 지능적이고 협동적인 기동작전을 잘 수행함을 볼 수 있다.

그리고 이렇게 잡은 귀한 고기를 잡은 자기끼리만 먹는 게 아니고, 원하는 자가 있으면 나누어주기도 하고, 다른 침팬지가 직접 손으로 고기를 조금씩 뜯어내는 것을 묵인하기도 하는 등 다른 동물들에게서는 보기 드문 이타행을 하는 것은 마치 인간과도 같다.

또한 침팬지가 도구를 사용할 뿐 아니라 제작하기도 하고, 비록 성대가 발달하지 못해 사람의 말을 발음하지는 못해도 수화 등으로 의사소통이 가능하다는 얘기는 앞에서 이미 했으므로 여기서는 생략하지만, 도구사용 능력이나 언어능력에서도 우리 인간과 많이 닮아 있는 게 사실이다.

그렇다면 침팬지에게도 자아의식이 있는 것일까? 침팬지에게 자아의식이 있는가를 알아보기 위해 2, 3일 동안 거울을 들여다보게 하였더

전문부모의 길 74장

니, 처음에는 다른 동물들처럼 자신의 영상을 낯선 자로 인식하다가 그 영상이 자기 자신의 모습임을 알았다. 그리하여 그 녀석들은 표정을 지어보이기도 하고, 튀어나온 입술 사이로 풍선껌을 불어대기도 하는 것이었다. 그리고 침팬지들을 마취시킨 다음 얼굴 한 쪽에 물감을 칠해놓자 그 녀석들은 색이 칠해진 부위를 손으로 문질러 지우려 하기도 하고, 문지른 손의 냄새를 맡아보면서 여러 시간을 보내는 것으로 보아 침팬지에게도 자아의식이 있다는 것이 증명된 것이다.

아무튼 이쯤 되면 침팬지와 우리 인간이 4만 촌의 친척답게 너무나 많이 닮아 있고 유전자 차이가 1.6%밖에 나지 않는다는 것이 얼마나 중요한가를 알게 된다.

그간 수많은 과학자들이 침팬지와 우리 인간 사이의 자연적인 단절을 찾아내려고 무척 애를 써봤지만 모두 수포로 돌아가고 말았다. 즉, 생물학적으로 침팬지와 인간과의 차이는 침팬지와 여우원숭이에 비하면 아주 미미하다. 그런데도 우리 인간은 침팬지와 여우원숭이 사이가 아니라 침팬지와 우리 인간 사이에 단절이 존재한다고 믿고 싶어한다.

이것은 마치 흑인들 내의 변이의 폭이 흑인과 백인의 차이보다 훨씬 큼에도 불구하고 여전히 피부색을 기준으로 나누는 것과도 같은 편견임에 틀림없다.

따라서 침팬지는 생김새나 유전적 구성뿐만 아니라 지적 정서적인 면에서도 우리 인간과 너무나 닮았고, 이전에는 비교 자체가 부적절하다고 여겼던 영역들에서도 우리 인간과 거의 동급에 놓일 수 있을 정도로 우리 인간과 가깝다.

그러나 아직까지도 우리 인간만은 동물과는 달리 조물주가 특별히 만들었다고 믿는 우물안 개구리 같은 편협한 사람들이 있다. 그들이

I. 우주 그리고 나

아무리 무지하고 편협한 사고를 버리지 않는다 해도, 마치 지동설을 주장하는 갈릴레이를 두 번씩이나 종교재판에 회부시켰지만, 결국 지동설이 사실로 밝혀졌듯이, 그들도 현대 과학 앞에 무릎을 꿇는 일은 시간문제이므로 신경 쓸 가치도 없다.

그러므로 우리 인간은 하루 빨리 침팬지의 인권을 존중해서 우리에 가두거나, 생체실험에 쓰거나, 죽이는 일을 중단해야 하며, 호칭 역시 한두 마리가 아닌 한두 명, 암수가 아닌 남녀, 새끼가 아닌 아이로 불러주어야 4만 촌 친척에 대한 마땅한 대접일 것이다.

전문부모의 길 74장

22. 진화의 역사로 본 우리 인간

지구가 생겨난 이후 현재까지를 1년으로 압축시켜 캘린더를 만들어 본다면, 지구는 1월 1일에 태어났고, 현재는 12월 31일 밤 12시 정각이 되는 셈이다. 이런 달력에 의하면 첫 생명이 태어난 것은 3월 중순쯤이고, 바다 속에서 다세포 생물이 출현한 것은 10월 중순쯤이며, 생물이 바다 속에서 나와 육지로 올라온 것은 초겨울인 11월 말경이다. 그리고 공룡이 살았던 시대는 12월 11일에서 26일까지이고, 우리 포유동물이 태어난 것은 12월 15일이다. 또한 우리 유인원과 원숭이의 공동조상이 태어난 것은 크리스마스도 지난 12월 26일쯤이고, 우리 유인원의 선조인 드리오피테쿠스는 12월 30일 오전 5시경에 태어났다. 그리고 우리 인간이 태어난 것은 섣달 그믐날하고도 밤 8시, 그러니까 12월 31일 밤 8시에 태어났고, 우리 인간이 농사를 짓기 시작한 것은 섣달 그믐날밤 11시 50분이고, 현대과학이 태어난 것은 섣달 그믐날밤 2초를 남겨 놓고서였다. 그런데 이 현대과학의 덕분으로 우리는 진화의 역사를 짐작할 수 있었으니, 우리 인간이 진화의 산물이라는 것을 피부로 느끼기 어려운 것도 무리는 아니다. 다시 말해 섣달 그믐날밤 자정직전에 태어난 인간이 봄 여름 가을 겨울의 풍경이며 일어났던 일을

Ⅰ. 우주 그리고 나

상상하기란 어려운 일이며, 하물며 밝은 태양도 보지 못하였으니 말해 무엇하겠는가?

그러나 앞에서도 누누이 설명하였지만 우리 인간은 진화의 산물임을 현대과학은 분명히 밝혀준다. 오늘날 생물학자들이 진화론을 유일한 과학적 가설로 받아들이는 중요한 증거들 가운데 하나는 생물세포의 중요한 구성요소이고 유전과 진화에 결정적인 역할을 하는 DNA와 단백질의 화학적 구성이 모든 생물에게 똑같이 나타난다는 사실이다. 즉, 사람이든, 쥐든, 개구리든, 물고기든, 바퀴벌레든, 초파리든, 콩나물이든 세포의 염색체 속에 있는 DNA 분자와 세포질의 주성분인 단백질 분자는 똑같은 화학구성을 가지고 있다. 이들 모두가 미토콘드리아를 세포내 소기관으로 가지고 있는 것조차 똑같다. 특히 세포핵 가운데 들어 있는 DNA라는 거대한 유전정보의 데이터 베이스는 세대를 이어가며 전해지는데, 이는 개체에 따라 다소 차이는 있지만 기본적으로 같은 종(種)의 구성원은 거의 똑같은 유전자 세트를 가지고 있다. 개체에 따른 차이는 극히 미세하여 백분율로 표시할 때 $0.000\cdots\%$ 정도의 차이이며, 1.2%만 달라도 종이 달라진다.

그런데 DNA의 염기배열이 닮아 있는 상동(相同) 유전자군인 호메오박스가 사람과 쥐와 같은 포유동물뿐만 아니라 물고기나 개구리, 심지어는 지렁이나 초파리까지도 존재한다는 점이다.

즉, 호메오박스가 종을 뛰어넘어 생물 전체에 존재함으로써 결국 모든 생물은 기본적으로 슈퍼패밀리라는 것이 증명되고 있다. 즉, 인간을 비롯한 모든 생물이 기본적으로 같은 유전자들을 사용하면서 살아왔던 것이다. 따라서 만일 사람과 쥐, 물고기, 지렁이, 바퀴벌레, 콩나물이 모두 제사를 지낼 능력이 있다면, 최초의 조상제사에 관한 한 공동제사를 지낼 수밖에 없다는 뜻이다.

좀더 피부에 와 닿는 예를 든다면, 인간의 태아나 달걀 속에서 병아리가 생겨날 때를 관찰하면 물고기에만 있고 물고기의 호흡에만 필요한 아가미가 생겼다가 발육함에 따라 사라지는 것을 볼 수 있다. 이것은 생물학적으로 진화과정을 거슬러 올라가 보면, 과거에 물 속에서 생활한 때가 있었기 때문이며, 이는 개체의 일생동안의 변화는 그 종족의 진화과정을 간단하나마 되풀이한다는 증거의 하나이기도 하다. 또한 인간의 태아는 아가미만이 아니고 첫 번째 몇 주일 동안은 인간의 조상인 원숭이처럼 꼬리를 가지고 있다가 없어진다.

또 개구리나 악어의 앞다리, 새의 날개, 고래의 가슴지느러미, 박쥐의 날개 그리고 사람의 손등은 기본적으로 같은 골격을 가지고 있다. 이것은 물고기의 지느러미로부터 기본구조가 발달해 왔기 때문이다. 즉, 물고기로부터 현재의 양서류, 파충류, 조류 그리고 포유류가 진화해 왔다는 증거이다.

따라서 우리 인간이 진화의 산물임은 명백한 사실이고, 그 진화경로를 살펴본다면, 우리 영장류의 조상은 원래 원시적인 식충류(食蟲類)였다. 이 초기의 포유류는 안전한 숲 속을 뛰어다니는 작고 하찮은 동물에 지나지 않았고, 그 당시 동물세계를 지배하는 녀석들은 거대한 파충류인 공룡들이었다. 약 6천만년 전 공룡시대가 무너진 뒤, 곤충을 잡아먹는 이 작은 동물들은 새로운 영토로 과감하게 진출해서 수없이 많은 모습으로 진화하였다. 이리하여 곤충만 잡아먹던 식충류 중에서 과일과 견과류나 연한 나뭇잎을 주로 먹고 소화하는 녀석들이 생겨났다. 이들 중 눈이 앞쪽으로 나와 시력이 좋아졌고, 두 손은 먹이를 잡는 도구로 발전했으며, 두뇌가 서서히 커지면서 차츰 숲 속의 세계를

Ⅰ. 우주 그리고 나

지배하는 영장류가 생겨났다.

그리고 3천만 년 전 이 조상원숭이는 어느덧 진짜 원숭이로 진화하기 시작했다. 이들은 두 손으로 번갈아 가며 나뭇가지에 매달려 이동하였으며, 나무와 풀이 우거져 있어서 먹이를 쉽게 구할 수 있었고, 땅 위를 기어다니는 육식동물들의 위험도 쉽게 피할 수 있었다.

그러나 약 1천만 년 전 기후가 차츰 건조해지면서 그들의 본거지인 숲이 건조한 초원인 사바나로 변하여 갔다. 그러니 이들은 먹이가 부족해진 나무 위 생활을 계속할 수 없었으며, 하는 수 없이 사바나를 나가 풀숲에 있는 동물의 알이나 도마뱀, 개구리, 쥐, 흰개미 등을 잡아 먹어야 했고, 식물의 뿌리나 나물을 채취할 수밖에 다른 도리가 없었다. 그러나 이 시기에는 초식동물은 달리기 선수가 되어 있었고, 육식동물은 강한 이빨과 발톱, 체력을 가지고 있어서 먹고사는 데 어려움이 없을 만큼 진화해 있었다.

그런데 우리 조상인 영장류는 나무 위에서 과일이나 따먹기에 알맞게 진화해 왔으니 사바나에서는 초식동물로서도, 육식동물로서도 살아갈 만한 신체적 조건을 갖추지 못해 매우 위험하고 딱한 처지가 되고만 것이다. 사바나에는 돌아다니기만 하면 먹을 것이 있어 다행이었으나, 문제는 맹수로부터의 안전이었다. 그래서 생각해낸 것이 무리를 지어 다니는 것이었고, 아무리 무리를 지었어도 공격해 오는 맹수를 격퇴시키려면 나무막대나 돌과 같은 무기를 손에 들고 싸우는 수밖에 없었다. 그러자니 자연 앞발은 기어다니는 도구로 사용하기보다는 걸어다닐 때에도 막대기와 같은 무기를 들어야 했고, 멀리 망을 보며 걷는 것이 안전하다 보니, 느리지만 두발로 걸어다니는 것이 안전하게 되었다. 그리하여 직립보행이 점차 익숙해지고, 이에 따라 서식처로부

전문부모의 길 74장

터 멀리 떨어진 곳에서 잡은 동물이나 채취한 먹거리는 입에 물고 가는 게 아니고 손에 들고 가게 되어 서로 이야기를 나누면서 걸어갈 수 있었고, 또 직립보행은 목구멍의 공간을 넓혀주어 성대의 발달을 촉진함으로써 다양한 소리와 언어를 만들어내는 데 결정적인 역할을 하였다.

그런데 두 발로 걷자 골반의 형태가 변했고, 특히 어미의 산도가 좁아져 태아가 쉽사리 나올 수 없게 되었다. 이리하여 조산을 하게 된 것이며, 조산을 하는 어미는 난산으로 죽는 일이 없다 보니 조산을 하는 경향을 가진 어미가 증가하였다. 이리하여 태어난 미숙아의 두뇌는 성인 두뇌의 23%밖에 되지 않았고, 태어난 지 6년 동안 빠르게 커진 다음, 23년이 되어야 완전히 성장함으로써 여러 해 동안 수많은 것을 보고 배우면서 두뇌가 점점 커진 것이다. 우리 인간과 달리 원숭이는 다 자란 원숭이 두뇌의 70%로 태어나 나머지 30%는 태어난 지 6개월 만에 완성되며, 침팬지는 태어난 지 12개월 만에 두뇌성장을 끝내는 것을 보아도 이 진화야말로 매우 중요한 것이었음을 알 수 있다.

그러나 조산을 함에 따라 미숙아를 여러 해 동안 기르는 일이 어미에게는 많은 부담이 되었고, 그리하여 나무 위 생활에서처럼 어미 혼자 아이를 기를 수 없자 어쩔 수 없이 아비와 특별한 관계를 맺을 수밖에 없었다.

그리고 우리 인간이 털코트를 벗어 던진 이유에 대해서는 여러 가설이 분분한 상태이지만, 아무래도 달리기에 적합하지 않게 진화한 신체적 조건을 가지고 사냥을 하려고 달렸다면 분명히 체온조절이 어려웠을 것이고, 더운 날씨에 무거운 짐을 들고 두 발로 걸을 때에도 털코트는 귀찮았을 것이다. 또한 우리 인간의 조상들은 불도 사용하였고, 나뭇잎 등으로 추위를 피할 수도 있었을 것이므로 더울 때 거추장스러운

I. 우주 그리고 나

털코트를 벗었다고 보인다. 그리하여 몸의 표면에 뚫린 땀구멍의 수를 늘려 더울 때 체온조절을 용이하게 하고, 피하지방을 늘려 추위에 대비하는 방향으로 진화했다.

아무튼 우리 인간의 조상은 숲이 사라져 사바나로 나올 수밖에 없는 처지에서 무엇 하나 내세울 만한 장기가 없었다. 후각도 아주 약했고, 청각도 예민하지 못했으며, 체력은 끈질긴 지구력이 부족하였고, 번개처럼 빠른 단거리 달리기에는 전혀 적합하지 않았으며, 그렇다고 강한 이빨이나 발톱이 있는 것도 아니고, 성격 또한 협동적이기보다는 경쟁적이다 보니 그야말로 크나큰 위기를 맞이했던 것이다. 다행히 그들은 다른 동물들보다 조금 뛰어난 두뇌를 가지고 있었기 때문에 위기를 기회로 만드는 지혜를 발휘해서 만물의 영장이 된 것이다.

23. 지구초등학교 생물반의 망나니녀석 인간이의 심각한 고민

우주나라 은하시 태양마을에 위치한 지구초등학교 생물반은 우주나라에서도 둘째가라면 서러워할 만큼 손꼽히는 탐구심에 불타고 활기찬 학습반이었다. 이 생물반이 생겨난 것은 지금으로부터 약 3억 6천만 년 전으로 꽤 오래되었다. 물론 초기에는 학생수도 적었고 학습활동도 미미했으나, 해가 지날수록 학생수가 급격히 늘어나면서 활기가 대단해졌다. 그간 이런 저런 우여곡절을 겪으면서 덩치 크고 힘세기로 유명했던 공룡이 녀석이 자퇴를 하는 등, 수많은 녀석들이 자퇴하고 말았다. 그러나 새로 들어온 아이들이 빈자리를 채워주었으며, 얼마 전까지만 해도 아이들끼리의 사소한 다툼이야 있었지만, 그런 대로 질서정연하고 화기애애한 반 모습이었기에 누구나 부러워하는 모범반이었다. 그런데 그 후 머리가 좋아 성적이 뛰어난 인간이 녀석이 들어오면서부터 반 분위기가 바뀌기 시작하더니 요즘에 와서는 화기애애하던 분위기는 간 곳 없이 사라지고 살기등등한 난장판으로 바뀌고 만 것이다.

그 이유야 두말할 필요도 없이 머리만 좋고 남을 생각할 줄 모르는 욕심 많고 교활한 녀석인 인간이가 들어와 좋은 것은 누구 것이든 빼앗고, 기분이 나쁠 때는 책상을 뒤엎고 난동을 부리기도 하고, 심지어는

I. 우주 그리고 나

급우들을 때리는 것도 부족해 죽이기까지 하니 그리된 것이다.

이 욕심꾸러기 인간이 녀석의 욕심이 얼마나 큰지 학교에서 주는 급식의 1/4을 혼자서 게걸스럽게 먹으면서, 배가 불러 못 먹겠으면 반 아이들에게 나누어주면 좋으련만 반 아이들이 굶어죽을 지경인 것을 보면서도 쓰레기통에다 던져버리는 짓도 서슴지 않는 구제불능처럼 보이는 아이이다.

요즘에 와서는 인간이 녀석의 횡포와 허기를 견디다 못해 자퇴하는 아이들이 부쩍 늘어났으며, 이 인간이 녀석의 횡포를 성토하는 목소리가 높아지는 것도 사실이지만, 이 인간이 녀석이 그간 너무 잘 먹다보니 덩치가 워낙 커졌고, 힘도 장사인지라 어느 누구도 이 아이를 건드릴 수 없는 존재가 되고 말았다.

사실 이렇게 된 데에는 생물반 선생의 잘못도 크게 작용했다. 학교 서쪽에 사는 바씨 성을 가진 선생이 오면서부터 이 인간이 녀석이 기고 만장한 행태는 더욱 심해졌다.

왜냐하면 이 바 선생은 똑똑하고 공부 잘하는 인간이 녀석을 너무나 편애해서 이 아이의 횡포를 회초리로 따끔하게 벌주고 가르치지는 못할망정 오히려 이 아이의 편을 들어 한다는 소리가 "다른 아이들은 다 네 몸종과 같은 아이들이니 그들은 네 마음대로 부려먹고 빼앗고 때리고, 심지어 죽여도 괜찮으니라" 라고 하였으니, 철부지 인간이 녀석은 자기가 하는 행동이 정당한 줄만 알고 갖은 횡포를 서슴없이 자행한 것이다.

물론 선생 중에는 일찍부터 이 인간이 녀석의 횡포를 막아보려고 애를 쓴 이가 없었던 것은 아니다. 지구초등학교 동쪽에 사는 수씨 성을 가진 수 선생 같은 이는 벌써 2만 5천 년 전에 "모든 아이들은 같은 할

전문부모의 길 74장

아버지 자손인 만큼 서로 싸우거나 죽이지 말고 서로 도와가며 사이좋게 지내야 한다”고 인간이 녀석을 힘써 가르쳤으며, 또한 같은 동쪽에 사는 도씨 성을 가진 도 선생 역시 인간이 녀석의 잘못을 꾸짖고 고쳐주려고 애를 썼지만 쉬운 일이 아니었다. 그도 그럴 것이 나쁜 짓을 하는 아이한테 하지 말라고 꾸짖는 선생의 말이 귀에 들어갈 리가 없는 거야 뻔한 노릇이고, 더구나 다음 시간에 들어온 바 선생이 꾸짖기는 커녕 “잘하는 짓이다”라고 부추겨주다 보니 이 인간이 녀석은 부추기는 바 선생의 말을 따르는 거야 정한 이치이다.

그러나 요즘에 와서 사태가 조금씩 변하는 것도 사실이다. 왜냐하면 인간이 녀석의 횡포가 극에 달하다 보니 교실은 난장판이 되었고, 교실 내에서 담배를 어찌나 피워대는지 공기가 아주 탁해졌으며, 여기저기에 대소변을 보아 코를 찌르는 악취가 나는 등 교실환경이 워낙 나빠져 인간이 녀석 또한 병에 걸릴 지경이라 “이래서는 안 되겠구나”라는 생각을 하기 시작한 것이다. 사실 인간이 녀석의 생각이 조금씩 바뀐 동기는 얼마 전에 새로 들어온 과씨 성을 가진 지혜로운 과 선생의 영향이 크다. 이 과 선생은 역사에 정통할 뿐만 아니라 모든 역사사실을 주입식으로 가르치는 게 아니고 하나하나 꼼꼼히 증거를 제시하면서 가르치기 때문에 인간이 녀석의 귀에도 쏙쏙 들어가게 된 것이다.

이 과 선생은 일찍 수 선생이 말한 바 있는 “모든 아이들은 한할아버지 자손이다”라는 것을 말로만 한 것이 아니고, 일일이 증거를 들어 설명해 주었으며, 다른 아이들이 비록 인간이 녀석만큼 머리가 좋고 덩치가 크지는 못하다 해도, 그들도 최소한 한두 가지 재주는 다 가지고 있다는 것을 일깨워 주었다. 과 선생은 인간이 녀석을 향해 질문공세를 퍼부었는데 예를 들자면 “네가 아무리 잘난 체해도 새처럼 스스로 공중을 나는 재주가 있느냐, 물고기처럼 물 속에서 살아갈 재주가 있느냐, 미생물처럼 100℃ 열탕이나 강산 강알카리 속에서 살 수 있느냐, 개와 같이 냄새를 맡을 수 있느냐, 매처럼 멀리 볼 수 있느냐, 나무같이 오래 살 수 있느냐, 말처럼 빨리 달릴 수 있느냐, 박쥐처럼 이웃에게 나누어주는 이타심이 있느냐, 흰개미처럼 마른나무를 먹어치워 환경을 깨끗이 할 재주가 있느냐" 등으로 말이다. 처음에야 바 선생의 가르침도 있고 해서 귓등으로도 들으려 하지 않았지만, 워낙 과 선생의 말이 합리적이고, 증거가 확실하고, 예리하기 때문에 인간이 녀석은 요즘 들어 자기 잘못을 하나 둘씩 깨닫게 되었으며 심각한 고민에 빠진 게 사실이다.

그도 그럴 것이 바 선생의 "인간이 녀석아, 너를 위하여 모든 것이 존재한다" 라는 말을 들을 때에는 갈등 같은 것은 없었고, 다만 환경만 너무 나빠지지 않게 적절히 조절하기만 하면 되었다. 그러나 "인간이 녀석아, 너는 모든 아이들과 똑같은 한할아버지 자손인 게야, 다만 머리가 좋고, 힘이 세다 뿐이므로 네가 그들을 괴롭히는 것은 나쁜 짓이고, 크나 큰 죄를 짓는 것이다" 라는 가르침을 받아들이자니 고민과 갈등이 시작되고 만 것이다.

"그렇다면, 나라는 존재는 무엇이란 말인가. 나라는 존재만 사라진다면 모든 형제들이 다 잘 살아갈 수 있을 게 아닌가" 라는 생각에까지 미치게 되니 말이다.

그리하여 인간이 녀석은 "나는 앞으로 어떻게 살아가야 할 것인가"를 고민고민 하다가 머리 속을 번개처럼 스쳐 가는 것이 있었다. "그래 노블레스 오블리주 바로 이거야" 라고 소리쳤다. 사실 인간이 녀석이 노블레스 오블리주까지 생각해 낸 것만 해도 인간이 녀석은 물론이고 모

전문부모의 길 74장

든 반 아이들한테도 퍽 다행한 일이다. 이리하여 인간이 녀석은 못된 망나니짓에서 벗어나 머리 좋고 힘센 큰 형님답게 가엽고 불쌍한 형제들을 돌아볼 마음이 싹트기 시작했으므로 앞으로 이것을 실천해 나가는 과정이 아무리 어렵고 아프더라도 실행에 옮겨 지구초등학교 생물반을 다시 옛모습으로 되살려 놓아야 한다고 생각하였다.

여기에 한 가지 더 붙이자면, 어찌하여 인간이 녀석과 2등을 하는 녀석들과의 성적차이가 크게 나는가를 짚고 넘어가는 게 좋을 듯싶다. 내 추측으로는 원래 인간이 녀석만 특출나게 공부를 잘한 게 아니었다. 얼마 전까지만 해도 인간이 녀석을 바싹 뒤쫓는 녀석들이 있었지만, 워낙 인간이 녀석이 악착같고 머리가 조금 위다 보니 수단과 방법을 가리지 않고 경쟁 상대되는 녀석을 공격했고, 견디다 못해 그들이 퇴교를 하고 만 것이다. 그러자 인간이 녀석은 2등 그룹과 차이를 더 벌려 감히 어느 누구도 넘보지 못하게 하려고 그 다음 녀석들을 차례로 없애버린 것이다.

이리하여 인간이 녀석은 파렴치하게도 경쟁상대를 모조리 없애버리고 이제 절대군주가 되어 생물반을 좌지우지하는 정도가 아니라 쑥대밭으로 만들어가는 정도에 이르렀고, 고민을 하기 시작한 것이다.

아무튼 인간이 녀석은 머리가 좋은 만큼 자기 잘못을 뉘우치는 것도 빨라 오늘도 다짐한다. "나의 모든 형제들에게 노블레스 오블리주를 실천해야지"라고 말이다. 아직은 말뿐이고 실행에는 많은 어려움이 남아있다.

그러나 인간이 녀석은 어떤 난관에 부딪히더라도 뚫고 나가 높은 신분에 걸맞은 책임과 의무에 충실하여 이 지구초등학교가 존재하는 날까지 생물반이 번창하게 함으로써 속죄도 하고 복도 지어야 할 것이다.

133

I. 우주 그리고 나

이렇게 할 때만이 인간이 녀석이 지구초등학교 생물반에 존재해야
할 당위성이 성립되는 것은 두말할 필요가 없다.

전문부모의 길 74장

Ⅱ. 인류의 꽃, 프로부모

Ⅱ. 인류의 꽃, 프로부모

이기적 유전자를 강하게 타고난 우리 인간

2만 7천 년이라는 기나긴 세월동안 눈 속에 파묻혔다가 썩지 않고 그 모습을 드러낸 초기 유럽인의 시체로 온 세상이 떠들썩했던 기억이 난다. 만년설 속에 고이 보존된 이 시체는 사냥을 하고 돌아가다가 눈 구덩이에 빠져죽은 사냥꾼으로 보였다. 그런데 더욱 우리를 놀라게 한 것은 그가 입고 있던 모피로 된 털옷이었다. 처음에는 어느 누구도 그것이 무슨 모피인지 알지 못했으나, 나중에 상세히 조사해본 결과 놀랍게도 그 모피는 다른 짐승의 것이 아니고, 구석기시대에 살았던 사람인, 우리가 원시인 또는 구인(舊人)이라고 부르는 네안데르탈인의 가죽인 것으로 밝혀졌다.

그것도 하나도 아닌 세 명의 네안데르탈인의 사람가죽으로 만든 털옷을 입고 있었다 하니, 아마도 우리 조상들은 그들을 사람으로 보지 않고 잡아먹고, 가죽을 벗겨 옷을 해 입어도 좋은 짐승쯤으로 보았거나, 먼저 죽이지 않으면 자기가 죽을 수밖에 없는 천적이었을지 모르지만, 아무튼 끔찍한 일이 아닐 수 없다.

이 털북숭이 네안데르탈인이 우리 조상과의 싸움에서 멸종되었다는 설과 신인(新人)으로 진화했을 것이라는 두 가지 설이 있지만, 아마도

Ⅱ. 인류의 꽃, 프로부모

그들은 살아남기 어려웠을 것으로 보인다. 왜냐하면 그들의 기술수준이 우리 조상에 조금 못 미치는 것으로 알려져 있는 데다가, 그 당시 수렵채집생활을 하던 우리 조상들은 가족단위 또는 작은 부족단위로 살아가면서 생존하기 위해서는 맹수뿐만 아니라 우리가 아닌 낯선 다른 사람들까지도 적대시했을 것인데, 하물며 우리 조상과 생김새도 다르고 혼혈아도 태어나지 않아 혼인도 할 수 없는 네안데르탈인을 살려두지 않았을 것이기 때문이다.

이것 하나만 보아도 우리 조상 역시 맹수와 다름없는 무서운 포식자였으며, 자기 자신들이 살아남기 위해서는 수단과 방법을 가리지 않는 야만인이었음을 알게 된다. 이처럼 우리 조상들은 다른 동물들과 마찬가지로 이타적이기보다는 이기적인 동물로서 자신들이 살아남기 위해 유전자를 공유하고 있는 우리가 아닌 다른 것들을 가차없이 공격하고 제거함으로써 자기와 자기 친족들의 몸 속에 들어 있는 유전자들이 후세에 전달할 수 있었다. 따라서 그것을 성공적으로 수행한 개체들의 후손들이 오늘날 살아가는 우리들이고 보면, 우리의 몸 속에 얼마나 강한 이기적 유전자가 남아 있을지 짐작이 갈 것이다.

다시 말해 일반적으로 이기적 행위는 이타적 행위보다 직접적이고 보상이 크기 때문에 이기적 개체는 자손을 더 많이 남기는 반면, 이타적 개체는 자손을 남기기 어려워 결국에는 멸종할 운명에 처하는 것이다.

우리 인간이 얼마나 이기적인가는 현대를 살아가는 우리들도 종종 느낀다. 예를 들자면 남들에게는 왼뺨을 맞으면 오른뺨도 내어주라고 설교하기 좋아하는 사람들도 막상 자기 자식이나 형제, 친구가 남에게 매를 맞는 일이라도 벌어지는 날이면 소매를 걷어붙이고 뛰어든다든지, 폐기물 처리는 잘해주기를 바라면서도 자기가 사는 지역에 폐기물

전문부모의 길 74장

처리장은 결사반대 한다든지, 자기는 차를 몰고 다니면서 도로에 다른 차량의 숫자는 줄어들기를 바라는 것과 같은 것들을 꼽을 수 있다.

이처럼 우리 인간이 자기나 우리만의 이익에만 집착하기 쉬운 것은 진화의 역사를 더듬어 보면 쉽게 이해할 수 있다. 우리 인간이 원했던 원치 않았던 간에 혈연인 가족이나 부족의 울타리를 뛰어넘어 국가라는 사회를 만들고 산 것은 기껏 해야 수천 년 전의 일이다.

따라서 진화학적으로 보면 진화가 일어나기에 수천 년은 너무나 짧은 시간인 것이다. 그렇다 보니 우리들 몸 속에는 석기시대 삶까지 진화된 유전자, 즉 혈연관계의 우리만을 생각하고 보호하려는 유전자가 작동할 수밖에 없어서 국가사회니 세계화니 하는 현실을 받아들이기 힘든 게 사실이다. 그러므로 석기시대 유전자를 몸 속에 지닌 석기시대 사람이 비행기를 타고 이 나라 저 나라를 돌아다니며 석기시대 사람을 상대로 자비와 사랑을 부르짖고 세계인 모두가 한가족임을 외친다 해도 쉽게 먹혀들지 않는 이유가 바로 여기에 있음을 알아야 한다.

그렇다면 우리의 몸 속에 들어 있는 이타적 유전자 수준은 어느 정도인가? 흡혈박쥐가 이웃한 가까운 친척을 선호해서 피를 나누어주었다가 보상을 받는다든지, 돌고래 젊은 수컷들이 짝짓기 협동을 해서 친구 짝짓기를 도와주고 자기도 다음날 보상을 받는다든지, 새들이 맹금류가 나타날 때 위험을 무릅쓰고 경고음을 내어 친족을 안전하게 피할 수 있게 한다든지 하는 수준 정도 이상인, 즉 혈연관계에 있는 친인척이나 관계를 유지하는 것이 이로운 사람들에게는 이타적 행동을 하는 정도의 이타적 유전자는 몸 속에 지니고 있다.

그리하여 사람들은 대체로 아는 사람에게는 친절하고 낯선 사람에게는 냉담하게 대한다든지, 자기가 속한 구성원이나 다른 조직의 구성원

Ⅱ. 인류의 꽃, 프로부모

일지라도 정기적으로 거래하는 사람들에게는 자기가 약속을 잘 지킨다는 인식을 심어주고 함부로 그들을 상대로 사기 치지 않는 경향을 선호한다든지 하는 등 '우리'와 남을 구분한 이타행 정도는 하면서 살아간다.

그러나 인간들은 서로 힘을 합쳐 집단적으로 행동한 사람들이 살아남는 확률이 높아지면서, '우리'의 범위가 좀더 넓혀진 이타행이 싹트기 시작하였다. 알고 보면 이것 역시 우리의 생존본능 때문에 이타적으로 행동한 것이므로 자신에게 유익할 경우에만 이타적인 행동을 한다고 봐야 할 것이지만, 적어도 우리 인간은 단순한 눈 앞의 이기적 이익보다는 오히려 장기적인 이기적 이익을 취할 정도의 지적 능력은 가지고 있다.

다만 아무리 인간의 본성이 이기적이라 해도 이것을 철저히 분석해서 협동하고 자비롭게 행동하는 것이 더 큰 이익이 된다는 것을 잘 가르치고 계율화시킨다면 우리 인간을 이타적인 동물로 보이게 만들 수는 있다는 뜻이다.

사실 대부분의 종교들이 이타적 행동을 하면 복을 짓고, 죽어서 좋은 곳에 갈 수 있다고 주장하는 것도 이와 같은 인간의 이기심을 이용하여 이타행을 이끌어내려는 수단에 불과하다. 그러나 이 수단만으로는 인간을 이타적으로 만들기에는 역부족이다. 왜냐하면 그 말을 믿지 않을 수도 있고, 믿고 따라봤지만 결과가 좋게 나타나지 않을 수도 있을 것이다.

그러므로 좀더 확실한 방법은 '우리'를 보호하고 이익을 챙기려는 석기시대의 이기적 유전자는 그대로 두고라도 '우리'의 범위를 넓혀가는 방법이다. 다시 말해 '우리'란 피를 나눈 부모형제를 의미하는 것으로,

전문부모의 길 74장

알고 보면 네안데르탈인은 고사하고 유인원인 침팬지도 먼 사촌이고, 이렇게 확대해 나가다 보면 이 지구상 모든 생물이 우리 형제로 한할아 버지 자손임을 알 수 있으므로, 이처럼 '우리'의 범위를 넓힌다면 '우리' 아닌 남이 존재하지 않는다. 이렇게 되면 아무리 우리 몸 속에 들어있 는 이기적 유전자가 강하다 할지라도 속수무책이 되어 자연스럽게 이 타적으로 변할 수밖에 없을 것이다.

다만, 아무리 '우리'라 해도 자기자신이 있고 나서 '우리'의 의미가 있는 것이므로 이러한 '큰 우리' 사상을 지니고 이타적으로 살아가려고 하는 사람들이 그렇지 않은 사람들보다 더 값진 삶을 살아갈 수 있도록 필요한 모든 조치를 취해야 함은 물론이다.

따라서 우리 인간의 석기시대 유물인 '우리'에 대한 이기적 유전자를 부정적 시각으로 볼 게 아니라 오히려 긍정적 시각으로 봐야 할 것이 며, '작은 우리'가 아닌 '큰 우리' 사상을 가질 수 있도록 가르치고 실천 시킨다면 오히려 이기적 유전자가 강하면 강할수록 더욱 강한 이타적 인간이 되어 인류에 크게 공헌할 수 있을 것이며, 이 문제는 우리가 앞 으로 풀어가야 할 중요한 과제이다.

Ⅱ. 인류의 꽃, 프로부모

25. 제노사이드, 극악무도한 인간집단 살해의 역사

1864년 11월 29일 새벽녘, 깊은 잠에 빠져 있던 샤이엔족 인디언 마을로 쳐들어간 미 제3 기병대 치빙턴 대령은 항복의 표시로 미국기와 백기를 흔들면서 천막에서 황급히 뛰쳐나온 추장 블랙 케틀의 애원을 들은 척도 하지 않고 남녀노소를 마구잡이로 학살했다. 그 당시 통역을 맡았던 목격자는 "그들은 머리가죽이 벗겨졌고 뇌가 빠져나왔다. 사내들은 칼을 사용하여 여자를 갈기갈기 찢었을 뿐만 아니라 어린아이들을 곤봉으로 때리고, 개머리판으로 후려쳐 뇌를 끄집어내며 온몸을 토막냈다"라고 말했다. 그날 학살된 인디언은 무려 500명 정도이고, 시빙턴은 아이를 죽인 이유에 대해 "서캐가 크면 이가 되기 때문이다"라고 대답했다고 한다. 또 청중을 모아놓고 무용담을 얘기할 때면 100개의 인디언 머리가죽과 여인들의 음모를 보여주며 자랑했다.

이것이 백인들의 인디언 말살정책 수행의 한 예이며, 그들이 얼마나 잔인했고 인디언을 사람으로 취급하는 게 아니라 사냥할 짐승쯤으로 보았음을 알 수 있다. 이런 사실은 정부정책에서도 잘 나타나는데, 백인이 이주한 첫 100년 동안 정부는 인디언 사냥을 하는 살인자에게 머리가죽의 수에 따라 보상금을 지급했으니 두말할 필요가 없다.

전문부모의 길 74장

또 우리가 잘 아는 미국 초대대통령인 조지 워싱턴은 "우리의 당면목
표는 인디언 부락의 전면파괴와 유린이다. 작물을 파괴하고 더 이상
경작하지 못하도록 해야 한다"라고 명령을 내렸으니 대부분이 농사를
지어먹고 살아가던 인디언은 하루아침에 집과 농토를 빼앗기고 쫓겨나
굶어죽거나 싸움을 하지 않을 수 없었고, 그래서 살육의 대상이 되어
죽을 수밖에 없었다. 역시 미국 대통령인 벤저민 프랭클린은 "지상의
문명인들을 위해서 저 미개인들을 절멸시키는 것이 신의 뜻이라면, 술
이 적절한 수단이 될 것이다"라고 신까지 들춰가며 인디언을 멸종시킬
방안을 내놓기까지 하였으니, 불쌍한 인디언은 살아날 길이 없었다.

인종말살 목표가 달성된 지금에 와서 낯 두꺼운 백인들은 자기 조상
들이 저지른 죄악을 조금이라도 덮어보려고 인디언의 대다수는 살육된
게 아니라 병으로 죽어간 것이라고 말하지만, 집과 땅을 빼앗기고 황
야로 쫓겨나 굶는 상황이 되었는데 병에 걸려 죽지 않을 수 있는 사람
이 몇이나 있겠는가? 아무튼 오늘날 많은 학자들이 신대륙 발견 당시
아메리카와 유럽에 각각 7천만 명이 넘는, 대략 같은 숫자의 사람들이
살았다고 믿는데, 그 후 300년 동안 식민지 확장으로 배불리 잘 먹은
유럽인은 500%로 늘어났고, 살던 땅을 빼앗겨 굶주리고 사냥감이 된
아메리카의 원래 인디언은 95%가 죽고 단지 5%만 살아남았다. 이것
을 달리 표현한다면 정복자들의 사회틀 내에서 인디언의 숫자가 너무
많아 다 죽이고 5% 정도만 경제적으로 가치가 있어서 살려 두었다는
얘기가 된다.

이처럼 경제적 가치가 있어서 살려두었건, 몽땅 죽이기에는 너무 숫
자가 많아 남겨두었건 간에 미주대륙에는 5%의 인디언이 살아남아 씨
가 마르는 더 큰 참변을 모면했다지만 오스트레일리아 남동쪽에 있는

II. 인류의 꽃, 프로부모

아일랜드 크기만한 태즈메이니아 섬에 살던 태즈메이니아 원주민은 백인들의 손에 의해 씨가 마르고 말았다.

1803년 영국인에 의해 식민지화된 이 섬에는 대략 5천 명의 원주민이 활도 없이 돌도끼와 돌칼 그리고 짐승 잡는 나무로 만든 창 정도로 수렵채집 생활을 하면서 어떤 언어에서도 계통을 찾을 수 없는 고립된 언어를 쓰고 있었다. 그런데 이 평화롭게 수천 년 동안 잘 살아온 이 섬에 영국인 죄수 24명, 병사 8명, 6명의 여성을 포함한 자원자 12명이 도착하면서부터 원주민 사냥이 시작된 것이다. 태즈메이니아인 남편을 살해한 후 그 목을 그의 부인의 목에 걸고 다니라고 하는 등 그들을 인간으로 보려 하지 않았고, 산 속으로 피신한 그들을 샅샅이 뒤져 죽이는 만행을 저질렀다. 그리하여 1876년 백인 로빈슨의 생명을 구해준 대가로 살려두었던 태즈메이니아인 여자 트루카니나가 마지막으로 죽음으로써 태즈메이니아인은 이 지구상에서 다시 볼 수 없었다.

사실 태즈메이니아인이 200명 정도만 살아남았던 1830년에 선교사로 온 로빈슨이 이들을 문명화시키고 기독교로 개종시키려고 매일 성경낭독과 찬송가 합창을 하고 청소와 정리정돈을 철저히 시켜봤지만, 그것이 원인이 되어 더욱 급속히 죽어버리는 결과만 초래하였다. 즉, 자기 삶의 방식, 자기종교, 자기말, 자기음식, 자기의사 등을 몽땅 빼앗긴 감옥과 같은 수용소에서 성경낭독과 찬송가 합창이나 하는 것은 지옥과 같은 삶이었다는 것을 말하며, 우리 인간의 오만이 얼마나 무서운 결과를 초래하는지를 깨닫게 하는 대목이라 하겠다.

또한 태즈메이니아인보다도 먼저 멸종된 종족은 아프리카대륙 북서안 카나리아 제도에 살던 관체(Gunches)족이다. 이들은 베르베르 언어를 사용했으며, 선진적 석기시대 종족으로, 원래 아프리카 출신이었

전문부모의 길 74장

으나 아프리카 대륙과는 접촉없이 오랫동안 잘 살았다. 1478년 스페인이 이 섬에 왔을 때만 해도 관체족은 약 8만 명이나 있었다. 평원지대는 스페인 사람들이 대포와 말로 점령하였지만, 산악지대에서는 관체족이 있었고, 그들은 완강하게 게릴라전을 벌였으나 1496년에 마침내 항복하고, 1541년에 멸종하고 말았으니, 8만 명이나 되는 종족이 몇 안 되는 점령군에 의해 씨가 마르는 데 63년밖에 걸리지 않았다.

이처럼 강력한 무기를 가진 유럽인들은 야수만도 못한 잔혹한 짓을 저지르면서도 우등인종이 열등인종을 힘으로 축출하거나 전멸시키는 것은 자연의 법칙이라는 논리로 합리화시키려 하였다. 그리하여 이 논리는 제2차 세계대전 때 히틀러가 우생학을 내세워 아우슈비츠에서 600만 명에 달하는 유태인을 죽일 때에도 적용된 것이다. 따라서 유럽인 모두가 신사인데 어디서 미친 놈 하나가 나타나 아우슈비츠에 인간도살장을 만든 것이 아니라, 하등인종을 절멸시킬 수 있는 것이야말로 강한 인종의 권리라는 잘못되고 못된 유럽전통 사상이 만들어낸 결과라는 뜻이다. 다만 히틀러의 만행이 특별히 부각되는 이유는 죽은 사람의 숫자에도 있지만, 희생자가 다 같은 백인이고, 가해자 나치가 전쟁을 치른 적국이며, 그 당시 생존자가 그 사건을 기억시키려고 피나는 노력을 기울였기 때문이다. 다시 말해 히틀러는 먼 과거에도 있었고, 그 후에도 있었으며, 미래에도 있을 수 있다는 것을 확실히 깨닫고 대처해야만 한다는 뜻이다.

물론 집단살해를 뜻하는 제노사이드는 유럽인들만 자행한 것이 아니고 세계각지에서 크고 작게 일어났지만, 강력한 무력으로 영토확장을 하려고 식민정책을 펴온 유럽국가들이 자행한 전매특허와 같은 것이었다. 그러나 2차 세계대전이 끝난 이후에 100만 명이 넘는 사건으로는

Ⅱ. 인류의 꽃, 프로부모

방글라데시와 캄보디아 두 곳에서 일어났고, 10만 명이 넘는 사건이 수단, 인도네시아, 브룬디, 우간다에서 일어난 것처럼 유럽이 아닌 후진국에서도 일어났다. 다만 이 사건들이 자국내에서 일어난 민족분쟁이나 폭력정권에 의해 자행된 사건이어서 1948년 유엔이 제노사이드 조약을 채택했음에도 불구하고 거의 모른 체하고 지나갔다는 점이 매우 유감이며, 바로 이 점에 우리는 착안해야 한다. 왜냐하면 6·25 전쟁 당시 수많은 집단학살을 경험했고, 아직도 남북이 대치한 상황에서 언제 일어날지도 모르는 제노사이드를 외면한 채 국방과 정신무장을 소홀히 하고 값싼 감상주의에 빠진다면 어느 누구도 제노사이드로부터 우리 자신과 후손을 보호해 주지 못한다는 것을 깨달아야 한다.

이러한 대량학살은 인간만이 하는 짓이 아니고, 사회성 동물인 개미, 벌을 비롯하여 이리, 사자, 하이에나, 고릴라, 침팬지들도 가끔씩 전쟁도 하고 집단학살도 자행한다. 특히 우리 인간의 가까운 친척인 침팬지나 고릴라들도 하는 것으로 보면, 제노사이드는 우리 인간본성의 하나임에 틀림없다. 다만 침팬지는 강력한 살상무기가 없어서 한 번에 한 마리씩 살육이 비효율적으로 이루어져 몇 년에 걸쳐 적의 집단을 소멸시킬 뿐이지, 계획을 세워 적의 집단을 공격하고 잔인하게 적을 죽임으로써 영토를 확장하고 젊은 암컷을 전리품으로 얻는 것은 우리 인간과 너무나도 닮았다. 결국 이러한 침팬지 사회의 제노사이드가 침팬지로 하여금 집단생활을 하게 한 동인으로 보이며, 우리 인간 또한 생명유지를 하기 위하여 국가와 사회를 만들어 집단생활을 한 것이라고 판단된다.

아무리 매스컴의 발달로 지구촌 뉴스가 빠르게 전달되고, 유엔이 있다고는 하나, 오늘날 인구증가와 함께 다른 사회 또는 사회내부의 대립이 첨예화됨에 따라 인간의 살육충동은 점점 강해지는 경향이 있고, 그 충동을 실행에 옮기기 위한 더욱 더 효과적인 무기가 개발되는 현실에서, 안이한 생각이나 반대로 '작은 우리' 망령에 빠져 있다가는 언제 제노사이드의 희생물이 되거나 가해자가 될지도 모를 일이다. 따라서 우리가 제노사이드로부터 한 발짝이라도 멀어지려면 그것은 미친 특정한 놈만이 하는 짓이 아니라는 점, 그것은 과거에나 있었던 희귀한 일도 아니라는 점, 그것은 나와 멀리 떨어져 있는 게 아니고 내 가까이에 늘 있을 수 있다는 점을 깨닫고 지혜로운 대책을 세우고 실천하는 것이 우리가 앞으로 풀어가야 할 중요한 과제이다.

II. 인류의 꽃, 프로부모

자연의 궤도를 벗어나 배은망덕하는 녀석, 우리 인간

지지리도 가난하고 못 사는 것이 한이 되어 머리 똑똑한 아들 하나 출세시켜 보겠다고 부모 형제들이 밤낮없이 일을 하기도 하고, 진학을 포기하기도 하는 등 갖은 고생 다하며 대학공부시켜 놓았더니 못난 제 부모형제 무식하고 창피하다며 멸시나 하고 저 혼자 잘났다고 우쭐대는, 짐승만도 못하게 배은망덕하는 녀석들이 우리 주위에 가끔씩 보인다. 이처럼 삼류소설 주인공에나 어울릴 듯한 못된 녀석이 바로 이 지구 위에 살아가는 우리 인간들이라는 생각이 든다. 대자연이 인간이 녀석 하나 잘 길러보겠다고 모든 생물들과 힘을 합쳐 잘 키워놓았더니 제가 잘나 제 혼자 힘으로 큰 줄 알고 부모인 자연과 형제인 생물들을 업신여겨 도움은커녕 때리고 할퀴고 갖은 구박만 해온 게 이제까지 배은망덕한 우리 인간이 저질러온 행태다.

아무리 서구의 잘못된 인간중심 사상이 남아 있어서 신이 자신을 닮은 인간을 만들었고, 다른 모든 것들은 인간이 마음대로 쓰도록 만들어놓은 것이라는 잘못된 믿음을 우겨댄다 하더라도, 엄연히 인간은 자연의 주인이 아닌 자연의 일부에 지나지 않는다는 것이 오늘날 과학적으로 명명백백하게 밝혀지고 있다.

전문부모의 길 74장

이런 인간이 자연의 궤도를 벗어나기 시작한 것은 지금으로부터 약 1만 년 전 농경을 시작하면서였다. 농경을 시작하기 전 수렵채집만으로 살아갈 때만 해도 인간은 그야말로 누가 보아도 자연의 일부로서, 자연에게 전혀 부담을 주지 않는 순한 양과도 같았다. 그 당시 인간은 과일이 익으면 따먹었고, 풀뿌리나 나물이 자라면 뜯어먹었으며, 목이 마르면 맑은 샘이나 냇가에가 물을 떠 마셨고, 잡아먹을 동물이나 물고기가 있으면 조잡한 석기나 나무 막대기등으로 몇 마리씩 잡아먹었다. 그리고 먹을 것이 풍부해서 영양상태가 좋아지면 아이를 낳아 길렀고, 먹을 것이 부족할 때면 아이들이나 노인들이 죽어가 자연이 먹여 살릴 수 있는 범위 내에서 자연스럽게 인구조절이 이루어졌다.

그러다 보니 그 당시 우리 인류의 숫자는 약 500만 명으로 지금 서울 인구의 반도 못 되었으니, 그들이 조잡한 도구로 아무리 지구를 파낸다 해도, 그들이 아무리 쓰레기를 버리고 청소를 하지 않는다 해도, 그들이 아무리 물을 퍼마시고 더럽힌다 해도, 그들이 아무리 마구잡이로 나무를 베어내고 동물을 잡아먹는다 해도 그들이 자연을 훼손시키고 오염시키기에는 이 지구는 너무나 넓었고, 거기에 사는 다른 생물 또한 인간이 전혀 위협적이지 않아 잘 살아가고 있었다.

그런 평화가 깨진 것은 우리 인간들이 농경을 하기 시작하면서였다. 농사를 짓기 위해 비옥한 땅을 차지한 인간들은 거기서 나는 곡식과 기르는 가축으로 배불리 먹어 영양상태가 좋아지자 출산율이 증가하였고, 아이들이나 노인들의 사망률이 낮아져 인구가 급증하였다. 그러자 더 좋고 더 많은 땅을 차지하기 위하여 세력권 다툼이 빈번히 일어났으며, 싸움에 이기기 위하여 무기는 석기에서 청동기, 철기로 발달하여 강력한 국가가 만들어지기에 이르렀다. 이리하여 농업 역시 철기의 사

·

Ⅱ. 인류의 꽃, 프로부모

용으로 생산량이 증대되었고, 증대된 만큼 인구도 늘어났으며, 늘어난 인구를 잘 먹여 살리기 위하여 세력권을 넓혀가다 보니 오늘날 이 지구는 인간으로 덮였고, 500만이던 인구는 1만 년 동안 1만 2천 배나 증가해서 60억이나 된 것이다. 이처럼 우리 인간은 지구상에 출현한 모든 생물 중에서 유일하게 생태계의 궤도를 벗어나 생산과 소비를 위한 독자적인 먹이사슬을 만들어서 먹이 피라미드의 균형을 초월함으로써 폭발적인 인구증가를 지속해 온 것이다.

이처럼 인간은 지구상에서 가장 강력한 생물로, 천적이 없는 적응력과 지능을 겸비한 동물이 되었다. 그리하여 인구가 증가하면서 인간은 다른 종 생물들의 생활기반을 잠식해 갔고, 결국 다른 종 멸종의 가속화를 불러왔다.

예를 들어 북아메리카의 나그네 비둘기, 뉴질랜드의 모아새, 유럽의 들소 바이슨은 먹거리 사냥으로 멸종의 길을 걸었고, 호랑이나 사자, 곰, 늘대 같은 일부 맹수들은 인간의 먹거리인 다른 짐승들을 잡아먹는다는 이유로 곳곳에서 멸종을 맞았다.

미국의 동물학자 에드워드 윌슨의 추정에 따르면, 한 시간에 세 가지 종이 지구상에서 자취를 감춘다고 한다. 그러니 어림잡아 하루에 70종, 한 달이면 2천여 종이 사라진다는 얘기다. 물론 진화의 역사를 보면 7천만 년 전에 공룡이 갑자기 멸종해 버렸듯이, 대량 멸종사태는 다섯 번이나 있었지만, 오늘날의 사태가 지난날의 위기나 재난과 다른 점은, 인간이라는 단 하나의 종이 주범이 되어 공룡이 지구를 거닐던 시절 이후 가장 대규모의 생물 멸종사태를 맞는다는 사실이다.

또한 인간은 매년 육지에서 자라는 모든 먹거리의 40%를 먹어치우고, 청정지역을 흐르는 담수의 1/3을 오염시키며, 세계산림의 2/3와

·

전문부모의 길 74장

초원의 3/4을 훼손하였으며, 지하수와 천연자원을 고갈시키고, 대양에서는 어족이 고갈된다. 그뿐만 아니라 공장식 축산업과 육류처리 기계화로 지난 50년 사이에 육류생산량은 무려 4배나 껑충 뛰었고, 가축의 숫자는 지구 전체인구의 3배가 넘는 200억 마리가 되어 환경에 큰 영향을 미친다.

그리하여 인도에서는 산림남벌 때문에 전에 없던 토양침식과 홍수를 일으키며, 수십억 마리의 소들이 천연 및 인공목초를 모조리 뜯어먹고 밟아뭉개면서 지구상에 남겨진 초원의 대부분을 벗겨내고 있다. 따라서 지난 반세기 동안 전세계 방목지의 절반은 과잉목축으로 인해 토양침식이 심해져 사막화 위기상황에 이르렀다.

토양침식은 매우 중요해서 표층이 2.5㎝ 손실될 때마다 곡물생산이 6% 감소하고, 자연상태에서 2.5㎝의 표토가 만들어지기까지는 무려 2백 년에서 1천 년의 세월이 걸린다.

우리 인간에 의한 자연훼손이 이런 상황임에도 불구하고, 1kg을 생산하는 데 곡물 8㎏나 소비되는 비효율적인 소고기를 너무 먹어 성인병에 걸리는가 하면, 에너지 과소비도 도를 넘어 1960년 미국에서는 한 사람당 에너지 노예 1,200명을 사용했다는 계산이 나올 정도인 반면, 가난한 나라에서는 먹지 못해 1년에 4~6천만 명이나 되는 사람이 기아와 관련된 질병으로 죽어간다. 이는 미국사람이 육류소비를 10%만 줄이면 이들을 굶어죽지 않게 할 수 있다는 계산이 나온다. 물론 굶어죽는 이들을 미국더러 책임지라는 얘기가 아니고, 지구의 자원은 한계가 있는데 좋은 조건에 있다고 해서 과소비를 하는 것은 너무 '작은 우리' 속에 갇혀 있는 잘못된 행동이라는 얘기이며, 기아문제는 우리가 앞으로 해결해야 할 중요한 과제 중 하나이다.

151

Ⅱ. 인류의 꽃, 프로부모

아무튼 지구는 마침내 좁아져버려 대기와 물이 예상 밖으로 간단하게 더러워지고, 풍부했던 자연이 쉽게 황폐되어 버린 최근에 이르러서야 뒤늦게나마 머리 좋아 출세해서 잘 먹고 잘 살아오던 인간이 조금씩 철이 들기 시작한 것이다. 그리하여 이제까지 고상한 척하고, 자아도취적인 인간중심주의가 얼마나 잘못되었는가를 어렴풋이 깨달았으며, 자연을 단지 인간의 이용대상만으로 보는 이원론적 세계관은 파국을 초래할 수밖에 없다는 것을 알기 시작한 것이다.

그리하여 천지동근(天地同根)이며 만물일체(萬物一體)라는 것을 인식하는 듯 보이기도 하지만, 자신의 생존바탕인 자연을 무분별하게 무너뜨리면서 그것을 오히려 진보와 발전이라고 착각하고 살아온 인간들이 제정신으로 되돌아오기까지에는 아직까지도 상당한 시간이 소요될 것이다. 그러기 위해서는 끊임없는 교육과 설득이 필요할 것이므로, 앞으로 우리가 힘써야 할 중요한 과제임에 틀림없고, 이 길만이 우리 인간이 배은망덕으로부터 벗어나 인간다운 인간이 되는 길이다.

전문부모의 길 74장

27. 최적 인구밀도

이스터섬의 거대한 석상에 관한 수수께끼는 오랫동안 '세계 7대불가사의'의 하나로 세상 사람들의 입에 오르내렸다. 칠레의 서쪽 해안에서 무려 3,800 km나 되는 먼 거리에 떨어져 있는 이 섬을 서기 1722년 네덜란드인이 처음 발견할 당시 거기에는 수많은 거대한 석상이 서 있었다. 미처 세우지 못한 석상들이 여기저기 나뒹구는 섬 곳곳에는 수많은 화살촉들이 널려 있었고, 나무라고는 한 그루도 없는 황량한 섬에 몇 명 안되는 주민이 살고 있었다. '모아이'라고 불리는 거대한 석상이, 큰 것은 무려 85톤이나 되고 높이가 11m나 되는 것이 있는데, 소도 말도 나무도 철기도 없이 어떻게 수 km나 되는 채석장으로부터, 그것도 하나도 아니고 324개나 되는 것들을 끌어다 세워놓았을까 라는 의문은 당연할 수밖에 없었다.

그 후 고고학자들이 밝힌 바에 의하면, 서기 400년경 항해술이 뛰어나고 돌고래 사냥을 잘하는 폴리네시아인이 이 외딴섬 무인도에 도착했을 당시, 이 섬은 울창한 숲으로 덮여 있었고, 땅은 비옥하였으며, 기후도 온난하고 습윤성을 띤 아열대 기후라서 사람살기에 적합한 섬이었다. 그리하여 인구는 빠른 속도로 증가하였고, 인구가 늘어나자 주식

153

인 돌고래를 잡기 위한 크고 튼튼한 카누를 만들 나무를 베어나갔으며, 또한 농사지을 땅을 개간하느라 숲은 점차 사라져갔다.

이들이 이스터섬에 정착한 지 1천 년쯤 지났을 때에는 전성기로서 제주도의 1/11밖에 안 되는 이 섬에 인구가 2만 명 정도가 되었고, 그때까지만 해도 돌고래잡이도 잘되고 농사도 잘되었으며 석상건립도 활발하였다. 그러나 인구가 계속 늘어나자 더 많은 농토가 필요해 나무를 베었고, 더 크고 튼튼한 카누를 더 만드느라 나무를 베었으며, 부족간에 경쟁적으로 더 크고 더 많은 석상을 세우다 보니 운반용 굴림대 통나무와 세우는 데 필요한 지렛대용 통나무가 필요해져서 나무를 베어나갔다. 그러다 보니 어느덧 섬은 나무 한 그루 없는 벌거숭이가 되어 토양이 침식되고 산성화됨으로써 곡물수확량이 줄어들었고, 노후한 카누를 대체할 목재가 없어 돌고래 사냥도 할 수 없자, 서기 1,700년쯤에는 굶어 죽어가는 사람들이 늘어나 평화롭게 잘 살아가던 부족들이 치열하게 전쟁을 하였고, 심지어 먹을 것이 모자라 사람을 잡아먹기에까지 이르렀던 것이다. 그리하여 결국 싸움에 이긴 부족, 그것도 젊고 튼튼한 군인계급만이 살아남았으니, 인구과잉으로 인한 폐해는 너무나 컸던 것이다.

이처럼 인구과잉으로 환경이 파괴되어 불모지로 된 곳은 역사적으로 더듬어 보면 여러 곳이 있지만, 그들은 대개 다른 신천지를 찾아 떠남으로써 사람을 잡아먹는 참극까지는 벌이지 않았다. 그러나 이스터섬의 형편은 망망대해에 떠 있는 외딴섬이다 보니 옴짝달싹하지 못한 채 좁은 섬 내에서 뾰족한 해결방안 없이 스트레스가 쌓이고 쌓여 그리된 것으로 보인다. 만일 미래에 우리 지구가 만원이 되고, 그때까지 이주할 만한 새로운 별이나 우주공간내 주거지를 마련하지 못한다면 우리

전문부모의 길 74장

지구의 운명이 이스터섬처럼 되지 않는다는 보장이 없을 것이다.

과학의 발달로 사람에 따라 우리 지구가 먹여살릴 수 있는 인구가 300억 명까지도 가능하다고 주장하는 이도 있지만, 인간이든 동물이든 먹을 것만 있으면 문제가 없는 것이 아니다.

동물도 인구가 과잉되면 스트레스를 받는데, 거피란 녀석은 동류를 잡아먹고, 다람쥐원숭이는 스스로 죽거나 심할 때에는 어미가 새끼를 잡아먹는다는 얘기를 앞서 말한 바 있다. 집쥐 또한 개체 밀집도가 높아져 스트레스가 심해지면 서로를 죽이고, 수컷은 암컷을 강간하며, 암컷은 둥지를 짓지 않고 아무 곳에나 새끼를 떨어뜨리고, 새끼가 아무리 울어대도 돌보지 않아 새끼는 결국 배회하는 수컷들에게 잡아먹힌다. 또 왜가리도 밀집도의 한계점을 넘으면 사회질서와 가정생활이 완전히 뒤죽박죽이 되어 바람을 피우는가 하면, 강간과 근친상간을 식은 죽 먹듯 하고, 이웃과 피투성이가 되도록 싸움을 하며, 알을 짓밟고 새끼가 굶어죽도록 방치하는 사태가 벌어진다.

1970년 독일에 있는 레수스원숭이 우리에서도 비슷한 사건이 일어났다. 한꺼번에 많은 숫자의 새끼가 태어나 우리 안의 밀집도가 높아지자 서로 싸워서 이기거나 져야 하는 사태가 계속 일어났다. 그러던 중 갑자기 공격성과 살해를 억제하는 메커니즘이 와해되어 '만인의 만인에 대한 투쟁'이 일어나 비명소리가 진동했고, 털이 뭉치째 뽑혀 날라다녔으며, 물린 상처와 떨어져나간 귀에서는 피가 낭자했다.

이것을 먹이부족이나 양식을 구하기 위한 투쟁만으로는 볼 수 없는 것이, 먹을 것이 남아도는데도 일어나기 때문이다. 따라서 이런 현상은 인구가 과밀한 상태에서 사회적 스트레스가 불러일으킨 정신병적 현상임에 틀림없으며, 이스터섬의 참극 역시 식량부족만이 아니라 인

155

·

Ⅱ. 인류의 꽃, 프로부모

구과잉으로 인하여 삶의 질은 떨어져 가는데 마땅한 돌파구를 찾지 못해 발생한 스트레스가 불러온 정신병적 현상으로 봐야 할 것이다.

그러면 현재의 지구인구 60억은 과잉일까? 아직 부족한 것일까? 이에 대한 정확한 답을 할 사람은 아무도 없다. 다만 이렇게 생각해 보자. 만일 현재 중국인이 미국인 수준으로 소고기를 먹는다면 미국 전체 곡물수확량 연간 3억 4천만 톤의 곡물을 소가 먹어야 할 것이고, 만약 중국인이 일본인 정도로 생선을 먹는다면 전세계 연간어획량 1억 톤을 몽땅 먹어치울 것이고, 만약 중국인이 미국인처럼 자동차를 가진다면 세계 석유생산량인 7천 4백만 배럴을 몽땅 써버릴 것이며, 만약 중국인이 미국인 수준으로 종이를 사용한다면 세계 종이생산량보다 더 많이 소비해 지구 위의 숲은 몽땅 사라지고 말 것이다.

사정이 이렇다 할지라도 중국인더러 당신네들은 소고기도 덜 먹어야 하고, 생선도 덜 먹어야 하며, 자동차도 덜 타야 하고, 종이도 덜 사용해야 한다고 누가 말할 수 있겠는가. 설령 말을 한다 해도 그들이 들을 것인가? 그들이 열심히 일하고 연구개발해서 돈을 벌 수만 있다면 미국인 수준이 아니라 그 이상의 소비도 하려 들 것이다.

이렇게 볼 때 현재 우리 인류 전체가 미국인 생활수준으로 살아가기에는 60억 인구는 너무 많다는 것을 알 수 있다. 물론 과학기술이 급속히 발달해서 가까운 미래에 60억 인구가 몽땅 미국인 수준 이상의 소비를 할 수 있는 시대가 올 수도 있을 것이다. 다만 기술발달 속도보다 인구증가 속도가 너무 앞서 있다는 것이 문제이며, 이 문제가 앞으로 우리가 풀어가야 할 중요한 과제 중의 하나이다.

여기서 생각해 볼 수 있는 것이 '최적 인구밀도' 개념이다. 쉽게 생각해서 수렵채집 시대에는 1㎢당 한 사람도 많을 수 있지만, 발달한 공

전문부모의 길 74장

업국가에서는 1㎢당 200명도 적을 수 있듯이, 산업형태나 기술수준에 따라 일인당 소득을 최대로 하는 인구밀도가 바로 '최적 인구밀도'인 것이다.

따라서 최적 인구밀도는 나라마다 지역마다, 심지어 집안마다 다를 수밖에 없다. 지구전체의 최적 인구밀도는 계산하기도 어려울 뿐만 아니라 설령 계산해 냈다 하더라도 인구정책에 반영하기가 쉽지 않은 게 사실이다. 그러므로 우선 나라마다 자기가 처한 위치에서 장차 인구를 늘리는 것이 1인당 GNP를 올릴 수 있는 길인가, 내리는 것이 1인당 GNP를 올릴 수 있는가 를 판단하여 인구정책에 반영한다면 그것이 바로 '최적 인구밀도'를 지향한 정책이 될 것이다. 지구 전체가 '최적 인구밀도'를 지향함으로써 인구로 인한 파탄을 미연에 방지할 수 있을 것이다.

다시 말해 인간이란 현재 아무리 가난하고 고생스럽다 해도 오늘보다 내일이 나아지리라는 희망이 보일 때는 아무 문제가 일어나지 않지만, 현재까지는 잘 살았지만 오늘보다 내일이 못해지고 희망이 보이지 않을 때에는 타락하기 쉬우므로, 국가나 가정이나 '최적 인구밀도' 개념을 도입해서 인구조절을 해나가는 것이 지혜로운 일이다.

이 '최적 인구밀도'를 수천 년 동안 잘 유지해 잘 살아온 곳이 소티베트라고도 불리는 라다크 지방이다. 이 지방은 히말라야 산맥의 중간쯤에 위치한 험준한 불모지로 한랭건조한 기후에 비도 적게 내리고 농사지을 땅도 좁다 보니 인구가 늘어나는 것을 피할 수밖에 없었다. 그리하여 아들 형제가 있으면 며느리는 하나만 들여 두 형제가 한 아내와 사는 일처다부제를 택함으로써 한 가정의 농토가 분할되어 형제 모두 못살게 되는 것을 방지해 온 것이다. 말하자면 한 가정에 태어나는 아

·

Ⅱ. 인류의 꽃, 프로부모

기숫자를 일정하게 유지하여 가정의 '최적 인구밀도'를 맞추었고, 그 결과 그들은 나름대로 풍요롭고 행복한 삶은 유지하면서 잘 살아왔던 것이며, 이스터섬의 경우와 비교할 때 매우 대조적이며 아주 지혜로웠다는 것을 알게 된다.

따라서 강대국이든 약소국이든 간에 모든 나라들이 다른 나라 다른 민족의 것을 넘보지 않고 제각기 '최적 인구밀도'를 지향해 나가는 것이 우리 인간이 현 시점에서 취할 수 있는 가장 지혜로운 인구대책일 것이다.

전문부모의 길 74장

28. 부족종교의 탈을 못 벗고 아직도 싸움을 일삼는 종교, 다시 태어나야 인류의 평화가 온다

아메리카를 정복한 백인들은 생포된 인디언들을 모아놓고 어디서 듣도 보도 못한 기독교를 믿으라고 강요했다. 결국 죽음이 두려워 개종을 하겠다는 쪽과 죽어도 못하겠다는 쪽으로 나뉘어졌고, 드디어 개종을 거부한 쪽 인디언들은 불에 태워죽인다. 이때 화형에 처해진 어느 인디언 추장이 마침내 화염이 자기 몸을 휩싸기 시작했을 때, 세례를 받을 수 있는 마지막 기회가 주어졌다. 그러나 그는 끝까지 거부했고, 거부하는 이유를 이렇게 말하는 것이었다. "만약 내가 세례를 받는다면 천당에 가서도 그 지긋지긋한 기독교도들만 만나게 될 것이 아닌가?"

이렇게 기독교를 믿지 않겠다는 이유만으로도 불쌍한 인디언들은 수없이 죽어갔고, 개종을 약속하고도 안식일에 사냥이나 낚시를 하거나, 전통치료법을 사용하거나, 단지 교회 이외의 장소에서 혼인을 했다는 이유로도 가혹한 처벌을 받았으며, 성직자들은 인디언의 유산인 가면과 의복을 비롯한 종교예복들을 파괴시켰다.

이 이야기를 처음 듣는 사람들은 '설마 박애정신을 내세워 이웃사랑을 외치는 기독교도들이 그런 만행을 저지를 수 있을까?' 라고 의문을 표시할 수도 있지만, 다음을 읽어보면 이해가 쉽게 갈 것이다.

Ⅱ. 인류의 꽃, 프로부모

모세(Moses)가 미디안을 정복한 후 '아이들 중에서 남자아이는 죽이되, 남자와 성교하지 아니한 여자들은 다 너희를 위하여 살려두어라'(민수기 제31장)라고 지시하였다.

그런데 모세의 십계명에는 분명히 제6계에 '너는 살인은 못한다'라고 되어 있으니 이상한 일이 아닌가? 물론 전쟁중에는 적을 죽이지 않으면 자기가 죽으므로 어쩔 수 없이 적을 죽일 수밖에 없지만, 이미 정복되어 포로가 된 적, 아니 정확히 표현한다면 적의 남자아이들을 포함한 모두를 죽이고, 단지 처녀아이들만 살려두었다가 번식에 쓰자는 얘기니, 이것이 살인이 아니고 무엇이란 말인가? 이에 관해서 인류학자이면서 역사학을 공부한 하퉁이 연구한 바에 따르면, 유대교나 기독교도들이 애호하는 '네 이웃을 사랑하라'라는 구절은 이스라엘 사람들이 사막에서 계층간의 불화와 살육으로 분열되어 있던 시기에 생긴 것이라고 한다. 이 구절이 등장하기 얼마 전에 3천여 명이 살해되는 끔찍한 사건이 벌어졌다. 그래서 모세는 부족내의 우호관계를 회복하기 위해 '이웃을 사랑하라'는 구호를 외친 것이다. 그리고 하퉁은 이 구호가 이교도까지 포함된 박애를 선언한 것이 아니라 자기부족인 이스라엘 사람들만을 사랑하라는 뜻임을 탈무드의 여러 곳에서 그 증거를 찾아내기도 하였다. 이쯤 되면 모세가 정복한 이교도 중 처녀만 남겨놓고 다 죽이라고 명령한 것과 '사람을 죽이지 마라'는 상반된 말을 한 모순을 이해할 수 있다.

따라서 모세의 후계자 여호수아(Joshua)가 한나절 동안에 2천 명의 이교도들을 죽이고 신에게 감사드리기 위해 '사람을 죽이지 마라'라는 구절을 포함한 십계명을 바위에 새긴 것 또한 그가 위선자가 아니라는 뜻도 된다. 사실 그 당시 종교는 대부분 다른 집단과의 경쟁에서 이겨

전문부모의 길 74장

야만 생존할 수 있는 그런 부족집단에서 시작되었기 때문에 어찌 보면 이러한 집단 이기주의적 종교교리는 당연했다고 보인다. 그렇기 때문에 집단내 살인을 철저히 차단하기 위하여 부족내 박애를 부르짖을 수밖에 없었고, 이를 비롯한 10계명은 자기부족들이 지켜야 할 계율이었던 것이다. 다시 말해 이교도들을 인간이 아닌 적으로 보았기 때문에 이교도를 죽이는 것은 10계명을 어기는 것으로 생각하지 않았던 것이다.

물론 기독교는 같은 기독교도만이 아니라 모든 사람을 사랑하라고 가르친다. 이 가르침은 주로 성 바울(St. Paul)의 것으로 여겨지는데, 그 이유는 예수는 복음서에서 유대교도와 이교도를 차별하는 언급을 자주 했으며, 그의 메시지는 유대교도를 위한 것이라고 분명히 밝혀지기 때문이다.

그러나 성 바울은 이교도 지역에서 망명생활을 하면서 이교도를 완전히 제거하기보다는 개종시켜야겠다는 생각을 했으므로 그렇게 말한 것으로 보인다. 하지만 그 후 실제로 기독교가 한 행동은 박애와는 거리가 먼 것이었음을 역사가 증명한다.

예를 들자면 마녀사냥만 해도 그렇다. 피부색이 다른 인디언이나 흑인과 같은 유색인종뿐만 아니라 같은 백인 중에도 중세 말기 이후 로마교황의 공인 아래 기독교를 믿지 않는 무고한 사람들을 마녀라고 지목하여 화형대에서 불태워 죽이는 잔인한 만행을 서슴없이 저질렀다.

마녀들의 극성으로 못 살게 되었으므로 그들을 제거해야 된다는 것이 기독교도들의 명분이었으나, 그 못 살게 되었다는 이유가 너무나 가소로운 것들이었다.

Ⅱ. 인류의 꽃, 프로부모

• 당신네 집의 지붕은 비가 오면 샌다지?

• 당신네 암소가 낙태했다지?

• 당신네 밭의 귀리가 잘 크지 않는다지?

• 당신네 포도주가 시었다지?

• 당신의 머리가 아프다지?

• 당신의 자식이 죽었다지?

• 당신이 빚에 쪼들린다지?

• 당신 울타리가 부서졌다지?

이렇게 서민들이 못 살게 되는 이유가 바로 기독교를 믿지 않는 마녀들이 극성을 부리기 때문이니 모든 백성들이 마녀들을 색출하여 없애자는 캠페인을 교회와 국가가 앞장서서 강행해 나갔던 것이 마녀사냥이었다. 마녀의 82%는 여자였고, 무기력한 노파나 하층계급의 중년여인이 어떤 지방의 마녀소요가 있을 때마다 통상 맨 먼저 마녀로 기소되었다.

대량처형이 특징이 된 광란이 기승을 부리던 시기에는 여관주인, 소수의 부유한 상인, 교사들이 처형되기도 했다. 그러나 의사들이나 변호사나 대학교수, 수사관, 성직자들은 안전했다. 만약 어떤 가여운 여인이 때때로 고문에 못 이겨 최근의 악마의 연회에서 주교나 군주를 보았다고 헛소리를 했다가는 말로 표현할 수 없는 고문을 받고 죽어야만 했다. 알고 보면 부패한 성직자와 탐욕스러운 귀족들이 사회위기에 대한 책임을 교회나 국가로부터 마녀라는 가상의 괴물에게 전가시킨 것이며, 그 결과 성직자들과 귀족들은 가난한 서민대중을 보호해 주는 위대한 보호자로 등장한다.

전문부모의 길 74장

결국 이 때문에 교회에 십일조를 바치고, 세리들에게 군소리를 하지 말아야 할 이유가 생긴 것이다. 어찌되었건 간에 '사람을 죽이지 마라', '네 이웃을 사랑하라'는 박애정신을 내세우는 기독교가 14세기에 시작한 마녀사냥은 16~17세기에 절정에 달했고, 18세기 계몽사상의 보급과 함께 사라졌으며, 마녀로 몰린 죄 없고 가여운 사람들이 단지, 이단지라는 이유로 10만 명이나 넘게 화형을 당했다는 것이 문제이다.

그뿐만 아니라 11세기 말에 시작하여 13세기 말까지 무려 200년에 걸쳐 싸운 십자군전쟁이야말로 종교역사상 가장 부끄러운 전쟁이 아닐 수 없다. 물론 십자군 전쟁을 통해 서유럽인들이 동일성을 찾는 데 도움이 되었고, 동서교류의 시야가 넓혀졌으며, 대항해시대로의 발전을 이룩하는 바탕을 쌓아 식민지 시대를 여는 등 긍정적 평가가 있는 것도 사실이다. 그러나 이것 역시 유럽의 이익일 뿐이며, 이로 인해 전통문화를 지키며 잘 살아가던 수많은 인류가 받은 처절한 고난을 생각한다면, 지구전체에 부정적인 결과만 초래한 사건일 수밖에 없다. 더구나 십자군 전쟁으로 인한 기독교와 회교 사이에 깊게 파인 골은 아직까지도 선명하게 남아 있어 세계도처에서 전쟁과 테러로 하루도 편할 날이 없으니, 더욱 더 잘못된 전쟁이 없음에 틀림없다.

또한 17세기에 독일에서 벌어진 기독교의 신·구 양파의 전쟁을 비롯하여 북아일랜드나 보스니아 등지에서 일어난 종파분쟁을 보면 자기와 같은 신앙을 가진 이웃만을 사랑하는 기독교인의 경향이 여전히 계속됨을 알 수 있다.

물론 기독교도만 그런 것이 아니고, 회교도 또한 이에 못지 않게 싸움을 잘한다. 그들 역시 교세는 기독교 못지 않게 지구를 뒤덮을 기세이지만 부족종교의 탈을 벗지 못하기 때문이다. 코란의 회개의 장 5절

II. 인류의 꽃, 프로부모

에 보면, '그런데 신성월(神聖月)이 지났으면, 다신교도를 발견하는 즉시 죽여라, 잡아라, 억류하라, 모든 길에 복병을 두고 기다려라. 그러나 만일 그들이 회개하여 예배를 지키고, 희사(喜捨)를 한다면 방면해 주라. 알라께서는 관용하시고 자비로운 분이시다'라고 되어 있는 것만 보아도 알라신의 자비라는 것이 오직 회교도에만 한하는 것으로, 이교도들은 죽이라는 것이고 보면 이것이 부족종교가 아니고 무엇이겠는가?

이들 부족종교의 특징은 거의 예외 없이 집단 내부와 외부의 차별을 강조한다. 우리와 그들, 이스라엘 사람과 팔레스타인 사람, 유대교도와 기독교도, 구원받은 자와 저주받은 자, 신앙인과 이교도, 아리우스파와 아타나시오파, 가톨릭과 유대정통파, 프로테스탄트와 가톨릭, 수니파와 시아파 등, 부족종교는 그것을 따르는 자들만을 선택된 종족으로 보며, 그 밖의 경쟁집단은 모두 미개한 야만인이며 인간 이하의 종족이라고 가르친다.

대부분의 종교가 부족으로 분할된 폭력적인 사회에서 배타적 숭배로부터 시작되었고 다른 집단과의 경쟁에서 이겨야만 생존할 수 있었기 때문에 그 당시 종교가 부족종교 성격을 띨 수밖에 없었을 것이라는 것은 이해할 수 있다. 다만 그들이 오늘날에도 자기들의 종교가 부족종교의 성격을 띠고 있음을 솔직히 인정한다면야 누가 뭐라 하겠는가? 박애정신이니 세계종교니 하면서 화려한 무늬의 옷만 걸치고, 속내용은 그대로 두고 자기들을 따르지 않는 자들은 모두 이교도나 이단으로 몰아 싸움을 하면서도 자기들만이 정의라고 부르짖는 게 문제이다.

따라서 명실상부한 세계종교로서 인류의 등불이 되어 환하게 비칠 수 있으려면 하루빨리 집단이기주의적 '작은 우리'에서 벗어나 나와 남

전문부모의 길 74장

을 차별없이 껴안을 수 있는 '큰 우리 사랑'에 입각한 교리를 확립하고
실천해야 할 것이다.

어찌되었든 간에 종교의 이름으로는 미물의 살생도 하지 말아야 하
는데, 살인을 식은 죽 먹듯 하거나 부추기고, 이교도나 이단과 전쟁하
기를 정당화시킨다면 그 종교는 이미 종교의 본분을 저버린 이익집단
에 불과한 것이다. 이런 부족종교는 다가오는 지구촌 시대에는 쓸모가
없으며, 역사 속으로 사라져가야 할 과거종교로 추락하고 말 것이다.

따라서 우리는 인류의 평화와 번영을 가져올 수 있는 미래종교를 찾
거나 만들어 나가야 할 것이다.

Ⅱ. 인류의 꽃, 프로부모

당하는 놈은 바보, 해치는 놈은 악마

유럽인들에 의해 멸종되거나 멸종 문턱까지 가야 했던 아메리카 인디언이나 오스트레일리아 원주민이 바보짓을 해서 그런 결과를 초래했다고 단정하기에는 너무 가혹한 면이 없지 않다. 왜냐하면 두 대륙은 세계 4대문명의 영향에 힘입어 눈부신 발전을 할 수 있었던 유라시아 대륙과 교류 없이 고립된 상태였으므로, 스스로 문명의 꽃을 피우기에는 역부족이었음을 인정해야 하기 때문이다.

다시 말해 유럽인이 원주민과 위치를 바꾸어 오스트레일리아에 살았다 해도 농업도, 문자도, 국가도, 선박도 없는 석기시대 삶을 살았을 것이 거의 확실하고, 또한 유럽인이 아메리카 대륙에 살았다 해도 대양을 항해하는 선박도 없어 기술적 정치적으로 유라시아에 2천 년 이상 뒤처진 생활을 했을 것으로 믿어지기 때문이다.

그야 19세기 유럽인들은 이들을 정복하는 명분으로 열등한 민족을 몰아내고 살해하는 것은 유럽인의 명백한 운명이라고 결론지었지만, 그 후 수많은 연구에도 불구하고 열등의 척도라 할 수 있는 지능에서 민족간에 유전적 차이가 있다는 것을 납득시킬 만한 증거는 전혀 발견되지 않았으니, 머리가 나쁜 열등한 민족이란 애초부터 존재하지도 않

전문부모의 길 74장

았다는 얘기가 된다. 다만 문명의 발달에 차이가 크게 난 이유는 지리적 영향 때문인 것으로 밝혀지고 있다.

지리적 영향에서 우선 생각할 수 있는 것이, 문명의 기초가 되는 동물과 식물이 다르다는 것을 들 수 있다. 유라시아의 주요한 가축으로는 소, 말, 양, 돼지, 염소 등을 들 수 있는데, 이들은 우리 인간에게 고기나 우유뿐만 아니라 옷을 만들 털과 가죽을 제공하였고, 특히 소나 말은 쟁기를 끌고 화물을 운반하는 중요한 동력을 제공해 준 덕분에 인간의 근육만을 사용하던 때보다 농업의 생산성이 크게 향상되었다. 이리하여 농업의 발달은 인구증가를, 인구증가는 중앙집권국가를 가져왔으며, 중앙집권국가는 전쟁을 치르기 위해 기술의 발달을 가져왔다. 또한 전쟁을 통해 문화교류가 활발히 이루어졌으며, 이런 가운데 전염병에 대한 면역력까지 높아져 강인한 인간으로 레벨 업된 것이다.

더구나 말의 가축화 성공은 군사적으로 매우 중요해서 강력한 기병대와 이륜전차군단으로 발전하여 대제국건설이 가능하였고, 동서 문화교류가 빨라지는 원동력이 되었다.

그러나 불행하게도 아메리카나 오스트레일리아에는 원래 말이 있었으나 인디언이나 원주민이 대륙에 도달했을 무렵 멸종해 버렸고, 쟁기와 짐마차를 끌 소나 우유를 공급할 마땅한 포유류가 없었다. 이것은 그들이 포유류의 가축화 노력을 게을리한 게 아니라 극소수의 야생동물만이 가축화에 성공할 수 있는데 안타깝게도 이 두 대륙에는 마땅한 야생동물이 없었다는 점이다.

또한 엎친 데 덮친 격으로 재배에 적합한 밀, 보리, 벼와 같은 야생식물은 없었고, 손이 많이 가고 생산성이 낮은 옥수수 같은 것들뿐이어서 농경발전 역시 부진한 이유가 되었다.

Ⅱ. 인류의 꽃, 프로부모

그리고 아메리카 대륙의 발전이 더욱 불리했던 이유는 대륙이 남북으로 길게 뻗어 있고, 열대부분이 잘록하다 보니 남북의 농경과 목축을 비롯한 모든 교류의 확산을 가로막는 역할을 함으로써 문명의 발달 및 확산이 느려졌다는 점을 들 수 있다.

다시 말해 남북아메리카 대륙의 축이 90° 회전하여 온대지역이 두 대륙에 길게 이어져 있었고, 말이나 소와 같은 가축과 밀, 보리, 쌀과 같은 재배식물이 존재했다면 그들의 문명 또한 유라시아에 못지 않게 빠르게 발전해서 유라시아 대륙을 침공할 수 있었을지도 모를 일이다. 이렇게 볼 때 아메리카 인디언이나 오스트레일리아 원주민이 유럽인에게 당한 것을 단순히 바보짓이라고 말할 수는 없다는 뜻이 된다.

그러나 이제부터는 사정이 다르다. 현재 지구 어느 구석진 오지라 할지라도 그들이 알려고 조금만 노력한다면 세상물정을 몰라 당할 이유가 없는 마당에, 강한 자에게 사기나 착취 및 더 나아가 절멸의 위기에 내몰린다면 그들은 분명 바보취급을 당해야 마땅하다는 얘기다.

왜냐하면 목숨을 부지하여 살아남는다는 것은 본인 자신이 해야 할 본인의 몫이기 때문이다. 다만 살아남기 위해 가족도 필요하고 국가도 필요한 것이며, 어떤 수단과 방법을 동원해서라도 남에게 당하지 말고 살아남는 것이야말로 자기책임을 다한 것이 된다는 뜻이다.

우리 인간은 태아 때부터 입덧을 통하여 엄마가 독소를 취하지 못하도록 자신을 위하여 조종을 할 만큼 위기에 대처할 수 있도록 진화해왔다. 또한 우리가 느끼는 고통과 공포 또한 위기관리를 위하여 진화한 것이다. 만일 고통의 감각을 처음부터 갖지 않고 태어났다면 그들은 서른 살쯤이면 거의 모두 죽는다. 또 태어날 때부터 공포를 느끼지 못하는 사람들이 있다면 그들은 응급실이나 시체안치실에서나 찾아야

전문부모의 길 74장

할 것이다.

이처럼 고통과 공포는 우리가 살아가는 데 필요한 것이며, 위험이 닥칠 것을 경고해 주는 정상적인 방어작용인 것이다. 예를 들어 성난 수코끼리가 바로 앞까지 달려오는 급박한 상황처럼 위험이 긴박한데 전혀 개의치 않고 잡담이나 하는 사람보다는 잽싸게 도망가는 사람이 다칠 가능성이 적은 것과도 같다.

이는 거피라는 물고기를 가지고 실험을 통해 밝혀진 바도 있다. 거피의 포식자인 작은 농어가 나타날 때 보이는 거피들의 반응, 즉 숨거나, 멀리 헤엄쳐 달아나거나, 침입자를 힐끗힐끗 쳐다보는 등의 동작들을 기준으로 거피들을 겁 많은 집단, 정상적인 집단, 대담한 집단 등 세 종류의 무리로 나눈 다음 서로 다른 무리의 거피들을 농어와 함께 수조에 넣어보았더니 약 6시간 후에는 겁 많은 집단의 40%, 정상집단의 15%가 살아남은 반면, 대담한 집단의 개체들은 한 마리도 살아남지 못하였다.

이처럼 우리 인간들도 자신이 살아남고 자기 후손들이 살아남게 하기 위해서는 항상 위기의식을 가지고 살아가는 부류가 실력도 없이 허세만 부리고 낙관적인 태도로 살아가는 부류보다 살아남을 확률이 높아지는 게 사실이다. 그러나 최근 연구에 따르면 우리들 대부분은 언제나 자신의 능력과 영향력을 과대평가하는 것으로 나타난다. 따라서 우리는 개인은 물론이고 국가민족이나 지구 전체의 운명에 대해서도 지나친 낙관적 태도를 펴기보다는 언제 닥칠지도 모르는 위기상황에 대비하며 살아가는 태도가 바람직할 것이다.

우리 선조들이 이러한 태도로 살았다면 피비린내나는 임진왜란이나 치욕적인 한일합방을 당하지 않았을 수도 있었으며, 6 · 25 남침도 일

Ⅱ. 인류의 꽃, 프로부모

어나지 않았을 것이다. 결국 적에게 허약한 모습을 드러내 보임으로써 적의 침공을 자초한 것이다.

아이들의 왕따 문제만 해도 그렇다. 물론 왕따를 시키는 아이들이 나쁜 것은 사실일지라도 그들을 욕만 한다고 해서 해결될 문제는 아니다. 자기자식이 왕따를 당하지 않으려면 완력을 길러준다든지, 사교성을 길러준다든지 하는 것이 진정한 해결방안이 되듯이, 우리 자신이든, 가정이든, 국가든 간에 어느 누구도 감히 넘보지 못할 만큼 튼튼하게 만들어야 바보를 면할 수 있는 것이고, 힘이 있다고 해도 힘없는 남을 해치지 말아야 악마를 면할 수 있다는 얘기다.

우리 인류는 초창기부터 자기 이외의 다른 존재를 인정하는 데 매우 인색했고, 보잘것없고 저항할 힘이 없는 존재들을 억압해 왔다. 지금도 먹을 것이 없어서 남에게 구걸하여 목숨을 연명하는 상황이 되면 자기 목숨은 이미 주는 자의 손에 넘어가 있는 게 되는 것이며, 알게 모르게 주는 자의 핍박과 멸시를 당해야 함은 물론이다.

따라서 지나치게 남을 믿기보다는 최후로 믿을 수 있는 것은 자기자신밖에 없다는 굳은 신념으로 열심히 노력하고 위기에 대비하는 자만이 최후까지 살아 남을 수 있는 자질을 갖춘 사람이 되는 것이며, 바보를 면하는 길이기도 하다.

과학기술만한 생존보험은 없다

지구상 마지막 구인류 국가 드디어 사라지다 — 신인류 국가 일색의 세계탄생

지난날 찬란했던 역사를 자랑했고, 사실상 구인류의 문화박물관인 지구상의 마지막 구인류 국가가 자진해서 무장을 해제하고 신인류에게 국가를 헌납하고 국민의 생존을 의탁하면서 대성통곡을 하였다.

신인류가 처음 나타날 때만 해도 유전자 조작을 통해 인간을 개조한다는 것은 신을 모독하는 행위이며, 윤리도덕상 옳지 않다는 여론이 지배적이었다.

물론 이 마지막 구인류 국가는 반대세력의 선봉이 되었으며, 그 당시에는 어느 누구도 이 강대한 나라가 이 꼴로 사라지리라고는 상상도 못했던 일이었다.

그러나 세월이 흘러가면서 신인류가 하나 둘씩 태어나면서 분위기는 점차 바뀔 수밖에 없었다. 그도 그럴 것이 신인류의 두뇌는 에디슨이나 아인슈타인을 능가하여 과학자나 교수, 의사, 변호사 등 두뇌를 필요로 하는 모든 고급직업은 그들이 독차지하였다. 머리가 좋다고 해서 못 생겼거나 몸이 약한 게 아니고, 이들의 체력은 운동선수를 능가하였으며, 미

Ⅱ. 인류의 꽃, 프로부모

모 또한 특출하고 섹시해서 남녀를 불문하고 이들에게 반하지 않을 수 없을 정도였다. 그러니 올림픽경기를 비롯한 모든 운동경기의 메달은 신인류가 차지했고, 연예인을 위시한 인기직업 또한 그들 차지가 되고 말았다. 더구나 이들은 100세가 되도록 홍안으로 젊은이와 똑같이 활발히 일을 하다가 어느날 갑자기 죽음으로써 노인문제도 없으며 병도 거의 없다 보니 의료보험도 필요 없었다. 또한 보통 천재들에게 나타나는 광기 같은 것 역시 찾아볼 수 없고 도리어 정서적으로도 매우 안정되어 있으며, 탐구심과 지구력이 초인적이라 하루 두세 시간만 자면서 연구에 몰두하니, 구인류로서는 도저히 당해낼 도리가 없게 되었다.

또 그들의 정치수완도 놀랍고, 기업의 경영능력 역시 탁월해서 권력과 부가 자연스럽게 그네들 손에 몽땅 들어가고 말았다. 이쯤 되자 신인류는 두뇌차이로 구인류와 한교실에서 수업을 할 수가 없었고, 배우자 선택에서도 구인류는 신인류의 상대가 될 수 없어 혼인을 하지 않자 세월이 갈수록 신인류는 우월한 유전자를 많이 가진 풍요한 유전자 계급이 되어가고, 구인류는 빈곤한 유전자 계급으로 남아 그 격차가 점점 더 벌어졌다. 이렇게까지 된 것은 신인류가 교만해서 꼭 그리된 것만은 아니다. 처음에는 지능과 능력차이가 워낙 심하다 보니 대화가 잘 되지 않아 그리되었고, 많은 세월이 흐른 다음에는 구인류가 자기들의 먼 사촌인 침팬지와 섹스를 해도 혼혈아를 낳을 수 없듯이, 어느덧 신인류와 구인류는 혼인을 해도 아이를 낳을 수 없어 그리된 것이다.

이리하여 구인류는 신인류가 이룩한 완전 자동화된 첨단과학 문명 속에서 마땅한 직업을 가질 수 없어 신인류에게는 전혀 경제적 효용가치가 없었다. 그러니 신인류는 그들이 인구과잉을 초래하지 않도록 규제를 하였으며, 그렇지 않아도 사기가 땅에 떨어질 대로 떨어진 구인류의 출산율은 급격히 떨어질 수밖에 없었고, 사기충천한 신인류의 인구증가율은 높아만 갔다. 신인류는 머리가 좋아서 유럽인들이 아메리카 인디언이나 오

전문부모의 길 74장

스트레일리아 원주민을 절멸시키려고 인간사냥을 한 것과 같은 악랄한 방법을 쓰지는 않았지만 워낙 능력차가 크다 보니 그 결과는 비슷하게 되었다. 그러니 언젠가는 구인류의 씨가 마를 지경이 되면 신인류가 사육하는 동물원에서나 구인류를 보게 될지도 모를 일이다.

아무튼 구인류는 자기 조상을 잘못 만나 과학기술을 멀리했다든지, 윤리도덕이 어떠니 하고 떠들어대기만 했다든지, 신을 모독할 수 없다면서 신만 찾았다든지, 또는 열심히 공부하지 않고 빈둥빈둥 놀았다든지, 집안 싸움질만 했다든지, 국민의 질이 낮아서 형편없는 대통령만 계속 뽑아 나라를 엉망으로 만들었다든지 하여 경제가 엉망이다 보니 좋은 줄 알면서도 가난해서 할 수가 없었다든지, 이유가 무엇이든 간에 그들의 조상은 먼 앞을 보지 않고 눈앞에 이익에 급급하다가 절호의 찬스를 놓쳐 그리된 것이니 이제 와서 땅을 치고 통곡한다 한들 누가 도와줄 것이며 무슨 소용이 있겠는가?

이상이 3000년 2월 12일자 어느 신문의 가상 기사내용이다.

미래에 이런 사태가 벌어지는 것을 바랄 사람은 아무도 없을 것이다. 그러나 우리가 바라지 않는다고 해서 이렇게 변하지 않는다는 보장 또한 없는 것도 사실이다.

제너가 예방접종을 실시하려고 할 때에도 노여워하며 반대하는 사람들이 많이 있었고, 유행병을 예방하는 백신을 아이들에게 모두 먹여야 한다는 주장이 나왔을 때에도 그러했지만, 오늘날에는 누구나 예방접종을 한다. 또 인공유산도 절대 반대하는 종교집단이 있지만 사실상 행해지며, 인공수정법이 발명되었을 때에도, 시험관 아기가 최초로 탄생되었을 때에도 모두들 신의 모독을 들먹이면서 말도 안 되는 소리라고 떠들어댔지만 지금은 일상적으로 사용하는 기술이 되었듯이, 새로

II. 인류의 꽃, 프로부모

운 기술을 이용함으로써 이제까지 얻을 수 없었던 행복을 얻는 사람이 많아지면 그 기술은 실현되는 것이 이제까지의 역사적 교훈인 것이다.

사실 모든 생명조작에 반대하는 사람들이 많이 있는 게 현실이지만, 알고 보면 농업도 생명조작의 일종이고, 병을 고치는 의학도 이미 생명 그 자체를 거스르는 생명조작이듯이 우리 인류는 이제까지 줄곧 생명조작을 통해 살아왔다고 해도 과언이 아니다.

비단 생명조작 기술만이 아니라 한 국가나 민족이 과학기술을 등한시한 대가가 어떠했는가는 역사를 통해 우리 눈으로 똑똑히 볼 수 있다.

오늘날 힘이 없고 무모하여 죄없는 국민들이 죽어가는 이라크만 해도 그렇다. 이라크는 인류 4대 문명 발상지의 하나로서 그들이 이룩한 이슬람 문화는 찬란해서 아라비아 숫자를 발명하였고, 십자군전쟁 때만 해도 유럽보다 선진국으로서 그들의 의학, 천문학, 수학, 동물학, 지리학 등 아라비아 과학과 기술이 유럽에 도입되어 근대 과학기술 발달에 헤아릴 수 없는 공헌을 해주고도, 오히려 자기자신들은 과학기술을 소홀히 하다가 후진국으로 떨어지고 만 것이다.

그리고 중국과 인도 또한 그렇다. 두 나라가 다 4대 문명 발상지로, 특히 중국은 종이, 화약, 나침반, 총 등을 발명했지만 반란을 두려워한 황제가 이 좋은 과학기술의 활용을 제한하였고, 그것이 아니더라도 대제국의 풍요를 누릴 수 있어 안주하다 보니 그 기술을 도입한 유럽과 일본에게 무릎을 꿇는 치욕을 당하고 만 것이다. 또 중국과 인도는 유럽의 산업혁명이 막 시작되던 1840년에는 전세계 무역의 40%를 차지한 강대국이었지만, 과학기술을 소홀히 한 탓에 식민지가 되고 후진국으로 전락하고 말았다.

이처럼 과학기술은 그 나라 그 민족의 생존권과 직접적인 관계가 있

전문부모의 길 74장

는 것인 만큼 좋든 싫든 간에 통치자는 이에 전력투구해야 하며, 그렇게 할 때 비로소 자기임무를 수행한다고 볼 수 있을 만큼 정책의 1순위임에 틀림없다.

그러나 인류 전체는 고사하고 당장 우리나라 현실만 보아도 한심하기 그지없다. 무지하고 무식한 지도자는 나라살림이 어려울 때면 대폭 올려도 시원찮을 국립과학연구소 예산삭감부터 하려 들고, 과학기술자를 홀대하여 똑똑한 아이들이 사법고시로나 몰려들게 만들고, 무능한 정치로 경제를 파탄지경으로 이끌어가면서 눈앞에 어른거리는 표에 눈이 어두워 카드빚이나 갚아주고 복지정책에 돈을 쏟아붓는다. 사실 진정한 복지정책은 과학기술이 발전하여 국민경제가 살아나는 것임에도 불구하고 정책순위를 거꾸로 뒤집으니 말이다. 마치 아무리 현재 배가 고프더라도 한 뒤웅박의 씨앗을 먹지 말고 봄에 씨앗을 뿌려야 온가족이 내년에 굶어죽지 않을 수 있는데, 그 씨앗을 삶아먹는 것이 우리나라 지도자들의 행태가 아닌가 한다.

인간이 가지고 있는 탁월한 능력은 예측하는 능력, 예측에 따라 계획하는 능력, 계획에 따라 행동하는 능력, 또 변화하는 상황에 따라 행동을 수정하는 능력이다.

따라서 우리 국민은 하루 빨리 우리 자신의 질을 향상시켜 이러한 탁월한 능력을 갖춘 지도자를 선출해서, 우리나라와 민족의 생존권이 확보되는 바른 길로 갈 수 있게 되고 우리보다 뒤처진 이들의 모범이 되길 바랄 뿐이다.

II. 인류의 꽃, 프로부모

싸움 예방에는 강력한 힘이 최선책이다

동물들이 서로 싸울 때는 크게 두 가지 이유에서이다. 하나는 계급 사회에서 우위를 확보하기 위해 싸우는 것이고, 다른 하나는 자기영역에 대한 텃세권을 확립하기 위해서 싸운다. 따라서 닭과 같이 일정한 영역 없이 살아가는 동물은 단순히 계급적 우위를 확보하기 위해 싸우는데, 닭은 서열이 높은 녀석이 낮은 녀석을 쪼아대기 때문에 동물의 서열을 '쪼는 순위'라는 말로 표현하기도 한다. 또 계급제도가 없는 동물은 순전히 텃세권 확보를 위해서 싸우며, 우리 인간과 같이 일정한 영역에서 계급사회를 이루고 살아가는 동물은 계급적 우위와 텃세권 확보라는 두 가지를 위해서 싸운다.

우리 인간과 가까운 유인원이나 대부분의 원숭이는 엄격히 확립된 사회계급제도를 가지고 있어서 우세한 수컷이 집단을 통솔하고, 나머지 구성원들은 우두머리에 종속하는 정도에 따라 그 밑에 차례대로 늘어선다. 그리고 우두머리가 너무 늙거나 쇠약해져서 지배력을 유지할 수 없으면, 젊고 용감한 수컷이 우두머리를 몰아내고 대신 두목의 망토를 입는다. 두목은 고릴라의 경우처럼 암컷을 독차지하지 않고 계급이 낮은 수컷과 공유하는 등 너그러운 폭군도 있지만, 일반적으로 조

전문부모의 길 74장

직을 통솔하고 반란을 차단하기 위해 무서운 폭군으로 행세한다. 영장류 집단도 이따금씩 영역싸움을 하기도 하지만, 그들은 끊임없이 이동하며 살아가기 때문에 그들에게 텃세권은 그리 중요하지 않다. 그러나 우리 인간은 일정한 기지를 가지고 서로 협력하는 사냥꾼이 됨으로써 텃세권이 중요한 동물이 된 것이다. 또한 인간은 아이의 성장기간이 길어졌기 때문에 남녀가 쌍을 이루어 가족제도를 만들었고, 이리하여 집단의 큰 텃세권뿐만 아니라 가정이라는 작은 텃세권까지 확보하면서 살아갔다.

그러면 서열싸움이 되었든, 텃세권 싸움이 되었든 간에 포유류는 어떤 형태로 싸울까?

포유류가 자극을 받아 공격적이 되면 교감신경계는 격렬한 활동에 대비하여 아드레날린이 혈액 속으로 들어가 심장박동이 빨라지고, 피는 머리로 모여들어 재빨리 판단할 수 있게 해주고, 또 피는 근육으로 옮겨져 격렬히 움직일 수 있게 해준다. 그리고 모든 소화기능과 창자는 운동을 정지하고, 타액분비가 억제되어 입이 마르며, 배설물의 배출도 멈춘다.

또 호흡활동이 빨라져 적혈구 생산을 증가시키고, 피부표면의 털이 곤두서서 몸을 식히는 데 도움을 주고, 땀구멍에서 땀이 쏟아져 나와 체온이 지나치게 올라가지 않도록 조정한다.

이처럼 교감신경계가 격렬한 싸움에 대비하여 몸을 조율하는 반면, 부교감신경계는 자제심을 유지하고 회복하는 일을 맡음으로써 싸움에 제동을 거는 역할을 한다.

그래서 일반적으로 동물은 공격성을 자극받았다 해도 곧장 총력전으로 돌입하는 게 아니고, 우선 공격하겠다고 위협하는 행동부터 시작하

Ⅱ. 인류의 꽃, 프로부모

는 것이며, 이런 상태에서 위협적인 몸짓에 겁을 집어먹은 적이 슬금슬금 꽁무니를 빼면 그보다 더 바람직한 것은 없다.

그렇게 되면 피를 흘리지 않고도 승리를 얻을 수 있으며, 실제로 모든 고등포유류에게는 이처럼 싸움을 벌이지 않고 승부를 가리는 의례적 전투로 끝내려는 경향이 짙다. 그리고 포유류뿐만 아니라 대부분의 동물은 특별한 경우를 제외하고는 자기종족과 싸울 때는 상대를 죽이지 않고 단지 굴복시키거나 자기영역에서 쫓아내는 것을 목표로 한다. 그들이 살육전으로까지 가지 않는 이유 중의 하나는, 육탄전을 벌이다가 세가 불리할 때 항복을 나타내는 신호가 이들 사이에 발달되어 있기 때문이다.

그렇다면 우리 인간사회의 생물학적 싸움의 양상은 어떠할까? 우선 계급사회에서 우위를 차지하려는 싸움은 경쟁이라는 양상으로 치열하기는 하나 그런 대로 정해진 룰에 따라 이루어지므로 크게 문제가 되지는 않는다. 다만 우리는 수천 수만 명의 거대한 집단 속에서 순위를 정하며 살도록 진화되지 못했고, 기껏해야 100~150명 정도의 작은 부족집단에 알맞게 만들어져 있기 때문에 사실상 그런 형태로 서열을 만들어 살아간다. 즉, 성격이나 직업이 전혀 다른 도시거주자들을 선정하여 그들의 수첩에 적혀 있는 주소나 전화번호를 조사해 보면 특별한 직업이나 성격을 가진 극소수를 제외하고는 잘 알고 지내는 사람의 수는 거의 같고, 이 숫자는 작은 부족집단의 수와 대체로 일치한다는 사실을 알 수 있다.

다시 말해 우리는 많은 사람들과 개인적인 서열관계를 맺는 것이 어렵다 보니 낯선 사람을 지배하지도 않고, 그들에게 지배받지도 않은 채 살아간다. 즉, 우리는 모르는 사람을 뚫어지게 쳐다보거나, 상대편

전문부모의 길 74장

을 손가락질하거나, 육체적 접촉을 갖지 않으려고 조심함으로써 자극적인 상황을 만들지 않으며, 일과 관련이 없는 사람은 인사도 없이 살아가기를 선호한다.

그리고 가정의 텃세권 역시 울타리를 치거나 현관문을 잠금으로써 텃세권을 가진 다른 동물의 경우와 마찬가지로 이 경계선을 엄격히 존중하고 지키며 살아 크게 문제되지 않는다. 우리가 문패를 달거나 정원을 가꾸거나 골동품이나 그림 등을 수집하여 다른 집과 색다르게 꾸미려는 것은 마치 개가 문이나 벽에다 다리를 들고 오줌을 누어 자기냄새를 남겨 놓음으로써 자기영역 표시를 하는 것과 같은 행동이 되는 것이다.

그러나 나머지 한 가지인 큰 텃세권 문제만은 그렇게 간단히 해결될 수 있는 문제가 아니다.

이에 대한 가장 바람직한 해결책은 쌍방이 무장을 해제하고 싸울 일이 있으면 맨주먹으로 동물들처럼 싸운다면 살인으로까지 가지 않고도 끝날 수 있겠지만, 거의 실현성이 없는 것으로 보인다. 두 번째 해결책으로는 모든 사회집단의 구성원들을 비애국자로 만드는 것이지만, 우리 유전자 속에 들어 있는 사회집단을 이루어 안전을 도모하려는 유전인자가 변화하지 않는 한 이것 역시 실현 불가능한 일이 된다. 그렇다고 세 번째 해결책인 공격에 대한 지적 통제력을 향상시켜 싸움을 미연에 방지하는 방법 역시 믿을 것이 못된다.

왜냐하면 불행하게도 텃세권 방어라는 기본적인 문제만큼은 고도로 발달한 우리의 두뇌중추도 아직 낮은 수준에 머물러 있는 동물적 본능의 충동질에 너무나 쉽사리 흔들리고 말기 때문이다.

따라서 결국 텃세권 확보를 위한 싸움 아닌 전쟁은 우리 인간이 늘

Ⅱ. 인류의 꽃, 프로부모

안고 살아갈 수밖에 없는 난해한 것으로 보는 것이 현명할 것이며, 이왕 싸움을 할 수밖에 없다면, 동물이 싸우지 않고 승리하기 위해서 강한 힘과 싸우려는 강한 의지를 나타내야 하듯이, 우리 인간도 이 방법밖에는 별다른 묘책은 없는 것으로 보인다.

왜냐하면 국제질서는 늘 불안정한 게 특색이고, 영원히 무정부적 성격을 갖기 때문에 국제적인 지배자가 나타나지 않는 한 각국은 서로에게 잠재적인 위협이 될 것이며, 그 불안을 없애고 전쟁을 예방하기 위해서는 어느 나라든 영토방위를 위한 무장으로 강력한 힘을 과시할 수밖에 없기 때문이다.

또한 어떤 나라가 순수한 방위수단으로 군사력을 증강한다 해도 상대편 나라는 공격적 수단으로 보고 군비확장을 하여 균형을 이루려 하기 때문에 군비경쟁은 끊임없이 이루어지게 마련이다.

이런 현상은 나라의 형태가 전제군주 국가이든, 파시즘 국가이든, 공산독재 국가이든, 자유민주의 국가이든 간에 형태에 관계없이 이루어지는 현상이라는 점만 보아도 다른 묘책이 없어보인다. 다시 말해 국제적인 불안정이라는 문제는 최종적으로 잠재적국에 대응하는 힘의 균형유지를 통해 해결되는 것이며, 전쟁은 국가간의 분쟁에 관한 최종적 해결수단이기 때문에 모든 국가는 자국을 지키기에 충분한 힘을 갖지 않으면 안 된다. 즉, 국제정치 영역에서의 진정한 대화는 군사력이라는 말이 된다. 물론 자국의 군사력뿐만 아니라 강한 나라와 동맹을 맺는 것도 필요하고, 적과의 화해도 중요하지만, 자국의 군사력이 확보된 연후에 그것도 효과가 있는 것이지, 만일 군사력이 없거나 약하다면 나라의 운명은 예측하기 어렵다.

이런 상황에서 국제연맹이나 연합 또한 덮어놓고 믿을 것이 못 되기

전문부모의 길 74장

는 마찬가지이다. 예를 들자면 지난날 일본이 만주침략을 감행할 때 국제연맹은 아무 제재도 가하지 못했고, 1946년 이후의 국제연합 안전보장이사회에서는 소련이 거부권을 발동시켜 이 조직을 약화시키고 말았다. 따라서 이와 같은 세계에서는 국제법 또한 환상에 불과할 뿐이므로 자국의 군사력만이 안전보장에 대한 유일한 해결방안이 된다 하겠다.

우리 인간에게 텃세권이 존재하는 한 전쟁의 위협은 늘 있게 마련이고, 그렇다고 싸움을 통해 같은 종끼리 살육을 하도록 내버려둘 수도 없는 노릇이다 보니 어떻게 해서라도 전쟁만은 막을 수 있는 데까지 막아야 하는 것이 우리 인간이 가야 할 바른길임에 틀림없다.

그 최선의 해결책이 아이러니컬하게도 강력한 힘을 길러 상대방으로 하여금 싸울 의욕을 꺾어버리게 하는 것이라는 점이 애석할 따름이다. 그리고 강력한 힘을 갖되 절대로 선제공격은 하지 않는 모범적인 국가가 되어야 할 것이며, 적이 있으므로 해서 조심하고 단결하고 부지런히 일하여 더욱 잘사는 나라를 만들어 가는 지혜가 있어야 할 것이다.

Ⅱ. 인류의 꽃, 프로부모

견고한 지역화만이 세계화 물결에 견딜 수 있게 해준다

오소리와 토끼가 앞산 뒷산에 살았다. 앞산 뒷산에는 나지막한 돌담이 쌓여 있어서 자유롭게 왕래는 할 수 없었고, 어린 새끼들만 작은 구멍으로 가끔씩 드나들곤 하였다. 그런데 토끼가 앞산을 바라보니 그곳에는 맛있는 풀이 무성했고, 자기들이 사는 뒷산에는 식구가 많이 늘어나 점점 먹을 풀이 부족해져 갔다. 또한 식구가 늘어난 오소리 역시 사정은 비슷해서 먹을 것이 부족한데 뒷산을 바라보니 토끼가 먹지 않는 곤충이나 도토리 등이 널려 있는 게 아닌가? 그리하여 오소리두목은 새끼를 보내어 토끼두목에게 거래를 하자고 제안하였고, 그렇지 않아도 식량부족으로 고민하던 토끼두목인지라 쾌히 승낙해서 둘의 합의 하에 조그마한 문을 만들었다. 그리고 오소리는 풀을 뜯어 모았고, 토끼는 도토리 등을 모아 맞바꾸어 먹었다. 얼마동안 이런 거래를 하는 동안 오소리는 좀더 과감한 제안을 하였다. 그것은 다름 아닌 돌담을 철거하고 자유롭게 왕래하자는 것이었고, 토끼는 망설이지 않을 수 없었다. 왜냐하면 오소리는 토끼를 잡아먹는 강자였기 때문이다. 그리하여 토끼는 몇 번에 걸쳐 회의를 거듭한 결과 오소리로부터 신변안전을 보장받는 각서를 받기로 하고 개방을 결의했다.

물론 오소리는 선선히 각서를 써주었고, 마침내 돌담은 철거되었다. 그 후 얼마동안은 토끼도 오소리도 먹을 것이 풍부해서 참 잘한 일이라고 좋아들 했다. 그러나 이게 웬일인가?

오소리가 후미진 곳에서 몰래 토끼를 잡아먹는 일이 생겼고, 그런 일이 일어났을 때마다 토끼두목은 오소리두목에게 강력하게 항의했지만, 다시는 그런 일이 일어나지 않게 하겠다는 약속은 말 뿐으로 사건은 점점 자주 일어났다. 그리하여 견디다 못한 토끼들은 오소리를 피해 가며 식사를 해야 했고, 그들이 쫓아오면 굴로 숨을 수밖에 없는 실정이 되었다. 그래도 천만다행인 것은 토끼굴은 좁은 바위틈에 있어서 굴파기 명수인 오소리도 이 굴만은 어쩔 수 없어 토끼는 씨가 마르는 참변은 면할 수 있었다. 그러나 토끼는 아무리 먹거리 영토가 넓어졌다고는 하나 안전이 보장되지 못해 숨어서 먹이를 먹다 보니 늙거나 병약한 녀석들은 그 전보다도 더 자주 굶었고, 식구는 느는 게 아니라 줄어들었으니, 공연한 개방을 한 꼴이 되었다. 반면 오소리는 영토가 배로 늘어난 만큼 식량이 늘어나서 식구가 배로 증가하였으며, 가끔씩 토끼고기까지 먹으니 영양상태가 좋아져 전보다 토실토실 살이 쪘다.

결과적으로 담을 허물어버린 것은 오소리만 좋게 만들어 준 것이고, 토끼는 더 굶주리고 안전까지 위협받는 최악의 협상이 된 셈이다. 따라서 토끼로서는 돌담에 문을 내고 서로 필요한 물건을 맞바꾸는 거래에 만족했어야 옳았다. 그리하여 토끼두목은 혼잣말로 "개방만이 살 길이라는 것도 다 헛소리여!"라고 중얼거리며 한탄했지만 이미 때는 늦었던 것이다. 그러나 한편 난공불락의 바위틈 굴이 있어 멸종만은 면할 수 있다는 것을 자위하며 살아갔다.

지구촌의 세계화 물결은 소규모의 다양하고 자립적이며 지역공동체

．

Ⅱ. 인류의 꽃, 프로부모

에 기반을 둔 농업체제가 기업에 의해 수출을 지향하는 단작(單作) 농업으로 바뀌는 계기가 되었으며, 이것이 식량위기의 주된 원인이 되었다. 즉, 많은 나라들이 농산물 수출을 적극적으로 늘려온 시기와 같은 기간에 빈곤과 굶주림도 늘어난 것이다. 예를 들면 태국에서는 1985년부터 1995년 사이에 농산물 수출이 65% 늘어나는 동안, 빈곤선 이하의 인구가 43% 증가했고, 볼리비아에서는 1985년부터 1990년 사이에 대폭적인 수출증가가 이루어졌지만, 농촌지역 임금의 95%는 지금도 하루에 1달러도 안 되는 벌이를 하는 데 그친다. 필리핀에서는 수출을 위한 절화(折花)의 재배면적이 엄청나게 확대되는 동안 쌀과 옥수수 같은 주곡의 재배면적은 크게 줄어들었고, 그 과정에서 대략 35만 명에 이르는 농민들의 생계기반이 파괴되었다. 오랜 세월 쌀을 자급자족해 온 필리핀은 쌀수입에 나서지 않을 수 없었고, 그 수입량은 1990년대 후반에만 10배로 급증하면서, 외국쌀에 대한 의존도가 높아지고 기아도 늘어났다. 브라질에서는 일본과 유럽의 동물사료시장으로의 콩 수출이 비약적으로 늘어난 1970년대에 기아인구가 전체인구의 1/3에서 2/3로 늘어났다. 브라질은 1990년대에 세계 3대농산물 수출국이 됐지만, 콩의 산업적 농업에 특화된 경지면적이 1980년부터 1995년까지 37% 늘어나면서 수백만 명의 소규모 농민들이 그들의 땅에서 쫓겨났다. 그 과정에서 주곡인 쌀의 1인당 생산량이 18% 줄어들면서 기아와 빈곤을 더욱 증가시켰다. 여기에 덧붙여 물이나 종자 및 생물다양성과 같은 지역자원에 대한 통제력이 글로벌기업의 손에 들어간 것 또한 큰 문제가 된다.

뭐니뭐니해도 사람이든 동물이든 간에 먹지 않고는 살지 못하므로 자신들이 먹을 식량만큼은 직접 재배함으로써 생존을 보장받아야 함에

·

전문부모의 길 74장

도 불구하고 세계화 추세에 눈이 어두워 이 기본적인 것을 망각하고 식량을 수출시장에 의존한 것이 문제가 된 것이다.

물론 수출을 해서 식량을 수입하는 것이 식량을 자급자족하는 것보다 더 이득이라는 계산 아래 그리한 것이지만, 원래 수출시장은 다양하고 가변적이며 신뢰할 수가 없는 것이어서 수출가격이 예상보다 떨어지는 경우가 많아 이런 결과를 초래한 것이다.

또 다른 예를 하나 더 든다면 금융분야이다. 1997년 이래 일련의 파괴적인 금융경제 위기가 연속해서 멕시코, 태국, 인도네시아, 한국, 말레이시아, 러시아, 브라질, 터키, 아르헨티나를 덮쳤다. 물론 이에 대해 IMF나 세계은행 및 선진국들은 이들 나라의 정치 경제적 지배구조가 나빴기 때문이라는 주장을 펴지만, 피해국가들 대부분은 위기를 당하기 직전까지만 해도 훌륭한 경제관리의 모범국가들로서 대단한 찬사를 받아왔다는 것을 생각한다면 앞뒤가 맞지 않는 말임을 알 수 있다. 따라서 보다 정확하고 믿음직스러운 설명은 1970년대 초 이래 전 세계를 휩쓴 금융자유화와 규제완화가 1997년 이후의 위기를 초래했다고 보는 견해이다. 즉, 금융자유화와 규제완화의 결과는 투자펀드와 투기꾼들이 이익을 찾아 더욱 신속하게 국경을 넘나들며 움직이면서 금융투기가 폭발적으로 증가했고, 이 과정에서 지역의 기업과 은행들이 과도한 단기차입을 겁 없이 한 것이 원인이 된 것이다.

만일 IMF가 금융자유화를 강요하지 않았거나, 강요를 하더라도 지역이 그 강요를 받아들이지 않았다면 이런 참담한 결과는 초래되지 않았을 것이다.

세계화를 주장하는 측은 시장자유화가 빈곤을 종식시키고, 부(富)를 창출함으로써 자유와 번영을 전세계에 확산시킨다고 생각한다. 그리하

·

Ⅱ. 인류의 꽃, 프로부모

여 그들은 기업의 팽창을 방해하는 경제적 정치적 국경을 없애고, 비효율적이며 번거로운 관료체제를 제거하고, 경쟁과 사기업의 체제가 지닌 엄청난 혁신의 능력과 부를 창출할 수 있는 방향으로 역사가 나아가야 한다고 주장한다. 물론 이들의 주장에 일리가 있기는 하나 이 세계화가 사람과 사회가 갖고 있던 지배권이 인간과 자연을 무시한 채 단기 이익만 추구하는 금융투기꾼과 글로벌기업들의 손으로 넘어간다든지, 자율적으로 조정하던 시장이 중앙계획적인 기업경제로 전환된다든지, 다양한 문화를 탐욕과 물질주의 문화로 변질시킨다든지 하는 반대의견 또한 일리가 있는 주장임에 틀림없다.

아무튼 오소리와 토끼이야기에서 볼 수 있었듯이 강자와 약자가 아무 사전준비 없이 동일한 룰에 따라 개방하면 강자는 이익이 크고 손해볼 것이 없지만, 약자는 얻는 것보다는 잃는 것이 더 클 수밖에 없는 것이 자연의 섭리이며 인간사회의 섭리이기도 한 것이다.

그렇다고 약자라고 해서 지구촌 시대를 맞이한 오늘날 무작정 문을 닫아걸고 살 수는 없는 노릇이고, 우수한 두뇌를 해외에 내보내 고등교육을 시켜 그로 하여금 정보를 수집하고 정확한 분석을 시켜 그것에 따라 지역기반을 다져 나가면서 자기지역 분수에 맞추어 신중하게 문을 넓혀 나가야 할 것이다. 그리고 이때 강자가 진정 바라는 것이 약자를 잘 살게 하는 것이라면, 세계화를 서두르지 말고, 절대로 압박하지 말아야 할 것이며, 약자의 결정을 존중하며 따라야 할 것이다.

잘사는 사회란 1인당 GNP나 주가가 높고 자동차 숫자가 많은 것도 기준이 될 수도 있겠지만, 한편에서 굶는 사람이나 노숙자나 실업자나 일하지 않고 놀고먹는 사람이 많다면 분명히 잘사는 사회라고 볼 수 없을 것이다. 세계화를 서두르다 IMF 사태를 초래하였고, 그 후 6년 동안 구조조정을 열심히 했다는 우리나라를 보면 경제는 더욱 침체되었고, 실업과 노숙자 문제는 더욱 나빠만 진다. 이것 하나만 보아도 튼튼한 기반없이 서두르는 세계화는 그 물결에 쓸려나간다는 것을 알 수 있다. 그리고 농촌과 중소기업에는 일손이 모자라는데 실업자나 얻어먹고 사는 노숙자가 늘어나는 문제가 하루 빨리 시정되는 것도 지역기반을 다지는 일이며, 앞으로 우리가 풀어나가야 할 과제이다.

·

Ⅱ. 인류의 꽃, 프로부모

힘이 세거나 약하거나, 외교와 협동없이는
살아남기 어렵다

한(韓)·위(魏)·제(齊) 3국은 동맹을 맺고 남쪽의 강대국인 초(楚)나라를 공격하기로 하였다. 그러나 초나라는 서북방에 있는 강국인 진(秦)나라와 우호관계를 맺고 있기 때문에 섣불리 공격했다가는 진나라가 나설 판이었다. 그리하여 3국은 초와 진을 분열시킬 목적으로 초나라에 사신을 보내 진나라를 함께 공격하자는 제안을 하였다. 그러나 초나라는, 지금은 진나라와 우호관계를 맺고 있지만 사실 지난날 진의 침략을 받아 땅을 빼앗기는 수모를 당한 역사가 있었던지라, 3국의 제안을 흔쾌히 받아들였다. 그도 그럴 것이 잃어버린 땅을 되찾을 수 있는 절호의 찬스라고 생각했기 때문이다. 이리하여 3국과 초나라가 힘을 합쳐 진나라를 친다는 소문이 나돌았고, 진나라로서는 초나라의 배신 행위에 치를 떨었다. 그런데 이게 웬일인가? 3국은 진나라를 치는 게 아니라 갑자기 태도를 바꾸어 초나라를 공격했으니 말이다. 그러니 아무리 3국보다 강한 초나라라 할지라도 당황하지 않을 수 없었고, 부랴부랴 진나라에 구원을 요청했지만 배신감으로 치를 떠는 진나라가 도와줄 리가 없었다. 그리하여 초나라는 3국에 대패하고 말았으니 강대국 초나라가 외교적 실패로 약소 3국에게 참패하고 만 것이다.

·

또 다른 이야기는 제(齊)나라와 초(楚)나라 사이에 싸운 일화이다. 제나라는 중립국 송(宋)나라를 위협하여 송나라를 자기편으로 끌어들였다. 그러자 위기를 느낀 초나라는 송나라로 하여금 중립을 지키도록 하기 위하여 특사를 보내 다음과 같이 권고했다. "우리 초나라는 온건한 수단을 사용하다가 귀국의 지지를 잃었고, 제나라는 위협적인 수단으로 귀국의 지지를 얻었다. 그렇다면 우리 초나라도 이제부터 제나라처럼 강경수단을 동원하지 않을 수 없다. 그렇게 되면 귀국의 장래는 불을 보듯 뻔한 노릇이다. 만일 제나라가 이번 전쟁에서 이긴다면, 귀국을 그대로 놔둘 리 없을 것이고, 또 우리나라가 이긴다면 작은 나라 송이 큰 나라 초를 공격한 결과가 될 것이니, 우리 초나라로서도 귀국을 그냥 놔둘 수 없다." 이 말을 들은 송나라는 중립정책을 표방할 수밖에 없었고, 그리하여 전쟁의 소용돌이를 피할 수 있었다. 이것은 약소국 송나라가 한때 외교적 실수를 즉시 바로잡아 살아남은 예라 하겠다.

또 손자병법에는 이런 대목이 있다. "최상의 전쟁은 적의 전쟁계획을 분쇄하는 것이고, 그 다음은 적의 외교를 파괴하는 것이고, 세 번째는 무기로 적을 정복하는 것이고, 가장 못한 방법은 적의 성곽을 공격하는 것이다." 이처럼 적의 외교를 파괴하는 것, 즉 벌교(伐交)는 전쟁에서 차선책이 될 만큼 매우 중요하다. 이 벌교를 사용해서 제2차 세계대전 초반에 큰 승리를 거둔 자가 히틀러이다. 그는 제2차 세계대전을 일으키기 전에 유럽 각국이 연합해서 자신을 공격할까 두려워 먼저 외교적 공세를 전개해 나갔다. 그는 서방연맹의 타협주의 정책을 이용해 쟁점을 평화적인 대화로 해결하는 척하면서 "독일은 결코 함부로 무력을 사용하지 않는다"고 떠벌렸다. 그리고 폴란드를 침공하기 전날 저녁 그는 무솔리니를 통해 영국, 프랑스 등과 외교활동을 진행시

II. 인류의 꽃, 프로부모

겼다. 그 결과 히틀러는 대전 초반에 그의 외교상의 성공이 매우 중요한 원인으로 작용하여 군사적인 면에서 큰 승리를 거둘 수 있었던 것이다. 이처럼 전쟁기술이 발전한 오늘날에도 강력한 군사력을 뒷받침해줄 탄탄한 외교력의 필요성을 알게 된다.

그렇다면 어찌하여 우리 인간이 이렇게 외교나 협동을 해야만 살아가게 되었을까? 만일 우리 인간이 누구나 성인군자라서 남의 것을 탐내거나 훔치거나 빼앗으려 하지 않고, 도리어 배고픈 사람을 보면 자기 배를 주리는 한이 있더라도 나누어주고, 헐벗은 이를 만나면 자기가 입었던 옷을 벗어주기도 하며, 아는 사람이나 모르는 사람이나 구별하지 않고 친형제처럼 대하고, 남을 시기하거나 화를 내지 않고, 싸우지 않으며, 남을 때리거나 죽인다는 것은 꿈에도 생각지 않을 뿐더러 위험에 처한 사람을 보면 자기 목숨을 던져서라도 구해주고, 노약자나 재난을 당한 이들을 자기 가족처럼 도와 궂은 일도 마다하지 않고, 누가 있으나 없으나 자기가 할 일을 열심히 해서 다 마친 다음에 쉬거나 잠을 자고, 남에게 짐이 되지 않으며, 남에게 받은 은혜는 꼭 갚는 이런 사람만 사는 세상이라면, 협동이니 외교니 하는 것은 낱말조차 생겨나지 않았을 것이다.

그러나 우리 인간사회는 그렇지 않다. 우리 속담에 "독불장군 없다"라는 말이 있듯이, 우리는 협동하지 않고서는 어느 누구도 제대로 살아가기 힘들 만큼 이 사회는 혼자 살아가기에는 너무나 험악하다. 따라서 협동이 인간사회의 중요한 구성요소가 된 것은 친족주의나 호혜주의 또는 도덕적 가르침 때문이 아니라 협동을 잘하는 집안은 살아남고, 협동하지 않는 집안은 도태되는, 그래서 협동적인 사회가 그렇지 못한 사회를 제치고 살아남는 집단선택 때문이었는지도 모를 일이다.

전문부모의 길 74장

여기서 잠시 동물들의 협동관계를 살펴보면, 사회생활의 성향을 타고난 동물도 있지만, 타고난 외톨이 성향의 동물들도 있다. 흰상어는 아무리 협동심을 가르쳐도 언제나 어린 동류를 잡아먹는 카니발리즘에서 벗어나지 못하고, 미국에 사는 너구리인 래쿤도 투덜대는 외톨이 생활을 결코 청산할 줄 모르며, 황금햄스터는 짧은 교미기간을 제외하고는 동류 모두와 철천지원수로 지낸다.

그러나 그룹을 형성하고 공동생활을 하는 동물도 많이 있다. 예를 들어 오스트레일리아에 사는 뜀쥐 중에는 완벽한 공동체 생활을 하는 것들이 있는데, 이들은 새끼 때부터 친절한 태도를 배우며 자란다. 사막의 뜀쥐가 열악한 환경에서 살아남을 수 있는 것은 최소한 세 마리의 수컷과 네 마리의 암컷이 새끼들과 함께 긴밀하게 협동하기 때문이다. 반면 같은 뜀쥐라 할지라도 풀이 우거진 들판에 사는 녀석들은 생활환경이 좋다 보니 협동생활을 하지 않고 완전히 외톨이 생활을 하다가 교미하기 위해서만 암컷 수컷이 잠깐 만날 뿐이며, 그 외 시기에는 이들은 만나면 늘 싸우는 적이 된다.

사자 역시 혼자서는 도저히 사냥을 할 수 없는 먹이감이 있는 열악한 사냥환경일 때에는 협동을 해서 사냥을 하지만, 혼자서도 능히 잡을 수 있는 작은 먹이감이 있는 좋은 환경일 때에는 협동하지 않고 홀로 사냥을 한다.

우리 인간도 이와 크게 다르지 않다. 우리 선조들은 변변한 무기도 없고, 그렇다고 달리기를 잘하지도 못하면서 혼자서 동물을 사냥할 수가 없는 열악한 사냥환경이다 보니 협동을 하지 않을 수 없었다. 또한 맹수나 약탈자를 방어한다든지 더 좋고 넓은 땅을 빼앗기 위해서도 협동은 필요했다. 이리하여 협동을 잘하는 집단은 으레 번성했고, 그에

II. 인류의 꽃, 프로부모

따라 협동적 관습이나 유전자가 우리 몸 속에 자리잡아 갔다고 봐야 한다. 반면 우리 인간도 좋은 환경일 때에는 협동을 하기보다 혼자 행동하는 것이 더 이득이 되므로 그렇게 하기도 했지만, 우리 인간 삶의 환경이 좋을 때보다도 나쁠 때가 더 많았고, 또한 지금은 좋은 환경이라 해도 언제 나쁜 환경이 닥쳐올지 모를 일이므로 좋을 때나 나쁠 때나 협동하며 살아가는 것이 더 많은 이득이 된다는 것을 알고 그리 행동해 온 것으로 보인다.

이와 같은 맥락에서 볼 때 이 지구상의 국가들이 처한 환경은 우리 인간 개인의 환경 못지 않게 열악해서 아무리 강한 나라라 해도 망하지 않는 나라가 없을 만큼 험악한 게 사실이다. 따라서 이런 열악한 환경 아래서 국가와 민족이 살아남기 위해서는 좋으나 싫으나 국가간의 협동, 즉 외교가 꼭 필요한 것이다.

현대의 외교란 매우 복잡해서 비단 정치·군사뿐만 아니라 경제발전, 과학기술혁명, 사회교류 등 국가운명과 밀접하게 관련된 사항을 미소 띤 얼굴로 대화를 나누면서 이익을 쟁취하려고 애쓰는 일이 되었다.

그러나 국가가 힘이 약해서 타국의 지지에만 의지하여 국가의 생존을 도모한다는 것은 근본적으로 불가능한 일이므로 스스로 힘을 기른 강한 자신의 힘으로써만이 외교상의 주도권을 쟁취할 수 있음을 명심하고 우리는 열심히 일하고 연구하며 똘똘 뭉쳐 강한 경제력, 강한 군사력이 뒷받침된 강한 외교력을 펼 수 있는 강한 나라를 만들어야 할 것이다.

욕망억제는 환경문제의 근본해법이 아니다

나는 초등학교 6학년 때 6·25 동란이 일어나 젊은 일꾼이 의용군에 끌려가는 바람에 나무지게를 지기 시작했다. 지금이야 산에 나무가 울창하고 낙엽이 쌓여 썩어가지만, 그 당시에는 벌거숭이 산이었기 때문에 나무를 한다는 것이 여간 어려운 일이 아니었다. 겨울이 되면 갈퀴를 지게에 짊어지고 산에 올라가 겨우 일 년밖에 자라지 않은 떡갈나무, 싸리나무, 진달래나무, 소나무, 풀 한 포기까지 땅바닥이 드러나도록 자르고, 심지어 나무 그루터기마저 낫등으로 쳐서 없앤 다음 갈퀴로 깨끗이 긁으면 산은 빨간 살을 드러내고, 일류 나무꾼일수록 갈퀴나무를 해간 자리가 빨간색이 선명해지게 마련이므로 누가 해간 자리인지 짐작이 가기도 했다. 그 당시라 해도 산에 나무가 있어야 한다는 것을 학교에서 가르치지 않았거나 나무의 중요성을 몰라서 그리한 것이 아니라 당장 밥지을 땔감이 필요했고, 추운 겨울에 나무 없이는 도저히 추위를 견딜 수 없었기 때문에 어떤 환경보호주의자라 해도 어쩔 수 없이 그리할 수밖에 없는 상황이었다.

결국 산에 나무가 울창하게 된 것은 식목을 하고 나무의 중요성을 계몽해서 이루어진 게 아니고, 값싼 무연탄이라는 대체연료를 공급해

193

서 방을 따뜻하게 하고 싶은 욕망을 채워 주었기 때문이다. 이리하여 산에 울창한 숲은 장마 때 홍수를 막아 주어 북한이 민둥산으로 인해 홍수난리를 겪을 때에도 우리는 피해갈 수 있었고, 산골짜기에 물이 늘 흐르고 지하수를 풍부하게 해주어 곡물생산량을 늘려주었으며, 강물이 풍부해져 도시사람의 생활용수나 공업용수를 확보해 주었고, 토양침식이 방지되어 곡물증산 및 강바닥을 메우는 일이 적어져서 장마 때 강물의 범람을 줄여주었으며, 이산화탄소를 흡수함으로써 기후안정을 가져다주었다.

또한 급격한 산업화와 도시화로 오염된 공기 속에서도 그나마 숨쉴 수 있고, 도시생활에 찌든 도시인들이 휴일이면 산을 찾아 맑은 공기도 마시고 정서적 안정도 찾을 수 있게 해준 것도 산에 나무가 우거졌기 때문에 가능하게 된 것이다. 이렇듯 가장 중요한 환경문제 중 하나인 나무숲에 관한 사항 하나만 보더라도 나무숲을 살려야 지구가 살고 인류가 살 수 있다고 아무리 외친다 해도 외치는 것만으로는 절대로 근본문제가 해결될 수 없다는 것을 알아야 한다.

요즘 자동차 매연을 비롯한 화석연료 사용으로 인한 공기오염문제, 지구온난화 문제를 큰소리로 외쳐대지만 이 문제가 외친다고 해결될 수는 없는 것이다. 물론 위기의식을 불어넣어 주고 도덕심을 발휘하게 하여 인간을 계몽하는 차원에서 어느 정도 필요하다는 것은 인정하지만 외친다고 해서 효과가 나는 게 아니다. 왜냐하면 아무리 길이 막혀도 자동차가 편리한 게 사실인 만큼, 자동차 살 돈이 있고 유지할 능력이 있는 사람더러 우리나라는 이미 자동차가 너무 많아 이런저런 피해를 보고, 더구나 기름 한 방울 나지 않는 나라에서 자동차를 사는 것은 옳지 않은 일이라고 설득을 한다고 해서 사지 않을 사람은 없다고 봐야

·

전문부모의 길 74장

하기 때문이다.

이 문제를 조금이라도 풀려면 차라리 자동차값을 대폭 올려 어지간한 사람은 살 엄두를 못 내게 한다든지, 기름값을 몇 배로 올려 특별한 경우에만 운행을 하게 한다든지, 길을 더 만들지 않아 교통체증을 더 증가시켜 자가용 출퇴근을 포기시킨다든지, 도심에 주차시설을 대폭 줄이고 단속을 엄격히 해서 도심으로 자가용을 끌고 들어오기 어렵게 만든다든지 하여 직접 경제적 이해득실이 피부에 와 닿도록 하는 편이 더 현실적이며 효과가 있을 것이다. 그러나 에너지 소비억제를 소리 높여 부르짖던 정부당국도 당장 경기침체가 풀릴 기미가 보이지 않을 때면 제일 먼저 자동차나 가전제품의 특소세를 인하시켜 에너지 소비를 부추기는 것만 보더라도 정부의 환경보호정책도 구호일 뿐이라는 느낌을 받는다.

따라서 석탄이나 석유와 같은 화석연료 사용을 억제하는 것은 환경문제상 매우 중요한 일임에는 틀림없지만, 구호로 되는 것은 아니고 실효를 거두려면 환경문제를 일으키지 않을 대체에너지를 찾는 방법밖에는 다른 도리가 없다.

또한 이 화석연료는 머지않아 바닥이 날 것이고, 바닥이 나기 전에 값이 몇 배로 뛸 것이므로 하루 빨리 대체에너지 개발을 서둘러야 할 시점이다. 우선 이제까지 사용해 왔고 손쉬운 수력발전이나 원자력발전소의 증설이 있으나, 환경단체나 시민단체 등에서는 이를 발벗고 나서서 반대하는데, 과연 그런 행동이 올바른 것인지 의심하지 않을 수 없다. 물론 풍력발전이나 태양전지나 지력발전 등이 이들보다 더 경제성이 있어 그런다면야 이해할 수 있지만, 그런 것도 아니라면 "손톱 곪는 것만 알고 염통 곪는 것은 모른다"는 우리 속담과 무엇이 다르겠는

Ⅱ. 인류의 꽃, 프로부모

가? 수력발전소 건설문제만 해도 그렇다. 수력발전소 건설로 일부 생태계가 파괴되는 것은 사실이지만, 과연 이것이 화석연료가 바닥에 이르러 값이 몇십 배로 뛰고 공급이 중단되어 도시아파트의 난방이 끊어지고 공장가동이 중지되는 사태에 이르러 농촌에서는 산에 나무가 없어질 지경이 된다면, 과연 그때 가서도 수력발전소 건설을 반대할 수 있겠는가?

또한 원자력발전도 그렇다. 체르노빌 원전사고나 노후원자로 해체비용 등으로 부정적 시각이 있는 것도 사실이지만, 이것은 일반대중이 판단할 일이 아니고 전문가가 신중히 분석 검토해서 다른 대체에너지보다 경제성이 있고 안전성을 보장할 수 있다는 결론이 나온다면 일반대중은 전문가의 의견을 따르는 것이 순리이고, 이것이 환경문제 해결의 근본해법인 것이다.

대체에너지 개발은 환경문제 해결에 가장 중요한 부문이므로 정부의 적극적인 정책이 필요하다. 예를 들어 석유값이 현재 30달러이니 그 이상만 올라가지 말아달라고 기도만 할 게 아니고, 오히려 100달러가 되었을 때를 가정하여 정책을 수립할 줄 아는 지혜와 추진력이 있어야 한다. 즉, 자가용 승용차 휘발유값의 세금을 대폭 올려 그 세금으로 풍력발전시설이나 태양전지시설의 보조금에 활용하고 도심의 자전거길 건설에 쓴다면, 자가용 승용차 사용이 줄어들 것이고, 자전거 이용자는 늘어날 것이며, 무엇보다도 시급한 대체에너지 시설이 늘어나고, 대기오염도 감소할 것이니 일거4득이 되는 셈이다. 또 수력발전소나 원자력발전소 증설의 타당성만 입증된다면 환경단체 등은 반대가 아니라 쌍수를 들어 환영하는 것이 진정하고 근본적인 환경운동이 된다는 것을 알고 그리 행동하는 혜안을 가져야 할 것이다.

·

전문부모의 길 74장

다음으로 중요한 환경문제는 물이다. 우선 물이 풍부하고 오염되지 않아야 맑은 물을 마실 수 있고, 농사도 지을 수 있으며, 가축도 기르고 생활용수나 공업용수로 사용할 수 있다. 그러나 전지구적 차원에서 볼 때 메마른 사막은 늘어만 가고, 지나친 지하수 개발로 대수층이 고갈되는 실정에 놓인 반면, 인구는 늘어나고 육류사용이나 생활수준 향상으로 일인당 물 사용량까지 늘어나기 때문에 물부족 사태를 맞고 있다. 따라서 사막화되는 지역에서는 무슨 수를 써서라도 초목을 심고 가꾸어 사막화 확산을 막아야 할 것이며, 지하수 개발이 과도하여 대수층이 고갈되는 인도나 중국 등에서는 정부에서 신규우물 굴착을 적절히 규제하는 반면 물이용의 효율성을 올리는 방향의 투자를 집중해야 곡물생산이 줄어드는 것을 방지할 수 있을 것이다. 또한 어느 나라 어느 지역이고 간에 비가 내릴 때 바다로 흘러가는 물을 최대한 저장할 수도 있도록 저수지를 만들어야 할 것이다.

이외에도 오염된 물을 정수시켜 버린다든지, 농약 사용량을 줄인다든지, 일회용 용기사용을 줄인다든지, 쓰레기를 잘 분류하여 종이나 금속 등의 재활용률을 높인다든지, 야생동물의 살생을 방지한다든지 하는 환경문제 역시 물론 캠페인도 중요하지만 실효를 거두려면 구체적이고 실행가능한 정책을 정하고, 철저히 시행될 수 있도록 엄격한 관리가 뒤따라야 할 것이다. 다시 말해 환경문제를 도덕적 양심에 호소해서 그 효과를 기대하기란 어렵다는 뜻이다. 왜냐하면 지구 저편에서는 굶어 죽어가는 사람들이 있는데 곡물과 물 사용량이 많은 소고기를 지나치게 먹어 비만이 된 미국인들을 낮에는 열을 올려 성토하던 사람도 저녁때 집에 돌아갈 때 소고기를 살 돈이 있고 어린 자식이 소고기가 먹고 싶다고 했다면 십중팔구 소고기를 사들고 가는 게 인간이고,

Ⅱ. 인류의 꽃, 프로부모

인간은 이처럼 말과 행동이 다르다고 봐야 하기 때문이다.

　아무튼 이 지구의 환경문제가 일어난 근본원인이야 두말할 것도 없이 인간이 자연의 궤도를 벗어나 너무 많이 번식했기 때문이므로 아무리 대체연료를 개발하고, 숲을 육성 보존하고, 물을 저장하며 아껴 쓰고, 자원을 재활용한다 할지라도 욕망억제를 기대할 수 없는 우리 인간이 계속 증가해 나갈 수 있는 만큼 이 지구는 넓지도 않고 그런 수용능력도 없다는 점을 알아야 한다.

　결국 환경문제의 근본해법의 열쇠는 문제를 일으킨 인구문제로 귀착될 수밖에 없지만, 그렇다고 해서 인류가 절멸했거나 거의 없는 지구의 환경문제 해결이란 의미가 없는 것이므로, 현 시점에서 우리 인간이 해야 할 일은 환경이 점점 더 파괴되어 지구의 인구 수용능력이 지금보다 더 줄어들지 않게 하거나 늘리는 것이며, 그렇게 하기 위해서는 구호나 근시안적 시각을 벗어나 먼 장래에 적합한 정책수립 및 실시가 하루빨리 이루어져야 한다.

전문부모의 길 74장

35. 출산율 조절 없는 빈민국엔 지원하지 마라

우리 동네에서는 이제 편히 살아갈 나이인 70대의 노파가 작은 체구를 이끌고 이리저리 돌아다니면서 파지를 주워 리어카에 싣고 힘겹게 끌고가는 것을 보게 된다. 또 저녁 산책길에서 만나는 80대 노파는 하루종일 천막도 없는 길가에 앉아 음료수를 팔다가 집에 돌아갈 때에 보면 배낭을 메고 지팡이에 의지하여 무거운 발걸음을 찔뚝찔뚝 떼어놓는다. 그리고 지나가는 길에 서 있는 쓰레기통을 뒤져 빈 병들을 배낭에 넣어 한 푼 벌이라도 더하려는 안쓰러운 모습을 보여준다. 또한 허리가 90도 정도 구부러져 보기에도 매우 불편한 장애인이 매일 파지를 주워 모아 손수레에 싣고 산사 일주문 밖에 있는 좁은 구석에 쌓아두었다가 팔려고 가파른 비탈길을 오르는 것을 본다.

나는 이들을 볼 때마다 이 세상의 어느 고관대작보다도 장하다는 생각을 하며, 사람다운 사람을 보는 흡족한 마음을 금할 수 없다. 그러나 만일 이 분들이 지하철 근처에서 동냥바가지를 놓고 '적선하쇼', '한 푼 줍쇼' 하고 앉아 있다면, 이들이 아무리 나이가 많고 장애인이라 할지라도 기분 좋은 사람으로 보지는 않을 것이다. 그런데 낮시간에 일이 있어 상점에 들러보면 사지가 멀쩡한 젊은이들이 구걸하는 것을 목격한

II. 인류의 꽃, 프로부모

다. 또 수많은 비렁뱅이들이 말하기 좋고 듣기 좋게 노숙자란 이름으로 빈둥빈둥 놀면서 밥을 얻어먹고 살아가니 이 얼마나 추한 몰골인가?

6·25 동란으로 전국토가 잿더미가 되고, 먹을 것이 귀하던 시절에는 한푼 벌어 입에 풀칠이나 해보려고 모여든 지게꾼들은 많았지만, 오늘날처럼 이른바 자선단체가 제공하는 밥을 얻어먹고 살아가는 노숙자 비렁뱅이는 찾아보기 힘들었다.

이처럼 존귀한 인간을 비렁뱅이로 만드는 것은 자선사업이 아니라 그들에게 독약을 먹여 서서히 죽어가게 하고, 마약을 먹여 정신을 몽롱하게 만드는 인간말살 사업이 아니고 무엇이란 말인가? 만일 국가나 종교단체나 독지가들이 이들에게 밥을 주지 말고 일감을 준다면 이들은 아무리 하기 싫은 일이라 해도 굶어죽지 않으려고 일을 하게 될 것이며, 땀흘려 일하고 밥을 먹는다면 얼마나 떳떳하고 기쁘겠는가?

인간에게 가장 중요한 것 하나만 꼽으라면 나는 자존심을 꼽는다. 강한 자존심을 가진 사람은 굶어죽으면 죽었지 절대로 비렁뱅이가 되지 않는다. 사실 자선단체가 일감을 만들어주지 않는다 해도 밥만 먹여줄 일감은 농촌이나 중소기업에 얼마든지 있으므로 이들에게 밥을 먹여주는 일을 중단한다면 비렁뱅이는 굶어죽지 않고 사람다운 삶을 살아가는 계기가 마련될 것이다. 남을 돕는다는 것은 어려운 일이며, 잊지 말아야 할 것은 밥을 먹여주는 게 아니고 그들의 자존심을 키워주는 것임을 알아야 한다.

개인구제와 마찬가지로 가난한 국가를 구제할 때에도 똑같은 실수가 벌어진다. 많은 종교 및 인도주의 단체들이 기아에 허덕이는 가난한 나라에 식량을 공급하여 굶어죽어 가는 생명을 구하기도 한다. 그러나 이런 원조는 일시적인 도움만을 제공하기 때문에 그 나라사람들은 스

전문부모의 길 74장

스로의 문제를 해결하기는커녕 그들의 자립의지를 꺾고 자립할 수 있는 기회마저 박탈한 결과가 되므로 선을 베풀었다기보다 악을 행한 꼴이 되고 만 것이다. 따라서 만일 진정으로 가난하여 기아선상에서 헤매는 국가를 돕고 싶다면 그들에게 식량을 줄 것이 아니라 다음과 같이 식량을 자급자족할 수 있는 길을 터 주어야 할 것이다.

첫째, 출산율을 2.0 이하로 낮추도록 해야 한다. 대부분의 빈국은 인구증가율이 높아 1인당 경지면적이 줄어들고, 경작지를 넓히기 위해 숲을 파괴함으로써 침식과 토양유실로 사막화되는 등 악순환이 계속된다. 따라서 출산율을 저하시키는 것은 가장 중요한 일이므로 인구증가의 문제점을 교육시키고, 피임도구를 공급하고 사용법을 가르쳐주어야 할 것이며, 조혼을 방지시키고, 두 자녀를 둔 가정은 불임수술을 시키는 등 강력한 조치를 취하는 자립의지가 있는 국가만을 지원해야 할 것이다.

둘째, 유아사망률을 낮추어주어 산아제한이 성공되도록 해야 한다. 유아사망률을 낮추기 위한 각종 예방주사를 실시하고 분유 등 유아영양물을 공급해야 할 것이다.

셋째, 식량은 배급소에서 주어서는 안 되고, 일을 시킨 다음 품삯으로 지급해야 한다. 묘목을 주어 나무를 심게 하거나, 저수지를 만들게 하거나, 석탄 등 지하자원을 채굴하게 하는 등 자급자족을 위한 기반작업을 시킨 다음 품삯으로 지급해야 할 것이다.

넷째, 식량증산을 위한 종자, 자금, 기술 등을 제공해야 한다. 그 나라 풍토에 맞고 생산성이 높은 종자를 개발하여 공급해야 할 것이고, 적어도 최소한의 첫해 농사자금은 대어주어야 하며, 농업기술을 제공해야 할 것이다.

Ⅱ. 인류의 꽃, 프로부모

다섯째, 숲이 손상되지 않도록 대체에너지 개발을 해주어야 한다. 석탄이나 석유가 없는 나라라면 수력이나 풍력이나 태양열 등의 이용 시설을 할 수 있는 기자재와 기술을 제공해야 할 것이다.

여섯째, 전쟁이 일어나지 못하도록 강력한 감시를 해야 한다. 대부분의 빈국들은 전쟁이나 내란으로 더욱 고통받고 황폐화되므로 유엔은 적극적으로 개입하여 전쟁을 방지시킬 것이며, 만일 그래도 전쟁을 일으키는 나라는 구제대상국에서 제외시켜야 할 것이고, 구제사업이 정부의 부패로 허사가 되지 않도록 철저히 관리해야 할 것이다.

일곱째, 산업화는 식량자급자족이 이루어진 다음 점진적으로 진행되도록 지도해야 한다. 식량자급자족이 이루어지면 산업화를 서두를 것이지만, 자기능력에 맞게 하지 않고 무분별하게 과욕을 부리면 부채만 늘어나고, 환경문제를 급속히 약화시키며, 도시인구 집중 등으로 또다시 기아에 허덕일 수 있으므로 신중히 진행되도록 지도해야 할 것이다.

이른바 부자나라들이 저지르는 크나큰 실수 중의 하나가 세계화니 개발이니 해서 무분별하게 바람을 불어넣어 누구나 노력만 하면 마치 뉴욕시민처럼 잘 살 수 있다고 부추기는 행위이다. 이는 결과적으로 대다수 민중을 종래의 자급자족 경제로부터 끌어내어 환상을 쫓게 만들고, 결국 물질적으로는 궁핍해지고, 심리적으로는 방향을 잃게 만들어 대다수를 빈민가의 주민이 되게 한다.

세계인구의 1/3을 차지하는 부자나라 사람들이 세계의 식량, 에너지 및 자원의 2/3를 소비하면서, 세계인구의 2/3에 해당하는 가난한 나라 사람들에게 세계자원의 나머지 1/3로 자기들의 생활을 따라오라고 바람을 넣는 것은 사기행위밖에 안 되는 것임을 알아야 한다.

따라서 빈민국을 돕는 첫걸음은 개발이나 세계화가 아니고 그들이

전문부모의 길 74장

식량만은 자급자족하여 비렁뱅이 국가를 면하고, 인간존엄성을 지키며 사람답게 살 수 있게 해주는 일이다.

또한 자립에 역행되는 자선사업이라면 차라리 하지 않고 전쟁이나 예방시켜 주는 편이 좋을 것이다. 그리하여 당장은 굶어죽는 이가 있을지언정 하루라도 빨리 자립의 길을 찾게 될 것이라는 것을 믿고 지켜보는 인내심이 필요할 것이다. 우리 선조들이 먹을 것이 없을 때 초근목피로 연명해 왔듯이, 인간은 외세에 의하여 살육되지 않는 한 어떤 어려운 환경 속에서도 살아남을 수 있는 지혜가 있으므로 섣불리 인간의 존엄성을 훼손시키기보다는 그대로 놔두어 자생될 때를 기다리는 것이 더 인도주의적일 수 있다는 뜻이다.

II. 인류의 꽃, 프로부모

인구조절은 사망률을 높이기보다는 출산율을 낮추는 것이 좋다

지난 20세기 100년 동안 세계인구는 4배가 되었다. 그러니까 지난 100년처럼 인구가 연 1.4%로 증가하면 50년마다 배로 늘어난다. 그러나 만일 이런 비율로 1천 년이 지나면 이 지구상의 인구는 얼마가 되며 어떤 현상이 일어날 것인가를 계산해 보면 놀라지 않을 수 없다. 1천 년이 아니라 850년 후에는 지구상의 인구는 900조 명이 되고, 인구밀도는 ㎢당 600만 명, ㎡당 6명이 되어 인간들은 눕기는커녕 앉지도 못하고 꼿꼿이 서 있어야 한다.

더구나 우리나라와 같이 현재 인구밀도가 높은 나라에서는 이런 비율로 인구가 늘어나고 이민도 가지 못한다면, 700년이 지나면 22만 ㎢의 전국토가 꼿꼿이 선 국민으로 꽉 차고 만다. 이런 사정을 알고 나면 피임이나 낙태문제에 대해서 자기 홀로 성자인 양 반대만을 하지는 못할 것이다. 왜냐하면 출산율을 낮추지 못하면 결국에 가서는 사망률을 높이는 결과를 초래하여 더 큰 비극으로 이어질 수밖에 없기 때문이다.

사실 우리 인류도 수렵채집을 하던 석기시대에는 인구증가율이 매우 낮아 현재 100년이면 4배로 늘어나는 인구를 무려 만 배인 100만 년이 걸릴 만큼 자연의 섭리에 따라 살았다.

전문부모의 길 74장

그들은 먹을 것이 부족할 때에는 첫 임신연령이 늦어진다든지, 산모의 영양실조로 유산이나 사산율이 높다든지, 성병 등에 의한 불임률이 높다든지, 모유를 먹다 보니 터울이 늦어진다든지, 아이를 낳다가 죽는 산모도 많아 가임여성의 연령이 30세 전후로 짧다든지 해서 자연히 출산율이 낮아질 수밖에 없었다. 또한 낳은 아이도 영양실조로 죽어간다든지, 천연두나 홍역과 같은 전염병이 돌아 죽는다든지, 전쟁이나 천재지변으로 죽는다든지 해서 사망률도 높았기 때문에 인구증가율은 거의 문제가 되지 않을 정도였다.

우리 인간은 이런 자연감소에만 의존했던 것이 아니고 인위적으로 인구조절을 하기도 했다. 예를 들어 600여 개의 원시집단들에 실시한 인구통계에 따르면, 약 15세 미만의 미성년층 소년 대 소녀 평균비율은 150 대 100이며, 어떤 부족에서는 거의 두 배에 가까운 경우도 있을 만큼 남녀의 성비가 크게 차이가 난다. 그 이유는 그들은 전쟁이 잦다 보니 전사가 더 필요했고, 한정된 식량으로 전사를 더 확보하기 위하여 여자아기를 살해했기 때문이다. 많은 원시부족들은 여자아기들을 질식시키거나, 숲 속에 버리거나, 젖을 충분히 주지 않거나 해서 살해해 온 것이다.

즉, 전쟁의 필요성 때문에 원시사회는 군인이 될 수 있는 남성의 수를 극대화시키려고 여성의 양육은 제한했던 것이다. 이런 유아살해 습관은 비단 원시사회뿐만 아니고 인구증가를 억제하는 수단으로 19세기까지도 유럽이나 인도, 중국 등에서 성행하였으니, 마치 오늘날 낙태만큼이나 유행했을 정도다.

로마에서는 갓 태어난 여아나 기형아를 바구니에 담아 계곡에 버려 추위와 굶주림에 죽게 했는데 그 이유가 딸을 시집보낼 때 지참금이 많

II. 인류의 꽃, 프로부모

아 그랬다는 것이다. 이런 유아살해는 18세기 영국에서도 일어났는데, 알코올중독된 산모의 1천명 중 10명 꼴로 자기 아이들을 템스강에 빠뜨려 죽이거나, 천연두로 죽은 사람들의 옷에 아이를 싸놓아두거나, 쓰레기통에 버리거나, 술에 취한 상태에서 아이들의 머리를 눌러 질식시켜 죽이거나, 그 외의 여러 가지 직접, 간접수단을 사용하여 살해했던 기록이 있다.

이처럼 동서양을 막론하고 유아살해는 안전한 낙태법과 효과적인 피임법이 개발되기 이전에 가장 흔히 사용되었던 인구조절방법이었던 것이다. 그렇다고 해서 이들이 유아살해방법에만 의존했던 것이 아니고 피임도 해보고 낙태도 시도한 게 사실이다.

우리 선조들은 자연의 섭리에 따라 인구조절이 되도록 내버려둔 게 아니고 피임을 해보려고 무진 애를 쓰기도 하고, 이미 가진 뱃속의 아기를 낙태시키려고 임산부의 목숨이 위태로운 낙태법을 이용하기도 했으며, 원하지 않은 여아나 아기일 경우에는 유아를 내다버리거나 죽이기까지 하는 끔찍한 일도 저질러온 게 사실이다. 그렇다고 해서 그들이 무지몽매하고 인간성이 악해서 그리했다고 볼 수만은 없다. 예나 지금이나 자기 뱃속에서 나온 아이를 귀여워하지 않을 사람이 어디 있으며, 더구나 아무 죄의식 없이 생명을 빼앗을 부모가 어디 있겠는가?

오죽하면 그런 잔인한 방법까지 써서 인구조절을 할 수밖에 없었을까라는 생각을 하게 된다. 그들은 이미 태어나 자라나는 자식들을 굶겨 죽이지 않기 위하여, 또 늙어가는 자기 부모를 봉양하기 위하여 한정된 식량으로는 그 방법밖에 다른 도리가 없었을 것이다.

인류역사가 시작된 이래로 끊임없이 토론되지만 정답이 없는 것이 두 가지가 있다. 그 중 하나는 우주는 유한한가 무한한가를 결정하는 것이

전문부모의 길 74장

고, 다른 하나는 낙태가 살인행위냐 아니냐는 것을 결정하는 것이다.

낙태는 분명 살생행위인 것만은 엄연한 사실이지만, 살인이라고까지 확대 해석하는 것은 좀 지나치다고 생각한다. 왜냐하면 태아는 완성된 인간이 아니고 인간으로 만들어져 가는 과정에 있는 것이므로 완전한 인간으로는 볼 수 없기 때문이다. 그것은 마치 수정된 달걀이나 부화 중인 달걀을 깨뜨리면 닭을 죽인 게 아니고 달걀을 깬 것이 되는 것과 같은 이치이다.

그렇다고 해서 낙태는 아무 죄의식 없이 아무리 해도 괜찮다는 뜻은 전혀 아니다. 왜냐하면 나는 태아뿐만 아니라 벌레 한 마리를 죽이는 살생까지도 죄의식을 느끼기 때문이다.

생업으로 어부가 물고기를 잡는 것과 낚시꾼이 재미로 고기를 잡는 것이 같을 수 없고, 자기가 기르고 잘 따르던 개를 잡아먹는 것과 보신 탕집에 가서 잡아놓은 개고기를 사먹는 것이 같을 수 없으며, 배불리 잘먹고 사는 부자가 정력제로 곰쓸개를 먹으려고 곰을 잡는 것과 아무래도 전량 싹틔울 수 없는 과잉으로 생산된 곡식이나 과일의 일부를 먹는 것이 같을 수 없으므로, 부득이 살생을 하지 않을 수 없는 인간이라 할지라도 되도록이면 죄가 덜한 살생을 하도록 해야 할 것이다.

낙태가 살인행위라고 우겨 못하게 하다 보면 낳아서 문제를 일으켜 불행해지거나, 버리거나, 잘못 기르거나, 유아살해와 같은 죽음으로 몰고갈 수도 있으므로 당분간 낙태는 허용함이 죄를 덜 짓게 하는 방도일 것이다. 사실 낙태도 큰 살생이지만 이것을 살인행위라고 반대한다면, 그보다 지능이 높아 3~4세 어린이와 맞먹는 지능을 갖춘 침팬지를 죽이는 것은 더 확실한 살인행위라고 반대해야 옳지 않겠는가? 그리고 알게 모르게 수정란의 80% 정도가 착상을 하지 못하고 자궁 밖

II. 인류의 꽃, 프로부모

으로 나오는데, 그렇다면 이 여인들에게 미필적 고의의 살인죄를 저질렀다고 할 수 있겠는가?

아마도 미래에는 과학의 발달로 우리가 먹는 곡식에 피임제가 들어 있게 한 다음 임신을 하고 싶은 남녀는 며칠 동안 임신약을 먹어야 임신이 되는 시대가 올지도 모른다. 그때가 되면 원치 않는 임신으로 인한 낙태는 없어질 것이며, 과잉출산 문제도 해결될 것이므로 그때 가서 낙태에 대한 강한 법적 제재를 가해도 늦지 않을 것이다.

우리 인간은 자연의 궤도를 벗어나 유아사망률을 낮추었고, 대부분의 전염병균을 정복했으며, 늙거나 다쳐 죽을 사람의 생명도 늘려놓았고, 가축 및 식량증산으로 영양상태가 좋아져 인구과잉이라는 크나큰 문제를 초래하였다. 우리는 이 문제를 풀어가는 데 너무 경직된 사고를 버리고, 출산율을 조절할 수 있는 모든 방법을 적극적으로 활용해야 할 것이다.

전문부모의 길 74장

37. 낳는 것도 이타행, 낳지 않는 것도 이타행

일본 재계의 지도자인 토요타자동차의 토요타 쇼이치로(豊田章一郞) 회장이 "우리 일본의 출산율이 지금 상태로 지속되면 800년 후에는 일본인은 하나도 남지 않게 될 것이다"라고 호들갑을 떤 적이 있다. 일본의 출산율은 1975년을 기점으로 2.0 이하로 내려가다가 1990년대 이후부터는 1.5 이하로 내려갔으며, 최근에는 1.32가 되어 위기의식을 느껴 이런 말이 나온 것이다.

그러나 출산율은 상황에 따라 변하게 마련이어서 경기가 좋아 실업자가 줄어들고, 일자리가 남아돌며, 잘 살 수 있는 길이 보이면 어느 누가 출산을 억제하라고 한다 해도 애낳기를 원하는 사람이 늘어갈 것이므로 이러한 예측이란 말장난일 수밖에 없다.

인간이 아기를 낳는 일이 과연 나쁜 일일까? 좋은 일일까?

표에서 보는 바와 같이 인간이 아기를 낳는다는 것은 개인이나 집단 및 국가에는 얼마간 유익한 게 사실이지만 지구환경이나 국제관계에서는 좋지 않은 결과를 초래함을 알 수 있다.

Ⅱ. 인류의 꽃, 프로부모

	항 목	출 산	비출산	비 고
지구환경	(1) 생태계 보존	×	○	
	(2) 환경오염	×	○	
	(3) 기후변화	×	○	
	(4) 자원고갈	×	○	
	(5) 용수부족	×	○	
	(6) 산림훼손	×	○	
	소 계	0점	12점	
국제문제	(7) 식량부족	×	○	
	(8) 국제분쟁	×	△	
	(9) 소수민족억압	×	△	
	(10) 빈부격차	×	△	
	(11) 집단살해	×	△	
	(12) 인류종족보존	○	△	
	(13) 과학발전	○	△	
	(14) 우주개발	○	△	
	소 계	6점	9점	
국가사회	(15) 경제성장	△	×	
	(16) 국방력강화	○	×	
	(17) 민족보존	○	×	
	(18) 사회안정	×	○	
	(19) 인간성회복	×	○	
	소 계	5점	4점	
개인생활	(20) 자기유전자번식	○	×	
	(21) 씨족번성	○	×	
	(22) 효도	○	×	
	(23) 자아실현	△	○	
	(24) 노후경제적자립	×	○	
	(25) 자식교육스트레스	×	○	
	(26) 자식보람	○	×	
	소 계	9점	6점	
합 계		20점	31점	

* ○ = 2점, △ = 1점, × = 0점

210

.

전문부모의 길 74장

사실 출산율을 조절하지 못하여 인구과잉을 불러올 경우에 인간은 미쳐 날뛰는 폭력에서 벗어나지 못한다든지, 국가들 사이에 전쟁이 빈발하고 외국인을 증오하며 소수민족을 억압한다든지, 집단학살, 인종청소의 사태가 벌어진다든지, 거리의 깡패로부터 최고경영진과 정권의 핵심부까지 점점 더 범죄가 늘어난다든지 하여 더 이상 통제가 불가능한 사회적 타락현상이 일어나게 될 것이다.

또한 인위적으로 인구과잉을 막지 못한다면 미생물이 양분을 바닥낸 다음 증식을 멈추듯이, 식량이나 에너지 및 용수부족으로 한계에 달해 떼죽음을 당할 수도 있다. 또한 효모의 증식이 그들의 발효로 생산된 알코올에 의해 정지되거나, 황세균(黃細菌)의 성장이 그들이 만든 황산에 의하여 멈춰지듯이, 온실효과나 대기중의 질소, 황산화물이나 음식물 속에 들어 있는 세제나 살충제 찌꺼기, 방사선폐기물 등의 문제로 인구증가가 타율에 의해 멈춰지는 비극을 초래할 수밖에 없을 것이다. 따라서 출산보다는 비출산이 더 바람직한 행동이 되는 것으로, 총괄적으로 볼 때 지구나 인류에게 유익하다는 것을 알 수 있다.

그러나 아이를 낳지 않겠다는 부부나 독신주의자들을 이기적인 사람이라고 손가락질하거나 흉보는 게 일반적 현상이다. 오히려 우리는 그들이 지구생태계를 살리고 인류 전체를 위하여 자기희생을 한다고 찬양해 주어야 할 것이다. 그렇다고 해서 아이를 주렁주렁 매달고 다니는 부모를 손가락질하고 흉보아서는 안 된다. 왜냐하면 그들은 인류종족 보존에 기여할 뿐 아니라 국가와 민족을 위하여 그 어려운 자식양육을 맡아하느라고 자기의 모든 것을 바치기 때문이다.

출산이나 비출산이 모두 이타행이 되려면 출산율이 갱신출산율 2.1 정도이거나 이보다 약간 낮아 인구가 증가하지 않고 쇼크없이 서서히

Ⅱ. 인류의 꽃, 프로부모

감소하는 경우라 하겠다.

　아무튼 출산이나 비출산이 균형을 이루어 낳는 자도 낳지 않는 자도 모두 이타행이 되는 그런 사회, 그런 국가, 그런 인류가 되어야 할 것이다.

·

전문부모의 길 74장

38. 결혼과 섹스

우리 인간이 오늘날과 같이 진화될 수 있었던 것도, 이 험악한 생태계에서 살아남을 수 있었던 것도 모두 다 섹스를 통한 유성생식 덕분이다. 예를 들어 만일 인간이 무성생식을 해서 유전적으로 동일한 인간이 1만 명이 있는데 이들이 인플루엔자에 약한 체질이라면, 인플루엔자가 돌 때 한 명도 살아남기 힘들 것이다.

그러나 유성생식을 해서 유전적으로 다양한 1만 명이라면 인플루엔자에 약한 유전자를 타고난 일부만이 죽을 것이다. 더구나 유성생식에 의한 유전적 다양성이란 엄청난 것이어서 부부 한 쌍의 정자와 난자 속에 들어 있는 DNA가 만들어 낼 수 있는 서로 다른 자식의 숫자는 무려 5×10^{27}명이나 되니 유성생식의 창조적 잠재력에 놀랄 따름이다.

또한 우리 몸은 시간이 지남에 따라 필연적으로 발생되는 일부 유전자의 손상과 축적으로 인해 암 등이 발생되는데, 만약 다 자란 어른이나 노인이 이러한 결함이 있는 유전자를 무성생식으로 자손에게 그대로 물려준다면 몇 세대를 거친 후에는 축적된 결함으로 생명을 지속시킬 수 없게 될 것이다. 그러나 섹스는 이러한 결함있는 유전자를 정자와 난자상태에서 걸러냄으로써 죽음을 극복시켜 준다.

II. 인류의 꽃, 프로부모

섹스는 이처럼 생식과정에서 공헌하는 것 외에도 건강에도 좋아서 연간 150회의 섹스를 하는 사람은 약 3천 리를 달리는 것과 같다든지, 테스토스테론 수치를 높여 뼈와 근육을 강화시켜 준다든지, 양질의 콜레스테롤을 제공해준다든지, 엔돌핀이나 DHEA, 옥시토신 호르몬 분비를 증가시켜 스트레스 해소와 심장보호로 장수에 이바지한다든지, 지적 활동과 정신활동 등을 증진시켜 준다든지 하는 수많은 기여를 하는 것이다.

우리 인간의 고환은 영장류 중에서 가장 큰 보노보침팬지 고환보다는 작고, 덩치 큰 고릴라 고환보다는 커서 섹스 역시 시도 때도 없이 눈에 보이는 암컷과 난교를 하는 보노보처럼 하지는 못해도, 1년에 한두 번밖에 섹스를 하지 않는 고릴라보다는 많이 하는 게 인간이다.

또 우리 인간은 섹스를 하고자 하는 충동을 지닌 조상의 후손으로서, 성관계를 맺으려는 충동은 우리의 몸 속에 존재하며, 그러한 충동을 가지지 못한 사람들은 낙오하여 자식도 가지지 못하게 되었으니 자연 성충동에 강한 사람의 자손들이 우리 인간을 이어왔다고 봐야 한다.

우리 인간이 이처럼 섹스를 좋아하고 자주 하게 된 이유는 우리 인류역사의 대부분을 차지하는 수렵, 채집생활에서 찾는 게 타당할 것이다. 남자는 사냥을 하고 여자가 채집을 하는 수렵채집 사회의 특징은 성에 따른 노동분화로 남성과 여성은 많은 시간을 떨어져서 보낸다. 따라서 여성들에게는 간통할 수 있는 충분한 기회가 주어졌고, 따라서 남편은 자기 아내를 확실하게 지키고 혹시라도 있을지 모를 간통에 대비하여 아내와 자주 섹스를 했던 것이다. 또한 언제 임신이 가능할지를 몰라 아내와 자주 성관계를 가졌던 것으로 보인다.

생식적 관점에서 결혼이란, 남자에게는 자신의 유전자를 다음 세대에 전달해 줄 수 있는 운반자인 여자와, 여자에게는 자신의 난자를 태아로 바꿀 수 있는 생명물질인 정자의 제공자인 남자가 새생명을 탄생시키고자 결합하고 주위에 알리는 일이라 할 것이다. 그런데 인간의 고환은 침팬지처럼 난교체계에 맞을 만큼 크지도 않고, 인간의 몸은 고릴라처럼 일부다처형의 하렘을 이룰 만큼 남자의 몸이 여자의 몸보다 훨씬 크지도 않으며, 일부일처형의 긴팔원숭이처럼 절개를 지키는 데 적용할 만큼 남과 어울리지 못하는 것도 아니라는 점이다.

결국 인간은 일부일처제가 가장 보편적임에도 불구하고 모든 부족문화의 3/4 정도가 일부다처제인 것처럼 일부다처제 금지에 관한 법률을 풀어주면 일부다처제가 성행하게 될 본성을 타고났다. 그러나 인간은 일부일처제 결혼제도를 지키려고 노력하면서 남자는 물론이고 여자 역시 간통을 동반해 온 게 사실이다. 이와 같은 현상은 동물에게도 흔히 있는 일로, 아주 정숙한 일부일처제 새로 보이는 작고 귀여운 파랑새인 유리멧새도 수컷이 자기 둥지에서 먹여 살리는 새의 약 40%는 의붓자식인 것으로 확인되었으며, 우리 인간 역시 영국의 한 아파트를 조사해 본 결과 아이들 5명 중 1명 이상이 친자식이 아님이 판명되었다.

오늘날 섹스가 성해방 쪽으로 흐른 데에는 기독교의 금욕주의가 한 몫을 했다. 우리 인간은 맛있는 것을 실컷 먹고 싶다는 생물학적 욕망이 있는 것처럼 섹스를 하고 싶어하는 특정한 생물학적 욕망이 있음에도 불구하고, 기독교는 이것을 인정하려 들지 않고 철저하게 죄악시하여 금지시키려 했다. 왜냐하면 연애 혹은 섹스를 라이벌로 두려워했기 때문이며, 그래서 그들은 가능한한 섹스를 없애고 싶어했던 것이다. 그리하여 그들은 마지못해 섹스를 용인하되 아이를 만드는 데 필요하지 않은 일체의 성행위는 금지한다든지, 쾌락을 위한 성교인 피임과

215

임신중절을 금지시킨다든지, 동성애를 죄악시한다든지, 마스터베이션을 죄악시한다든지, 전희나 여러 가지 체위를 금지시킨다든지 하는 등 남자와 여자의 섹스를 신의 전매특허로 삼으려 한 잘못을 저질렀다.

그러나 금지가 강하면 강할수록 반발도 큰 것이어서 신의 힘이 약해지자 반역이 일어났고, 성해방은 과격하게 치달을 수밖에 없었다. 이리하여 우리 인간의 섹스와 결혼제도는 소용돌이 속에서 방향을 잃고 떠내려가는 형상이 되고 말았다.

아무튼 우리 인간의 일부일처제 결혼제도는 이상형은 될 수 있을지언정 현실적으로 맞지 않는 점이 많다는 것을 우리는 인정해야 이 어려운 문제를 풀 수 있을 것이다.

왜냐하면 우리 인간의 신체적 진화과정으로 볼 때 남성은 일부다처제에 가깝고, 여성 또한 일처다부적 성격을 띤다든지, 과거와 달리 임신과 양육에 부담이 큰 여성이 생활의 수단으로서 남성을 절실히 필요로 하지 않게 경제적 자립이 가능한 여성이 많아졌다든지, 또 익명성의 도시생활 속에서 남녀 공히 수많은 유혹과 기회가 발생한다든지 하는 여러 가지 요인이 있어 일부일처제의 결혼제도는 엄격하게 지켜질 수 없기 때문이다. 따라서 우리는 너무 절대적인 일부일처제도에 집착할 것이 아니라 유연성 있게 이 제도를 운영하는 지혜가 필요하다.

바람직한 미래가족

우리 인간의 조상이 침팬지와 갈라져 나와 두 발로 서서 걷고, 미숙아를 낳음으로써 아이양육이 크나큰 문제에 봉착하였다. 그도 그럴 것이 아이를 등에 태울 수가 없어 가슴에 끌어안고서 하루종일 이동하기도 하고, 작은 동물을 잡아야 했으며, 식물채집을 하여 운반도 해야 살아갈 수 있었으니 말이다. 따라서 어미 혼자의 힘만으로는 아이를 기르기가 매우 어려워 어떻게 해서든지 수컷의 도움을 받아야 할 처지가 되었다.

그런데 초기의 암컷 중에는 다른 암컷보다 섹시한 것이 있어서 매달 발정기마다 다른 암컷보다 더 오랫동안 교미하고, 임신 후에도 계속 교미를 하며, 출산 후에도 다른 암컷보다 빨리 교미를 재개하였다. 이런 섹시한 암컷은 늘 수컷들의 관심을 끌 수가 있었고, 언제나 집단의 중심에 있었으며, 다른 암컷보다 사냥해 온 고기를 더 많이 얻어 건강하고 안전했으며, 태어난 아이 역시 섹시한 어미덕에 건강과 안전이 보장되었다. 그러니 섹시한 암컷의 아이는 살아남을 확률이 높았고, 언제나 교미할 수 있는 유전자가 그들 자손에 이어졌으며, 섹시한 암컷은 수컷들의 지속적인 관심과 교미를 이끌어내기 위하여 마침내 발정기를 감춘다. 이리하여 섹시한 암컷들의 자손은 번창할 수 있었고, 자식이 많아질수록 수컷의 도움이 점점 더 필요하였다. 이런 섹시한 암컷은 능력 있는 수컷과 지속적인 관계를 맺음으로써 암컷은 수컷에게 섹스와 채집한 식물을 제공하고 수컷에게서 사냥해온 고기를 받는 형태로 고정되어 갔다. 이렇게 해서 약 400만 년 전 초기의 남자와 여자 사이에 지속적 관계가 성립되고, 암컷이 아이를 기르는 데 도움이 되는 구조가 되어갔다.

남자와 여자 사이의 결속은 반드시 일부일처일 필요는 없었다. 2인 이상의 여자를 부양할 수 있는 능력 있는 남자도 있었고, 두 사람 이상의 남자와 결속을 맺는 섹시한 여자도 있었으리라. 그러나 아마도 경제적인 이유에서 거의 한 사람의 상대와 결속을 맺었을 것이다.

또 결속은 영구적일 필요는 없어서 몇 년으로 끝나기도 하고 죽을 때까지 계속되기도 하였지만, 거의 대부분의 짝들은 여자가 아이를 양육하고 보호할 필요가 있는 기간 동안은 계속되었을 것이다.

또한 우리 인간은 단순히 미숙아로 태어났다는 이유뿐만 아니라 먹거리인 동식물의 분포상황을 비롯하여 생활사나 먹을 수 있는지 여부 판단과, 도구를 만들고 그것을 사용하여 음식물을 구하는 기술을 익히기 위해서는 10년 또는 20년에 걸쳐 학습하는 동안 어른의 보살핌이 필요하였다. 따라서 아이의 아버지는 태어난 자기자식을 살아남게 하기 위하여 장기간 돌봐주어야 했고, 오쟁이를 지지 않으려고 여자와 결혼하여 섹스를 독점하였으며, 자식양육에 부부가 헌신함으로써 인간의 가족형태가 생긴 것이다.

아무튼 우리 조상은 완전한 난혼에서 출발해 혈족혼, 친족혼, 집단혼, 일처다부제, 일부다처제 등 무려 15가지의 고생스러운 변형과정을

·
전문부모의 길 74장

거친 뒤에야 일부일처에 도달하였다.

이렇게 해서 생긴 가족의 형태는 여러 가지 기준으로 분류될 수 있으나, 동거하는 자녀를 중심으로 분류해 보면, 부부와 미혼자녀로 이루어진 부부가족(핵가족, 단일가족)이라든지, 자녀 중 1인이 혼인 후에도 부모와 동거하는 3대 또는 4대의 직계가족이라든지, 부모와 동거하는 자녀가 1인에 한하지 않고 모든 아들 또는 모든 딸이 혼인 후에도 부모와 동거하는 3대 또는 4대 확대가족이라든지, 확대가족에서 부모가 사망한 후에도 형제들이 가족을 해체하지 않고 동거생활을 계속하는 형제공동가족 또는 자매공동가족의 공동가족이라든지, 일부다처제 또는 일처다부제나 자매연 일부다처제 또는 형제연 일처다부제의 복혼가족이라든지, 남인도의 나야족처럼 가족은 경제적 단일체를 이루는 형제자매와 자매의 자녀들이 동거를 하고 생활하며, 다만 형제자매들이 섹스만은 가족 외부의 불특정 다수와 하는 특수가족 등을 들 수 있다.

어찌되었건 간에 우리 조상들이 가족을 구성한 가장 중요한 이유는 자식양육에 있었다. 자식양육의 중요성은 시대가 아무리 변한다 해도 변해서는 안 되는 일임에도 불구하고 현실은 그렇지 못한 면이 있다.

다시 말해 인간은 누구나 무조건적인 사랑을 받을 자격을 가지고 태어났다. 아이들은 자신을 증명해 보일 필요가 없고, 자기나름으로 존재할 권리를 애써 쟁취해야 할 필요가 없는 정상적 가족체제 안에서만 잘 자랄 수 있는데, 어머니들이 떠난 대부분의 가정에서는 어머니의 보살핌을 잃은 아이들이 사회의 살벌함에 방치되어 있는 게 현실이다.

즉, 아이들이 순수하고 때묻지 않은 행복한 아동기를 누릴 수 있었던 시절은 이들에게는 옛날이야기가 되고 만 것이다. 학교가 끝나면 빈집에 혼자 열쇠를 열고 귀가하는 아이들, 스스로 끼니를 챙겨먹는

II. 인류의 꽃, 프로부모

아이들, 이혼율이 50%에 이르는 상황에서 부모의 이성교제를 경험해야 하고 이해해야 하면서 성적으로 조속해져야 하는 아이들, 보호자 없이 홀로 TV나 비디오를 보면서 성인오락물이나 폭력물, 지나친 소비생활을 부추기는 상업광고물 등에 무방비상태로 노출되는 아이들의 문제는 심각할 수밖에 없다.

고아원에서 자란 아이들이 어째서 사회에 적응하기 어려운가를 연구하던 어떤 학자가 원숭이새끼를 어미에게서 격리해 키워보았더니 원숭이 새끼는 결코 정상적으로 자라지 못했다. 이 원숭이새끼는 다른 원숭이새끼들과 잘 어울리지 못했고, 짝짓기에 심각한 애로를 겪었으며, 설사 새끼를 낳았다 하더라도 거들떠보지 않거나 공격을 하기도 했다고 한다.

이처럼 인간의 아이들이나 원숭이새끼나 어릴 때 부모의 보살핌과 화목한 가정이 꼭 필요하지만, 이것이 지켜질 수 없을 만큼 가족의 붕괴가 더해가는 게 현실이다.

과거 농경사회에서는 대다수의 가족들이 농업에 종사하였으므로 확대가족이 지배적이었으나 산업혁명은 가족을 도시로 옮겨왔고 그 결과 핵가족이 주류를 이루었다. 그러나 산업사회의 가족은 규모만 작아진 게 아니고, 부부가 다같이 노동에 참여하였기 때문에 가부장권이 약화됨에 따라 가족의 기능도 약화되어 가족의 몰락을 가져왔다. 이리하여 고도로 산업화된 사회에서는 다양한 가족형태가 나타나게 된 것이다.

즉, 전에는 주로 사별로 인하여 발생하였으나 요즘에는 별거나 이혼이나 미혼모의 증가로 발생한 편모가족 또는 편부가족이라든지, 결혼은 더 이상 의무사항이 아니라 선택사항일 수 있다고 여기는 독신자가족이라든지, 맞벌이부부가 부부중심적 삶을 즐기려는 자발적 무자녀가

전문부모의 길 74장

족인 딩크(DINK: Double Income No Kids) 가족이거나, 불임이나 자녀사망으로 인한 비자발적 무자녀가족이라든지, 불임부부가 대리모를 통해 자식을 얻은 대리모가족이라든지, 자식을 입양해 이루어진 입양가족이라든지, 결혼식 여부에 관계없이 법적인 신고가 되어 있지 않은 실험결혼이나 계약결혼의 동거가족이라든지, 전에 결혼한 적이 있는 한 명 이상의 배우자와 결혼하는 재혼가족 또는 여기에 한 명 이상의 전자녀로 이루어진 계부모가족이라든지, 자녀들의 교육문제나 기업의 지방분산 등으로 주말부부나 월말부부 형태가 된 분거가족이라든지, 동일한 가치관이나 이념 혹은 종교적 신념을 기초로 이루어진 소집단 형태의 공동체가족이라든지, 성인이 된 미혼자녀가 독립할 생각을 하지 않고 부모에 얹혀 살면서 결혼을 기다리는 패러사이트싱글(기생독신)이 있는 가족이라든지, 자녀에게 부양받기를 거부하고 노부부끼리 독립적인 삶을 꾸려나가는 노부부가족인 통크(TONK: Two Only No Kids) 가족이라든지, 레즈비언부부나 게이부부와 같은 동성애가족 등 수많은 형태의 가족이 존재한다. 미국에서 세 명의 정신과 의사가 시카고의 흑인 빈민가에서 조사한 결과에 의하면, 86종류나 되는 가족형태가 있음을 발견했다고 하니 얼마나 우리 인간의 가족이 복잡하게 되었는가를 짐작할 수 있다.

이처럼 가족이 붕괴하고 점점 복잡해져 간다 해도 우리 인간에게 가족의 의미는 친구나 회사동료와는 다른 특징이 있으므로 가족을 떠나서는 살아가기 힘든 게 사실이다. 가족은 다른 사회집단과 달리 낳아서 죽을 때까지 관계가 지속된다. 가족은 세대간을 넘나들어 조부모는 물론이고 증조부모나 고조부모까지도 유대를 맺기도 하고, 그 구성원 간에 유전적 특성이나 기질을 공유하여 더욱 친밀감을 가지며, 또한

Ⅱ. 인류의 꽃, 프로부모

혈연이나 결혼으로 외형적으로 확대되어 씨족을 이루기도 한다. 다시 말하자면 가족집단은 수명이 길고, 친족집단은 역사적이며 여러 세대에 걸쳐 존재한다는 점에서 가족구성원들의 행동들은 지속적으로 오랫동안 영향을 미칠 수 있다. 즉, 가족이란 우리 인간이 형성한 가장 기본적인 단위로, 우리 인류의 행복과 불행에 가장 큰 영향을 미칠 수 있는 가장 중요한 사회집단인 것이다.

그러면 이처럼 중요한 가족이 미래에는 어떻게 변해갈 것이며, 바람직한 미래 가족형태는 무엇일까? 우선 현재 우리가 걱정하는 난행이나 배우자교환, 바람기, 간통, 강간, 근친상간, 동거, 동성애, 프리섹스 등은 시대와 지역에 따라 차이는 있을지언정 우리 인류역사상 수천 년 동안 행해져 온 것으로 전혀 새로운 것이 아니다. 그러나 그것들 중 어느 것도 가족의 존재를 위협할 만큼 문제가 되지는 않았다. 또한 우리 인간이 하나의 동물종으로 존재하여 남자 여자의 성적 욕구가 있는 한 여러 가지 형태의 섹스는 앞으로도 계속 시도되고, 다양한 짝짓기도 계속될 것이지만, 우리는 이러한 변화에 너무 민감할 필요는 없다. 아무리 변한다 해도 그 가운데에는 가족을 구성하고 자녀를 출산하는 그룹이 반드시 있을 것이다. 왜냐하면 자녀의 존재는 부부간의 만족한 결과이며, 자녀를 통한 가족의 확대 및 일생을 통한 즐거움은 다른 어떤 대용물로서도 얻을 수 없기 때문이다.

비출산부부나 다른 가족형태는 각자의 인생관에 따라 자신에게 적합한 것을 자유롭게 선택할 수 있도록 인정해 주고 필요한 법적 제도적 장치를 만들어 주는 것으로 족할 것이다.

그러나 출산부부의 문제는 그리 간단하지가 않다. 왜냐하면 출산하는 부부가 생산하는 아이가 좋은 환경에서 건강하게 잘 자라 우리 인류의

전문부모의 길 74장

미래를 책임질 일꾼이 되게 해야 하기 때문이다. 따라서 부부는 출산 전에 충분한 검토를 거쳐 계획출산을 하여야 함은 물론, 일단 출산된 아이를 위해 자기자신의 삶을 어느 정도 희생할 각오까지 해야 한다.

이렇게 해서 출산가족이 낳은 아이를 잘 길러주기만 한다면 설령 비출산가족의 형태가 아무리 복잡해지고 섹스문화가 타락의 양상을 보인다해도 우리 인류의 미래는 밝을 것이다.

Ⅱ. 인류의 꽃, 프로부모

게이도 좋고 레즈비언도 좋지만, 아이만은 안 된다

수컷은 암컷을 보면 성욕을 일으키고, 암컷 또한 수컷을 보면 성욕을 느껴 섹스가 이루어지고, 새끼를 낳아 종이 번식하는 것이 대부분의 동물들이 채택하는 유성생식 패턴이다.

그런데 남자 중 약 5%에 해당하는 사람이 여자에게 성욕을 느끼지 못하고 같은 남자에게 성욕을 느끼는 게이가 있다. 또한 여자이면서 남자에게는 성적 관심이 없고 자기와 같은 여자에게만 관심을 갖는 레즈비언도 있다. 이들 동성애자들도 모두 똑같은 게 아니고 그 정도가 제각각이어서 이성에 대해서 전혀 무관심하거나 혐오를 느낄 정도로 심한 절대적 동성애자가 있는가 하면, 이성과 동성 양쪽 다 성적 관심을 가지거나 이성과 접촉할 수 없는 상황하에 있을 때에만 동성자를 성적 대상으로 선택하는 기회적 동성애자인 양성애자로 구분된다. 그렇다고 절대적 동성애자와 기회적 동성애자로 뚜렷이 둘로 구분된다기보다는 그 중간에 무수히 많은 계층의 동성애자가 존재한다고 봐야 하며, 그렇기 때문에 이들의 정체성을 파악하기가 어렵고 오해받기 쉬운 게 현실이다.

육체적으로는 완전한 남자이면서 마음은 여자이고 육체적으로도 여

전문부모의 길 74장

성이 되기를 원하여 성전환수술을 받는 성전환자는 게이와는 분명히 다르다. 왜냐하면 게이는 자기의 생물학적 성기관을 혐오하지도 않고 성전환수술에도 별다른 관심이 없기 때문에 이들을 굳이 구분한다면 양성애자로 봐야 할 것이다. 또 이런 성전환자는 남자만 있는 게 아니고 여자도 있으며, 그들 역시 레즈비언과는 구별된다.

아무튼 동성애 행동은 곤충에서 포유동물에 이르기까지 보편적으로 나타나는 현상이지만, 그것이 이성애의 대안으로 뚜렷하게 나타나는 것은 붉은원숭이, 비비, 침팬지, 보노보로 가장 지적인 영장류에서이다. 이들 동물들에게는 동성애 행동은 뇌 속에 잠재된 진정한 양성성의 표출인 것이어서 수컷은 완전히 암컷의 자태를 취하고 다른 수컷들의 짝이 되며, 암컷도 이따금씩 다른 암컷과 짝을 맺는다.

우리 인간 역시 동성애는 늘 존재했던 것으로 그리스, 페르시아, 초기로마, 중동의 헬레니즘 문화권, 마야문명, 터키, 일본 등 일부 고등 문명권은 동성애를 허용하거나 승인해 왔다.

우리가 익히 아는 위대한 철학자 소크라테스도 게이이고, 80평생을 통해 결혼하지도 않고 많은 정력적인 우정만을 체험한 플라톤도 그 시대에 성행했던 남색풍토가 아니었던들 그의 사랑이론은 그처럼 승화시키지 못했을 것이라는 평이다. 그 당시는 남색이 전쟁에 이용되기도 해서 플라톤은 "몇 명밖에 안 되는 연인들이라도 어깨를 나란히 하고 싸운다면 적군을 패주시킬 수 있다. 왜냐하면 사랑하는 연인을 위해 싸운다면 군대를 이탈하거나 무기를 버리는 일이란 상상할 수 없기 때문이다. 그 연인은 천 번 죽는 한이 있어도 연인의 앞에서 굴욕을 당하는 일은 하지 않을 것이리라. ⋯" 라는 말을 하기도 했다.

남색이 성행했던 200년 동안은 그리스 문명이 만발한 시기이기도 했

Ⅱ. 인류의 꽃, 프로부모

으니 우연의 일치만은 아닐 성싶다. 르네상스 시대의 이탈리아를 대표하는 천재적 화가이며 조각가이고 과학자와 기술자, 철학자까지 겸한 만능인인 레오나르도 다빈치 역시 동성애자였다는 것은 잘 알려진 사실이다.

또한 마야인들은 소년이 결혼 적령기에 이를 때까지는 부모가 아들에게 남자친구나 소년노예를 붙여주어 아들의 욕망을 충족시켜 주는 것이 상례였으며, 만일 남자가 아닌 여성과 성관계를 가지면 벌금을 물리거나, 처녀일 경우에는 조건 없이 즉각 결혼을 해야 했다.

그러나 모든 문명권이 동성애에 관대했던 것은 아니고, 대부분의 문명권에서는 종교적, 사회적, 의학적 차원에서 철저하게 탄압을 해왔다. 첫째, 종교적 차원의 탄압은 주로 기독교의 영향으로 구약성경 〈레위기〉를 보면 "누구든지 여성과 교합하듯 남자와 교합하면 둘 다 가증한 일을 행함인즉 반드시 죽일지니 그 피가 자기에게 돌아가리라" (20:13) 라고 분명히 동성애를 금지한다. 둘째, 사회적 탄압은 동성애는 종교적 차원을 넘어서 사회적 범죄로 낙인찍혀 한때 영국에서는 살인보다는 동성애로 처형된 사람이 더 많을 만큼 동성애를 사회적 혼란을 야기시키는 주범으로 보아 극형에 처했다. 셋째, 의학적 탄압은 19세기 들어오면서 동성애를 범죄적 성향 대신에 정신적 질환증세로 보는 시각이 대두됨으로써 수많은 동성애자들이 정신분석, 거세, 호르몬요법, 전기충격치료, 뇌수술 등의 연구대상이 되지 않으면 안 되었지만 치료효과는 제대로 보지 못했다.

이러는 가운데 과학의 발달로 동성애의 원인이 하나씩 그 베일을 벗기 시작해서 동성애는 선택적인 게 아니고 유전적인 것으로, 날 때부터 타고나는 것으로 판명되고 있다. 미국의 한 연구소 발표에 의하면

전문부모의 길 74장

40쌍 게이형제의 DNA를 비교하여 33쌍의 쌍둥이가 X염색체의 X928 지역에 게이유전자가 있음을 발견해서 동성애가 거의 확실하게 유전적이라는 것을 보여주었다. 다만 레즈비언 자매 36쌍의 DNA도 비교해 보았지만 동일한 패턴을 발견하지 못해 게이유전자가 주로 남자에게 영향을 미치는 조건이라는 것을 알게 된 것이다.

또한 동일한 게이유전자를 가진 일란성 쌍둥이라도 52%만이 게이가 되는 이유는 게이유전자의 삼투도가 50~70%이기 때문인 것으로 설명된다.

여기서 유전자의 삼투도란 유전자가 힘을 발휘하여 지배적 유전자가 되는 정도를 말하는데 예를 들어 헌팅턴병을 일으키는 유전자는 삼투도가 100%여서 이 유전자를 가진 사람은 100%가 이 병에 걸리는 반면, 타이프1 당뇨병 유전자는 삼투도가 30%여서 일란성 쌍둥이가 이 유전자를 가지고 있다 해도 둘 다 걸릴 확률은 30%밖에 안 된다는 것이다.

또한 모든 남자의 약 10%가 게이유전자를 가지고 있는데 약 5%만 게이가 되는 이유 역시 게이유전자의 삼투도가 50~70%이기 때문이다. 그런데 이 게이유전자가 힘을 발휘하느냐 못하느냐는 수태후 6~8주 기간에 테스토스테론 호르몬이 충분하냐 부족하냐에 달려 있다. 따라서 만약 남자 태아가 이 기간중에 남성호르몬을 충분히 공급받지 못하면 두뇌구조가 여성적인 남자아이 혹은 게이가 태어날 가능성이 높아진다. 이에 관한 독일의 연구결과에 의하면 스트레스는 테스토스테론의 분비를 억압하므로 임신초기에 심각한 스트레스를 받은 임산부는 게이아들을 낳을 가능성이 6배나 높다고 발표했다. 반대로 임신초기에 남성호르몬을 과잉으로 공급받은 여자태아는 남성적 두뇌에 여성적 신

Ⅱ. 인류의 꽃, 프로부모

체를 타고 나 '톰보이' 또는 '사내같은 여자'라는 소리를 들으며, 이들 중 상당수가 레즈비언이 된다. 이처럼 임신초기 두뇌에 미치는 호르몬의 영향이 동성애의 주범인 것으로 밝혀짐으로써 동성애는 장애를 가지고 태어난 것이라고 보는 견해가 지배적이다.

아무튼 동성애자는 비뚤어진 마음을 가졌거나 정신이 이상해서 그런 것이 아니고 자기도 어쩔 수 없는 장애를 가지고 태어난 장애인이므로 우리는 그들의 성생활을 이해하고 인격적으로 존중해 주어야 할 것이다.

다만 그들이 남자와 여자가 결합하여 아이를 낳으려 하지 않으면서 아이를 가지려 욕심을 내는 것은 부당하다. 왜냐하면 아이는 애완동물과는 달리 아빠와 엄마 사이에서 태어나 자랄 권리가 있고, 또 그럴 때 아이들은 행복하게 잘 자랄 확률이 높기 때문이다. 동성애자들의 생활을 보면 성적으로나 감정적으로 상대방에게 꾸준하지 못하여 파트너를 자주 바꾸는 경향이 있다. 이는 아이교육상 매우 좋지 못하다. 사회가 동성애를 인정한다고 해서 아이까지 욕심을 내다가는 '말 타면 종 부리고 싶다'는 격으로 동성애자 자신들을 위해서도 좋지 못한 결과를 가져올 수도 있다. 따라서 아이를 갖는 일은 반드시 피해야 하고 법적으로도 제한시켜야 할 것이다.

전문부모의 길 74장

동거도 좋고 혼전동거도 좋지만, 아이만은 안 된다

동거란 글자 그대로 풀이한다면 함께 거주한다는 뜻이다. 동거가 사실혼이나 결혼과의 차이점은 한지붕 밑에 살면서 함께 살림을 꾸려나간다든지, 섹스를 한다든지 하는 점은 모두 같지만, 평생 같이 부부로 살아갈 의사를 가지고 서로 약속을 하고 살아가되 혼인신고를 하지 않은 게 사실혼이고, 혼인신고를 해서 법적 구속을 마친 게 결혼인 반면, 동거커플은 평생을 함께 살아가겠다는 의사표시 및 약속이 없거나 확실치 않은 상태에서 함께 살아간다는 점이다.

동거커플의 유형으로는 결혼할 상대로 적합한지 여부를 실험할 목적으로 결혼 전단계로 생각해서 하는 동거와, 결혼까지는 할 생각이 없이 동거를 위한 동거로 나눌 수 있다.

이와 같은 동거가 세계적으로 확산되는 이유는 우선 결혼을 하기 위한 전단계로 탐사의 성격을 띤 경우가 아니더라도 동거는 결혼생활과 같이 주거비, 생활비 등 여러 가지 비용을 절약할 수 있다든지, 동거인은 결혼한 배우자만큼 권리를 행사하지 못하기 때문에 재산을 별도로 관리할 수 있다든지, 고부갈등이나 장모사위 간 갈등이 없다든지, 집안 대소사에 신경 쓸 필요가 없다든지, 아이를 낳기 싫은 커플이 아이에 대한 집안의 압력을 피하며 함께 자유롭게 살 수 있다든지, 위험 부담 없이 섹스를 즐길 수 있다든지, 외로움을 없애고 정서적으로 안정을 찾을 수 있다든지, 가사를 분담할 수 있다든지, 서로 독립성을 인정하면서도 일상생활을 공유할 수 있다든지, 무엇보다도 잘못된 상대를 만났을 경우 결혼이나 사실혼의 경우보다 쉽게 정리할 수 있다든지 하는 등의 여러 가지 장점을 들 수 있다.

특히 요즘 파리의 이혼율은 50%를 넘어섰고 우리나라의 이혼율도 이미 40%를 상회하는 만큼 이혼방지 차원의 동거는 긍정적으로 검토하고 적극적으로 제도화할 필요가 있다고 생각한다. 왜냐하면 한지붕 밑 한이불 속에서 함께 살아보지 않고서는 알 수 없는 일들이 너무 많아 자기에게 맞는 배우자를 찾는 것이 매우 어렵기 때문이다.

따라서 양쪽 집안이 친척친지를 모아놓고 많은 비용을 들여 성대하게 결혼식을 치른 다음 치명적인 결점이 드러나 도저히 함께 살 수 없게 되면 이혼이라는 참담한 결과를 초래할 수밖에 없다. 이렇게 되어 이혼을 하느니 차라리 결혼 전단계로 동거의 단계를 두는 것이 바람직할 것이다. 예를 들어 6개월 정도의 기간을 정하여 서로 탐색하고 검증해 보는 것이야말로 가장 합리적인 방법일 수 있다. 그야 아직도 더 많은 부부들이 동거단계 없이 결혼을 하고서도 잘 살아가므로 자기도 문제가 없을 거라고 믿는다거나, 설령 결점이 드러나더라도 운명이라고 체념하고 살아갈 생각이라거나, 동거 없이도 100% 믿을 수 있는 상대라고 판단되거나, 혼전순결이 중요하다고 생각되어서라면 모르겠으나, 살아봐서 문제가 생기면 이혼하겠다는 생각을 가진 사람이라면, 그냥 결혼으로 들어가기보다는 결혼상대와 동거를 해보는 게 좋겠다는 얘기다.

전문부모의 길 74장

결혼 전단계로의 동거가 아닌 순수한 동거를 위한 동거야말로 더욱 문제될 것이 없을 것이다. 이들은 결혼이나 사실혼이 싫어서 성인남녀 또는 동성간에 만나 함께 살아가는 것이므로 우리가 색안경을 끼고 이상하게 볼 필요도 없고, 그들이 사회에 악을 끼치지 않고 무리한 요구를 하지 않는 한 규제할 필요는 더더욱 없을 것이다. 단, 그들 사이에 아이가 태어나지 않고 입양만 하지 않는다면 자유롭게 동거하다가 싫어지면 갈라서서 다른 배우자를 만나 다시 동거하고, 평생동안 몇 번을 되풀이하면서 자기의 인생을 꾸려나간다 해도 우리가 존중해 주지는 못할 망정 입방아를 찧고 백안시해서는 안 될 것이다.

물론 동거에는 성의 순결이 문제가 되는 것은 사실이나 이 섹스에 관한 문제는 우리 인간이 만들어 놓은 기준인데, 과연 미래에도 반드시 100% 꼭 지켜나가야 할 사항이냐 하는 점을 검토해 봐야 할 것이다. 과거에는 정조관념이 꼭 필요한 면도 있었다. 그러나 오늘날에는 피임이나 낙태기술이 발달했고, 필요하면 DNA검사도 할 수 있는 마당에 굳이 정조관념을 내세울 필요는 없을 것이다.

또 과거 같은 가부장제도가 무너져버렸는데 남자는 외도를 하면서 여자는 해서는 안 된다는 것은 말도 안 되므로 지난날 우리가 세워놓은 성에 관한 도덕기준은 재검토될 시기가 왔다고 생각한다.

따라서 섹스를 바라보는 시각을 바꾸어 성욕을 식욕과 같은 정도로 평범하게 보도록 노력해야 할 것이다. 그리하여 맛있는 음식을 먹기 위해 외식을 하듯 외도도 할 수 있는 새로운 도덕률이 만들어져야 할 것이다. 이처럼 섹스에 관한 시각과 도덕률이 바뀐다면 결혼 전단계로의 동거가 순결문제에 봉착하지 않을 것이다. 여러 사람들이 혼전동거제도를 활용하면 많은 젊은이들이 겪는 이혼의 쓰라림이나, 더구나 그

Ⅱ. 인류의 꽃, 프로부모

사이에서 태어난 죄 없는 아이들이 겪어야 하는 불행을 크게 줄일 수 있을 것이다.

우리 인류역사를 더듬어볼 때 고대로마에는 세 가지 형태의 결혼이 있었는데 그 중 하나가 우수스(USUS)였다. 이 제도는 신랑신부가 1년간의 잠정적인 관계를 거치고 나서야 결혼의 구속력이 생기는 제도로서, 신부가 1년 동안 신랑집에서 생활한 뒤 두 사람의 결혼이 영속성이 있을 것이라고 판단될 때 비로소 결혼의 효력이 발생된 것이다. 물론 실험결혼의 성과가 나쁘면 결혼은 성립되지 않았으니, 요즘의 결혼 전 단계의 동거와 같은 제도임을 알 수 있다.

또한 잉카에서도 신랑감은 신부감과 몇 달 동안 동거하면서 테스트를 해본 다음 적당할 경우 비로소 결혼을 하였다. 따라서 잉카여성들에게 혼전순결은 자랑거리가 아니고 모욕으로 받아들여져 잠자리를 같이하려는 남자가 없다는 것을 비참한 일로 생각했다.

이러한 실험결혼 형태는 일본에도 있어서 신붓감이 남자의 집에 살면서 시어머니 마음에 들거나 아이를 출산하면 정식부부가 되었고, 다른 하나는 반대로 신랑감이 여자의 집에 들어가 일을 하고 그 능력을 인정받으면 정식사위로 맞아들여지는 봉사혼의 형태였다. 우리나라에도 신라의 김춘추가 김유신의 여동생 문희와 사랑을 나누었고, 급기야 문희가 임신을 하자 그 후에 결혼을 한 것이라든지, 고려 때 서민들이 자유롭게 혼전에 성관계를 가지면서 서로 맞을 경우 결혼에 이르는 등 동거문화가 존재했었다.

또한 좀 색다른 동거로는 삼각연대의 동거로 자신의 예술적 영감이나 사상과 철학적 발전에 영향을 미친 사람들로, 자신의 아내와 처제와의 묘한 삼각관계를 이룬 프로이트가 있고, 보부아르의 연인과 자신

전문부모의 길 74장

의 연인 모두를 허용한 사르트르 등이 있다.

물론 성공적인 동거를 위해서는 동거의 목적이나 준수사항, 섹스문제, 소유권관계, 사생활보호 등에 대해 합의해서 문서로 작성한다든지 하는 점들이 있지만, 무엇보다도 결혼을 하지 않은 동거상태에서는 아이를 낳지 않겠다는 합의를 반드시 해야 하고 꼭 지켜야 할 것이다.

왜냐하면 혼전동거는 결혼을 전제로 한 실험결혼의 성격인 만큼 두 사람이 아이를 낳고 싶을 정도로 좋아졌다면 결혼을 한 후 출산을 하면 될 일이다. 또한 순수동거의 경우에도 특별한 경우, 즉 부부의 금실이 좋아 이혼은 하기 싫은데 아내가 아이를 낳을 수 없으면서 부부가 아이를 간절히 바라는 경우, 서로 합의하에 다른 여자와 계약을 맺어 아이를 낳기 위한 일시동거를 하는 경우를 제외하고는 동거중 아이를 낳는다는 것은 여러 가지 심각한 문제를 초래하기 때문이다.

사실 출산은 신중에 신중을 더하여 계획되고, 사회적으로나 법적으로나 완벽한 상태인 결혼 후에 해도 문제가 발생되기 쉬운 일인데, 하물며 동거처럼 서로에 대한 책임이 불투명한 상태에서 아이를 낳는다면, 좋은 환경에 태어나 잘 자랄 수 있는 아이의 권리를 침해하는 일이며, 동거커플의 갈등을 초래할 가능성이 높아진다.

또 아이를 출산하면서까지 결혼을 하지 않고 동거를 지속해야 하는 이유를 주위와 사회에 납득시킬 수 없어서 동거에 대한 지탄을 면하기 어렵게 될 것이다. 그리고 순수동거의 목적에 따라 예외가 있기는 하지만, 일반적으로 동거커플이 동거를 하는 가장 큰 이유는 결혼이 가져오는 속박이나 부담이 싫어서 하는 것이라고 볼 수 있는데, 그보다 훨씬 속박이나 부담이 큰 자식양육을 하겠다는 것은 이율배반적인 경솔한 행동이라 아니할 수 없다.

233

Ⅱ. 인류의 꽃, 프로부모

따라서 아이를 낳으려면 동거를 그만 접고 결혼한 연후에 출산을 해
야 할 것이다. 동거를 지속하고 싶으면 아이낳는 것은 포기하고 철저
히 피임을 해서 출산하는 일이 없어야 아이의 불행도 막고 건전한 동거
제도도 뿌리내릴 수 있게 될 것이다.

전문부모의 길 74장

페미니즘은 좋지만, 가족해체만은 안 된다

나는 어려서부터 남성과 여성이 신체적으로나 정신적으로나 다른 게 사실이지만, 남성이 여성보다 우월하다는 생각을 하지 않았다. 사실 내가 태어난 1930년대만 해도 겉으로 보기에는 남존여비 사상이 그대로 강하게 남아 있던 시대였으므로 남성이 여성보다 우월하다는 생각을 했을 만도 한데 그렇지 않았던 것은 나의 자란 환경의 영향이었다.

첫 번째로 나의 아버지가 내가 돌 때 돌아가시고 홀어머니와 두 살 위인 누나와 함께 살다 보니 마실오는 아주머니들이 많았고, 이들을 통해 여성을 좋아하게 되었으며, 그들이 겪는 고통과 그들의 능력을 잘 알게 되었다는 점, 둘째로 우리 어머니는 그 당시 다른 어머니와 달리 우리 남매가 싸움을 할 때면 아들이라고 봐 주시는 게 없이 아들 딸 구별 않고 똑같은 강도 똑같은 회수로 매를 때려 다른 집 딸들이 매우 부러워할 만큼 남녀차별을 하지 않으면서 키웠다는 점, 셋째로 그 당시 우리 동네에는 남편이 일찍 죽은 홀어미거나, 남편이 바람이 나 나갔다든지, 돈을 벌러 나갔다든지, 전쟁에 징용으로 끌려나갔다든지 해서 생이별 상태가 된 홀어미들, 또 술과 계집과 노름으로 차라리 없는 것이 좋을 정도의 남편 때문에 많은 어머니들이 홀로 어린 자식을 먹여

235

살리느라고 갖은 고생을 하면서 살아가는 것을 보면서 나는 남성보다 여성이 더 강하고 성실하며 믿을 수 있는 존재라는 것을 느끼며 자랐다는 점을 들 수 있다.

어찌 보면 남성보다는 여성이 여러 면에서 더 우월하다는 생각을 하면서 자랐다고 해도 과언이 아닐 것이다. 이러한 나의 여성관은 학업을 마치고 사회에 나와서도 분명하게 나타났으니, 예를 들면 직장에서 남성과 여성이 일을 하다가 싸움이 벌어져 남자사원이 여사원에게 손찌검을 하는 일이 벌어지면 이유여하를 막론하고 남자사원을 해고 조치하였다. 이때마다 다른 간부사원들의 "여사원이 맞을 짓을 했으니 때렸을 게 아니냐"는 반대의견도 만만치 않았지만 나는 초지일관 내 뜻을 굽히지 않고 해고 조치를 취하였으며, 이 조항을 사규로 만들어 넣었다. 또 그 당시 여사원의 진급은 불문율로 어느 선까지 제한해 오던 관행을 타파해서 능력이 있는 여사원이 진급할 수 있는 길을 터놓기도 했다. 특히 내가 여성구타를 혐오하게 된 것은 어릴 때 제구실을 하지도 못하는 못난 사내들이 술을 마시고 집에 돌아와 힘이 약한 자기 아내를 때리는 것을 보면서 이런 부당한 짓을 하는 사내는 반드시 벌을 받아야 한다는 생각을 했기 때문이다.

나는 2남 2녀를 키우면서 딸이라고 해서 아들과 차별해 기르지 않았으며, 아들이든 딸이든 제능력껏 하고 싶은 공부, 하고 싶을 일을 하며 살아가도록 길을 터주고 밀어주었다. 그래서 그랬는지 둘째딸이 보수적 미션스쿨인 초등학교에 다닐 때 그 학교 개교 이래 처음으로 여자 전교학생회장으로 당선되었으니 1970년대로서는 희귀한 일이었다. 또 그애가 법대에 입학했을 때에는 어떤 어른이 나더러 "여자가 하필 밥맛 없게 법대냐"라고 꼬집는 것을 들으면서 내 생각이 일반사람과는 많이

전문부모의 길 74장

다르다는 것을 느낄 수 있었다.

아무튼 나는 이처럼 페미니즘적 정서를 가지고 자랐고 살아왔으며 앞으로 남은 여생을 살아갈 것이다. 그래서 나는 페미니스트들이 주장하는 대부분을 찬동하며 그렇게 되기를 바란다. 가령 성의 선택권이 여성에게 주어져야 한다는 주장도 나는 옳다고 본다. 따라서 피임이나 안전하고 합법적인 낙태의 권리는 마땅히 여성에게 주어져야 할 것이며, 남성의 순결은 크게 문제삼지 않으면서 여성의 순결만을 문제삼는 성차별은 부당하므로 적당한 룰에 따른 남녀의 성해방이 바람직할 것이다. 또 남성에게는 여성을 길들이고 다스릴 권리가 있다는 매우 비뚤어진 성차별주의에서 비롯되었거나, 힘만 센 남편이 말 잘하는 아내에게 말로는 도저히 이길 수 없어서였거나 간에 남성의 여성폭력은 반드시 뿌리뽑을 수 있는 강력한 처벌과 모든 조치가 강화되어야 할 것이다. 또 반대로 아내가 남편보다 더 세어서 남편을 구타했다면 아내도 똑같은 처벌을 받아야 함은 두말할 필요가 없다. 또 급진적 페미니스트들이 부르짖는 레즈비어니즘에 의한 동성애권 역시 인정하는 것이 좋을 것이다. 이 문제는 페미니스트들이 주장할 일이라기보다는 동성애자 차원의 것으로 보인다.

또 1970년대 맹렬 페미니스트로 여성의 결혼을 반대해서 유명해진 글로리아 스타이넘이 주장하던 독신주의 또한 인정해 주어도 좋다고 생각한다. 다만 이것 역시 독신으로 살기를 원하는 페미니스트만의 문제이지 결혼생활을 좋아하거나 하기를 원하는 다른 여성들에게 강요할 일은 아니다.

또 성차별주의와 남성지배를 주장 내지 묵인하는 기독교 근본주의를 비롯한 다른 종교들의 교리를 변혁시키지 못한다면 우리 문화를 페미

Ⅱ. 인류의 꽃, 프로부모

니즘적으로 변혁시키기가 불가능할 것이라는 주장에 동의하며, 하루 빨리 이들 종교가 변혁되도록 모든 조치를 강구하는 것이 인류미래를 위해 바람직할 것이다.

또 매스컴 등이 여성의 미를 너무 극단적으로 젊고, 마르고, 작은 얼굴 쪽으로 몰고감으로써 건강하고 아름다운 여성이 필요 이상으로 다이어트를 해서 건강을 해치기도 하고, 심지어 생명을 잃기도 하며, 지나친 성형수술로 인공미를 강조하는 것을 막아야 한다는 페미니스트들의 주장에 전적으로 찬동한다. 또 여성이 능력이 있어서 대통령이나 수상이 되고 정치무대에 뛰어드는 것이 바람직하다든지, 아직도 여성 할례를 하거나 베일을 써야 하는 성차별은 하루 빨리 철폐되어야 한다든지 하는 그들의 주장은 옳으며 꼭 관철되어야 한다.

이처럼 대부분의 페미니즘은 찬성하고 적극적으로 실천되기를 바라지만, 너무 지나치고 불합리한 주장은 삼가는 것이 페미니즘을 위해서나 우리 인류를 위해서나 좋을 것이다.

첫째, 남성과 여성은 다르지 않고 똑같으므로 모든 분야에서 똑같은 비율로 대우받지 못한다면 성차별적 대우라는 주장은 억지다. 남성과 여성이 다르다는 것은 페미니스트 자신들도 잘 아는 사실이다. 남성은 여성과 신체구조가 다르다든지, 남성의 체중이 20~30% 더 나간다든지, 남자의 두뇌는 여자보다 40억 개가 더 많은 뇌세포를 가지고 있지만 좌우뇌를 연결하는 뇌량은 여자가 30%나 더 많아 여자의 직관적 판단이 정확하다든지, 남자는 수학을 잘하고 여자는 말을 잘한다든지, 공간지능을 필요로 하는 분야는 남자가 더 잘하고 선호한다든지 하는 수많은 테스트결과 남녀는 다르다는 것이 입증되었다. 특히 이스라엘 집단농장인 키부츠에서 어린이가 태어나면 부모에게서 떼어내 공동양

전문부모의 길 74장

육을 하였고, 철저하게 남녀의 성차를 없애려고 노력했지만, 90년이 지난 오늘날 남자아이들은 여전히 공격적이라든지, 불손한 행동을 보인다든지, 권력단체를 구성한다든지, 자기들끼리 싸우고 서열을 정한다든지 하는 반면, 여자아이들은 서로 협동하고 갈등을 피하며 우애있게 행동하고 서로 친구처럼 보내는 등 부모와 아이와의 유대관계가 제거되고 전혀 성차별적인 말이나 교육을 하지 않았음에도 불구하고 성적 차이나 성적 기호는 달라진 게 없다는 것이 밝혀졌다.

그러므로 각 분야의 남녀비율이 같도록 맞춰야 한다고 주장하는 것은 억지다. 다만 남성이 문호개방에 인색하다면 제도적으로 보완해야 할 것이고, 유치원이나 병원과 같이 직원의 반 이상을 여성이 차지하는 직장부터 여성의 위치를 확고하게 자리매김하면서 여성이 일하기 쉬운 조건을 갖추어 나가는 것이 선결과제일 것이다.

둘째로 가부장적 제도가 마치 페미니즘에 가장 큰 걸림돌인 양 철폐를 부르짖는 페미니즘은 다시 생각해 봐야 한다. 물론 인류역사상 가부장제도가 성차별 문제를 일으켰다는 것을 인정하지만, 그렇다고 해서 가부장제도를 철폐하고 가모장제도를 도입한다고 해서 문제가 해결될 것도 아닌 만큼 가부장제도의 문제점을 하나하나 끄집어내어 풀어가는 것이 가장 현명한 방법이라 생각된다.

영국이 입헌군주제를 채택하면서도 다른 나라보다 민주주의가 더 발전되었듯이, 우리 인류가 가장 오랫동안 갈고 닦으며 유지해 온 가부장제도를 하루아침에 무너뜨리기보다는 문제점을 찾아내어 보완해 나가는 페미니즘이 될 때 페미니즘이 역풍을 맞지 않고 뿌리내리기가 쉬워질 것이다.

셋째, 가족을 해체시켜야 된다는 극단적인 주장을 펴는 페미니즘만은

II. 인류의 꽃, 프로부모

안 된다는 점이다. 왜냐하면 가족이란 우리 인간이 몇백만 년 전부터 아이를 낳아 기르기 위하여 만들어온 가장 효율적인 제도로서, 오늘날 우리가 존재하는 것 역시 이 가족제도의 덕택인데, 이런 가족을 해체하라는 것은 마치 초가삼간에 있는 빈대를 잡자고 약을 뿌려 잡을 생각을 하지 않고 초가삼간을 몽땅 불태워 버리자고 주장하는 것과 같은 어리석은 주장이기 때문이다. 그야 물론 출산과 양육이 여성의 주체성과 자유를 구속하는 게 사실이라 할지라도, 거기에서 보람을 찾는 여성도 있게 마련이고, 출산하고 양육하는 여성을 적극 지원하는 방안도 얼마든지 있을 수 있으므로 페미니스트들은 가족의 해체와 같은 파괴적인 구호를 외칠 게 아니라 실현 가능한 건설적인 대안제시를 해야 할 것이다.

결국 페미니즘이 성공적으로 이루어지려면 가족해체와 같은 파괴적이고 극단적인 구호보다는 양식 있는 사람이라면 남성이나 여성이나 공감할 수 있는 대안을 제시하여 페미니즘 운동이 여성만의 것이 아니고 남성들이 적극적으로 동참할 때 진정한 남녀평등이 이루어질 수 있을 것이다.

전문부모의 길 74장

신생아의 DNA검사를 제도화하라

둑방제비(Bank swallow) 수컷은 일부일처형으로, 그들은 암컷이 둥지를 짓고 수컷은 새끼에게 먹이를 물어다주는 것을 도와준다. 그러나 그들은 1 대 1의 관계를 맺은 다음에 다른 암컷들과 혼외성교를 추구한다. 따라서 그들은 혼외성교 상대를 찾아 돌아다니는 한편, 바람피우러 다니는 다른 수컷들로부터 자기짝을 보호해야 한다. 물론 이 두 가지를 동시에 할 수는 없으므로 짝을 이룬 7~9일 동안 수컷은 암컷이 보금자리인 굴을 떠날 때마다 하루에 100회 이상까지도 그녀의 뒤를 쫓는다. 서방수컷은 암컷을 다시 굴로 데려오려고 무진 애를 쓰는데, 특히 교미가 수정으로 이어지는 시기인 알을 낳기 4일 정도 전부터 더욱 세심하게 암컷을 지키느라 정신이 없다. 그러다가 자기 암컷의 생식능력이 없어지면 서방수컷은 다른 암컷을 따라다니며 혼외성교를 시도한다.

산악지역에 사는 회색 마못쥐 수컷 역시 자기짝 보호와 바람피우기를 동시에 한다. 이 회색 마못쥐 암컷은 한 해 걸러 번식을 하는데, 자기 암컷이 배란하는 시기에는 짝을 지키면서 암컷 곁을 떠나지 않다가 배란기가 끝나면 짝보호는 소홀히 하고 배란기에 있는 다른 암컷을 찾

II. 인류의 꽃, 프로부모

아 혼외성교를 하려고 돌아다닌다. 그러다가 자기 암컷이 더 이상 생식능력이 없어졌을 때에는 짝보호를 전혀 하지 않고 바람피우러 돌아다니는 자로 변신하고 만다.

조금 다른 실험으로 일부일처형인 사막딱새 수컷을 암컷의 번식기에 24시간 동안 사라지게 하자 이웃 수컷들의 침입빈도와 혼외성교 횟수가 급증했으나, 반대로 암컷이 더 이상 수정되지 않을 때인 부화기에 수컷을 사라지게 했을 때에는 서방수컷이 있을 때나 별다른 차이가 나지 않는 것으로 보아 바람피우는 수컷들이 암컷이 번식기인지 아닌지를 안다고 볼 수 있다. 더욱 암컷은 아무 수컷하고 닥치는 대로 혼외성교를 하는 것이 아니고 되도록이면 서방수컷보다 더 나은 신체조건을 갖춘 수컷을 선호하는 것으로 보아 좋은 유전자를 받으려는 의도로 해석된다.

또 일부일처제가 아니고 새로서는 드물게 일부다처제인 북미 늪지대에 서식하는 붉은깃 찌르레기는 늪 가운데 널찍한 좋은 터를 확보한 으뜸수컷은 여러 마리의 암컷을 거느리는 반면, 변방의 수컷들은 한 마리의 암컷도 얻지 못하는 형편이다. 그런데 으뜸수컷을 붙잡아 거세를 시킨 다음 다시 풀어주었더니 으뜸수컷이 불임이라는 사실을 알지 못하는 암컷들은 앞다투어 그의 넓은 터 안에 둥지를 틀고 으뜸수컷과 교미를 했다. 이들 암컷들은 한 마리의 새끼도 부화하지 못했어야 할 텐데 그 결과는 의외였다. 그들 암컷들은 어느 틈엔가 변방의 수컷들과 혼외성교를 해서 새끼를 길러낸 것이다.

또 검은머리 박새의 서열이 낮은 수컷과 짝이 된 암컷들 중에는 번식기가 오면 은밀히 서열이 높은 수컷의 터를 들락거리며 혼외성교를 함으로써 새끼를 키워줄 착실한 서방의 터를 떠나지 않고서 유전자는

·

좀더 우수한 수컷의 것을 확보하려는 전략을 쓰는 것이다.

또 일부다처제를 유지하는 줄무늬다람쥐 수컷은 번식기동안 거의 식음을 전폐하고 쉼 없이 암컷의 꽁무니만 따라다니거나, 자기암컷이 다른 수컷들과 만나지 못하도록 굴 속에 암컷들을 몰아넣고는 아예 입구를 엉덩이로 틀어막고 앉아 있기도 한다. 또 제비 수컷의 꼬리를 잘라 짧게 한 그룹과 그대로 둔 그룹 및 인위적으로 길게 한 그룹으로 나뉘어 실험을 한 결과 짧은 꼬리수컷과 사는 둥지그룹에서는 새끼들 중 약 60%가 혼외성교로 낳은 새끼인 반면, 그대로 둔 그룹에서는 40%, 긴 꼬리그룹에서는 약 12%만 혼외성교의 새끼인 것으로 판명되었다. 이 것으로 보아 제비들은 꼬리의 길이로 우수 수컷을 판단하며, 제비도 암컷이 능동적으로 우수 수컷을 선택함을 알 수 있다.

이러한 수컷의 암컷보호나 암컷의 혼인성교 경향은 우리 인간에게도 나타나는데, 849곳의 인간사회 중 남성이 짝을 가까이에서 감시하는 곳은 845곳이나 되고, 그런 짝보호 흔적이 없는 사회는 겨우 4곳에 불과하다는 인류학 조사가 된 바 있다. DNA 검사결과 새들은 평균 30% 이상이 혼외성교를 통한 새끼들이고, 심할 경우에는 70%에 이르기도 하는 것으로 밝혀졌는데, 보스턴의 한 병원에서 실시한 조사에 따르면 그해 출생한 아이들의 약 30%가 법적인 아빠의 자식이 아니라는 사실이 드러나 일부일처제인 새와 우리 인간의 혼외성교로 태어나는 아이의 비율이 비슷하게 나타난 것이다.

사정이 이렇다 보니 아기의 어머니가 누구인가는 확실하지만 아버지가 누구인지는 언제나 논란의 대상이 되어왔으며, 의심의 대상이 되어왔다.

그런데 과학의 발달로 남편이 아내를 감시하고 따라다니지 않아도

Ⅱ. 인류의 꽃, 프로부모

아이의 DNA 검사를 통해 자기 아이인지 아닌지를 확실히 알 수 있게 되었다. 따라서 우리 인간은 이러한 획기적인 방법을 제도화함으로써 가족문화나 성문화에 일대 변혁을 이룰 수 있는 계기가 마련될 수 있을 것이다. 예를 들어 남편은 아이가 자기자식이라는 것이 확인된 만큼 쓸데없는 오해나 질투심으로 부부싸움을 하지 않아도 되고, 무엇보다도 아버지가 아이를 의심하여 미워하거나 학대하지 않고 자기자식 교육에 전념할 수 있어 좋다. 아내 또한 쓸데없는 오해로 스트레스를 받거나 부부싸움에 휘말리지 않을 수 있어 좋고, 남편으로부터 지나친 감시를 받지 않을 수 있어 좋다. 피임만 잘하면 성적 자유의 기회도 마련될 수 있어 좋고, 남성이나 여성 공히 유부녀나 유부남과의 혼외성교로 아이가 출산되지 않도록 피임을 철저히 함으로써 혼외성교에 따른 아이출산으로 가족파괴 사건이 줄어들 수 있다.

신생아의 DNA 검사를 제도화하는 것이 좋은 가장 큰 이유는 아이는 심사숙고한 계획출산이어야 하고, 출산된 아이는 부모가 전문부모가 되어 합심해서 잘 길러야 하는데, 그 전제조건으로 가장 중요한 점이 그 아이가 100% 자기 부부의 아이라는 확신이 없이는 기대하기 어려운 일이다. 특히 요즘과 같이 혼외성교 기회가 많고 성행하는 시기에 이것을 검증해 줌으로써 부부가 자기자식 교육에 전념할 수 있는 터전이 마련될 수 있을 것이다.

전문부모의 길 74장

잘 기를 각오에 의한 계획출산이 아니라면
낳지를 마라

나의 아버지와 어머니는 계획출산을 한 모양이다. 어릴 때 어머니께 들은 얘기로는, 두 분이 결혼해서 아이 낳을 계획을 세울 때 아들을 낳으면 대학까지 보내고, 딸을 낳으면 고등보통학교까지는 가르쳐야 하므로 열심히 벌고 저축해야 한다고 약속하신 모양이다. 그때가 1930년대였기 때문에 사각모자를 쓰고 다니는 대학생은 한 군에 한두 명 있을까 말까 하였으니, 부자도 못되고 월급생활자로서는 한낱 희망사항이었을 것이다. 그러나 이러한 꿈도 잠시, 어려서 아버지가 돌아가시고 시골로 내려온 어머니는 농사를 지었고, 그후 해방이 되고 6·25 동란을 겪으면서 학교는 고사하고, 굶어죽지 않으려고 발버둥치는 신세로 전락하고 말았으니, 대학까지 공부시키겠다는 계획은 수포로 돌아갔고, 중학교도 갈 수 없어 2년씩 쉬어가며 농사를 지어야 하는 농사꾼이 되고 말았다.

그러나 비록 돈이 없어 중학교에도 못 갈망정 나는 한 번도 대학을 못 갈 것이라는 생각을 해본 적이 없었다. 아마도 어릴 때부터 들어온 아들을 낳으면 대학까지 보내겠다는 두 분의 약속이 나를 그렇게 만들었다고나 할까. 겨우겨우 농사를 지어가며 중학교를 나와 국비장학생

Ⅱ. 인류의 꽃, 프로부모

으로 교통고등학교를 다녔고, 거기서 장학금을 받고 고학을 해서 간신히 대학을 마쳤으니, 두 분이 출산 전에 세운 계획은 이루어진 셈이다. 나는 이것이 나 혼자의 힘으로 이루어졌다고 생각지 않는다. 오히려 나의 어머니의 공이 훨씬 크다는 것을 나이가 들수록 더욱 느낀다. 사실 학비야 내 힘으로 조달한 것처럼 보이지만, 26세 청상이 되어 아들 하나 잘 길러보겠다고 온갖 궂은일 다하며 흔들림 없이 자리를 지켜주지 않았다면, 나는 공부는커녕 시정잡배가 되었을지도 모른다. 그러니 비록 나의 어머니는 교육비는 대주지 못했을망정 두 분이 한 약속을 지키려고 내가 대학을 나올 수 있도록 최선을 다했고, 또 나는 그런 어머니를 보면서 더 열심히 공부할 수 있어 두 분의 계획이 결실을 맺었다고 봐야 할 것이다. 이처럼 계획출산은 좋은 일이며, 세워놓은 계획은 어떤 난관에 부딪히더라도 꼭 관철시키겠다는 단단한 각오로 최선을 다한다면 이루어지지 못할 계획은 없다.

요즘 우리나라의 출산율은 급격히 줄어들고 노인의 수명은 늘어나 노령화로 인한 경제침체를 걱정하는 목소리가 높아가는 게 사실이다. 그렇다고 해서 아무 생각이나 계획도 없이 닥치는 대로 아이를 낳기만 하는 것을 환영할 수는 없는 노릇이다. 왜냐하면 아이는 애완동물과 다른 존엄한 존재이기 때문에 기르다 싫증이 난다고 바꾸거나 버릴 수도 없고, 외출할 때 방안에 가두어두고 먹을 것이나 주면 되는 존재도 아니다. 교육을 시켜도 되고 안 시켜도 되는 존재도 아니고, 화가 난다고 화풀이나 하고 학대해도 좋은 존재가 아니다. 성년이 되어 자립하지 못하면 어떻게 해야 하나 걱정하지 않아도 되는 존재도 아니고, 범죄자가 되어 사회에 악을 끼칠까 봐 걱정하지 않아도 되는 존재도 아니며, 배우자와 결혼하여 잘 살거나 말거나 관심을 두지 않아도 되는 존

·

전문부모의 길 74장

재도 아니기 때문이다. 우리가 애완동물 하나를 기르려 할 때에도 내가 그 녀석을 진정으로 좋아하며 잘 기를 수 있을까, 혹시 귀찮다고 구박이나 하지는 않을까, 병들지 않고 죽지 않게 건강하게 기를 수 있을까, 싫증난다고 내다버리지는 않을까, 기르는 비용은 충분히 댈 수 있을까 등 여러 가지 사항을 꼼꼼히 생각해 본 연후에 길러도 예상치 못한 일이 벌어져 곤란을 겪는데, 하물며 아이를 낳고서 후회를 하지 않으려면 얼마나 많은 사항을 생각하고 검토해 보아야 하겠는가?

그러나 현실은 그렇지 못한 경우가 너무나 많은 것이 사실이다. 특히 요즘 미혼모의 출산이 늘어나는 것을 보면 아무 생각 없이 아이를 만들고, 낳아버리는 경향이 늘어나는 것을 알 수 있다. 그리고 비록 결혼을 하고 낳은 아이라 할지라도 수많은 아이들이 어려서부터 부모의 이혼으로 해서 상처받고 편부나 편모 또는 복지시설에 맡겨지는 것을 보아도, 아이가 성인이 될 때까지는 이혼을 하지 않고 둘이서 길러보겠다는 단단한 각오가 없이 낳았다고 봐야 할 것이다. 또 아이가 귀찮다고 한강에 내던져버리고도 자기자신은 버젓이 살려고 한 비정한 아버지, 골방에 어린 3남매만 남겨놓고 도망친 부모, 아이를 개 패듯해서 차마 눈뜨고 볼 수 없이 뼈가 부러지고 멍들게 한 학대하는 부모, 과연 이들이 아이를 낳기 전 잘 길러보겠다는 단단한 각오를 가지고 세심한 검토를 거친 후에 계획출산을 했다면 이런 일을 저질렀을까? 아마도 생겼으니 낳았고, 형편이 나빠지니 그런 아이의 불행을 초래하는 일을 저질렀을 것이다.

우리는 이러한 문제를 해결하기 위해서 우리의 생각을 180도로 바꿔야 한다. 즉, 우리는 아이의 출산을 부모의 입장에서가 아니라 태어나는 아이의 입장에서 생각해야 한다는 얘기다. 만일 이렇게 태어날 아이

II. 인류의 꽃, 프로부모

의 입장을 생각해서 아이를 낳으려는 사람이라면, 결혼도 하지 않고 무책임하게 아이를 낳아 미혼모가 될 수는 없을 것이며, 부부 사이가 좋지 못해 언제 이혼할지도 모를 상황에서 아이를 낳은 후 이혼하는 일은 없을 것이다. 또한 아이를 낳아 기를 힘도 없이 아이를 낳아서 굶기거나 버리는 일은 없을 것이며, 도저히 함께 살 수 없는 알코올 중독자나 때리는 자의 아이를 낳아 아이를 불행에 빠뜨리는 일도 없을 것이다.

따라서 적어도 아이를 낳고자 한다면 남녀는 결혼을 해서 법적으로나 사회적으로 떳떳한 사이가 되어 태어나는 아기가 주위로부터 아낌없는 축복을 받을 수 있어야 한다. 또 결혼했다 하더라도 부부가 진실로 아이를 좋아하고 아이를 간절히 바라는지를 확인해야 한다든지, 아이를 위해서는 어떤 고생도 감수할 각오가 되어 있어야 한다든지, 부부 사이가 현재뿐만 아니라 앞으로 태어날 아이가 성년이 될 때까지도 지속될 수 있을 만큼 문제점은 적고 자신감과 각오가 되어 있다든지, 태어날 아이에게 유전될 만한 몹쓸 유전병이나 에이즈 같은 병이 없다는 것을 확인한다든지, 태어날 아이가 성년이 될 때까지 부모가 교육을 시켜줄 여건이나 각오가 되어 있다든지, 태어나는 아이가 건강하게 자랄 수 있도록 충분한 영양과 질병치료를 해줄 각오가 되어 있다든지, 태어나는 아이 앞에 떳떳한 부모가 되어 모범을 보여줄 각오가 되어 있다든지, 태어나는 아이의 인격을 존중하고 어떤 일이 있더라도 학대하거나 버리거나 죽이거나 하는 몹쓸 짓을 절대로 하지 않겠다는 각오가 되어 있다든지, 무엇보다도 태어나는 아이를 잘 가르쳐 주위와 사회에 짐이 되는 3등 인간으로는 만들지 않겠다는 매서운 각오가 되어 있다든지 하는 등의 각오가 있은 다음에 아이를 낳아야 할 것이다.

그러나 많은 사람들은 태어나는 아이의 입장에서 생각하기보다는 우

전문부모의 길 74장

리도 아이가 있어야 기르는 재미를 볼 수 있다든지, 아이가 있어야 부부금실이 좋아질 수 있다든지, 아이가 있어야 노후에 의지하고 쓸쓸하지 않을 수 있다든지, 남도 아기가 있으니 우리도 있어야겠다든지, 돈잘 벌고 높은 자리 하는 자식을 두어 자식덕을 보고 싶다든지 하는 등의 자기본위로 생각해서 아이를 낳는 것으로 보인다. 하기야 인간의 본성은 원래 이기적이다 보니 자기본위로 생각하는 것을 잘못 되었다고 말할 수는 없는 노릇이지만, 진정으로 이기적 인간이라면 태어나는 아이의 입장을 더 생각해야 할 것이다. 왜냐하면 태어나는 아이가 건강하고 구김살 없이 행복하게 자라고, 사회에 짐이 되지 않고 자기구실을 제대로 할 수 있게 하려면 부모입장은 접어두고 태어나는 아이의 입장에서 생각하고 검토할 때 가능해지기 때문이다.

이 세상에서 가장 힘든 일이 자식 기르는 일이라는 말을 하지 않는가? 그만큼 자식을 잘 기르기는 것은 어려운 일이고, 자식을 낳지 않았으면 몰라도 일단 낳으면 부모로서는 자유로울 수 없으며, 자기 인생을 잘 살았느냐 잘못 살았느냐도 자기 자식이 제대로 자라주었느냐 그렇지 못하느냐에 따라 크게 좌우된다는 것을 생각한다면, 태어나는 아이의 입장에서 모든 것을 검토해서 아이를 낳아 기르는 것이 결국 자기 자신을 위한 길임을 알게 된다.

그러면 어떤 이는 그렇게 겁을 주면 누가 아이를 낳겠느냐고 반문할 것이다. 그러나 나는 걱정하지 않는다. 이미 우리 지구상에는 60억이 넘는 인구가 있고, 그 중에는 아이를 잘 기를 각오가 되어 있을 뿐만 아니라 잘 기를 능력까지 갖춘 사람이 많이 있기 때문에 우리 인류의 종이 절멸할지도 모른다는 걱정은 하지 않아도 좋을 것이다.

아이를 낳는다는 것은 간단한 일이 아니고 매우 복잡하고 어려운 일

·

Ⅱ. 인류의 꽃, 프로부모

이므로 심사숙고해서 낳아야 한다. 그 이유는 두말할 필요도 없이 아이를 낳는 부모는 하나의 귀중하고 존엄한 생명을 태어나게 함으로써 무한책임을 면할 수 없기 때문이다.

따라서 무책임한 아이출산을 방지하기 위한 교육 및 정책개발은 우리가 앞으로 풀어나가야 할 주요 과제 중의 하나이다.

전문부모의 길 74장

자식의 영육을 살찌우는 모성본능은 위대하다

시골에서 살아본 사람이라면 누구나 느낄 수 있는 것이 동물들의 모성본능이다. 가령 닭을 기습하여 잡아먹는 솔개가 하늘에 나타나 빙빙 돌 때면 닭들은 수탉 암탉 할 것 없이 '꼬꼬' 하는 경계음을 발하며 모이 먹던 것을 중단하고 일제히 하늘을 쳐다보다가 솔개가 기습해 오면 혼비백산하여 숨어버린다. 그렇게 솔개를 무서워하는 닭도 병아리를 데리고 있는 암탉일 경우에는 병아리를 잡아가지 못하게 하려고 큰 괴성을 지르며 솔개한테 재빨리 달려드는 용감한 행동을 감행한다. 그리고 평소에는 동네사람도 잘 따르고 순하디 순한 암캐도 새끼를 낳으면 평소에 잘 아는 동네사람일지라도 개집 근처에 접근하면 으르렁거리기도 하고, 때에 따라서는 달려들어 물기도 하는 새끼보호의 모성본능이 발동되는 것을 본다.

이러한 모성본능의 정체를 밝혀내기 위하여 1972년 미국에 있는 러트거스 대학에서 쥐를 상대로 시험한 결과에 의하면, 다섯 마리의 새끼 집쥐를 낯선 처녀쥐가 자는 부드러운 둥지 속에 넣고 처녀쥐에게 어미쥐의 출산 직후 채혈한 피를 주사했다. 처음에 처녀쥐는 자기둥지로 밀어넣은 새끼들을 못본 체하다가 14시간이 지난 뒤 어미처럼 행동하

251

기 시작한 것이다. 처녀쥐는 새끼쥐들을 깨끗하게 핥아주고 안전한 곳으로 옮겼으며, 새끼들이 젖도 나오지 않는 젖꼭지를 빨아도 그대로 놔두었다. 모성본능을 유발시킨 것은 어미쥐의 피라는 것이 밝혀진 것이다. 다만 어미쥐의 피라 할지라도 출산 24시간 이전이나 이후에 채혈된 것은 효과가 없었다.

결국 출산시 자궁의 입구가 확장되는 동안 뇌하수체의 시상하부에서 신경호르몬인 옥시토신이 생성되어 혈액 속으로 방출되는데, 이 옥시토신이 새끼를 모체 밖으로 내보내도록 자궁근육을 자극하고, 유선에서 젖이 분비되도록 하며, 어미의 모성행동이 잠재적으로 프로그래밍되어 있는 시상하부의 뇌부분에 충격을 주어 모성활동을 개시하는 것으로 알려졌다. 처녀쥐의 모성본능을 유발시킨 것이 바로 어미쥐의 피속에 들어있던 바로 이 옥시토신이었던 것이다. 그러나 새끼가 자궁입구를 빠져나간 뒤 5분이 지나면 어미의 체내에서는 옥시토신의 생산이 중단되고, 피 속을 도는 옥시토신도 천천히 분해되어 하루 뒤에는 완전히 사라지기 때문에 출산 후 24시간 이후에 한 채혈은 모성본능에 효과가 없는 것으로 나타난 것이다.

이와 같은 동물의 모성본능은 새끼의 배를 불리기 위해 굶을 자세가 되어 있다든지, 새끼를 마른자리에 눕히고 따뜻하게 몸을 데워주기 위해서 자기자신은 차가운 비를 맞기도 한다든지, 적으로부터 새끼를 구하기 위해서는 자살행위에 가까운 반격도 감행한다든지, 먹이를 구하기 위해 참고 견디며 끝없이 고생하고 쉴새없이 일을 한다든지 하는 이타적 행동을 하게 만든다.

이러한 모성본능은 우리 인간에게도 있다. 다만 조금 다른 것은 우리 인간의 모성애는 본능적인 것 외에도 정신적·도덕적 차원의 모성

전문부모의 길 74장

애도 있다는 점이다. 그러나 본능적 모성애가 아닌 연민이나 도움을 주려는 마음과 같은 정신에서 오는 모성애는 누구에게나 기대할 수 있는 것이 아니어서 대부분의 부모들은 이러한 모성애의 결핍으로 자식에게 꼭 필요한 일만을 해주고, 특히 마음을 헤아리는 데 소홀하여 자식은 애정부족으로 고통을 받는다. 다시 말해 본능적 모성애가 부족한 어머니가 정신적 모성애마저 결핍되었을 경우를 말하는 것이며, 이렇게 성장한 자식은 원초적인 신뢰를 발달시키지 못한 채 성장함으로써 심성이 거칠고 공격적이기 쉽고, 엄청난 불안에 싸이기 쉬워지며, 마약에서 도피처를 찾거나 비이성적인 폭력이나 범죄에 빠질 가능성이 높아진다.

역사적으로 보아도 1840년경 베네치아의 한 고아원에 맡겨진 2천여 명의 어린이들 가운데 단 5명만이 처음 1년 동안 살아남았으며, 1858년 프라하에서는 2,831명의 갓난아이가 전원 사망했고, 런던에서는 13,229명의 아이들 중 1/18만이 살아남는 등 당시 국가나 교회에서 운영했던 고아원들은 고아들을 죽음으로 몰아넣는 기관이었음을 알게 된다. 이는 자연이 선사한 약인 모유의 상실, 여기에 보호받지 못한다는 느낌과 영원히 버림받았다는 절망적인 불안이 겹쳐지면서 가련한 고아들은 별것도 아닌 병에도 저항력을 상실한 채 죽음으로 향했으니, 한마디로 본능적 모성부재에다가 정신적 모성애 결핍까지 겹쳐 초래된 결과라 할 것이다. 물론 현대에는 의료 및 약품의 발달로 신체의 죽음은 막을 수 있지만, 마음의 상처만은 영원히 치료할 수 없을 것이다.

레수스원숭이의 새끼를 대상으로 한 17년간의 연구결과를 보자. 어미원숭이는 출산 직후 갓난 새끼들과 격리되었고, 갓난 원숭이새끼들은 어미는 만나지 못하고 독방에서 우유만으로 키워졌다. 수의사들의

II. 인류의 꽃, 프로부모

정성으로 레수스원숭이 새끼들은 어미가 기르는 새끼들보다 더 건강하게 훨씬 빨리 성장하여 키도 더 크고 힘도 더 세고 건강했다. 그러나 시간이 지남에 따라 노이로제 현상들이 나타나기 시작한 것이다. 새끼 원숭이들은 우리 속에 앉은 채 허공만 바라본다든지, 우리 속에서 늘 똑같은 원을 그리며 돈다든지, 손과 팔로 머리를 감싸고 몇 시간이고 몸을 흔든다든지, 하루에도 수백 번씩 피가 날 때까지 자기 가슴부분을 꼬집는다든지, 조금도 놀라게 하지 않았는데도 한구석에 쪼그리고 앉아서 불안해 한다든지, 마치 포옹을 하듯 팔다리로 자기 몸을 휘어 감고 벽만 바라본다든지, 몇 주일이고 돌처럼 앉아서 장난감은 건드릴 생각을 하지 않는다든지, 마치 일부 고아들이나 자폐아 및 신경과 치료를 받는 사람한테 나타나는 정서적 병리증상들이 나타난 것이다.

이들 어미 없이 자라난 56마리의 원숭이들이 성적으로 성숙했을 때 교미준비를 시켰지만 그 원숭이들은 사랑을 나눌 능력이 전혀 없어서 서로 죽도록 물어뜯는 폭력만 행사하는 것이었다. 어미 없이 유년기를 보낸 레수스원숭이들은 모두가 똑같이 잘 깨물고, 똑같이 악독하며, 똑같이 괴상하고, 똑같이 사랑을 나누는 데 무능했다. 어미의 따스한 사랑을 받지 못하고 자라면 공포와 공격 사이에서 늘 갈등을 겪는 불행한 반사회적인 괴물이 된다는 것을 보여준 실험이라 하겠다.

우리 인간에게는 동물과 달리 정신적 모성애가 존재한다고 하지만, 그것이 본능적 모성애에 미치기는 어렵다는 생각을 하게 된다. 사실 내가 고등학교 다닐 때 고아원 출신의 친구가 있었는데 공부도 잘하는 편이었고 용모도 단정하고 예의바르게 행동하여 겉으로 보기에는 흠잡을 데 없었지만, 어딘지 모르게 패기가 부족한 듯했고 불안감이 있는 듯했었는데, 사회에 나가 잘 적응이 안 되는 것 같았다.

전문부모의 길 74장

그후 내가 직장에 35년간 근무하면서 5천여 명에 가까운 취업희망자를 면접하면서 몇 명의 반듯한 고아출신을 채용한 적이 있었다. 그 중에는 배구를 잘하거나 다른 운동을 잘하는 친구를 비롯하여 말 잘하고 예의바른 친구들을 뽑으면서 회사생활에 잘 적응해주기를 기대했고 채용 후에도 꼭 성공시키려고 관심을 기울였으나 하나같이 중도탈락하고 마는 것을 보면서, 아이가 어머니 품에서 자란다는 것이 얼마나 중요한 것인가를 새삼 느끼는 계기가 되었다.

이렇게 모성애 결핍으로 자라나 힘들게 세상을 살아가는 이들에게는 대단히 미안한 얘기지만 나는 누구보다도 모성애를 충분히 받고 자랐다. 그 덕분에 어려서 약도 없던 시절 홍역으로 동네아이들이 쓸려나갈 때도 살아남을 수 있었고, 학질로 사경을 헤매기도 하였고, 커서는 식중독으로 죽을 고비를 맞기도 했지만 언제나 내 곁을 지켜주시던 어머니가 없었던들 그 고비를 넘기지 못했으리라는 생각을 지금도 한다. 더구나 내가 고등학생 시절 염세주의에 깊이 빠져 자살을 실행에 옮기려다가 나 하나 바라보고 살아오신 어머니 생각에 뜻을 꺾고 말았으니 어머니란 존재하는 것만으로도 자식에게 큰 힘이 되는 게 틀림없다. 이 존재에다가 모성애까지 더한다면 자식에게는 그 어느 힘보다도 더 크게 작용할 수 있다고 믿어 의심치 않는다. 나와 나의 어머니와의 만남은 길다면 길고 짧다면 짧은 30년 몇 개월이지만 내가 받은 모성애의 영향력은 아마도 내가 이제까지 살아온 모든 사람으로부터 받은 영향력 전체를 합친 것보다 크면 컸지 적지 않았다고 느낀다. 그러니 우스갯소리지만 모성애 장사보다 더 남는 장사가 이 세상에 어디 있겠는가.

II. 인류의 꽃, 프로부모

자식교육엔 참된 일부일처제 만한 것이 없다

일부일처제가 아닌 결혼제도로는, 일부다처제로 아버지가 첩을 두어 어머니가 둘 이상인 경우가 있고, 어머니 하나에 아버지가 둘 이상인 일처다부제가 있으며, 아버지도 둘 이상이고, 어머니도 둘 이상인 다부다처제가 있다. 사실 일부다처제는 나도 어려서부터 많이 보아왔고 현재에도 일부 존재할 만큼 우리에게 익숙한 제도이지만, 일처다부제나 다부다처제는 우리에게는 매우 낯선 제도임에 틀림없다. 그러나 어느 한 시점을 놓고 보면 일처다부제나 다부다처제가 이상하리만큼 희귀한 것으로 생각하기 쉽지만, 조금만 각도를 달리해서 시차를 두고 본다면 이러한 제도는 현재 무수히 많이 존재한다. 더구나 자식의 입장에서 보면 이런 복잡한 제도가 존재함이 명확해진다. 가령 어머니가 이혼을 해서 새아버지와 재혼을 했다면 이 아이는 아버지가 둘이 되어 일처다부제 속에 살아가는 꼴이 되고, 아버지마저 재혼을 하면 아버지도 둘이 되고 어머니도 둘이 되어 다부다처제의 복혼가족 속에 빠지고 만다. 또 자기를 낳은 부모가 죽었거나 버려져서 다른 가정에 입양을 했을 경우에 역시 다부다처제의 상황에 처하고, 또 대리모에서 태어난 아이는 일부다처제 속에 살아가는 것이다.

·

따라서 부모당사자들은 어느 한 시점에서는 일부일처제를 유지한다 해도, 그 사이에 태어난 자식의 입장에서 보면 한 아버지와 한 어머니가 아니고, 아버지나 어머니가 둘 이상이라든지, 아버지도 어머니도 둘 이상이 되는 복잡한 가정환경에 내팽개쳐져 아직 성인도 되지 않은 나이에 갈등과 고민으로 심각한 청소년문제까지 일으키는 것이 요즘 세태이다. 그러므로 여기서 말하는 일부일처제란 자식의 입장에서 본 엄격한 일부일처제, 즉 아버지 하나 어머니도 하나인 참된 일부일처제를 말하는 것이다. 이 참된 일부일처제가 자식교육에 왜 유리한가를 짚어보기로 한다.

첫째, 일부일처제가 아닐 경우 가족의 화합이 이루어지기 어렵다.

가령 아버지가 첩을 두어 어머니가 둘일 경우라면, 우리 속담에 '시앗을 보면 돌부처도 돌아앉는다'고 했듯이 어머니들의 시기와 질투는 대단하여 가정의 평화는 깨질 것이고, 그 집에서 자라나는 아이들의 교육은 기대하기 어려워지고 말 것이다. 또 계부나 계모 밑에서 의붓형제나 이복형제가 화목을 이루기는 얼마나 어려운 일이며, 계부나 계모와 아이들과의 관계 또한 어떠하겠는가? 친부모 형제간에도 화목을 이루기가 어려워서 삐거덕거리며 살아가는 게 현실이고 보면, 가족화합이 어려운 것은 당연한 것으로 봐야 할 것이다.

둘째, 일부일처제가 아닐 경우 부모와 자식 간의 신뢰가 이루어지기 어렵다.

자기가 낳은 부모자식 사이에도 신뢰가 이루어지기 어려워 나만을 미워하는 게 아닌가, 누구만 예뻐하는 게 아닌가, 혹시 나는 어디서 주워온 자식이 아닌가 하는 등의 불신이 생기기 쉬운데, 하물며 피 한 방울 섞이지 않은 부모자식 사이에는 말해 무엇하겠는가? 또 설령 어

Ⅱ. 인류의 꽃, 프로부모

머니가 이혼을 하고 자기를 데리고 계부와 재혼해서 살 경우, 자기의 친아버지와 친어머니와의 관계라 할지라도, 자기 어머니는 어머니대로 믿기 어려워지고, 친아버지 또한 그런 감정을 가지기 쉬워져 결국 어느 부모하고도 진실한 신뢰를 쌓아가기가 어려워 갈등을 일으키고 말 것이다.

셋째, 일부일처제가 아닐 경우 자식의 자아존중감이 형성되기 어려워진다.

잘났거나 못났거나 부모가 함께 살면서 자식을 키울 경우 자식으로서는 자기정체성과 자아존중감을 형성시키기가 쉬워져 자긍심을 잃지 않고 살아감으로써 쉽게 좌절하거나 타락하지 않을 수 있다. 그러나 만일 부모가 이혼을 해서 재혼한 계부나 계모와 함께 살거나 첩의 자식으로 태어났다면, 자기 친부모의 결함으로 그런 결과를 가져왔다는 생각을 하지 않을 수 없어, 그런 결함 있는 부모의 피를 이어받은 자기자신을 학대하거나 떳떳치 못한 감정으로 삐뚤어질 가능성이 높아진다.

넷째, 일부일처제가 아닐 경우 자식은 많은 상처를 받는다.

계부나 계모와 사는 아이들의 문제점은 예로부터 끊임없이 문제가 제기되어 왔고, 그렇기 때문에 되도록이면 그런 상황을 만들지 않으려고 노력해 왔는데, 요즘에 와서는 부모자신들의 삶이 우선이다 보니 자식의 상처는 도외시되는 느낌을 받는다. 이런 가정에서 흔히 일어나기 쉬운 아동학대나 성폭행 등 극단적인 사건을 구태여 들춰내지 않는다 해도 인간이란 워낙 예민한 감수성을 타고난 만큼 자기를 미워하거나 업신여기는 말 한마디나 말투에도 상처받기 쉽고, 눈치 하나 얼굴 표정 하나만으로도 절망감을 느낄 수 있는 게 인간이다 보니 자기 친부모가 그렇게 해도 참기 힘들고 이해하기 힘들어 대들며 반항하기도 하

전문부모의 길 74장

는데, 더구나 혈연이 아닌 부모자식 사이에는 작은 상처라도 더욱 아물기 어려워 깊은 상처로 남기 쉬운 게 사실이다.

다섯째, 일부일처제가 아닐 경우 진실한 효사상이 뿌리내리기 어려워진다.

우리는 흔히 효도란 살아있는 부모를 잘 모시는 것으로만 생각하기 쉽다. 물론 이것도 매우 중요한 게 사실이지만 진실한 효란 이처럼 단편적인 것만이 아니고, 기나긴 쇠사슬처럼 과거로부터 미래로 계속해 이어나가는 영구한 것을 의미한다. 다시 말해 자기자신은 영구히 이어지는 쇠사슬 중 하나의 고리이며, 이 고리를 튼튼히 해서 끊어지지 않게 해야 하고, 계속 고리가 이어지도록 하는 게 중요한 효가 된다. 이것은 모든 생물이 자기유전자를 계속 남기기 위해 최선을 다하도록 진화해 온 것과 일치되는 것으로, 부모와 부모의 부모로 올라가는 조상의 유전자를 영구히 이어나가게 하는 것보다 더 큰 효는 없다.

따라서 우리가 조상제사를 잘 지내고 자손들로 하여금 미래에도 잘 지내도록 가르치는 것이야말로 조상신의 유무를 떠나 자식이 부모를 공경하고 부모가 자식을 귀히 여기는 참다운 효사상을 실천하는 것이 된다. 만일 부모가 이혼하고 재혼하는 사태가 벌어지면 이것은 진실한 효사상이 뿌리내리기 힘들게 만드는 일이 되고 마는 것이다.

여섯째, 일부일처제가 아닐 경우 부모와 자식 간의 유대강화가 어려워진다.

요즘 교육환경은 점점 더 어려워지는데 부모와 자식 간의 유대는 점점 약해지는 게 크나큰 문제로 등장하고 있다. 그래서 자식의 머리가 커지면 부모와 자식 간의 대화는 끊기기 일쑤고, 문제점은 노출되면 서로 머리를 맞대고 풀어나가는 게 아니라 곪을 대로 곪아 어느날 갑자

Ⅱ. 인류의 꽃, 프로부모

기 터져 수습이 불가능한 상태까지 가는 게 요즘 흔히 일어나는 가정문제요 청소년문제인 것이다. 이런 상황이 친부모자식 사이에도 까딱 잘못하다가는 일어나는 일인데, 서로서로 상처를 주고받고 사는 복합가족 속에서는 이런 문제가 더 일어나기 쉬워질 것이므로 자식교육이 더욱 어렵게 되는 것은 두말할 필요가 없을 것이다.

이외에도 특수상황에 속하는 것으로 부모 중 어느 한쪽의 사망으로 인한 편모나 편부가정은 어느 시점만을 본다면 일부일처제가 아닌 0부일처 또는 일부0처로 보이지만, 아이의 입장에서 보면 이것은 확실한 일부일처제 속에 살아가는 것이다. 비록 경제적으로 궁핍할 수 있고 불편한 점이 많이 있을 수 있으나, 아이와 편모 또는 편부와의 신뢰는 흔들림이 없고, 죽은 아버지나 어머니는 미화되고 존경의 대상이 될 수 있을지언정 부끄럽거나 싫은 대상이 되지는 않기 때문에 더욱 분발하는 계기가 될 수 있어 잘 자랄 수 있다.

역사적으로 보아도 성인인 공자, 맹자, 마호메트를 비롯하여 제갈공명과 칭기즈칸 같은 영웅들 그리고 뉴튼, 바흐, 페스탈로치 등이 유복자거나 어려서 아버지를 여의고 홀어머니 밑에서 자랐다는 것만 보더라도 한쪽 부모가 사망한 경우라도 일부일처제를 유지하는 것이 얼마나 중요한가를 알게 된다.

또 만일 한쪽 부모사망에 의한 편모나 편부가족을 지탱할 수가 없어서 불가피하게 복합가족을 이룬 경우라면, 그래도 이혼으로 인해 생긴 경우보다는 아이가 받아들이기가 쉬워질 것이다.

아무튼 자식농사만큼은 마음대로 되지 않을 만큼 어려운 일이다. 그러나 자식농사를 짓기로 작정했다면, 설령 견디기 어려운 고난을 겪는 한이 있더라도, 자식에게서 한 아버지 한 어머니의 복된 권리를 빼앗

전문부모의 길 74장

는 길을 택하지 말고 최소한 자식이 성인이 될 때까지는 참고 견디며 문제를 풀어나가 자식이 어엿하고 떳떳한 사회인이 될 수 있도록 참된 일부일처제를 고수해 나가야 할 것이다.

그리고 이들 출산부부들이 참된 일부일처제를 중도 하차하지 않도록 국가와 사회는 법적 제도적 지원뿐만 아니라 경제적 지원도 아끼지 말아야 할 것이다.

Ⅱ. 인류의 꽃, 프로부모

47. 강한 모성과 약한 부성의 밸런스는 아내가 잡아주어야 한다

여성의 난자는 남성의 정자보다 비교도 안될 만큼 훨씬 크고 영양도 많이 가지고 있다. 수정단계에서부터 여성이 남성보다 더 많은 투자를 하는데, 태아를 키우는 것도 어머니 체내이고, 태어난 아기에게 젖을 먹이는 것도 어머니이기 때문에 이미 어머니는 아버지보다 더 깊이 자식에게 전념하여 강한 모성본능을 가진다. 그러나 자식에 대한 아버지의 부성은 어디까지나 간접적이며 추리적인 면이 커서 아내의 정조에 대한 신뢰, 즉 자기자식이 틀림없다는 확신에 기초를 둔다. 또한 새들의 경우처럼 어린 자식을 귀엽게 보는 마음이 부성으로서 효과를 내는 것이다. 따라서 부성은 모성과 달리 본능적이라기보다는 지적인 영역에 속한다고 봐야 할 것이며, 모성보다 많이 약한 것이 사실이다.

아주 옛날 우리 조상들도 대부분의 포유류와 마찬가지로 수컷은 되도록 많이 정자를 퍼뜨리려고 혈안이 되어 있었지 새끼를 기르는 데는 관심이 없었다. 새끼를 보살피는 일은 전적으로 어미에게 맡겨졌지만, 암컷에게 발정기가 사라져 언제나 섹스를 할 수 있고, 더욱이 섹스만이 아니라 채식 먹거리를 암컷이 제공하자 점차 암컷과 수컷의 결속이 이루어졌다. 이리하여 힘이 센 수컷이 한 가족의 주인으로서 암컷과 새끼의 보호를 책임지기 시작하였다. 이러한 성혁명의 효과로 새끼양육은 더 이상 암컷만의 책임이 아니며, 암컷은 섹스상대인 수컷에게 그 책임을 분담시킨 것이다.

이렇게 새끼양육의 책임을 분담한 수컷은 새끼의 재롱을 보면서 귀여워하였고, 사냥한 새나 물고기 등을 가지고 와서 어미와 새끼에게 주었으므로 새끼는 수컷을 좋아하며 잘 따랐다. 그리고 새끼가 자라나자 데리고 다니면서 사냥이나 낚시하는 법 등을 가르쳐 주면서 점점 더 깊은 부성을 간직하게 되었으리라. 이리하여 암컷과 수컷은 새끼를 매개로 하여 영원한 부부관계가 맺어질 수 있었다. 이것을 달리 표현한다면 수컷은 암컷이 낳은 새끼가 귀여웠고, 자기를 좋아하며 잘 따랐으며, 더구나 자기를 닮은 녀석이 태어나는 것을 보면서 부성이 생겨났고, 이 부성으로 말미암아 암컷과의 결속이 강화되기에 이르렀던 것이다. 또한 이러한 부성이라는 새로운 감정은 바로 가부장제 사회를 만들어내는 계기가 된 것이다.

이와 같은 자식에 대한 아버지의 감정에는 두 가지 요소가 존재하는데, 그 중 하나는 권력에 대한 욕망으로 자손들의 성공을 자기자신의 성공으로 보는 것이고, 다른 하나는 살아남으려는 불멸의 욕망으로 자손들의 생명은 곧 자기자신의 생명의 연장이라고 생각한다는 점이다.

이러한 부성의 발견은 이때까지 모계사회에서 가지고 있었던 것과는 달랐다. 왜냐하면 모계사회에서 가족에 대한 야망은 여자만이 가질 수 있었고, 여자는 남자보다 전투적이지 않기 때문에 여자가 가지는 가족에 대한 야망은 남자의 그것보다 큰 효과를 얻을 수 없었다. 그러나 부성의 발견은 인간사회를 모계사회의 단계보다 훨씬 경쟁적이고 활력이 넘치며 역동적으로 만들어나가게 하였다. 이러한 가부장의 권력은 아

．

II. 인류의 꽃, 프로부모

버지가 먼저 자신의 우월한 힘으로 획득한 권력을 종교에 의하여 더욱 강화시키기에 이르렀다. 종교란 대개 신은 지배자의 편이라는 믿음이라고 정의할 수 있는데, 이렇게 해서 발생된 종교로는 조상숭배신앙을 들 수 있다.

그러나 기독교 등에 의한 영혼불멸의 약속은 자손을 남기는 일이야말로 인간에게 가능한 불멸에 이르는 가장 가까운 길이라는 믿음, 즉 자기자손을 남기는 일에 대한 관심을 감소시키는 결과를 가져왔다. 이리하여 가부장의 권력은 서서히 쇠퇴의 길을 걷었고, 현재에 이르러서는 가부장제 자체가 존폐의 위기에 내몰리는 상황에 이르고 만 것이다.

그 결과 여권신장 등의 잘된 점이 있는 것도 사실이지만, 급속한 가족해체에 의한 죄 없는 아이들의 문제는 날이 갈수록 더욱 심각해지는 실정이다.

우리는 이 시점에서 문제의 핵심을 제대로 보고 대책을 세워나가야 할 것이다. 가만히 생각해 보면, 우리가 지난 기나긴 역사 속에서 그런 대로 가족을 유지하고, 자식을 잘 길러왔던 것은 모성과 부성의 불균형을 가부장제도가 어느 정도 보완해 밸런스를 잡아주었던 것이 가장 큰 이유인 것으로 판단된다. 혹자는 호주제로 인한 허울좋은 가부장제를 철폐시켜 남성이 부양자로서 갖는 스트레스, 즉 경제적으로 돈 잘 버는 가장, 사회적으로 능력있는 남성, 언제나 강하고 이성적인 남성, 성적으로 여자를 완전히 만족시키는 남성이 되어야 한다는 크나큰 부담으로부터 해방시키는 것이 좋다고 주장하기도 한다. 물론 남성의 해방을 나쁘다고 말할 남자가 어디 있겠느냐마는, 만일 그것으로 인해 삶의 의욕을 잃어 더 큰 스트레스를 받으면 어찌 그것을 진정한 해방이라고 볼 수 있으며, 더구나 비출산가족이라면 몰라도 출산가족일 경우 이렇게 해도 자식교육이 제대로 이루어질 수 있겠느냐는 점이다.

우리나라 아버지들이 크나큰 짐을 짊어지고 그 어려운 사회생활을 하면서 가족을 부양하고, 자식 하나 잘 길러보겠다는 집념으로 자기 몸 부서지는 줄도 모르고 죽을 힘을 다해 살아가는 그 정력의 원천이야말로 불가사의하다는 생각이 들 정도이다. 특히 자식교육을 위해 자식과 아내만을 외국으로 보내놓고 홀로 쓸쓸히 돈버는 기계로 전락해 버린 기러기 아빠들의 생활은 이해하기가 어려울 정도의 교육열이라 하겠다. 이러한 교육열이 세계 여러 나라 중에서도 특히 유교권인 아시아의 우리나라를 비롯한 중국, 일본, 대만 등이라는 점은 우연이 아님을 알아야 한다. 이처럼 유교권의 교육열이 높은 것은 다름 아닌 가부장적 가족제도에서 찾아야 할 것이다. 유교권만큼 가부장적 가족제도가 튼튼히 뿌리내린 문명국은 세계 어느 곳에서도 찾아보기 힘들다. 이런 곳에서는 조상숭배신앙이 건재하며, 타종교로 개종했을 경우에도 명절 등에 성묘하는 것이 관습화되어 있을 정도이다. 따라서 이러한 가부장적 가족제도 내에서는 남편이 비록 허울뿐인 가장일 수도 있지만, 가장으로서의 자존심을 가지고 책임을 충실히 수행하려는 노력을 할 수 있으며, 이는 자기의 삶이 자기자신으로 끝나는 것이 아니고 자식을 통하여 계속 이어질 수 있다는 조상숭배신앙이 뒷받침되기 때문에 가능해지는 것이다.

만일 가족내에서 아버지의 존재가 있으나마나한 존재로 추락하여 아버지는 무시되고, 성도 어머니성을 따르고, 경제적으로도 아내가 자립하여 돈벌 필요도 없다면 아버지는 무기력해져서 일찌감치 일에서 물러나고 말 것이며, 마침내 권태와 절망에 점차 빠져들 것이다. 한마디로 말해 먹고 놀 궁리나 하는 한량배가 되어 이혼율은 더욱 급증하고

Ⅱ. 인류의 꽃, 프로부모

말 것이다. 하기야 아기를 낳지 않기로 한 비출산부부는 아무래도 좋다. 그러나 아기를 낳아 잘 길러보겠다는 출산부부는 어떻게 해서든지 남편을 이 지경으로 몰고가서는 안 된다.

영국의 철학자 에드워드 하버트는 "아버지 한 사람이 백 명의 스승보다 낫다"고 했을 만큼 자라나는 아이한테 좋은 아버지는 필요한 게 사실이다. 아내 또한 행복한 결혼생활을 하면서 자식양육의 매 단계마다 남편과 협력하는 어머니만큼 아이들에게 좋은 어머니는 없는 것이다.

따라서 가정 내에서 아버지의 자리를 없애버리는 것은 자식교육의 어려움은 차치하고서라도, 아내는 남편의 협력을 얻어내지 못함으로써 일차적 피해자가 되고 만다는 것을 명심해야 할 것이다.

현재 가부장제를 지켜오는 가정일지라도, 남편이 집에서 가장 큰 어른이라고 말하지만 실제로는 아내가 실권을 잡고 있는 가정이 대부분이다. 결혼 후 수 년이 지나면 아내는 남편의 심리학적 어머니가 되고, 특히 정년퇴직한 남편에게 아내는 배우자인 동시에 어머니이기도 하기 때문이다.

이러한 현실 속에서 남편의 의지처이자 자존심인 허울 뿐의 가부장 자리마저 빼앗아 버린다면 무슨 힘으로 약한 부성애를 가지고 강한 모성애를 가진 아내와 밸런스를 이루며 자식교육에 매진할 수 있겠는가.

비출산부부야 아무래도 상관없지만, 출산부부라면 어떻게 해서든지 남편을 꼭 붙잡아놓고 마음대로 부려먹을 줄 아는 지혜로운 아내가 되어야 한다. 이런 지혜 가운데 가부장제가 가장 큰 지혜일 것이다.

즉, 가부장적 가족제도야말로 남편의 위신을 세워줌으로써 처자식을 떠나지 않고 가정에 충실하게 만들 수 있는 지혜이므로 힘이 든다면 자식이 성인이 될 때까지만이라도 꼭 유지시켜야 할 것이다.

전문부모의 길 74장

인류의 꽃, 전문부모

아름다운 꽃이 피는 이유는 열매를 맺기 위함이요, 열매를 맺는 이유는 자기 유전자를 번식시키기 위함이다.

우리 인류도 영구히 번식하기 위해서는 아름다운 꽃도 피워야 하고, 튼실한 열매도 맺어야 함은 자연의 섭리이다. 그런데 인간환경이 심하게 오염되어서 아름다운 꽃이 피기 어렵기 때문에 튼실한 열매 또한 맺기 어려워진 게 현실이다.

그러나 이렇게 열악한 인간환경 속에서도 튼실한 열매를 맺어줄 수 있는 인류의 꽃이 있으니 그것이 바로 전문부모제도인 것이다. 여기서 전문부모라 함은 자식교육의 아마추어가 아닌 프로부모로써, 한마디로 정의한다면 "자기가 낳은 자식만은 남에게 짐이 되는 3등 인간만은 절대로 만들지 않겠다는 매서운 각오와, 프로과정 수료로 자식교육을 잘 시키는 전문화된 부모"를 말한다.

그러면 이런 반문을 하는 이가 있을 것이다. "이제까지 우리 인류가 전문부모 없이도 잘 번식했고, 잘 가르쳤고, 잘 살아왔는데 뚱딴지같이 웬 전문부모 타령이냐"고. 그러나 전문부모가 왜 필요한지 잠시 살펴보면 다음과 같다.

Ⅱ. 인류의 꽃, 프로부모

첫째, 전통가족의 소멸로 자식양육의 좋은 환경이 없어지고 말았기 때문이다.

예전 농경사회 대가족제도에서는 설령 자식양육에 관한 부모의 능력이 부족하면 할아버지 할머니가 맡아기르며 가르치기도 하고, 백숙부모나 형들도 거들어주고 서로 어울려 생활하였기 때문에 크게 잘못될 염려가 없었다. 또한 조금 자라면 학교 다니면서 집안일도 거들고, 들에 나가 부모와 함께 일도 하는 등 부모와 자식과의 접촉이 많아 유대 강화도 잘 되었다. 그러니 공부를 잘하든 잘못하든 그것을 떠나 인간성 하나만은 나무랄 데 없어 때가 되면 자립했고, 제 앞가림을 하였으며, 부모가 늙으면 봉양하는 등 자식양육 환경은 현재와는 비교가 안 될 만큼 양호했다.

둘째, 가족파괴로 인한 아이들의 고통을 반드시 막아야 하기 때문이다.

세계적인 추세가 되어버린 이혼율의 증가와 미혼모에 의해 출산되는 아이들의 증가로 가장 고통받는 계층은 뭐니뭐니해도 아무 죄도 없이 나쁜 환경에 버려진 아이들이다. 우리나라의 하루 이혼건수 약 400건 중 69.7%가 미성년 자녀를 둔 이혼이고, 현재 미국의 흑인아동 중 60%가 미혼모 출산이라는 숫자만 보아도 얼마나 심각한지를 알 수 있다. 비출산부부나 자식을 다 키운 부부야 일생에 수십 번씩 이혼과 재혼을 되풀이한다 해도 나무랄 게 못되지만 출산부부만은 자식이 성년이 되기 전까지는 절대로 이혼하지 않음으로써 아이들의 고통을 막아줄 전문부모제도가 하루빨리 만들어지고 활성화되어야겠다.

셋째, 교육환경이 아마추어 부모에게는 너무 벅차기 때문이다.

인류역사상 지금처럼 자식 기르는 일이 큰 문젯거리가 된 적은 일찍이 없었다. 우선 아이를 분만할 때 자연분만보다는 제왕절개를 선호하

전문부모의 길 74장

고, 모유보다는 우유를 선호해서 발생되는 문제는 차치하고라도, 맞벌이부부가 질 낮은 탁아시설에 1세 미만의 아기를 맡김으로써 엄마와 아기와의 애착관계가 불안정해지거나, 3~8세의 나이가 되었을 때 말도 안 듣고 공격적이 되기도 한다. 또한 부모가 일을 지향하는 경우 가정은 마치 정류장처럼 양육과 보호의 기능보다는 음식을 제공하고 정보를 나누는 등의 장소가 되어 아동과 청소년인 자식들에게는 많은 사람이 있건 없건 간에 외로움을 느낄 수밖에 없게 되기도 한다. 텔레비전이나 컴퓨터와 친해진 자식들과의 대화와 교육의 기회가 없어지고 유대가 약화되어 문제발생시 해결이 안 된다거나, 남 하는 대로 과외와 학원을 쫓다보면 경제적 부담도 감당하기 어려운 등 아마추어 부모들이 감당하기에는 너무나 벅찬 고난도 교육환경에 놓여 있다.

넷째, 알맞은 수의 출산으로 외동이의 문제점을 해결해야 하기 때문이다.

외동이로 태어나 과보호를 받은 어린이가 어른이 되었을 때 사회적 접촉에 고통을 받는 경우도 많이 있다. 같은 또래의 놀이집단과 어울리고 거칠게 뒹굴고 노는 것은 아이로 하여금 사회생활에 적응시키는 효과를 나타내지만, 이런 사회화 과정을 경험하지 못한 외동이는 평생동안 수줍어하고 소극적이며 성생활이 어렵거나 불가능해지기까지 한다. 그리고 부모가 된다 해도 제대로 된 부모가 되기 어렵다.

따라서 현재와 같은 환경에서 출산부부 모두에게 둘 이상을 낳으라고 할 수도 없는 노릇이고, 전문부모제도를 만들어 이 문제를 풀어나가야 할 것이다.

다섯째, 치열한 경쟁 속에서도 살아남을 자식으로 길러야 하기 때문이다.

II. 인류의 꽃, 프로부모

예전에야 몸 건강하고 부지런하면 자립하여 살아가는 것이 그리 어렵지 않았다. 그러나 사회가 점점 치열한 전쟁터로 변하여 건강과 근면만으로는 아무리 인성교육이 잘되었다 하더라도 자립해서 자기 앞가림을 하면서 살아가기가 점점 더 어려워진다. 다시 말해 남보다 뛰어난 기술이나 재주나 전문지식이 없이는 살기 어려운 세상이다 보니, 전문부모가 시쳇말로 몸짱 얼짱에다가 두뇌도 남에게 크게 떨어지지 않을 만한 아이를 낳도록 노력해야 할 것이고, 일단 낳은 자식이 치열한 경쟁을 뚫고 꿋꿋이 살아갈 수 있도록 교육을 잘 시켜야 할 것이다. 더구나 이들 자식이 커서 부모의 뒤를 이어 전문부모가 되도록 하려면 더욱 확실하게 길러야 함은 물론이다.

여섯째, 국가와 인류발전에 중추적 역할을 할 인재육성이 필요하기 때문이다.

고도화되어 가는 과학기술 발전과 인문사회 분야 발전에 동량적 역할을 수행할 인재를 육성한다는 것은 단순히 종의 번식 차원을 넘어선 고차원적 목표로서 우리 인류의 희망이다. 이 중대한 일을 전문부모들이 담당할 때 지식만이 아닌 덕성을 겸비한 훌륭한 인재를 길러낼 수 있다. 그리만 된다면 전문부모제도를 도입한 지역이나 국가의 발전이 상대적으로 빨라 인류에 기여하는 바가 클 것이고, 아울러 전문부모제도가 확실히 정착되고 신속히 확산되어 전세계에 널리 퍼져나가게 될 것이다.

일곱째, 3등 인간이 없는 지상낙원도 가능할 수 있기 때문이다.

출산부부 모두가 전문부모가 되고 이들이 낳아 길러낸 자식들이 어느 하나라도 제 앞가림을 못하여 가까운 부모형제를 비롯하여 사회와 국가에 짐이 되고, 범죄나 저지르는 3등 인간이 되지 않게만 한다면, 그 지

전문부모의 길 74장

역 그 나라는 지상낙원이 될 것이고, 나아가 그것이 전세계로 확산되어 성공을 이룬다면 이 지구상에는 범죄도, 전쟁도 사라지고, 남을 돕겠다는 사람만이 넘쳐나는 꿈의 낙원을 이룩할 수 있게 될 것이다.

위기가 곧 기회라는 말처럼 현재 우리 인류가 처해 있는 가족파괴는 인류역사상 유례를 찾을 수 없는 위기를 몰고 오는데 우리는 이것을 기회로 만들어야 할 것이다. 물론 역사상 기아, 질병, 전쟁, 천재지변 등 크고 작은 위기가 수없이 많았고, 그때마다 수없이 많은 인명피해가 있었지만 그것은 어디까지나 연속적이라기보다는 단속적 또는 1회적인 것이었고, 정신적 피해라기보다는 물질적 신체적 피해가 주였기 때문에 그것이 지나가고 시간이 지나면 제자리로 돌아오는 성질의 사건들이었다.

그러나 가족파괴로 인해 어린 자식들이 받는 고통은 그 아이들로 끝나는 것이 아니라 그들이 성장해서 자식을 낳으면 자기가 겪었던 불행을 대물림해 줄 가능성이 매우 높기 때문에 영속적이며, 신체적 물질적 피해보다는 정신적 피해가 더 크다는 것이 어려움을 더해준다.

동물의 세계를 보아도 개체간의 결속에 근거한 그룹을 형성시키는 근원은 단 하나 가족이라는 것을 알 수 있다. 우리시대의 몇몇 사회학자들이 이 자연의 이치를 제대로 인식하지 못하고 가족파괴를 획책하는 것은 매우 잘못된 일이다. 시대가 아무리 변한다 해도 사회구성의 단위가 집[家]이다. 이 집은 어떤 사회집단보다 중시되고, 한 개인은 이 집과 인연을 끊으려야 끊을 수 없는 것이다. 집안의 인간관계는 자유와 평등보다는 신분서열에 따른 상하질서로 이루어져 이것이 사회에까지 확대되는 조직형태가 된다는 가족주의 가치관은 이 시대에 꼭 필

Ⅱ. 인류의 꽃, 프로부모

요한 가치관이므로 우리가 이것을 잘 지켜나가야 한다.

물론 이런 가족주의 가치관에 의한 전문부모제도를 누구에게나 강요할 생각도 없고, 또 강요한다 해도 될 일도 아니다. 다만 출산을 해서 자식을 잘 길러보겠다고 마음먹고, 그 일이 가치 있는 일이라고 생각하며 실천할 의욕이 있는 부부에 한하여 전문부모가 되는 것으로 만족한다.

전문부모가 되려면 결혼 전에 결혼준비 프로그램을 이수하고, 결혼 전에 가족계획을 수립해야 하며, 결혼 후 출산시 전문부모프로그램을 이수하는 등의 단계적 연수과정을 거쳐 자격증을 받아야 한다. 그리고 정부와 사회단체는 법과 제도를 만들어 이들 전문부모가 제대로 능력을 발휘할 수 있도록 경제적 지원을 포함한 모든 지원을 아끼지 말아야 할 것이다.

아무튼 우리는 우물쭈물 하면서 무너져 내리는 가족, 그리고 그 속에서 고통받는 아이들을 바라만 볼 때가 아니다. 하루빨리 낳을 부부와 낳지 않을 부부를 구별해 비출산부부는 자유롭게 방임하되, 출산부부는 철저히 교육시켜 전문부모화시킴으로써 인류의 꽃으로 만드는 길만이 우리 인류의 평화와 안정을 가져다주는 첩경임을 알고 실천해야 할 것이다.

전문부모의 길 74장

예비전문부모는 결혼준비 프로그램을 이수하라

오늘날 미국에서는 결혼한 부부 중 50% 이상이 이혼하며, 많은 부부들이 결혼초기에 심각한 갈등을 경험하기 때문에 결혼 초의 이혼율이 높고, 이혼한 부부 중 반 정도가 결혼 후 6년 이내에 이혼한다. 이러한 현상은 미국만의 문제가 아니고 우리나라도 OECD국가 중 이혼율이 두 번째로 높아 우리가 해결해야 할 당면과제인 것이다.

그런데 이러한 환경 속에서 출산부부는 전문부모가 되어야 하고, 전문부모는 자식이 성년이 되기까지는 이혼을 하지 말아야 하는데, 이것이 말처럼 쉬운 일이 아니다. 그래서 시도해 볼 만한 것이 예비전문부모의 결혼준비 프로그램이다.

우리가 자동차 운전을 하려고 해도 일정연령이 된 다음 시력검사를 비롯한 신체검사에 합격해야 하고, 교통법규 등 필기시험과 운전시험을 통과해야 운전면허증이 나오고 도로주행 연수를 마쳐야 운전을 할 수 있다.

그러나 운전보다 훨씬 중요해서 일생의 행복을 좌우하는 결혼을 하는 데는 면허증제도가 없고 혼인신고 하나로 간단히 처리된다. 따라서 이혼과 재혼이 자유로운 비출산부부는 아무래도 좋으니까 그냥 내버려

II. 인류의 꽃, 프로부모

둔다 해도, 출산부부가 되려는 예비전문부모에 한해서는 결혼준비 프로그램 이수를 의무화하고, 이 과정을 마친 다음 결혼자격증을 획득하는 제도를 만들어 이들 부부가 행복한 결혼생활을 하게 함으로써 강제만이 아닌 스스로 이혼을 하지 않을 수 있게 하자는 것이다.

결혼준비 프로그램에서 다루어야 할 내역을 대략 살펴본다면 다음과 같다.

첫째, 배우자 선택의 적절성 여부를 체크한다.

우선 생각해야 할 점이 건강이 아닐 수 없다. 나는 배우자 선택조건을 순서로 나열해서 건(健), 두(頭), 인(人), 학(學), 용(容), 종(宗), 가(家)라고 했을 만큼 건강한 배우자를 만난다는 것은 가장 중요한 일이다. 특히 배우자 집안에 광기나 정신박약 등 몹쓸병의 내력이 없어야 한다. 그리고 종교는 같거나 서로 상충되지 않게 해서 대화가 되고 가치관의 충돌로 인한 갈등이 없도록 해야 한다. 성격이나 관심에 대해 잘 알고 자기가 받아들일 수 있는 범위라야 하고, 이성으로서 매력을 느끼고 사랑하는 감정이 있어야 하며, 가능하면 배우자의 부모관계가 좋고 배우자와 그 가족간에 갈등이 없어야 하는 등의 사항을 꼼꼼히 체크해 봐야 한다.

둘째, 결혼시기의 적절성 여부를 체크한다.

두 사람이 결혼생활을 지속할 수 있을 만큼 정신적 신체적으로 성숙되어 있어야 하며, 경제적으로 부모 등에 의지하지 않고 자립할 수 있어야 한다. 혼전임신 때문에 할 수 없이 해서는 안 되고, 부모에 대한 반발로 부모를 떠나기 위한 결혼이어서는 안 된다. 이성교제 실패 등 심각한 상실감을 메우기 위한 결혼이어서도 안 되고, 사귄 지 6개월도 못된 너무 서두르는 결혼이어서는 안 된다. 또 가족이나 사회적 압력을 견디기 어려워 마지못해 하는 결혼이어서는 안 되는 등 결혼시기의 적절성 여부를 체크해봐야 한다.

셋째, 의사소통 능력의 정도를 체크한다.

우리가 살아가는 데 서로 말이 안 통하면 답답해서 견디기 어려워지고, 있던 정도 떨어지고 만다. 반대로 서로 말이 잘 통하면 어떤 어려움이 닥치더라도 서로 의논하고 격려하는 가운데 문제를 풀어갈 수도 있고 정도 깊어지게 마련이다. 이러한 의사소통은 하나의 기술로써, 배우면 향상될 수 있으므로 이에 대한 교육을 실시해야 할 것이다. 결혼 전에 의사소통이 잘되는 커플이 결혼 후에도 의사소통에 어려움을 덜 겪으므로 서로의 의사소통 능력을 체크해 봐야 한다. 막연히 현재에는 말이 잘 통하지는 않지만, '결혼을 해 살을 맞대고 살면 의사소통이 잘되겠지'라는 생각을 하기 쉬운데 이것은 착각이다. 대부분의 부부들이 결혼해서 살다보면 부부간의 의사소통으로 인한 문제가 더 많아지는데, 이는 서로 익숙해지면 지금까지의 가면을 벗어던지고 현실적이 되기 때문이다.

넷째, 갈등해소 능력의 정도를 체크한다.

갈등없는 인간관계란 있을 수 없을 만큼 우리 인간은 갈등 속에서 살아간다. 마치 추운 겨울날 고슴도치가 서로의 체온을 느끼기 위해 서로 가까이 다가서면 서로의 가시에 찔리듯이, 우리 인간도 가까워질수록 갈등을 느낄 가능성이 높아진다. 이렇듯 가장 가까운 부부가 살아가면서 갈등을 느끼지 않을 수 없다 보니, 이것을 슬기롭게 해소하는 기술과 지혜를 배워야 한다. 즉, 갈등해결을 위해 논쟁을 할 때에는 최후통첩만은 피해야 한다든지, 인격적 비난과 공격은 해서 안 된다든지, 지난 일을 들추어내지 말아야 한다든지, 상대방의 이야기를 주

Ⅱ. 인류의 꽃, 프로부모

의깊게 들어야 한다든지, 자신이 실제로 원하는 바를 말해야 한다든지, 자신의 느낀 감정을 솔직히 표현해야 한다든지, 핵심쟁점과 현재 상황에 초점을 잘 맞춰야 한다든지, 논쟁 도중 잠시 휴식을 선언한다든지, 적절한 유머로 분위기를 바꾼다든지, 항상 논쟁의 끝맺음을 잘 한다든지 하는 등의 갈등해소 능력을 체크해 봐야 한다.

다섯째, 결혼의 환상에 사로잡혀 있는지 여부를 체크한다.

결혼은 현실이지 환상이 아니다. 그러나 많은 커플들이 결혼에 대한 막연하고 지나친 환상에 사로잡혀 있다가 좌절하고 만다. 가령 결혼을 하면 파트너를 기쁘게 해주려고 나쁜 습관을 바꾸어줄 것이라는 환상을 갖지만 오히려 결혼 후 두 사람의 관계가 가까워지면 나쁜 습관은 더욱 두드러진다. 결혼 전에 약속시간을 지키지 않던 사람은 더욱 늦어지기 쉽고, 결혼 전에 폭력을 행사한 사람은 더욱 폭력을 행사할 가능성이 높아진다든지. 결혼을 하고 나면 서로 친해지니까 파트너의 나쁜 습관이 좋게 느껴질 것이라는 환상을 갖기 쉽지만, 오히려 파트너의 나쁜 습관에 대해 더 잘 알게 되어 더욱 자주 부딪치며, 서로의 예의나 관용하는 마음도 줄어들어 파트너의 나쁜 습관을 수용하기가 더 어려워진다. 또한 결혼을 하면 따분함과 외로움을 느끼지 않을 것이라는 환상을 갖지만, 결혼은 즐거움보다는 어려움이 더 많고, 모두에게 행복을 주는 게 아니므로 결혼 후에도 여전히 지루함과 외로움을 느낀다. 상대가 이러한 현실을 제대로 인식하고 있는지를 체크해 봐야 한다.

여섯째, 섹스 파트너로서의 적절성 여부를 체크한다.

부부관계에서 성생활이 매우 중요하기는 하나 그것이 전부가 아닌 것도 사실이다. 그러나 이것은 평균정도의 성생활이 되는 부부의 얘기이고, 그렇지 못한 부부에게는 매우 심각한 문제임에 틀림없다. 요즘

전문부모의 길 74장

많은 부부들이 성생활이 제대로 되지 않아 파경에 이르는 것을 보면, 출산을 전제로 한 예비전문부모에게는 아주 중요한 일일 수밖에 없다. 따라서 이 프로그램에서 성교육을 철저히 시켜야 함은 물론이고, 만일 그것만으로 자신할 수 없는 예비부부는 결혼 전에 관계를 맺어보는 것도 좋을 것이다. 결혼 후 섹스가 제대로 되지 않아 이혼하는 것보다야 다른 조건이 모두 충족되어 결혼식만을 남겨놓은 상태라면, 일정한 기간을 정해놓고 피임을 하면서 능력을 체크해 보는 것이 현명할 것이다.

일곱째, 출산계획 수립여부를 체크한다.

출산을 목표로 한 예비전문부모인 만큼 당연히 출산계획은 세웠으리라고 보지만, 전문부모로서의 적정자녀수인 3명 이상을 낳을 것인지, 언제 낳을 것인지, 어떤 방법으로 키울 것인지, 양육비는 어떻게 조달할 것인지, 자녀훈육방식에 대해 부부의 합의 아래 실시할 약속은 되어 있는지, 자녀 앞에서 부부갈등을 보여주지 않겠다는 합의는 되어 있는지 등을 체크해봐야 한다.

여덟째, 결혼 후 부부역할에 관한 합의여부를 체크한다.

남편과 아내는 직장일을 감안하여 평등하게 집안일을 분담한다든지, 남편도 집에 있을 때는 아내가 하는 것처럼 아이를 돌봐야 한다든지, 부부는 누구도 먼저 성관계를 요구할 수 있어야 한다든지, 부부 각자의 친구는 부부공동의 친구가 될 수 있어야 한다든지, 아내의 직장생활도 남편의 직장생활만큼 중요함을 인정해야 한다든지, 아내의 가사노동도 남편의 직장생활만큼 힘들고 가치가 있음을 인정해 주어야 한다든지, 중요한 의사결정은 부부가 상의하여 결정해야 한다든지 하는 등 부부의 역할이 평등하게 이루어질 수 있도록 합의했는지 여부를 체크해 봐야 한다.

II. 인류의 꽃, 프로부모

아홉째, 결혼 후 재정관리에 관한 합의여부를 체크한다.

돈에 관한 한 부부끼리라도 치사해지기 쉽다. 남편은 돈을 벌어오고 아내는 집안일을 하며 아이를 키울 경우, 어떤 남편은 생활비를 빠듯하게 주어 아내를 조정하려 들고 화나게 만드는가 하면, 어떤 남편은 월급을 통째로 아내에게 맡기고 용돈을 타다 쓰기도 하는 등 여러 가지 유형의 부부들이 있는데, 어찌되었든 간에 결혼 전에 이에 관한 합의가 이루어져 있어야 갈등의 소지가 줄어든다. 이렇듯 돈이라는 것은 소득의 액수도 중요하지만, 어떻게 분배하고 누가 하느냐에 따라 견해차이가 생기고 부부싸움의 원인이 되기 쉽다. 더욱 심각한 것은 수입보다 지출이 큰 경우로, 이리되면 가정경제는 물론 가정마저 파탄에 이를 수 있기 때문에 배우자의 씀씀이가 너무 헤프지나 않은지, 예산을 세워 수입한도 내에서 지출할 것을 약속했는지, 비상시나 노후를 위해 매달 일정액을 저축할 합의는 되어 있는지 등을 체크해 봐야 한다.

이처럼 여러 가지 사항을 꼼꼼히 체크하고 결혼한다 해도 실패할 수 있을 만큼 결혼은 어려운 일인 게 사실이다. 그래서 나는 결혼을 비행에 비유하고 싶다. 부부가 함께 타서 비행을 시작하면 어떤 사고가 발생한다 해도 중도기착지 없이 목적지까지 도달하여 안착하느냐, 중도에 부부가 낙하산을 타고 뿔뿔이 헤어지느냐의 비행만큼 결혼은 매우 어렵고 특이한 비행이다.

그런데 처녀총각이 결혼을 한다는 것은 한 번도 비행기 조종을 해본 적이 없는 풋내기 조종사들이 비행기를 몰고 하늘을 나는 것이니, 위험하기 짝이 없는 게 사실이다. 따라서 이 위험을 줄이기 위하여 기계나 계기에 이상은 없는지, 목적지까지 도달할 기름은 있는지, 고장발

전문부모의 길 74장

생시나 기상악화시는 어떻게 대처해야 추락을 면할 수 있는지 등에 관해 공부하고 훈련받고 체크해야 할 것이다.

이처럼 부부가 결혼이라는 비행기를 타고 목적지까지 무사히 안착할 수 있도록 공부하고 훈련받고 체크하는 것이 바로 예비전문부모를 위한 결혼준비 프로그램이며, 우리는 앞으로 안착률을 높일 수 있는 우수한 프로그램을 짜야 하고, 이를 제도화해서 예비전문 부모는 누구나 이 과정을 이수하도록 하는 것이 우리가 해야 할 주요한 과제이다.

II. 인류의 꽃, 프로부모

50

전문부모라면 3명 이상 낳는 것이 바람직하다

나는 어려서부터 자식욕심이 많아서 낳을 수만 있다면 되도록 많이 낳으리라 마음먹었다. 그러나 어찌어찌 하다보니 2남 2녀밖에 두지 못했고, 지금도 TV 등에서 자식을 열 명 이상씩 둔 사람을 보면 부러운 마음이 든다. 하기야 우리 세대로서는 '하나만 낳아 잘 기르자'는 구호를 부르짖던 때였고, 가족수당도 아이 둘만 주던 시대였으므로 나는 정부방침에 역행한 것이 사실이고, 주위사람들은 나를 이상한 눈으로 바라보곤 했었다.

이제 세상이 급변하여 출산율이 1. 17명으로 뚝 떨어져서 이대로 가다가는 경제는 활력을 잃게 될 것이고, 사회보험제도는 존립의 위기에 처할 것이며, 정부재정은 구조적 적자에 빠질 가능성이 높아져 산아제한이 아니라 출산장려 정책을 쓰게 되었으니, 우리나라 사람들이 줏대가 약해서 이리 쏠리고 저리 쏠리는 성격탓의 결과로 보인다.

출산율이 이렇게까지 떨어지는 이유는 자녀수가 적은 것도 하나의 이유이지만, 요즘 독신주의자가 늘어나고 결혼한 부부도 아이를 낳지 않는 비출산부부가 늘어나기 때문이다. 그러니 이들에게 저출산으로 인해 발생되는 위기를 호소한다 해서 될 일이 아니므로, 결국 출산을

결심하고 잘 길러보겠다고 마음먹은 전문부모가 해결해야 할 과제인
것이며, 자식을 3명 이상 낳은 것은 비단 인구문제 해결만이 아니고,
그 외에도 다음과 같은 여러 가지 이점이 있다.

첫째, 인구의 현상유지가 가능해진다.

만일 여성의 1/3이 비출산 계열이라면, 전문부모가 3명은 낳아야 겨
우 출산율이 2.0명이 된다. 즉, 갱신출산율 2.1명보다는 못하지만, 인
구가 그런 대로 유지될 수 있으므로 3명 이상은 낳아야 한다는 얘기이
다. 만일 최근 여론조사처럼 자녀를 가질 필요가 없다는 여성 44.9%
가 모두 아이를 낳지 않는다면, 전문부모는 3명이 아니라 4명씩 낳아
야 인구를 현상대로 유지할 수 있다.

둘째, 전문부모에 대한 정부지원비를 절감할 수 있다.

어차피 전문부모의 가사노동에 대하여 정부가 급료형태의 지원은 하
지 않을 수 없는 시대가 올 것이고, 그렇게 될 때 전문부모로 인정받는
가정의 자식숫자를 3명 이상으로 해서 전문부모의 숫자는 줄이고 자식
숫자는 늘리는 것이 정부예산을 절감할 수 있다.

셋째, 국토방위를 위한 병역의무 이행이 수월해진다.

만일 외동이가 많을 때를 생각해 보라. 부모는 어떻게 해서든지 수
단과 방법을 가리지 않고 병역을 면제시키려 들 것이고, 설령 이 외동
이들이 군대에 간다 해도 여러 형제들 틈에서 자란 아이들만 못할 게
뻔하다. 따라서 국방의무가 필요없는 시대가 온다면 몰라도 군대가 필
요한 한 3자녀 이상 자식수가 많은 게 유리하다.

넷째, 1인당 양육비가 절감된다.

자식을 길러보면 첫애를 기를 때에는 시행착오도 많고, 모든 정성과
정력을 쏟아붓다 보니 양육비가 과다해지는데, 둘째 셋째로 가면 노하

Ⅱ. 인류의 꽃, 프로부모

우가 쌓여 비용도 덜 들고 힘도 덜 드는 게 사실이다. 또한 장난감을 비롯한 도서 및 학습기자재와 옷, 신발 등의 구입도 줄어든다. 그리고 내가 즐겨 사용하는 예가 공부방 하나에 전등을 켜놓고 공부할 때, 한 명이 하나 세 명이 하나 전기료도 같고, 난방비나 주택구입비까지도 같으니 단가가 세 명일 때에는 1/3이 된다는 얘기다.

다섯째, 외동이의 문제점이 없어진다.

자식이 하나이다 보면 부모의 과잉보호로 자기밖에 모르는 버릇없는 아이가 되기 쉽고, 아이에 대한 부모의 과잉기대로 외동이는 많은 스트레스를 받으며, 부모의 과잉불안 심리까지 겹쳐 아이는 정상적으로 자라기가 힘들어진다. 또 예전처럼 대가족 제도하의 농촌생활에서는 외동이라 해도 4촌, 6촌 형제들도 있었고, 동네아이들이 많아 문제가 적었지만, 현재에는 핵가족 제도인 데다가 도시생활을 하다 보니 같이 어울려 놀아줄 친구가 없어 외동이의 문제점이 더욱 심각해지므로 결국 각 가정이 적정자녀수를 유지하여 자급자족하는 것이 가장 현명할 것이다.

여섯째, 형제는 친구이며, 선배후배로서 서로 배우며 큰다.

아우는 형을 따라 배우고 형은 아우를 가르치면서 자신감을 갖는다. 부모가 아무리 아이들과 눈높이를 같이 하려고 해도 한계가 있게 마련이어서 진정한 친구가 되기 어렵다. 그러나 형제들은 친구로서 서로 친하게 지내기도 하고 다투기도 하며 형은 리더로서의 자질을 기를 수 있고, 아우는 형을 따르면서도 어떻게 해서든지 이겨보려는 경쟁심을 발휘하므로 서로 많은 자극을 받아가며 사회생활을 익히고 지능도 발달한다.

일곱째, 둘보다 세 명 이상이 아이에게 더 좋다.

두 사람의 관계가 좋을 때는 문제가 없지만 서로 갈등이 생기면 해

전문부모의 길 74장

결하기가 어렵다. 그러나 세 명 이상일 때에는 이 사람과 사이가 벌어지면 저 사람과 친해질 수도 있어 좋고, 한 명이 중재에 나설 수도 있어서 좋다. 그뿐만 아니라 침팬지 새끼나 아이들에게 장난감을 하나만 주면 큰 흥미를 잃지만 여러 개를 주면 이것저것 돌아가며 놀듯이, 형제도 여럿이면 관심과 흥미를 잃지 않고 돌아가면서 친하게 지낼 수 있으며, 서로를 비교 평가하면서 많은 것을 배울 수 있고, TV나 컴퓨터에 빠져 문제를 일으킬 염려도 줄어든다.

여덟째, 우수인재 배출 가능성이 높아진다.

MIT의 한 사학자 연구에 따르면, 역사적 인물 6천 명을 대상으로 조사한바, 인류를 발전시킨 창조적인 인재들의 대부분이 맏이가 아니고 손위의 형이나 누나가 적어도 한 명 이상이 있다는 것을 밝혀냈다. 즉, 맏이가 아닐 경우 어려서 형만큼 알아주지 않는 자신의 존재를 부각시키려는 본능적 행위를 평생 계속하여 창조적 자질이 발전되는 것으로 판단된다. 예를 들어《종의 기원》을 발표한 다윈은 6형제 중 다섯째였고, 《종의 기원》 발표 당시 호의적인 반응을 나타낸 사람 비율이 비장남 중에는 48%였으나 장남 중에는 겨우 9%밖에 안 된 것만 보아도 장남이 보수적임을 알게 된다. 또한 조선조에서 출중했던 임금인 태종, 세종, 세조, 성종, 선조, 영조, 정조 등이 모두 비장남이었다. 그러나 장남 또한 상사의 기질이 강하고, 지배적인 동시에 신중하며, 권위를 존중하고 관습에 충실하며, 더 양심적이고 고집이 세어 굳세고 흔들리지 않는 엄격성이 있기 때문에 우리가 살아가는 데 꼭 필요한 존재로, 갈릴레이, 뉴튼, 프로이트와 같은 창조적 인물도 있다. 또한 부모도 자식을 여럿 기르다 보면 노하우가 쌓여 자식을 더 훌륭히 기를 수 있다.

283

·

Ⅱ. 인류의 꽃, 프로부모

아홉째, 부모의 권위가 서서 자식교육이 쉬워진다.

부모 중에는 사랑과 엄격성을 겸비한 권위적인 부모가 있는가 하면, 사랑은 없으면서 엄격성만을 가진 권위주의적인 부모가 있고, 사랑만 있고 엄격성은 없는 허용적인 부모가 있는데, 일반적으로 권위적인 부모는 권위주의적인 부모나 허용적인 부모보다 자식을 자신 있고 남을 배려하며 더욱 독립적인 인물로 키울 수 있다. 그런데 외동이가 되어 과보호나 하고 아이에게 형제가 없는 것이 안쓰러워 친구 같은 부모가 되려고나 한다면 부모가 권위를 세우기가 매우 어렵지만, 자식이 둘 이상이 되어 많으면 많을수록 부모는 권위를 세워가며 자식교육을 시키기가 수월해진다.

열째, 부모가 스트레스를 덜 받고, 노후에 덜 외롭다.

"콧구멍이 둘이었으니 망정이지, 하나였으면 숨이 막혀 죽었을 게다"라는 속담이 있듯이, 자식이 하나밖에 없을 때 부모와 갈등을 빚으면 인생을 잘못 살았다는 생각에 살맛이 나지 않지만, 둘 이상이 되면 이 자식과 갈등이 생기면 저 자식하고 통할 수 있어 한결 스트레스를 덜 받고 살아갈 수 있다. 그리고 요즘처럼 부모 자식들이 뿔뿔이 흩어져 사는 시대에, 자식이 하나보다는 많은 것이 하루에 전화 한 통화씩만 해도 외로움을 덜 느끼며 노후를 살아갈 수 있다.

아무튼 전문부모가 자식을 세 명 이상 낳는 것은 크게는 우리 인류의 종을 보존하기 위한 것을 비롯하여 국가경제나 국방의무에도 좋을 뿐만 아니라, 특히 아이들의 행복이 보장되고 훌륭한 인재가 배출될 가능성이 높다. 또한 전문부모에게도 스트레스가 줄어들고, 노후에 더 보람을 느낄 수 있는 등 이점이 많으므로 반드시 이것이 실천될 수 있도록 국가와 사회가 힘써야 할 주요 과제 중의 하나이다.

전문부모의 길 74장

51

전문부모에게 국가는 보수를 지급해야 한다

우리나라 출산율이 1.17명이 되어 세계 꼴찌수준으로 떨어졌다는 것은 한마디로 말해서 자식을 낳아 기르는 것이 남는 것이 적거나 전혀 없어 밑지는 장사라고 생각하는 사람이 많다는 얘기가 된다. 자본주의란 원래 개인이 자유롭게 이익을 추구하는 사회로서, 개인은 늘 자신의 이익과 행복 그리고 자유를 추구하며 살아가는 것이다. 이 원리로 볼 때 자식을 기른다는 것이 예전과는 달리 남는 구석이 좀처럼 보이지 않다 보니, 애를 적게 낳거나 숫제 낳지 않는 쪽으로 가기 때문에 이런 결과를 초래한 것이다. 예전에야 자식을 낳아 길러놓으면 공부를 못 시켰거나 많이 시켰거나, 못 살면 못 사는 대로 잘 살면 잘 사는 대로, 늙어 의지하면서 봉양을 받을 수 있었고, 손자들의 재롱도 보아가며 여생을 걱정없이 편히 살 수 있었다. 비록 아침밥 저녁죽을 먹는 가난만은 극복하지 못한다 해도 별도의 노후대책은 필요치 않았으므로 이것 한 가지만 가지고도 자식을 낳아 기르는 것은 썩 좋은 투자였는데, 오늘날에 와서는 이것은 이미 물 건너간 상태가 되고 말았다.

이웃나라 일본은 우리나라 1인당 GNP의 3배가 넘는 현재 상태에서도 우리나라보다 늙은 부모를 모시는 가정이 많은 것을 볼 때 우리가

Ⅱ. 인류의 꽃, 프로부모

크게 반성해야 할 일이다. 이는 전통적인 것은 좋은 것이든 나쁜 것이든 다 버리려들고, 새것은 좋고, 실천하기 어려운 것은 받아들이지 않고, 나쁜 것만 받아들이는 수준 낮은 행동의 결과로밖에 볼 수 없다. 예전에는 가부장 제도와 호주제가 건재하여 혈연상속이 뚜렷하게 이루어졌고 제사가 상속되어 살아서뿐만 아니라 죽어서도 제삿밥을 얻어먹을 수 있었으니 악착같이 대를 이을 아들 하나 얻으려고 애를 썼다. 그러는 가운데 자식 숫자가 자연스럽게 늘어났으며, 아들 하나 기르는 보람으로 등뼈 휘는 줄 모르고 열심히 일하며 살아갈 수 있었다. 그러나 요즘에 와서는 가부장제도는 난도질당하고 호주제는 폐지되는 신세로 전락하고 말았으며, 외래종교 등의 영향으로 많은 가정들이 조상제사를 모시지 않거나, 모셔도 2대를 넘지 않으려고 하니 이 또한 남는 장사가 못되는 범주 속에 들어간다.

이렇게 되면 남는 것이라고는 자식이 공부를 잘하고 말썽 피우지 않고 잘 자라 훌륭한 인재로 자라나는 기대뿐인데, 요즘 맞벌이 부부가 아이들을 잘 길러내기에는 탁아시설을 비롯한 사회환경이나 교육환경 및 취업환경마저 열악해서 잘 기른다는 보장을 하기 어렵다. 뿐만 아니라, 예전에는 상상도 할 수 없었을 만큼 엄청난 사교육비를 포함한 고액투자를 한다 해도 불확실한 과실밖에 기대할 수가 없으므로 이것마저 남는 장사라는 기대를 하기 어렵게 만든다. 게다가 중산층 이하 가정에서 자식교육 시키느라 있는 돈 없는 돈 몽땅 쓸어넣고 나면 노후 보장마저 안 되는 실정이고 보니, 누가 선뜻 자식양육 사업에 뛰어들려 하겠는가?

사정이 이렇다 보니 이제 아이를 낳아 길러야 할 필요성은 점차 자기 개인이나 가족을 위한 것으로부터 국가나 사회의 일로 이행되어 간

전문부모의 길 74장

다. 다시 말해 아이를 낳아 길러놓아야 산업역군이 되어 경제를 지탱 내지 발전시킬 수 있을 것이며, 그들이 벌어 내는 세금으로 노인복지도 가능해지고, 국방비도 조달할 수 있는 것이다. 또한 그들이 병역의 의무를 수행해 주어야 국민의 안정이 보장될 수 있으니, 결국 자식양육의 과실은 부모보다 국가와 사회가 거두어들이는 것이 된다.

따라서 우리는 윤리도덕만 부르짖어, 출산율이 이렇게 떨어지는데도 아이를 낳지 않겠다는 것은 이기주의자나 할 짓이라고 비난이나 해서 될 일은 아니고, 이 시점에서 아이를 낳아 전문적으로 잘 길러낼 수 있는 전문부모제도를 하루 빨리 도입해, 비단 저출산 문제만이 아니라 가족파괴문제, 청소년문제 등 얽히고 설킨 난제들은 근본적으로 해결해야 할 것이다.

전문부모제도는 프랑스를 위시한 여러 선진국에서 실시하는 출산장려 정책과는 다르다. 그들은 아이 하나를 낳으면 얼마, 둘을 낳으면 조금 더 많이, 셋을 낳으면 둘 때보다 조금 더 많이 아이의 머릿수에 따라 3세가 될 때까지 현금을 지급하고, 3세에서 18세가 될 때까지 약간의 양육보조금을 지급하는 형식이어서 출산장려에만 초점이 맞추어져 있는 제도라 하겠다.

그러나 이 전문부모제도는 전문부모에게 일정액의 보수를 지급하는 것이다. 주목적이 아이가 행복하게 잘 자라 훌륭한 인재가 될 수 있도록 전문부모가 전담해 기르도록 하는 제도이므로, 출산율 저하방지는 부산물에 지나지 않는다.

보수지급방법의 한 예를 제시한다면, 전문부모 과정을 이수하여 자격증을 획득한 전문부모가 아이를 낳았을 경우에 한하여 보수를 지급하되, 첫아이를 낳았을 경우 2년간 소정의 급료를 지급하고, 또 둘째

Ⅱ. 인류의 꽃, 프로부모

아이를 낳았을 때에도 2년간 지급하며, 셋째 아이 이상을 낳았을 때에는 양육비가 많이 소요되므로 소정의 급료를 막내아이가 18세가 될 때까지 지급하는 안이다.

다시 말해 전문부모자격을 획득한 부모라 할지라도 완전한 전문부모가 되는 시기는 자식을 세 명 이상 낳았을 때라는 뜻도 되며, 이렇게 함으로써 전문부모의 숫자를 줄여 소수정예화하고, 국가재정부담도 경감시키자는 합리적인 안이라 하겠다. 다만 그렇게 할 경우 정부재정부담이 문제가 되겠지만, 그 대신 출산장려 수당이나 교육비 보조금, 가족수당 등 현존하는 아이양육과 관련된 각종수당의 지급을 가능한 한 줄이거나 없애고, 이 전문부모 보수제도로 일원화해야 할 것이다.

이처럼 전문부모에게 보수를 지급하는 것이 합리적인 이유를 살펴보면, 첫째, 전문부모의 자부심을 길러주어 자식교육에 전심전력할 수 있다. 집에서 아이나 기르고 남편 뒷바라지하는 것을 하찮게 여기고, 이런 전업주부를 얕잡아 보는 사회풍조가 사라져 이들은 온 정력을 다 바쳐 자식을 훌륭한 인재로 키우려고 노력할 것이다.

둘째, 아이들이 행복하게 무럭무럭 자랄 수 있다. 뭐니뭐니해도 아이들에게 자기 엄마보다 더 좋고 더 유익한 존재는 이 세상에 없다. 자라나는 아이들이 엄마품에서 구김살 없이 잘 자라 사회에 나온다면 사회 또한 밝고 희망이 넘쳐 나게 될 것이며, 골치 아픈 청소년 문제도 예방될 것이다.

셋째, 출산장려의 효과가 있다. 아이들이 자라면서 경제적 부담이 커지기에, 아이가 태어나는 순간부터 감당할 책임이 너무 무겁게 느껴져서 출산을 하지 않기로 결심하는 이들이 아무리 많다 해도 50%는 넘지 않을 것이므로 출산을 결심한 이들의 대부분을 전문부모제도로

전문부모의 길 74장

끌어들여 세 명 이상을 낳도록 유도한다면 출산율 문제는 크게 걱정 안 해도 좋을 것이다.

넷째, 합법적인 출산 정착효과가 있다. 전문부모에 한하여 보수를 지급하면 미혼모 등에 의한 사생아의 출산이 급격히 줄어들 것이므로 불행한 환경에 태어나는 아이가 감소되고, 출산은 합법적인 전문부모가 전담하는 바람직한 구조로 진행될 것이다.

다섯째, 출산부부를 가족파괴로부터 보호해주는 효과가 있다. 전문부모는 미성년 자식이 있는 한 이혼으로 가족파괴를 해서는 안 된다고 말로만 강조해서는 한계가 있게 마련이다. 따라서 이 제도를 시행하면 이혼을 할 경우 전문부모의 자격상실로 당장 경제적 불이익이 초래될 것이므로 이혼방지 효과가 클 것이다. 더 나아가 이 제도가 우리 인류가 살아가는 데 꼭 필요하고 가장 중요한 사회조직인 가족이 건전하게 육성되는 계기가 마련될 수 있다.

여섯째, 정부재정이 효율적으로 사용된다. 출산장려를 위한 수당지급을 비롯한 탁아시설이나 보육시설에 소요되는 재정부담 그리고 아이에 의하여 발생되는 가족수당 등을 경감할 수 있고, 청소년 문제나 출산부부의 이혼문제, 미혼모 문제 등으로 인해 발생되는 재정부담을 감소시켜 결국 문제를 발생시켜 놓고 해결하는 데 예산을 쓰는 것이 아니고 문제를 미연에 방지하는 효과를 발휘하고, 아울러 좋은 인재배출로 국가경제가 발전할 수 있으므로 가장 효율적인 재정지출이 될 것이다.

아무튼 전문부모는 국가로부터 최소한 최저임금 이상의 보수는 받아야 마땅할 만큼 우리 미래의 역군이 될 아이를 낳아 길러주기 위하여 자기의 삶까지 희생하는 고귀한 전문 직업인이다. 따라서 우리는 지금 당장 재정적 어려움이 있다 하더라도 단계적으로 이 제도를 도입하여

289

미래가 보장되는 국가와 사회를 만들고, 더 나아가 우리 인류의 행복
을 이룰 수 있도록 노력해야 할 것이다.

전문부모의 길 74장

52. 전문부모 아내에게 살맛 나는 권리를 주자

우리나라 가임여성들이 결혼, 출산, 육아를 거의 포기하다시피 해서 실질적인 파업상태로 들어가는 요즘, 아이를 세 명 이상씩 낳아 잘 길러보겠다고 나서는 전문부모 여성들이 있다면 이들의 사기를 올려주는 일이야말로 매우 중대한 일임에 틀림없다.

물론 앞에서 이들 전문부모 아내에게 최저임금 이상의 보수를 국가에서 지급해 주어야 한다고 역설했지만, 이 정도의 돈만으로 모든 문제가 해결될 수 있다고 보아서는 안 된다. 왜냐하면 그 정도의 보수는 있어도 그만 없어도 그만일 만큼 부유한 사람도 있을 것이고, 돈 말고도 살맛 나지 않는 문제들이 얼마든지 있을 수 있기 때문이다. 아무튼 이들 전문부모 여성들의 인생이 즐겁지 않고서는 아이를 낳아 기르는 고된 일이 영구히 지속되기는 어려울 것이므로 어떻게 해서든지 이 여성들의 사기를 높여주어야 할 것이다.

그러면 이들 전문부모의 어머니 역할을 맡은 이들을 살맛 나게 하는 권리에는 무엇이 있을까?

우선 첫 번째로 생각할 수 있는 것이 부부간 평등한 재산관리권을 주자는 것이다. 사실 돈문제만큼 치사하고 자존심 상하는 것도 드물

II. 인류의 꽃, 프로부모

다. 특히 남편이 밖에 나가 돈을 벌어오고 아내는 집에서 아이를 길러 가며 살림살이를 꾸려나가는 경우, 가사노동은 별 것 아닌 것으로 되어버리고, 남편이 벌어온 돈은 남편만의 돈인 양 유세를 부리는 게 일반적인 현상이다.

물론 현행 민법상 이혼을 할 때에는 부부가 결혼해서 벌어놓은 재산 중 아내의 가사노동과 기여도에 따라 얼마간 받을 수는 있지만, 그것은 이혼을 할 경우에나 해당되는 사항이기 때문에 살아가는 동안에는 아내명의의 재산이라곤 하나도 없기가 십상이다. 더구나 전문부모는 자식이 성년이 되기까지는 이혼을 하지 않는 것을 전제로 하는 부부인 만큼 더욱 그럴 수밖에 없다. 따라서 부부간 평등한 재산관리에 관한 예를 제시한다면

- 부부는 한달 총수입 중 10%씩을 각각의 품위유지비로 쓴다. 만일 생활이 곤궁해서 이 품위유지비를 생활비로 사용해야만 할 경우에는 각자의 자유의사에 맡겨야 하며 배우자는 간섭할 수 없다.
- 부동산 구입시에는 반드시 부부공동명의로 해야 한다. 이럴 경우 자금출처가 문제되지 않도록 법적 뒷받침이 되어야 할 것이다.
- 정기예금이나 적금 등도 부부 공동명의로 해야 한다.
- 연말에는 결산을 하여 남는 돈이 있을 때는 부부가 반분한다.
- 부부는 상대방의 개인소유 재산에 관하여 간섭할 수 없다.
- 부부는 수입과 지출을 거짓없이 공개하여야 한다. 만일 횡령한 사실이 발견될 시에는 금액의 두 배로 배상해야 한다.

대부분의 전업주부들이 남편의 독단적이거나 비공개적인 재산관리로 마음상해 하고, 치사한 마음이 들어 다투기도 하고, 생활이 곤궁하지 않는데도 취업전선에 뛰어들기도 하는데, 이처럼 부부 평등한 재산관

전문부모의 길 74장

리가 되면 훨씬 살맛이 날 것이다.

또한 아내가 돈을 가지면 이혼할까 봐 걱정하는 남편이 있을 수 있지만, 사실 이혼의 빌미를 제공하는 쪽은 아내보다는 남편일 경우가 많다는 것을 감안한다면 도리어 남편은 아내명의로 되어 있는 재산이 아까워서도 이혼의 빌미를 주지 않으려고 노력함으로써 이혼할 확률은 낮아질 것이다.

두 번째로 생각할 수 있는 것은 전문부모 아내에게 은밀한 성적 자유권을 주자는 것이다. 온 세상이 성적 자유를 누리는데 전문부모에게만 수도승처럼 고고하게 살아가라고 한다면 숨이 막혀 못살겠다는 사람이 늘어날 것이고, 견디지 못해 잠시 이탈했다고 해서 이혼으로 이어지기라도 한다면 전문부모 제도가 정착되기가 어려울 것이다. 자식을 세 명 이상씩 낳은 전문부모라 할지라도 극단적인 경우에는 아이를 가질 때에만 섹스를 한 부부도 있을 수 있고, 처음에는 원만한 섹스가 이루어졌으나 사고나 질병 등으로 불능상태가 된 경우도 있을 수 있다. 이렇듯 배우자로부디 성적 욕밍을 도저히 채울 수 없어 이혼이라도 해서 이 문제를 해결해야 될 정도까지 이른다면, 자라나는 자식을 위해 이혼을 방지할 목적으로라도 성해방을 묵인하는 제도가 필요하다. 그리고 설령 이혼까지는 가지 않을 정도라 하더라도 성적 불만이 생겨 우울증이 생기거나 신경질적이 되어 남편과 아이에게 피해를 줄 정도라면, 혼외성교를 통해 기분전환을 함으로써 명랑하고 즐거운 아내와 엄마가 될 수 있을 것이다. 무엇보다도 이들 여성들이 행복해지지 않고서는 이 전문부모제도의 정착은 어렵다. 그러면 성적 자유의 규칙을 예시해 보자.

ㅇ 부부가 거주하는 집으로부터 반경 10km는 성역으로 정한다. 다시 말해

Ⅱ. 인류의 꽃, 프로부모

10km 이내에서의 혼외성교는 금지한다.

o 배우자는 심증이 가더라도 10km 밖 성행위에 대하여는 추적하지 못한다.

o 배우자는 자기의 혼외성교에 관하여 말해서는 안 되고, 또한 배우자를 심문해서도 안 된다.

위 3개 규칙을 위반했을 경우에는 이혼의 귀책사유가 된다.

o 외출시 아내는 아이들의 귀가시간보다 지체될 시에는 남편의 허락을 받아야 하고, 남편은 예정된 귀가시간보다 지체될 시에는 아내의 허락을 받아야 한다. 만일 이를 어겼을 경우에는 승낙없이 지체되는 시간에 한하여 배우자의 행위를 추적할 수 있고, 증거가 잡혔을 경우에는 이혼의 귀책사유가 된다.

말하자면 전문부모에 대하여는 간통죄를 없애되 완전히 없애는 것이 아니고, 한정된 장소와 시간에 한하여 허용하자는 안이 된다.

세 번째로 생각할 수 있는 것은 전문부모 아내에게 저렴하고 다양한 학습권을 주자는 것이다. 전업주부들을 괴롭히는 이유 중의 하나가 자아실현 욕구이다. 전문부모 여성들이 아무리 숭고한 목적인 미래의 인재육성을 하는 훌륭한 일을 한다고 해도 그것만으로 자아실현 욕구가 충족될 수는 없을 것이다. 따라서 이들이 자식을 기르는 기간동안 여가를 이용하여 자기취향이나 전공에 따라 학업이나 기술습득을 할 수 있는 길을 열어준다면, 직장에 얽매여 자기가 하고 싶은 공부를 하고 싶어도 못하는 직장여성들보다도 더 발전할 수 있는 계기가 마련될 수도 있고, 성취욕도 느껴 보람찬 인생을 살 수 있을 것이다. 학습에 관한 예를 예시해 보자.

o 모든 대학과 대학원은 정원의 10%를 추가로 모집하여, 이를 전문부모 여성에게 할애토록 한다. 다만 입학자격 소지자 중에서 선발하되 무시

·

전문부모의 길 74장

험, 무료수강을 원칙으로 하며 소정의 과정을 마쳤을 때에는 학위를 수
여하여야 한다. 물론 대학이나 대학원이 정원의 10%를 더 뽑아 무료수
강시키는 것은 부담이 되겠지만, 국가와 인류의 장래를 위하여 이 정도
는 감수해야 한다. 이렇게 되면 자기가 하고 싶은 학업을 할 수 있고, 학
위까지 취득하면 아이를 다 기른 후 새로운 인생을 살아가는 데 큰 도움
이 될 수 있을 것이다.

o 전문부모 전담 사회교육기관을 설립해서 전문부모를 무료로 교육시키도
록 한다. 전문부모제도의 정착을 위해서는 전담 사회교육기관이 반드시
필요하며, 이들 교육기관들은 자체 재원이나 국가의 지원을 받아 결혼전
준비프로그램 이수 및 결혼후 정기적 재교육 등을 무료로 교육시켜야 할
것이다.

o 모든 사설학원이나 교습소 등은 수강인원의 10%를 전문부모 여성에게
할애하도록 한다. 수강료는 실비를 원칙으로 하되 50%를 넘지 않도록
해서, 이들이 되도록 많은 분야에서 배울 수 있도록 하여 기술도 습득하
고 삶도 즐길 수 있도록 한다.

아이를 셋 이상 낳아 기르는 동안에는 눈코 뜰 새 없이 바쁘고, 아이
들 재롱과 크는 재미로 세월 가는 줄 모르며 살아갈 수 있다. 그러나
아이들이 조금 커서 학교에 다 보낸 다음 문득문득 자기 삶에 회의를
느낄 수도 있고, 더구나 아이들을 다 키워놓고 나면 허전함을 느낄 수
밖에 없는 게 어머니들의 심정이다. 만일 전문부모 어머니들이 자기임
무를 완수한 다음 "세상 헛살았어!" 라는 탄식이 나온다면, 누가 이 어
렵고 후회될 일을 시작하려고 하겠는가? 따라서 이들이 임무를 수행하
는 기간에도 신바람이 나야 함은 물론이고, 그만둔 뒤에도 참으로 보
람찬 인생을 살았다는 뿌듯한 마음을 갖게 하기 위해서는 공부를 계속

．

II. 인류의 꽃, 프로부모

하는 방향으로 이끌어야 할 것이다.

아무튼 우리가 지향하는 것은 전문부모제도를 방편으로 삼아 남에게 부담이나 주는 3등 인간을 만들어내지 않아 지상낙원의 꿈을 이루자는 것이므로 전문부모제도가 나아가는 길에 걸림돌이 될 만한 것이 있다면 하나하나 제거해 나가야 할 것이다. 마치 뗏목을 타고 이쪽 언덕에서 저쪽 언덕으로 갈 때 나뭇가지나 바위와 같은 장애물이 있으면 제거해야 하듯이 말이다. 또한 장애물 제거뿐만 아니라 이 뗏목의 키를 쥐고 있는 선장격인 어머니들이 흥겹고 힘차게 노를 저어나갈 수 있도록 사기앙양을 시켜줄 것들을 끊임없이 발굴해 나가야 할 것이다.

전문부모의 길 74장

53. 전문부모의 의무불이행시 빠떼르를 주자

권리가 있는 곳에 마땅히 의무가 따라야 하는 법, 전문부모에게는 파격적인 대우와 권리가 주어지는 만큼 꼭 이행해야 할 의무가 주어져야 하며, 그 의무를 이행하지 않았을 경우에는 엄한 빠떼르(Parterre)를 주어야 할 것이다.

우리가 전문부모에게 이처럼 대우와 권리를 주면서까지 이 제도를 정착시키고자 하는 목적은 두말할 필요도 없이 최소한 국가와 사회에 짐이 되지 않는 인재를 길러내자는 것이며, 이 어려운 일을 완수하기 위해서는 끊임없이 공부하고 인내해야 할 것이다. 그런데 만일 이 전문부모가 보수와 권리만 챙기고 의무를 소홀히 하거나 포기한다면 소기의 목적을 달성할 수 없으므로, 우리는 이를 방지하거나 최소화하기 위하여 적절한 벌칙을 주어야 할 것이다.

전문부모가 이행해야 할 의무사항과 이를 어겼을 경우 벌칙을 예시한다면, 첫째, 전문부모 중 아이의 어머니는 보수를 받는 기간 동안 아이양육에 전념할 의무가 있다. 첫아이와 둘째 아이를 낳았을 경우에는 국가로부터 2년간씩 보수를 받으며, 세 명 이상을 낳게 될 경우 막내아이가 18세가 될 때까지 보수를 받는데, 만일 이 기간동안 아이양

II. 인류의 꽃, 프로부모

육에 전념하지 않고 다른 직업을 가졌을 경우에는 보수지급은 중단되어야 할 것이다. 다만 전문부모나 준전문부모의 자격을 상실하는 것은 아니므로 다른 권리는 행사할 수 있다. 그러나 이처럼 아이양육에 전념하지 못하고 다른 직업을 가진 경우라 할지라도, 아이의 양육에 이상이 발생되지 않도록 보통 이상의 관심과 노력을 기울여 전문부모로서의 의무를 저버리지 말아야 한다.

둘째, 정기적 재교육을 받아야 할 의무가 있다. 아무리 철저한 결혼 준비 프로그램을 통해 체크와 교육을 받아 예비전문부모 자격증을 받았더라도, 또 결혼 후 첫아이를 낳아 준전문부모 자격을 획득하고 이후 세 명의 아이를 낳아 전문부모 자격증을 받았다 할지라도 사회의 변화가 빠를 뿐만 아니라 결혼 전과 결혼 후의 판단이 많이 다를 수 있다. 또 자라나는 아이들의 문제점도 다양할 수밖에 없으므로 전문부모 자격증을 획득한 후 매 3년마다 1일씩의 재교육을 받아야 할 것이다. 다만 사회교육기관의 용량이 부족하거나 방송교육을 더 선호하는 추세라면 이 둘을 적절히 배합하여 재교육을 실시해도 좋을 것이다. 만일 정해진 기간 내에 재교육을 이수하지 않았을 경우에는 전문부모 자격이 정지되어 보수지급을 비롯한 모든 권리가 재교육을 이수할 때까지 박탈되어야 할 것이다.

셋째, 마약, 알코올중독, 도박 등 사회적 범죄를 저지르지 말아야 할 의무가 있다. 자식을 잘 기르겠다는 전문부모가 마약을 한다든지, 알코올에 중독되어 늘 곤드레만드레 상태로 주사나 부린다든지, 허구한 날 도박에 빠져 재산이나 탕진한다든지 한다면, 이런 환경에서 아이는 잘 자라기는커녕 잘못될 가능성이 높아질 것이다. 따라서 이런 상황에 이르지 않도록 전문부모를 엄선했어야 할 것이지만, 만일 이런

전문부모의 길 74장

자격미달의 전문부모가 발견될 때에는 즉시 격리시켜 일정기간 교정기간을 거치고, 그래도 고쳐지지 않을 경우에는 전문부모 자격을 박탈해야 할 것이다.

넷째, 미성년 자녀를 둔 이혼시 귀책 배우자는 결혼 후 형성한 재산과 아이양육권을 포기하도록 한다. 전문부모제도하에서 미성년 자녀를 둔 이혼은 절대로 해서는 안 될 금기사항이지만, 폭행이나 마약 등과 같이 도저히 결혼생활을 지속할 수 없는 상태가 되어 이혼할 경우에는 이혼의 원인을 제공한 귀책 배우자는 전문부모로서의 자격을 상실한 만큼 마땅히 자녀양육권은 물론이고, 결혼 후 형성한 재산이 있을 경우에는 모두 피해배우자에게 주어 자녀양육비에 쓰도록 해야 할 것이다.

다섯째, 미성년 자녀를 둔 이혼시 귀책 배우자는 자녀양육비 지급의 의무를 진다. 귀책배우자가 일정한 직장을 가졌을 경우에는 월급에서 우선적으로 지정된 양육비를 강제 공제토록 해야 할 것이며, 만일 월급생활자가 아니면서 이 의무를 소홀히 할 경우에는 법원의 판결 없이도 귀책 배우자의 재산을 손쉽게 압류할 수 있는 법적 뒷받침이 있어야 할 것이다. 또한 이 의무시효는 무제한으로, 미지급된 양육비는 자녀가 성년이 된 후라도 받을 수 있도록 해서 수입이 있고 재산이 있는 한 이 의무를 피할 수 없게 해야 할 것이다.

여섯째, 미성년 자녀를 둔 이혼시 귀책 배우자는 불임수술의 의무를 진다. 전문부모로서의 신성한 자녀양육의 의무를 저버리고 금기사항인 이혼의 원인을 제공한 귀책 배우자는 이혼시 불임수술을 받아야 함이 마땅하다. 왜냐하면 그대로 둘 경우 이혼 후 재혼하여 또 다른 자식을 낳아 그들을 다시 불행에 빠뜨릴 위험이 있기 때문이다.

만일 한쪽만의 책임이 아니고 양쪽이 합의하여 이혼할 경우에는 양

299

·

쪽 모두에게 책임이 있는 만큼 양쪽 모두 불임수술을 받아야 할 것이다. 이는 완전한 전문부모가 되기 전인 자식을 하나나 둘을 둔 준 전문부모라 할지라도 동일한 벌칙을 적용해야 할 것이다.

일곱째, 이혼이나 사별로 인해 자녀양육을 맡은 어머니는 한 아버지 원칙을 지켜줄 의무를 진다. 전문부모의 이혼이 남편의 원인제공으로 이루어져 엄마가 자식양육을 맡았을 경우에나, 남편의 사망으로 자식 양육을 책임질 경우에 전문부모 자격은 그대로 유지되고 국가는 이들에게 보수를 지급해야 한다. 만일 자식이 하나나 둘밖에 안 되는 준전문부모의 경우에는 남편이 없는 점을 감안해서 하나일 경우에는 보수의 1/3, 둘일 경우에는 보수의 2/3씩을 아이가 18세가 될 때까지 지급해야 할 것이다. 다만 엄마가 재혼할 경우에는 전문부모로서의 자격이 상실되어 보수 및 모든 권리가 박탈되어야 마땅하다. 왜냐하면 미성년자에게 아버지가 하나가 아닌 둘 이상을 만들어주어 교육상 바람직하지 못한 환경을 만들어 주었을 뿐만 아니라 친아버지로부터 재산을 받고 양육비를 받아가면서 재혼을 한다는 것은 전문부모로서 아이를 먼저 생각하는 게 아니고 본인 자신을 우선으로 생각한 결과로 봐야 하기 때문이다.

참고로 남편이 아닌 아내가 이혼의 원인제공자일 경우에는 자동적으로 어머니에게 제공되는 보수 및 권리가 없어지며, 아버지가 재혼을 한다 해도 재혼한 부부의 전문부모 자격을 인정할 수 없을 것이다. 다시 말해 재혼을 꼭 하고 싶으면 자녀가 18세가 된 이후에 하는 것이 아이의 행복을 위하여 가장 바람직한 일이므로, 전문부모라면 마땅히 이를 지켜야 한다는 뜻이다.

혹자는 전문부모에 대한 벌칙이 너무 가혹하여 인권유린이 아니냐는

전문부모의 길 74장

의견을 말할지도 모른다. 그러나 이 전문부모야말로 우리 국가와 인류의 미래를 책임질 인재를 낳아 길러내는 신성한 임무를 맡은 만큼 이 정도의 벌칙은 당연하다.

그리고 전문부모가 되고 안 되는 것은 각자의 자유의사에 따라 국가 및 사회와 맺어지는 자유계약의 일종으로서, 누가 강요해서 하는 것이 아닌 만큼 인권문제를 운운할 성격이 아니라고 본다. 또 만일 이렇게 엄격한 전문부모제도를 수락할 부부가 적을 경우에는 의견수렴을 통하여 적절히 벌칙을 완화해야 할 것이며, 너무 벌칙이 느슨해서 너도나도 되고 보자는 식으로 덤벼들 정도가 된다면 벌칙을 강화해서 단단한 각오와 자신 있는 부부만이 참여할 수 있도록 해야 할 것이다. 흔히들 벌칙이 너무 강하다고 떠들기 좋아하는 이들이 있지만 사실 벌을 받을 짓을 하지 않는 사람에게는 강하든 약하든 하등 관계가 없는 것이다.

아무튼 전문부모 제도를 통하여 우수한 인재를 육성시키고자 하는 숭고한 목적을 달성하기 위해서는 그들에게 당근만을 주어서는 안 되고 잘못했을 때에는 따끔한 채찍을 가해야 할 것이다.

II. 인류의 꽃, 프로부모

'이미모'로 우선 급한 발등의 불부터 끄자

'이미모'란 '이혼 미루기 모임'의 약자이다. 우리나라의 이혼율은 세계 2위이고, 더욱 문제가 되는 것은 이혼의 약 70%가 미성년 자녀를 둔 이혼이다. 이혼 치고 어느 이혼인들 소홀히 할 수 있는 것은 아니지만, 이혼율이 세계 2위가 아니고 1위가 된다 해도 미성년 자녀를 둔 이혼이 차지하는 비중이 70%가 아니고 0%에 가깝다면 이혼을 크게 걱정할 바는 못된다.

그러나 현실은 그렇지 못하다. 따라서 우리는 어떻게 해서든지 이 미성년 자녀를 둔 이혼율을 낮춰야 한다. 전문부모제도가 도입되고 정착된다면 이 문제는 획기적으로 해결될 사항이지만, 그렇다고 해서 아직 첫걸음도 떼어놓지도 못한 이 제도만 바라볼 수만은 없는 노릇이니 우선 급한 발등의 불을 끄고 볼 일이며, 이 불을 끌 소방차 역할을 해줄 수 있는 것이 '이미모'인 것이다.

내가 '이미모'가 효과가 있을 것이라는 신념을 갖는 것은 내 경험에서 온 것이다. '안 하기'보다는 '미루기'가 훨씬 수월하므로 누구도 불가능하다고 말하는 상황에서 '미루기'작전을 펴면 미성년 자녀들 둔 가정 붕괴를 막을 수 있기 때문이다.

　20여년 전 내가 회사에 근무할 때였다. 한 간부사원이 몇 차례 결근을 하더니 상사인 나에게 고충을 털어놓는 것이었다. 사내결혼을 한 이 사람은 그간 아들 둘을 낳고 단란하게 살았는데, 부인이 친구의 소개로 여호와증인을 믿었고, 급기야 아이 둘을 데리고 신앙집단으로 들어가겠다고 해서 말리다 말리다 못해 두 차례나 심한 구타까지도 했고, 시골에서 시아버지가 올라와 설득을 해보았지만 도무지 말을 듣지 않으니 나더러 자기 부인을 한 번 만나 설득을 해줄 수 없겠느냐는 청을 하는 것이었다. 사실 내 대학시절 같은 과 동창 중에 여호와증인을 믿는 친구가 있었는데, 결국 병역을 거부하다가 형무소생활을 하느라고 대학을 중퇴하는 것을 보았고, 주위의 크리스천 친구들의 말을 들어봐도 그들은 상종을 못할 이단자들이고, 한 번 들어가면 절대로 다시 나오지 않는다고들 하는 터라 만나기를 꺼렸지만, 젊은 혈기라 한 번 해보기로 결심하고 그들 부부를 저녁 6시경 한 중국집에서 만났다.

　그런데 나중에 안 일이지만 그 부인은 자기 남편이 추천하는 나를 먼저 만나고 나서 부부가 함께 자기의 담임목사를 만나기로 약속을 하고 나온 터라, 나를 만나는 것은 목사를 만나기 위한 하나의 절차로밖에 생각하지 않았던 것이다. 아무리 그렇다 하더라도 내가 뽑아 내가 몇 년간 데리고 일하던 그 부인이 그렇게까지 싸늘할 줄은 몰랐다. 처음 한두 시간은 벽에다 대고 얘기하는 것 같아 내심 매우 불쾌하기도 하고 황당한 기분이 들기도 했다. 그러나 세계 여러 종교들의 역사를 비롯하여 종교의 본질에 대하여 광범위하게 얘기하였고, 그 부인이 가족을 붕괴시키면서까지 신앙집단으로 들어가려고 하는 이유가 "곧 종말이 오며 그리 되면 믿는 자만이 구원을 받는다"는 종말론을 믿기 때문이라고 해서, 종말론에 대한 역사와 내 견해를 이야기했다. 즉, 종말

Ⅱ. 인류의 꽃, 프로부모

론은 전혀 새로운 것이 아니어서 인류역사가 기록되기 시작할 당시부터 현재까지 한 번도 없었던 때가 없었지만 아직 한 번도 종말은 오지 않았으니 크게 걱정할 바가 아니라고 설득을 해봤지만 냉소만 짓는 것이었다. 그렇게 실랑이를 한 지 5시간이 지나 밤 11시가 되었을 무렵 내 머리를 스쳐 지나는 것이 있었는데, 그것은 다름 아닌 하지 말라고 할 게 아니라 하기는 하되 하더라도 아이들이 다 자란 후에 하라고, 뒤로 미루면 될지 모른다는 생각이었다. 그래서 나는 "당신이 꼭 들어가야만 한다면 누가 말린다고 될 일이 아니라는 것은 나도 잘 알며, 나 역시 말릴 생각은 없다. 그러나 아이들이 아직 어리니 그들이 학교를 마치고 다 큰 다음에 들어가면 어떻겠는가, 그러면 아이들도 아버지와 함께 자랄 수 있어 좋지 않은가, 그리고 내 생각에는 종말이 온다 해도 그때까지는 안 올 테니 너무 걱정하지 않아도 좋을 것이다"라고 했더니, 드디어 긍정적인 표정을 짓기에 내친 김에 "그럼 환갑 때까지 미루자, 그때 가서도 생각에 변동이 없으면 들어가도 된다고 남편은 허락하겠는가"라고 물었다. 남편은 좋다고 쾌히 승낙을 했고 그 부인도 받아들였다. 그러고 나니 밤 12시가 되었고, 그 후 두 부부는 돈 잘 벌고 아이들 잘 키우며 행복하게 살아간다.

그래서 나는 도박이나 주벽, 마약, 폭행과 같은 피치 못할 사유로 인한 이혼이야 할 수 없지만 성격차나 고부갈등, 친족갈등, 배우자부정과 같은 사유로 미성년자녀를 두고 이혼하려는 부부들은 미루기가 가능할 것으로 본다.

이혼 미루기가 좋은 점을 들어본다면, 첫째, 결혼의 집착에서부터 벗어나 자유로운 감정을 가질 수 있다. 이 지겨운 결혼생활을 죽으나 사나 해야 한다고 결혼에 집착해 버린다면 얼마나 괴롭겠는가? 그러나

·

전문부모의 길 74장

이 결혼생활을 언제까지만 하고 그만둔다고 생각한다면 느끼는 괴로움의 정도는 훨씬 줄어든다. 마치 시한부 인생이 되면 아무리 아프더라도 살아 있는 하루하루가 아쉬워지듯이 말이다. 이는 새가 새장에서 풀려나 넓은 하늘을 날아가듯이 시한부로 결혼생활을 청산하고 자유로운 나의 삶을 살아갈 수 있다는 희망을 가질 수 있기 때문이다.

둘째, 이혼을 전제로 하고 살아가면 미움도 덜할 수 있다. 아무리 밉던 사람도 불치병 선고를 받아 얼마 살지 못한다는 말을 들으면 연민의 정이 생겨나고 미움의 감정도 사그라지듯, 아무리 미운 남편, 미운 시어머니, 시누이들이라 할지라도 몇 년만 참으면 그들과 헤어질 것이라 결심을 하고 나면 미움도 덜해지기 마련이다.

셋째, 이혼에 대해 이성적으로 차분히 생각할 여유를 가질 수 있다. 사느냐 헤어지느냐 하는 중대하고 기분 나쁜 문제를 지금 결판내려고 고민하다 보면 이성적이고 합리적인 판단을 하기보다는 감정에 치우쳐 무모하고 즉흥적으로 흐르기 쉽다. 그러나 이혼을 하는 것은 기정사실이지만, 지금이 아니고 몇 년 또는 십여 년 뒤로 미룬다면 자기자신의 일일지라도 제3자의 일처럼 차분히 이성적으로 생각하고, 과연 이 결정이 옳았는가 라는 생각도 할 수 있는 여유가 생겨 만에 하나 그릇된 판단으로 후회할 일을 만들지 않는다.

넷째, 이혼 후 살아갈 대책을 구체적으로 세울 수 있다. 살아간다는 것은 기분이 아니고 현실이라서 돈이 없으면 굶어야 하고, 잘 곳이 없으면 노숙을 해야 하고, 귀여운 자식과 헤어지면 울 수밖에 없다. 그런데 우선 헤어지고 나서 그 다음 문제는 그때 닥쳐서 생각하고 해결하자는 식으로 이혼을 밀어붙이다 보면, 막상 이혼을 한 후 살아갈 대책이 막막하기 일쑤다. 그러므로 이혼을 하되 그 후 살아갈 대책을 하나

305

하나 꼼꼼히 챙길 수 있는 시간적 여유를 가질 수 있다는 것은 매우 유익한 일이 된다.

다섯째, 미성년 자녀가 없어 홀가분한 마음으로 이혼을 할 수 있다. 어린 자식을 사이에 두고 하는 이혼만큼 비참한 일도 드물 것이다. 서로 기르겠다고 해도 비참한데 더구나 서로 기르지 않겠다고 하면 더욱 비참해지고, 그러다 보면 어린 자식의 행복은 이미 물 건너간 상태가 되고 만다. 이런 못할 짓을 하지 않고 자식이 성년이 된 다음 이혼을 한다면, 부모로서의 보람까지도 느낄 수 있을 것이다.

여섯째, 이혼율이 낮아질 수 있다. 이혼을 미루고 살아가다 보면 밉기만 하던 남편, 밉기만 하던 아내가 그런 대로 괜찮아 보일 수도 있고, 이혼해 봐야 뾰족한 수가 있을 것 같지도 않아 주저하게 될 수도 있다. 또 돌발적인 사건을 계기로 부부가 가까워질 수도 있고, 한쪽이 죽어 이혼의 필요성이 없어질 수도 있는 등 세상일이란 영구불변한 게 아니고 늘 변화하는 만큼 이혼하지 않아도 되는 경우도 생겨 결국 이혼율이 낮아진다.

일곱째, '이미모' 회원의 정보교환 및 친목은 이혼문제 해결에 상승효과를 낼 수 있다. 누구나 불행이 닥치면 '세상에 나처럼 불행하고 억울하게 살아가는 사람은 없을 것이다'라는 생각에 사로잡혀 이혼을 결행하려는 이들이 많은데, 사실 이 세상에 자기만이라는 것은 없다. 오히려 자기보다 더 큰 고통을 받는 이들도 수없이 많은 게 세상살이다. 나만이 아니라 나와 같은 처지이거나 나보다 더 못한 처지의 '이미모' 회원들이 정보를 교환하고 친목을 도모하다 보면 이혼을 미루자는 '이미모' 회원이 이혼을 그만두자는 모임인 '이그모' 회원으로 옮겨가는 효과도 기대할 수 있다.

아무튼 꼭 하고 싶은 일을 못하게 하면 참기 어렵지만, 다음에 하자고 미루면 받아들이기 쉬운 게 인간의 심리이다. 아빠가 돈이 없는데 아이가 비싼 물건을 사달라고 할 때 "우리가 무슨 돈이 있어 그런 비싼 것을 사달라고 하느냐?"라고 야단치면 아이는 받아들이기 어렵지만, "나중에 아빠가 돈 많이 벌어 사주마"라고 하면 아이는 머리를 끄덕이듯이 말이다.

따라서 우리는 이 어려운 가족문제를 획기적으로 해결해 줄 전문부모제도를 하루빨리 도입 정착시키는 노력과 아울러, 지금 당장 발등에 떨어진 불인 미성년자를 둔 이혼을 막기 위해서는 '이미모'를 적극적으로 추진해 나가야 할 것이다.

Ⅱ. 인류의 꽃, 프로부모

Ⅲ. 잘익은 과일, 대자유인

55. 49재를 지내고 다시 태어나라

나는 일생을 셋으로 나눈다. 제1의 인생은 부모와 사회국가로부터 혜택을 받아가며 자라고 공부하는 학습기(學習期)이고, 제2의 인생은 학업을 마치고 사회에 나와 일하면서 자식을 낳아 잘 길러 국가와 사회에 내보내 줌으로써 제1의 인생에서 받은 혜택을 갚는 시기인 보은기(報恩期)이며, 제3의 인생은 누구에게 구속되거나 책임에 얽매이지 않고 자유롭게 참다운 자기의 삶을 살면서 정신적 내면을 살찌우는 시기인 득도기(得道期)인 동시에, 잘 익은 과일이 날짐승과 들짐승을 가리지 않고 자기몸을 보시하듯이, 정신적으로나 물질적으로나 그간 살아오면서 수확한 것들을 남김없이 베풀고 가야 하는 보시기(布施期)이기도 한 것이다. 따라서 제3의 인생은 제1의 인생이나 제2의 인생과 같이 구속됨이 없이 자기의 의지대로 하고 싶은 일을 하면서 살아갈 수 있는 인생의 황금기이다.

그렇지만 대부분의 사람들은 정년퇴직이 되는 순간부터 기가 죽거나, 옛 향수에서 벗어나지 못해 괴로워하기도 하고, 할 일이 없어 시간죽이기에 진력을 내기도 한다. 또한 밀려오는 고독과 소외감으로 실의에 빠지거나, 죽는 날이 얼마 남지 않았다고 허탈에 빠지는 등 귀중

311

한 제3의 인생을 제대로 살아갈 생각을 하지 않는다.

인생이란 두 번 다시 반복할 수 없는 1회적인 것이기에 다시 태어나고 싶다고 해서 다시 태어날 수 없는 것이다. 주어진 인생을 어떻게 해서든지 알차게 살아가는 것 외에는 다른 방법이 없는데, 이런 소중한 삶을 허송세월하면서 괴로워하고 살아간다는 것은 참으로 안타까운 일이다.

제1, 2의 인생을 잘 살아온 사람은 제3의 인생마저 잘살기 위하여, 또 제1, 2의 인생을 잘못 살아온 사람은 제3의 인생만이라도 알차게 살기 위하여 최선의 노력을 해야 한다. 설령 제3의 인생이 짧아 1년이면 어떻고 30년이면 어떠한가? 남에게 얽매이지 않는 자유로운 자기의 삶을 멋지게 살면 그것으로 족한 것이다.

나는 60살이 되던 해 더 있어달라는 사장자리를 내팽개치고 제3의 인생을 살기 시작했다. 왜냐하면 자식들도 다 키웠고 35년간 국가와 사회에 열심히 봉사했으니 내 나름대로 의무와 보은은 다 되었다고 생각했기 때문이며, 무엇보다도 참다운 내 자신의 삶인 제3의 인생을 살고 싶었기 때문이다.

나는 제3의 인생을 제대로 살아가려면 가장 중요한 것이 과거와의 인연을 청산하고 다시 태어나는 것이라는 생각을 했기 때문에 회사를 그만두는 날 "오늘 한두현이는 죽었다"라고 선언했다. 그러고 나니 그간 살아오면서 인연을 맺어온 수많은 사람을 비롯하여 내 손을 거쳐간 손때 묻은 물건들과의 인연이 한순간에 끊어지는 느낌이 들어 한없이 홀가분한 마음이 되었고, 얽히고 설키었던 인연을 끊어버린 영혼은 자유롭게 허공을 날 수 있었다. 그러니 지난날 내가 베풀었다고 생각되는 사람이 찾아오지 않거나 전화 한 통 없다 해도 섭섭하지 않을 수 있

·

전문부모의 길 74장

었고, 과거에 누리던 부귀영화에 얽매여 대중 속에 들어가기를 주저하지 않을 수도 있었다. 지난 인연을 멀리하다 보니 추억은 되살아나지 않았고, 설령 가끔 소식을 듣는다 해도 전생의 이야기쯤으로 담담해져서 그야말로 자유로운 삶이 이루어진 것이다.

그리고 죽음을 선언한 지 49일째 되는 날 49재를 지내고, 어린 아기의 마음으로 다시 이 세상에 태어나 새로운 삶을 시작하였다. 그래서 나는 전생과 이생의 두 개의 생일을 가지고 있다.

이처럼 49재를 지내고 다시 태어나면, 첫째 타의가 아닌 자의에 의한 윤회의 희열을 맛볼 수 있다. 윤회를 한다 해도 자기 뜻에 따라 하는 게 아니고 타의에 따를 수밖에 없는데, 이 경우에는 자기의 의지에 따라 새로 태어났다는 통쾌한 맛을 볼 수 있어 좋다.

둘째, 짧은 인생을 두 번 살게 되어 길고 알차게 살 수 있다. 제2의 인생이 끝나고 어영부영하다 죽음을 맞는다면, 제3의 인생은 간 곳 없고 제2의 인생의 연장선에서 지리멸렬하게 이어지고 말지만, 다시 태어나 한 번의 인생이 아니고 전혀 다른 새로운 인생을 살아간다면, 일생이 아니라 2생이 되어 길고 알차게 살아갈 수 있어 좋다.

셋째, 마음에 안 드는 인생그림을 집어치우고 다시 그릴 수 있다. 마치 그림을 그리다 마음에 안 들면 집어치우고 새로운 캔버스에 다시 시작하면 새롭고 희망에 찰 수 있듯이, 일그러지고 찌그러진 제2의 인생을 고집하지 않고 과감히 버리면서 그것을 거울삼아 후회하지 않을 새로운 삶을 다시 살 수 있어 좋다.

넷째, 악연은 끊어버리고 선연만 선택하면서 살 수 있다. 맺지 말았어야 할 악연은 과감히 끊어버리고, 선연일지라도 자기가 지난날 은혜를 입고 다 갚지 못한 이들까지 제외시키면 안 되겠지만, 그렇지 않을

Ⅲ. 잘 익은 과일, 대자유인

경우에는 선별해서 최소한 적게 유지할 수 있어 도를 이루는 데 장애를 받지 않을 수 있다.

다섯째, 체면 가리지 않고 하고 싶은 일을 할 수 있다. 비록 생김새는 지난날의 그대로이지만, 나는 이미 죽어 49재까지 지낸 지 오래이고, 지금의 나는 새로 태어난 새로운 사람이다 보니 지난날의 나로서는 체면 때문에 하지 못할 일일지라도 거리낌없이 하고 싶은 일을 할 수 있어 좋다.

여섯째, 어린이 같은 호기심과 활력이 솟아날 수 있다. 자기자신이 아기로 이 세상에 새로 태어났다는 생각을 하게 됨으로써 이 세상 모든 것이 새롭고, 알고 싶으며, 무엇이든지 하고 싶은 욕망과 활력이 솟아남을 느낄 수 있다. 마치 새장에 갇혀 주어지는 먹이만 먹던 참매가 새장을 나와 창공을 누비면서 산과 들, 강과 바다 가 보고 싶은 곳도 가 보고, 꿩이든 토끼든 자기가 먹고 싶은 먹이를 잡아먹으며 힘차게 날 수 있듯이 말이다.

일곱째, 퇴역이 아닌 현역으로 죽음을 맞이할 수 있다. 제2의 인생을 마무리하는 퇴역의 삶이 아니라 전생의 인연을 끊고 새로운 현생을 살다보니 언제나 새롭고, 언제나 아마추어이며, 그래서 언제나 창조적이고 언제나 현역일 수밖에 없는 삶을 살다가 죽음을 맞이할 수 있어 좋다.

아무튼 죽음을 선언하고 49재를 지내고 다시 태어나는 삶이란 머리 속으로만 그리거나 말로만 하는 제3의 인생과는 질적으로 다를 수밖에 없다. 왜냐하면 죽었다 다시 태어나 일생이 아니라 2생을 살아간다는 것과, 살아 있으면서 새로운 제3의 인생을 살아가겠다는 것은 마음자세부터 근본적으로 다르기 때문이고, 죽음을 선언해서 주위에 알리고

전문부모의 길 74장

호응을 얻어냈기 때문이다.

내 경험에 의하면 다시 태어나 사는 7년여 세월의 삶은 큰 기쁨과 보람의 나날이어서 삶의 밀도가 마치 고3 정도와 같아 제2의 인생보다 알차게 살아간다는 생각이 든다. 아침 6시 반에 사무실에 출근해서 12시간동안 아마추어 저자로서, 아마추어 조각가로서, 아마추어 컬렉터로서 보람찬 현역으로 살아간다.

돈이 있으면 있는 대로 없으면 없는 대로, 건강이 좋으면 좋은 대로 나쁘면 나쁜 대로, 마치 새로 태어난 아이가 자기환경을 탓하지 않고 주어진 환경에 맞추어 열심히 살아가듯이, 제3의 인생을 시작하는 이들은 죽었다가 다시 태어나는 것이 바람직하며, 잘 익은 과일이 자기 살을 내어주듯이, 가진 것을 다 주어버린다는 마음자세로 베푸는 삶을 살아야 할 것이다.

그러면 어떤 사람은 "줄 게 있어야 주지"라고 말하는 사람이 있을 것이다. 그러나 줄 마음만 있으면 누구에게나 줄 것은 있게 마련이다. 시간이 남아도는 사람은 시간을 활용해서 남을 도울 수 있고, 말을 잘하는 사람은 말로써 남을 격려하고 칭찬해서 도울 수 있으며, 친절하고 미소를 잘 짓는 사람은 남의 기분을 좋게 해주어 도울 수 있고, 힘이 좋은 사람은 힘으로써 남을 도울 수 있으니, 줄 것이 없어서 베풀 수 없는 사람은 없을 것이다.

Ⅲ. 잘 익은 과일, 대자유인

3가지 계(戒)만은 지키려고 노력하며 살아가자

　지금으로부터 약 2,500년을 전후한 시기에 우리 인류는 농경사회 정착으로 인구가 증가하면서 여기저기서 전쟁이 일어나고 사회가 혼란에 빠지자 3대 성인이 출현하였다. 인도에서는 불교의 개조인 석가가 나타나 깨달음을 설법하고 자비를 부르짖었고, 중국에서는 유교의 개조인 공자가 나타나 인(仁)을 정치윤리의 이상으로 하는 도덕주의를 설파하였으며, 이스라엘에서는 그리스도교의 교조인 예수가 나타나 사랑을 부르짖어 세상을 구제하려 했다.

　그리하여 그들은 하나같이 어떻게 사는 것이 인간답게 사는 것인가를 제시하려고 수없이 많은 '무엇 무엇을 하지 마라'라는 계율을 만들었다. 그러나 이들 종교들이 만들어 놓은 계율은 너무 많아 복잡할 뿐만 아니라, 현시대에 맞지 않는 것들도 너무 많고, 꼭 필요한 것은 빠져 있기도 하다. 더구나 '하지 마라'가 너무 많다보니 지키려는 마음이 나기보다는 반발심이 나는 게 사실이다. 이 지구상 60억 인구 중에는 종교를 가지고 있지 않는 숫자가 절반 이상이나 되는 만큼 이들을 위해서도 간편하고 현시대에 꼭 필요하며 지키려는 마음이 날 만큼 합리적인 계(戒)를 만들 필요가 있다.

우선 대부분의 계율이 '음주를 하지 마라', '거짓말을 하지 마라'와 같이 단정적으로 되어 있는 것이 문제가 된다. 이렇게 되면 지키거나 어기거나 둘 중의 하나밖에 택할 수가 없는데 어찌 살아가면서 술을 마실 줄 아는 사람이 전혀 술을 입에 대지 않을 수 있겠는가? 그러다 보니 불교의 승려들은 술이 아니라 곡주라는 이름을 붙여 마시는 난센스를 만들어 내기도 한다. 따라서 '하지 마라' 라는 표현보다는 '하면 죄가 된다' 라는 표현이 타당할 것이다.

왜냐하면 하지 말라고 한 것을 어기면 파계한 것이 되지만, 죄가 된다고 한 것을 어기면 죄를 적게 지으려고 과음을 피할 수도 있고 횟수를 줄이려는 긍정적인 사고를 하기 때문이다. 또한 '거짓말을 하지 마라' 라는 계율은 어기는 것이 선(善)인 경우도 많이 있어서 문제가 된다. 가령 먹을 것이 부족할 때 우리 어머니들은 자식들 먹이려고 "나는 속이 좋지 않으니 너나 먹어라" 라고 거짓말을 하거나, 자식들은 "저는 이웃집에 갔다가 요기를 했으니 어서 잡수세요" 라고 부모님께 권유하면서 선의의 거짓말을 하는 경우가 많은데, 이것을 어찌 계율을 어겼다고 책망할 수 있겠는가.

따라서 우리가 꼭 지키려고 노력하면서 살아가야 할 세 가지 계는 다음과 같다.

첫째, 남을 해치는 것은 죄가 된다.

둘째, 배은망덕하는 것은 죄가 된다.

셋째, 자식을 3등 인간으로 만드는 것은 죄가 된다.

우리 인간이 이 세 가지만 지키려고 최대한 노력하며 살아간다면 우리 인류는 지상낙원을 이루고 잘 살게 될 것이다.

Ⅲ. 잘 익은 과일, 대자유인

그러면 이 세 가지 계를 지키지 않으면 왜 죄가 되는가를 살펴보자.

첫째, 남을 해치는 것은 죄가 된다.

여기서 남이라 하면 자기 이외의 모든 인간, 즉 부모와 자식까지도 포함되며, 인간뿐만 아니라 생명이 있는 동식물은 물론 미생물까지를 말한다. 그리고 해친다는 뜻은 크게는 생명을 빼앗는 것에서부터 못살게 굴거나 무의식적이라도 해를 입히는 행위를 말한다. 이렇게 볼 때 우리가 생명을 유지하며 살아가기 위해서는 전혀 남을 해치지 않을 수는 없는 노릇이지만, 그것이 죄가 된다는 것을 알고 되도록 적게 죄를 지으려고 삼가며 살아가야 할 것이다.

이 세상에 살아 있는 생명체들은 어느 것을 막론하고 자기의 생명을 가장 중하게 여기는 것은 두말할 필요가 없다. 자기생명이 없이는 이 우주도 존재하지 않기 때문이며, 생명은 단 하나밖에 없어서 빼앗기면 그만이기 때문이며, 생명은 일회성이라 두 번 다시 반복될 수 없기 때문이다. 따라서 어떤 생명체든 자기생명을 지키려고 안간힘을 쓰며 살아가는데, 많은 인간들은 자기에게 해를 끼치지도 않는 동물들을 오락이나 놀이를 위해 죽이면서도 죄의식을 느끼지 않는다. 만일 입장을 바꾸어 자기 자신이 그 동물의 입장이 되고 그 동물이 자기를 놀이 삼아 죽인다고 생각하면, 아마도 그런 짓을 하지는 못할 것이다. 비단 이처럼 생명을 빼앗는 극단적 행동은 아니더라도 우리 인간은 살아가면서 부모형제를 비롯하여 친인척이나 친구나 직장동료들을 괴롭히고, 또 환경을 오염시켜 많은 생명들을 못살게 하면서 살아간다. 따라서 만물의 영장을 자처하는 우리 인간으로서는 되도록 죄를 덜 짓도록 노력하는 한편, 불가피하게 지은 죄를 희석시킬 수 있도록 남을 돕는 일을 더 많이 하면서 살아가야 할 것이다.

둘째, 배은망덕하는 것은 죄를 짓는 것이다.

만일 우리 인간이 자기가 입은 은혜를 꼭 갚겠다는 마음만이라도 갖는다면 우리 인간사회의 골치 아픈 문제의 절반쯤은 풀릴 것이고, 그것을 실행에 옮기면 골치 아픈 문제는 사라지고 말 것이다. 이처럼 우리 사회의 문제 대부분은 배은망덕하는 데서 온다 해도 과언이 아니다. 비근한 예로 자식을 낳아서 먹을 것 입을 것 줄여가며 갖은 고생 다해 공부시켜 놓으면, 제가 잘나 제 혼자 힘으로 그리되었다는 듯이 늙은 부모를 모시지 않으니 노인문제가 대두되는 것이 아닌가? 자식들이 부모은혜를 갚아야겠다는 마음만이라도 있다면, 몇 년 전 프랑스 파리에서 혹서로 죽어간 독거노인 400구의 유족이 나타나지 않는 것 같은 일은 일어나지 않을 것이다. 공자는 인간은 태어나서 3년 동안 부모의 품에서 자상한 보살핌을 받았으므로 살아서뿐만 아니라 죽은 후에도 3년상을 입어야 한다고 가르쳤으며, 이러한 유교의 가르침에 충실했던 조선시대는 세계에서 으뜸가는 노인천국이었다. 그러나 우리 것은 무조건 버리고 서양 것은 무조건 받아들이려는 잘못된 풍조는 노인복지가 제대로 이루어지지 않은 상태에서 노인지옥을 만들어간다. 비단 부모에 대한 보은만이 아니라 우리는 자기를 가르쳐준 스승의 은혜를 비롯하여 국가사회에 대한 은혜를 망각하는 데서 많은 문제가 일어나고 있지 않은가.

예컨대 노동자는 회사가 있으므로 해서 일자리를 얻을 수 있었고, 월급을 받아 처자식을 먹여살릴 수 있었으니 회사의 은혜에 보답해야겠다는 마음을 갖고, 기업주는 노동자들이 일해준 덕분에 회사가 운영될 수 있었고, 돈도 벌 수 있었으니, 노동자의 은혜를 갚아야겠다는 마음을 갖는다면 무리한 노사분규는 일어나지 않을 것이며, 이런 회사는 없

III. 잘 익은 과일, 대자유인

어지지도 않고 계속 발전할 수 있을 것이다. 그러나 만일 반대로 노동자는 기업주를 자기들을 착취하는 원수로만 대하고, 기업주는 노동자를 회사문을 닫게 하려는 원수로 대한다면, 그런 회사는 결국 문을 닫고 기업주도 노동자도 다 망하고 말 것이다. 옛날 중국의 한신 장군은 젊어 굶주리던 시절 고향에서 빨래하던 아주머니의 한 끼 밥의 은혜를 입고 재상이 된 후에 일부러 고향 아주머니를 찾아가 두둑하게 보답하였듯, 보은이란 아름답고 인간사회를 살맛 나게 해주는 일인 것이다.

셋째, 자식을 3등 인간으로 만드는 것은 죄가 된다.

우선 3등 인간의 정의부터 한다면 나는 인간을 다음과 같이 3등급으로 나눈다.

  o 3등 인간 : 자기 앞가림을 못하고 남을 해치거나 남의 도움을 받아가며 살아가는 기생충과 같은 위해(危害) 인간

  o 2등 인간 : 자기 앞가림을 해서 남에게 짐이 되지 않고 살아가는 자립(自立) 인간

  o 1등 인간 : 자기 앞가림을 하는 것으로 그치지 않고 남에게 베풀며 살아가는 가장 바람직한 삶을 사는 보시(布施) 인간

이렇게 나눌 때 우리 인간은 최소한 3등 인간은 되지 말아야 할 것이다. 만일 이 지구상에 3등 인간이 한 명도 없다면, 교도소는 텅텅 빌 것이며, 경찰도 군대도 필요 없고 전쟁도 없는 세상이 될 것이다. 여기에 덧붙여 1등 인간이 늘어나면 굶주리고 병들어 고통받는 사람들이 크게 줄어들 것이다. 그러므로 우리 인류가 계속 발전하고 잘 살 수 있으려면 우리 자신들도 살아 있는 동안에 3등 인간이 되지 말아야겠지만, 미래를 책임질 우리의 자식들을 잘 길러 3등 인간으로 만들지 말

전문부모의 길 74장

아야 할 것이다. 따라서 만일 자기자식을 3등 인간으로 만든다면, 우리 가정과 국가사회는 물론 인류의 미래를 어둡게 만드는 일이 되므로 큰 죄를 짓는 것이다.

아무튼 우리 인간은 그렇지 않아도 수없이 많은 법규 속에서 '무엇무엇을 하지 마라' 라는 소리에 식상해 있으므로 꼭 지켜야 할 계율은 간편한 게 좋고 또 이 세 가지만 잘 지키려고 노력한다면 족하다고 보아 3계를 말하였다. 이 3계를 실행은 고사하고 마음만이라도 간직해서 남을 해치지 않는 마음을 가진 사람, 남의 은혜는 크든 적든 꼭 갚으려는 마음을 가진 사람, 자기자식만은 3등 인간으로 만들지 않으려는 마음을 가진 사람으로만 이루어진 인간사회는 그것만으로도 행복하고 밝은 미래가 보장될 수 있을 것이다.

·

Ⅲ. 잘 익은 과일, 대자유인

57. 돈으로부터 자유로워지자

돈이란 목숨과도 같아서 없거나 부족하면 살아남기 위해 매달리게 되고, 너무 많아도 돈에 구속되고 얽매여 자기 하고 싶은 대로 하며 자유롭게 살아가기가 어렵다.

우리들이 새로 태어나는 제3의 인생을 시작할 무렵이면 사람마다 돈과의 인연이 제각각이어서 어떤 이는 큰 사업체를 가지고 있는가 하면, 어떤 이는 노후자금 외에 꽤 많은 재산을 이루어놓았고, 어떤 이는 겨우 노후자금만 마련하였는가 하면, 어떤 이는 노후자금이 전혀 마련되어 있지 않는 등 천태만상이다. 따라서 이들이 돈으로부터 자유로워지는 방법 역시 각각 다를 수밖에 없다. 돈이 많은 사람은 자기 노후자금을 제외한 재산은 사회에 환원하거나 자식에게 물려주고 손을 떼어야 할 것이다. 노후자금만 겨우 마련된 사람은 얼마나 살지, 병들어 죽어갈 때 의료비가 얼마나 들지, 물가상승이나 이자율은 얼마나 변동할지 등을 예측해서 이에 상당하는 자금을 제외한 것에 맞추어 적자가 나지 말도록 해야 돈으로부터 자유로워질 수 있다.

그러나 노후자금이 전혀 마련되어 있지 못한 사람들은 돈으로부터 자유를 얻을 수 없는 노릇이지만, 건강한 이는 무슨 일이라도 열심히

전문부모의 길 74장

해 벌어서 거기에 맞는 생활을 해야 비렁뱅이 신세만은 면할 수 있을 것이다. 건강하지 못해 일을 할 수 없는 이는 자식이나 복지시설에 의탁할 수밖에 없어 돈으로부터의 자유는커녕 자립도 못하는 3등 인간으로 전락하는 비참한 신세가 되고 마는 것이다.

그러면 "어찌 자식에게 의탁해 사는 것이 3등 인간이냐"고 반문하는 사람이 있을지 모른다. 그러나 엄연히 자식도 자기는 아니므로 남인 것이 확실하다. 다만 가까운 남일 뿐이며, 아무리 늙고 병들었다 해도 엄연히 존엄한 인간이면 자립을 해야지 비렁뱅이처럼 얻어먹고 살아간다는 것은 틀림없는 3등 인간인 것이다. 그야 일정한 돈을 증여시켜 주고 그 돈의 한도 내에서 매달 얼마씩 받아 생활한다면 내용상으로는 자기가 맡겨놓은 돈을 되돌려받아 쓰는 것이지만, 일단 내 손을 떠나 자식손으로 넘어간 돈은 엄격히 말해 자기 돈은 아니므로 이것 역시 빌어먹고 사는 것의 일종이 된다. 따라서 자식이 어떤 감언이설이나 협박을 한다 해도 노후자금만은 절대로 자식에게 넘겨주지 말아야 할 것이다. 더구나 보채지도 않는데 자진해서 줄 일은 더더욱 아니다. 그리되면 자립하지 못하는 3등 인간이 되는 것뿐만 아니라, 요즘같이 장수하는 시대에 자식을 불효하게 만드는 일이 되기 때문이다.

예전에는 70세를 넘기기 어려워 늙고 병들면 노환이라고 한약이나 몇 첩 달여드리고, 차도가 없으면 잡수시고 싶은 것이나 해드리면서 죽기만을 기다렸다. 의료비 걱정이 거의 없었고, 자식도 젊고 대가족제도라 식구가 많아 병수발도 수월했으며, 경로사상과 효사상이 살아있던 때라 자식이 감히 불효하기가 어려웠다. 이것만이 아니고, 그 당시 밭 한 뙈기 논 한 마지기만 있어도 그것은 바깥 노인의 것이었고, 안 노인은 곡간열쇠를 쥐었으니 이들은 자식에게 얹혀 사는 게 아니라 경

Ⅲ. 잘 익은 과일, 대자유인

제권을 쥐는 주체였으므로 당당할 수 있었고, 대우를 받을 수 있었다.

그러나 요즘은 사정이 달라져서 부모가 돈이 떨어지면 박대하거나 내쫓기거나 하는 일이 비일비재한 실정이다. 한 통계에 의하면 전국 65세 노인 1,349명을 조사한 결과 37.8%가 자식에게 한 차례 이상 맞거나 모욕적인 말을 들었다고 한다. 더 이상 자식에게 물려줄 재산이 없어지면 구박받기도 하고, 재산을 물려주고 나면 쫓아내려 하기도 한다. 어떤 자식은 재산상속을 못 받을까봐 부모를 강제로 정신병원에 입원시키기도 하고, 어떤 자식은 부모에게 "차라리 죽어버리라"든지 "밥만 축낸다"라는 모욕적인 말을 하는 등, 인간의 자식으로서는 도저히 상상도 할 수 없는 짐승만도 못한 짓을 하는 자식들이 너무나 많다.

결국 따지고 보면 이와 같은 불효를 저지르게 한 원인제공자는 노후대책을 제대로 세워놓지 못한 노인들이다. 따라서 자식을 이런 불효자로 만들지 않기 위해서라도 자식이 자랄 때 효과도 없는 과잉투자를 하지 말아야 한다. 학업을 마치면 하루 빨리 자립시켜 더 이상의 투자를 하지 않음으로써 충분한 노후자금을 마련해야 하고, 마련된 자금은 절대로 자식에게 넘겨주지 말아야 할 것이다. 노후자금이 빠듯하면 공자의 제자 안회처럼 하루 한 끼의 밥과 한 사발의 물만으로 마음의 안락을 찾도록 노력하는 한이 있더라도 자금에 맞추어 살아가야 할 것이고, 노후자금이 마련되어 있지 않으면 적당한 일을 찾아 입에 풀칠을 할 수 있어야 인간답게 살다 죽을 수 있을 것이다.

그렇다고 해서 자식에게 부모봉양의 의무가 없다는 뜻은 결코 아니다. 자식은 마땅히 재산을 물려주었건 한푼도 물려주지 않았건 간에 자기를 낳아 먹여주고 입혀주고 재워주고 공부까지 시켜주어 돈을 벌어 살 수 있게 해주었으면, 부모가 90이 아니라 100세를 넘긴다 해도 정

·

전문부모의 길 74장

성을 다해 모셔야 할 의무가 있는 것은 두말할 필요가 없다. 따라서 자식은 어떤 경우라도 부모의 은혜를 잊지 말고 갚으려고 노력해야 할 것이며, 부모는 아무리 자식에게 봉양의 의무가 있다 하더라도 자식에게 의지한다면 그 시점부터 자립을 하지 못해 3등 인간이 되고 만다는 것을 명심해서 어떻게 해서든지 자립하여 살아감으로써 이 땅에 부모와 자식 간에 불미스러운 사건이 사라지고 아름답고 향기로운 미담만이 피어나게 해야 할 것이다.

아무튼 어영부영 살아가다가 늙고 병들 때 돈으로부터 자유롭지 못하여 인간답게 생을 마감하지도 못하고 자식을 불효자로 만드는 업보를 짓지 않도록 미리미리 대비하여 돈으로부터의 자유를 얻어놔야 대자유인을 향한 첫걸음을 내딛게 될 수 있는 것이다.

III. 잘 익은 과일, 대자유인

58. 남의 평가로부터 자유로워지자

인간의 일생을 놓고 보면 이 세상에 태어나는 것은 만남의 시작이고, 이 세상을 하직하는 것은 만남의 끝이다. 만남의 양은 태어나면서부터 자꾸자꾸 늘어나 제2 인생의 막바지가 되면 최고조에 달했다가, 제3 인생의 막바지로 갈수록 점점 줄어들어 마침내 죽음을 기점으로 0이 되고 만다.

남으로부터의 평가 역시 만남과 궤를 같이해서, 만남의 양에 따라 평가의 양도 비례할 만큼 만남과 평가는 불가분의 관계에 있게 마련이다. 우선 태어난 아기는 미소를 지어 엄마의 귀여움을 받는 것에서부터 시작해서, 부모형제에게 잘 보이려고 갖은 재롱을 다 피우기도 하고, 좋은 평가를 받으려고 그들이 바라는 대로 행동하려고 무진 애를 쓰며 자란다. 그리고 학교엘 들어가면 선생님이나 학우들에게 잘 보이기 위해 노력하는 것뿐만 아니라, 공부를 잘해서 좋은 학업성적을 받아내려고 시험지옥에서 안간힘을 쓰며 살아간다. 또 사회에 나가면 취직시험을 치러야 하고, 입사한 후에는 승진시험 등 각종 시험으로 평가를 받아가며 살아야 한다. 결혼을 하면 남편으로서, 아내로서, 며느리로서, 사위로서의 평가에 연연하며 살아가는 게 인생살이이다.

전문부모의 길 74장

이렇듯 평가는 다른 사람과의 만남에서 생겨나는 것으로, 우리 삶의 끝까지 따라붙어 웃기기도 하고 울리기도 한다. 특히 국회의원과 같이 선거로 평가받는 이들에게 평가는 목숨과도 같아서 몇 표 더 얻어내려고 할 짓 못할 짓 가리지 않고 다해가며 매달리고, 인기로 먹고사는 연예인 역시 평가는 돈과 직결되다 보니 갖은 고생을 마다하지 않고 좋은 평가를 받아내려고 목을 맨다.

이렇듯 우리들은 태어나면서부터 평가 속에서 울고 웃으며 살아오다 보니 평가가 없으면 오히려 허전하고 불안해 하기도 하며, 삶이란 당연히 평가 속에서만 존재하는 것으로 착각하기 쉬운 것도 사실이다. 그러나 가만히 생각해 보면 이렇게 남의 평가에 연연해가며 살아간다는 것은 나의 주체적 삶이라기보다는 남에게 조종되는 삶이라는 것을 알 수 있다. 그리고 남의 평가라는 것도 객관적이고 합리적이기보다는 주관적이고 비합리적이기 쉽다. 마치 아버지와 아들이 당나귀를 끌고 장터를 가는 중에 구경꾼들의 평가에 따르다가 결국 부자가 당나귀를 메고 갔다는 우화처럼 믿을 만하지도 못한 게 사실이다. 따라서 새로 태어난 제3의 인생에서 남의 삶이 아닌 자기자신의 삶을 살아가려면 우선 남의 평가로부터 자유로워져야 한다. 그러나 남의 평가로부터 자유로워진다는 것은 말처럼 그렇게 쉬운 것이 아니므로 어떻게 해야 하는가를 살펴보자.

첫째, 만남을 최대한으로 줄여야 한다.

사람이 만나는 곳에는 항상 평가가 따르기 마련이지만, 특히 제1이나 제2 인생에서 만났던 사람들과의 만남은 더욱 그렇다. 아무리 나쁜 평가라도 내 귀로 직접 듣거나 전해듣지 않으면 속이 편할 것을 무엇하러 만나 평가를 자초해야 하는가 말이다. 또한 요즘 인터넷 홈페이지

·

Ⅲ. 잘 익은 과일, 대자유인

도 삼가할 일이다.

둘째, 평가받을 일을 피해야 한다.

자기가 하지 않아도 하고 싶어하는 사람이 많이 있고, 누가 해도 비슷비슷한 성과를 올릴 수 있는 아파트대표 회장이나 종친회 회장, 동창회 회장과 같은 말많은 책임을 맡지 않는 게 좋다. 책임을 맡은 이상 평가는 피할 수 없으며, 자칫 잘못하다가는 애쓴 공은 간 곳 없고 나쁜 평가만 받게 되어 귀중한 시간만 낭비하고 진흙바닥에 구른 강아지꼴이 되기 십상이다.

셋째, 주체적 삶에 긍지와 신념을 가져야 한다.

누가 뭐라 해도 자기의 삶은 남이 대신 살아줄 수 없는 것이고, 어떻게 사는 것이 가장 자기에게 알맞은 것인가도 자기보다 더 잘 아는 사람이 없는 만큼 새로운 삶의 각본도 자기가 써야 하고, 그 각본에 따라 살아가는 것도 자기의 일일 수밖에 없다. 그러나 자기 삶에 당당하지 못하고 주위에 눈치를 살피기라도 한다면 주위사람들의 훈수를 두려워할 것이고, 그리되면 주체적 삶은 흔들릴 수밖에 없으므로 항상 자기 삶에 긍지와 신념을 가지고 당당히 밀고나가야 남의 평가로부터 자유로워질 수 있다.

넷째, 사사(師事)도 피할 수 있으면 피해야 한다.

프로가 되겠다면 몰라도 아마추어로 하는 취미활동 정도라면 구태여 사사를 받느라 평가를 자초하며 고생할 필요가 없다. 예컨대 나는 조각을 취미로 하지만, 독학으로 하는 게 더욱 자랑스럽고 보람을 느끼며, 내 나름대로 하고 싶은 대로 창작하는 자유가 보장되어 있어 만족한다.

다섯째, 사회평가에 신경을 쓰지 말아야 한다.

전문부모의 길 74장

자기가 하는 일이 떳떳하고 남에게 피해를 주지 않는 한 이러쿵저러쿵 사회에서 떠들어댄다 해도 상관하지 말아야 한다. 그러려면 사소한 일에 신경 쓰는 습관을 버리고, 자기자신의 보람이나 즐거움을 위해 시간을 투자하면서 지금 자기가 하는 일이 사회적으로 어떻게 보일까 하는 염려를 하지 말아야 한다.

여섯째, 칭찬받기를 좋아하지 말아야 한다.

칭찬도 평가인 게 확실하고, 다만 나쁜 평가가 아니고 좋은 평가일 따름이다. 그러나 칭찬받기를 좋아하다 보면 자기도 모르는 사이에 칭찬하는 사람에게 조종당하기 쉽고, 칭찬을 듣기 위해 신경을 쓰다보면 자유롭게 살아가기가 힘들어지고 만다. 따라서 남의 평가는 좋은 평가든 나쁜 평가든 자기의 삶을 살아가려는 사람은 멀리해야 한다.

아무튼 자기의 삶을 잘 살아가고, 자기의 삶을 보호하기 위해서는 자기 삶에 대한 다른 사람의 평가에 귀를 기울이지 말아야 할 것이며, 또한 도를 닦기 위해 수도승이 속세를 떠나듯이 속세와의 인연을 과감히 끊을 때 비로소 남의 평가로부터 자유로워져 대자유인을 향한 힘찬 발걸음을 내딛을 수 있는 것이다.

Ⅲ. 잘 익은 과일, 대자유인

외톨이의 자유를 만끽하자

　　인간은 외톨이로 이 세상에 나왔다가 외톨이로 돌아간다. 따라서 인간이 외톨이로 살아간다는 것은 조금도 이상할 것이 없는 자연스러운 현상이다. 그러나 많은 사람들이 외톨이가 되기를 꺼려하고 두려워한다. 그야 학교엘 다닐 때 왕따를 당해 외톨이가 된다거나, 직장생활을 할 때 따돌림을 당해 외톨이가 된다는 것은 삶의 능력부족에서 오는 것이며 이해관계에 직결되므로 자기의사에 반한 타의에 의하여 외톨이가 되는 일은 없어야겠지만, 제3의 인생에서 타의가 아닌 자의에 의하여 스스로 외톨이가 되는 것은 권장할 만한 일이다.

　　왜냐하면 그 하나는 남은 귀중한 시간을 몇 배로 알차게 쓸 수 있기 때문이다. 나이가 많아질수록 세월은 빨리 흐르고 남은 시간은 짧아지게 마련인데, 허구한 날 친구들과 어울려 허송세월이나 한다면 어느 세월에 못 다한 자기 삶의 공부를 할 것이며, 당당하게 죽음을 맞이할 준비를 할 수 있겠는가. 다른 사람과 함께 한다는 것은 시간을 자기 마음대로 쓸 수가 없어서 낭비가 심하지만, 외톨이 생활에서의 시간은 몽땅 자기 것이므로 공부를 하든, 취미생활을 하든, 운동을 하든 자기가 하고 싶은 일에 시간을 유효하게 쓸 수 있어서 삶의 질을 높여주고 삶

전문부모의 길 74장

의 즐거움과 보람을 찾게 해준다.

다른 하나는 외톨이는 자유롭기 때문이다. 자기자신의 자유는 인간만이 아니고 소유한 자동차나 애완견 같은 것에 의해서도 구속을 받는데, 특히 인간에 의한 구속은 더 심할 수밖에 없다. 그래서 나는 그렇게 쓸 돈도 없지만 돈이 있다 해도 비서나 기사를 두고 싶지 않다. 지난날, 몹시 부러워했던 기사 딸린 차를 타니까 퇴근길에 누구와 어울릴 수도 없었고, 이 가게 저 가게 들러 과일이나 과자나 장난감 등을 사들고 집에 돌아가는 즐거움과 자유를 잃어 역시 자유란 외톨이일 때 보장된다는 것을 깊이 느낄 수 있었다. 따라서 새로 태어난 나는 현재 생활에서 철저하게 외톨이생활로 자유를 만끽하며 살아간다.

또 다른 하나는 외톨이는 무소속을 지향하는 삶이기 때문이다. 진정한 외톨이란 홀로 생활하는 시간이 많다는 것뿐만 아니라 어디에도 소속되어 있지 않아야 한다. 그러나 자기가 나온 학교의 동창회도 있고, 동호인들의 모임인 친목회도 있고, 일가들이 모이는 종친회도 있게 마련이어서 아무리 무소속이고 싶어도 완전한 무소식이 될 수는 없지만, 가능한 한 이들 모임에 나가지 않는 것이 좋다. 더구나 이제까지 없던 모임을 만드는 일은 피해야 할 것이다. 왜냐하면 이런 모임에 나가다 보면 알게 모르게 자기 자신의 우월감을 갖게 되어 마치 자기 자신은 선택된 사람이라는 착각에 빠지고, 남을 업신여기기 때문이다. 또한 이런 실제생활뿐만 아니라 무소속을 지향하는 정신을 더욱 확대해서, 예컨대 '나는 사람에 속한다', '나는 한국사람에 속한다' 라는 소속감마저 없애려고 노력하며 살아가는 것이 바람직한 삶이다. 왜냐하면 나는 사람이다 라는 생각에 집착하다 보면 사람이 아닌 다른 생물을 얕잡아 보게 될 것이며, '나는 한국인이다' 라는 생각에 너무 집착하다 보면 외

Ⅲ. 잘 익은 과일, 대자유인

국인에 대한 편견이 생겨 그들과 하나라는 생각을 갖기 어렵게 될 것이기 때문이다. 따라서 이렇게 소속에 집착하기보다는 나는 이 지구에 태어나 살다죽을 하나의 생물이라는 생각을 가지려고 노력한다면 외국인뿐만 아니라 다른 생명들도 따뜻한 마음으로 감쌀 수 있을 것이다.

그러면 이처럼 좋은 외톨이 생활은 어떻게 해야 하나 살펴보자.

외톨이 생활이라는 것이 수도승처럼 작은 암자나 토굴 속에 혼자 들어가 살아간다든지, 깊은 두메산골에 오두막집 같은 데서 홀로 사는 것만이 아니고, 사람들이 우글대는 종로나 명동의 도시 한복판 같은 무리 속 외톨이 생활도 가능하다. 주위에 사람들이 많다고 해서 외톨이가 되기 어려운 게 아니다. 오히려 시골동네나 작은 도시에서는 불가능해서, 그런 곳에서 외톨이 생활을 하려 했다가는 십중팔구 쫓겨나고 말 것이다. 그래서 나는 도시 한복판 외톨이 생활을 택했고, 그 결과에 만족한다.

그렇게 살아가려면 엘리베이터나 길거리에서 매일 만나는 사람이라도 아는 체하지도 말고, 가급적 인사도 안 하고 지낼 수 있도록 묵언의 생활이 필요하다. 나는 이와 같은 방법으로 8년째 같은 오피스텔에서 살아오지만 큰 무리없이 잘 지낸다. 물론 외톨이 생활이란 것이 하루 24시간 외톨이로 지낸다는 뜻이 아니다. 적어도 집에서 아침에 출근하여 저녁에 돌아갈 때까지 약 12시간만 해도 충분하다. 집에 있는 12시간 동안이야 잠자는 시간 외에 가족과 함께 생활하는 것이 좋을 것이다.

이렇게 말하면 어떤 이는 외로워서 어떻게 외톨이 생활을 할 수 있겠느냐고 물을지 모른다. 그러나 외로움이란 인간 자체가 외로운 존재이기 때문에 오는 것이지, 혼자 있어서 외롭고 같이 있으면 외롭지 않은 것이 아니다. 인간들이 외로움을 떨쳐버리려고 발악을 하면서 친구

전문부모의 길 74장

들과 어울려 술을 마시거나, 악착같이 파트너를 찾으려고 애를 쓰지만 결국에는 외로움을 극복하지 못하고 만다. 따라서 외로움 때문에 외톨이 생활을 안 한다는 것은 잘못된 생각이다.

또 어떤 이는 혼자가 두려워서 어떻게 외톨이 생활을 할 수 있겠느냐고 물을지 모른다. 그러나 이런 사람은 남의 힘에 의지해서 서려 하고, 남의 힘을 믿고 큰소리치는 못난 사람들이다. 권력에 붙어서 큰소리치는 사람, 오합지졸들이 작당을 해 다수의 힘을 믿고 떠드는 사람, 어떤 조직이나 집단을 배경으로 세력을 과시하는 사람 등 누구의 권위나 힘을 믿고 허장성세로 떠드는 사람들에 속한다고 볼 수 있다. 그러나 이러한 것들은 허깨비와 같은 것이어서 믿을 것이 못되고, 더구나 자기 자신의 삶을 살아가겠다는 제3의 인생에서는 다 부질없는 짓들이다. 따라서 이 못난 삶을 깨끗이 청산하고 당당하게 자기발로 서서 자기 힘으로 살아갈 일이지 외톨이 생활을 두려워할 일이 전혀 아니다.

아무튼 외톨이 생활은 우리에게 많은 시간을 유익하게 쓸 수 있게 해주고, 넉넉한 자유를 가져다주기도 하며, 소속감을 약화시켜 자기에 대한 집착까지 감소시켜 주는 바람직한 삶의 방식이다. 특히 새로 태어난 삶인 제3인생에는 매우 적합한 방식이므로 우리는 외톨이 생활을 통하여 정진함으로써 대자유인을 향한 발걸음에 박차를 가해야 할 것이다.

Ⅲ. 잘 익은 과일, 대자유인

집착으로부터 자유로워지자

　인간이 자기 목숨에 집착하고, 먹는 데 집착하고, 번식에 집착하고, 건강에 집착하고, 자식에 집착하고, 아내에게 집착하고, 남편에게 집착하고, 친구에게 집착하고, 돈에 집착하고, 권력에 집착하고, 명예에 집착하고, 인기에 집착하고, 사랑에 집착하고, 증오에 집착하고, 얼굴에 집착하고, 몸매에 집착하고, 습관에 집착하고, 종교에 집착하는 것은 어찌 보면 하나의 생물로서 본능적이며 자연스러운 일이라 할 수 있다. 그러나 문제는 집착하지 말아야 할 쓸데없는 것에 집착하거나, 집착의 도가 너무 지나친 것이 문제가 된다. 예컨대 권력에 너무 집착해서 의리나 인격을 내동댕이쳐 버린다든지, 돈에 너무 집착해서 수단과 방법을 가리지 않아 불량식품 같은 비리도 서슴없이 저지른다든지, 너무 남편이나 아내에게 집착하여 의부증이나 의처증을 일으킨다든지, 자기사상이나 견해에 너무 집착해서 반대되는 상대방의 사상이나 견해는 무조건 적대시하고 폭행과 폭언을 일삼는다든지 하는 것은 해서는 안될 일이다.

　그렇다고 해서 이와 같은 집착이 아닌 다른 집착은 좋다는 뜻이 아니다. 집착을 버릴 수만 있다면 버리는 것이 좋겠지만, 아무리 맛있는

전문부모의 길 74장

과일일지라도 완전히 익기 전까지는 신맛, 쓴맛, 떫은맛을 지녀 자기를 보호하는 시기가 있듯이, 우리 인간의 집착도 젊어서부터 버리기는 더 어려운 일이고, 나이가 먹어 죽음이 가까워질수록 자의든 타의든 집착이 줄어들 수밖에 없는 처지에 놓인다. 맛있는 과일이 열리는 과일나무가 따뜻한 봄에 꽃망울을 터뜨리고 수정을 해서 열매를 맺으면 여름 내내 뜨거운 태양에너지와 뿌리로부터 빨아올린 수분과 영양분으로 살을 찌우고 맛을 내야 하므로, 한 송이의 꽃은 수정도 하기 전에 바람이나 까막까치에게 해를 입어 떨어질까 봐 단단히 매달려 수정에 집착을 해야 한다. 일단 수정이 이루어진 다음에는 몰아치는 소나기나 태풍, 날짐승 들짐승들로부터 피해를 받지 않고 잘 익으려는 집착으로 기나긴 여름을 버텨내야 하듯이, 우리 인간도 제1인생에서는 건강하게 잘 자라고 공부를 잘해 좋은 직장을 구해야겠다는 집착을 하지 않을 수 없고, 제2인생에서는 처자식 먹여살리고 자식 공부시키며 노후자금 장만하느라 열심히 일하면서 돈에 집착하지 않을 수 없으니, 속세를 떠나 수도승이 되지 않는 한 세상을 살아가면서 집착을 버린다는 것은 무리일 수밖에 없다.

또 설령 수도승일지라도 집착의 대상이 다를 뿐 그들도 도를 깨치겠다는 집착을 하는 게 사실이다. 인간은 누구나 살아있는 한 집착의 대상이 다르거나, 많으냐 적으냐, 강하냐 약하냐 라는 정도의 차이는 있을지언정, 집착을 버리는 것이 아무리 좋다 해도 완전히 버리는 것은 어려운 일이다. 만일 그런 경지에 이른 사람이 있다면 그런 사람은 석가모니와 같이 깨달은 사람일 것이다.

그러나 적어도 제3의 인생을 제대로 살아보겠다는 사람은 집착의 문제를 이제까지와는 달리 생각해 봐야 할 시기라는 것을 알아야 한다.

Ⅲ. 잘 익은 과일, 대자유인

우선 제3의 인생이란 이때까지 키우고 살찌우고 잘 익혀놓은 과일을 아낌없이 보시해야 하는 시기라는 점이다. 잘 익은 과일은 끝까지 나무에 매달려 있으려는 집착을 버리고 미련 없이 땅으로 떨어져야 하듯이, 우리 인간도 이 시기가 되면 그간 장만해 놓은 재산이 있으면 아낌없이 사회에 환원시켜 유효하게 쓰이도록 해야 할 것이다. 잘 익혀놓은 지혜가 있으면 책을 쓴다든지, 신문잡지에 글을 올린다든지, 강연을 한다든지 해서 여러 사람에게 알려주어야 할 것이다. 또 자기를 필요로 하는 이가 있고 도와줄 힘이 있을 때에는 기꺼이 달려가 도움을 주는 등 이제까지가 거두어들이는 데 집착하는 시기였다면, 이제부터는 나누어주는 데로 방향을 바꾸어야 할 것이다.

또 무엇이든 빼앗기거나 도둑을 맞는 것보다도 미리 주는 게 좋은 것이므로 결국 주고 말 것에 집착하지 말고 미리미리 줄 것은 주어버려야 하는 시기이라는 점이다. 아무리 하찮은 물건이라도 도둑맞거나 강제로 빼앗기고 나면 몹시 불쾌하고 더 아까운 생각이 들게 마련이지만, 솔선해서 먼저 주어버리면 기분도 좋고 보람도 느낄 수 있다. 돈이나 물건뿐만 아니라 하찮은 명예직일지라도 집착하다가 빼앗기거나 밀려나 기분을 상할 게 아니라 미리 내어주어 품위도 유지하고 삶의 보람도 느껴야 할 것이다.

또한 버릴 것을 죽음과 함께 한꺼번에 버리지 말고 미리미리 버려야 하는 시기라는 점이다. 죽음이야말로 죽음과 동시에 자기소유의 모든 것을, 버린다기보다는 빼앗기고 만다는 표현이 적합하겠지만, 아무튼 나의 처자식, 나의 몸뚱어리, 최소한의 나의 물건이나 재산이야 미리 버릴 수는 없겠으나 그 외 것들은 집착하지 말고 미리미리 버리는 게 좋다. 가령 입을 만한 옷가지나 쓸 만한 물건들도 살아 있을 때 버리거나

전문부모의 길 74장

필요한 이에게 주면 기분좋게 가져다 쓰지만 죽은 다음에는 귀신이라도 붙었을까 봐 꺼려서 손도 대지 않으려 한다. 남긴 물건이 많을 때에는 그것을 치워버려야 하는 자손들의 고충을 덜어주기 위해서도 그렇다.

그러나 이처럼 제3의 인생이 집착을 버리는 시기라 할지라도 이와 같은 소아(小我)적인 집착은 버려야 하지만, 도(道)를 이루어 보겠다는 대아(大我)적인 서원(誓願)만은 버려서는 안될 것이다.

아무튼 집착은 마치 거미줄과 같아서 우리의 몸과 마음을 옭아매어 꼼짝 못하게 속박하고 끝없는 번뇌를 일으키게 한다. 이 속박에서 벗어나 자유자재한 경지에 이르려면 주저하지 말고 집착을 버려 자기를 묶는 거미줄을 하루빨리 제거해야 할 것이다.

III. 잘 익은 과일, 대자유인

두려움으로부터 자유로워지자

거피라는 물고기 중에는 포식자 농어가 나타났을 때 재빨리 숨어버리거나 도망치는 겁이 많은 놈이 있는가 하면, 겁이 없어 힐끗힐끗 쳐다보면서 천천히 도망가는 놈이 있는데, 결국 겁 많은 녀석들이 살아남는다. 우리 인류도 먼 옛날부터 겁이 많은 사람들이 살아남다 보니 인간이 두려움을 느낀다는 것은 자연스러운 일이다. 적당한 두려움은 현재에도 위험을 예상하고 예방조치를 취하게 해주므로 필요한 게 사실이다. 다만 이런 두려움이 실제 위험과 비례하지 않고 계속 커져서 병적인 상태로 가는 것이 문제가 된다. 이와 같은 병적인 불안상태를 느끼면 판단력이 흐려지고, 점점 더 초조해지고, 면역기능이 떨어져서 심장질환, 위장장애, 피곤, 그리고 근육긴장과 통증 같은 문제를 일으키기도 한다.

그러면 두려움에는 어떤 종류가 있는가를 살펴보자.

o 마음이 만들어내는 두려움이 있다. 이는 실제하지 않는 두려움으로, 예컨대 시골에서 비오는 날 밤 공동묘지를 지나다가 소복을 한 머리를 풀어헤친 여자귀신을 보았다든지, 밤중에 도깨비불이 이리저리 왔다갔다했

전문부모의 길 74장

다든지, 사람이 빠져죽은 깊은 물가를 밤중에 지나가면 물귀신에 흘려
물에 빠져죽는다든지 하는 것들이다.

ㅇ 사고에 대한 두려움이 있다. 요즘같이 사고가 많은 시대에 살면서 교통
사고를 비롯하여 전쟁, 화재나 수재, 폭력이나 강·절도, 유괴 등 사고
에 대한 두려움을 느끼지 않으며 살아갈 수 없는 게 현실이다. 특히 고
의는 아니지만 사람의 잘못으로 인한 대형사고인 성수대교 붕괴, 삼풍백
화점 붕괴, 가스폭발사고 등이나, 고의적으로 일으킨 대구지하철 방화사
건 및 미국의 9·11 테러사건 등은 두려움을 더해준다.

ㅇ 질병에 대한 두려움이 있다. 불치나 난치병이 아니더라도 일단 병에 걸
리면 고통을 받고 투병을 해야 하므로 누구나 질병에 대한 두려움을 안
고 살아간다. 특히 암과 같은 난치병이나 에이즈나 광우병과 같은 불치
병에 대한 두려움은 더욱 클 수밖에 없다.

ㅇ 욕망의 부조화에서 오는 두려움이 있다. 공부는 열심히 하지 않고 100점
을 맞으려고 한다든지, 자기실력보다 상위대학엘 들어가려고 입학시험을
친다든지, 재주와 실력은 없으면서 명강의 소리를 들으려 한다든지, 여
건은 불리한데 사업을 확장하려 한다든지, 친구들과 잘 지낼 능력은 없
으면서 왕따를 당하지 않으려 한다든지, 일은 잘 못하면서 조기퇴직을
당하지 않으려 한다든지 할 때 두려움을 느낀다.

ㅇ 헤어짐에 대한 두려움이 있다. 나는 어려서 우리 어머니가 "너 말 안 들
으면 도망간다"라고 해서 자나깨나 걱정이 되어 학교에서 돌아와 어머니
가 집에 안 계시면, 울고불고 난리를 치며 온동네를 휩쓸며 찾아다녔다.
이처럼 아이들은 부모와 헤어질까 봐 매우 두려워하는데, 요즘 부모의
이혼으로 아이들이 받는 헤어짐의 고통을 생각하면 가슴 아프다. 또 이
혼은 아이들뿐만 아니라 당사자들도 두려움일 수밖에 없으며, 헤어짐에
는 이런 생이별 말고도 정든 사람과의 사별 또한 두려움이 된다.

ㅇ 믿음에서 오는 두려움이 있다. 종교인들이라면 이 세상에서 못된 짓을 했

·

Ⅲ. 잘 익은 과일, 대자유인

다가 지옥에 떨어지든지 짐승으로라도 태어날까 봐 두려워할 수 있고, 주일을 지켜야 하는 기독교인들은 일요일에 놀러다니다가 벌을 받을까 봐 두려워하기도 하며, 종말이 와서 심판을 받게 될까 봐 두려워하기도 하고, 사주를 잘못 타고난 이들은 자기 운명에 대한 두려움을 갖기도 한다.
o 늙음과 죽음에 대한 두려움이 있다. 늙으면 병마에 시달리기 쉽고, 돈을 벌 수 없어 두려워하며, 마땅한 소일거리가 없어 걱정하기도 한다. 특히 죽음은 어느 누구도 피할 수 없는 일이라 체념할 수도 있지만, 이 세상에 죽음을 체험해 본 사람이 없다 보니 일반인들이 미지의 공포를 갖는 것은 당연한 일이라 하겠다.

이외에도 먹을 것이 없는 사람의 굶주림에 대한 두려움 등 많은 것들이 빠져있는데도 불구하고 참으로 두려움의 종류가 많다는 것을 알 수 있다. 그러면 이 많은 두려움 속에서 살아가면서 어떻게 두려움으로부터 자유로워질 수 있을까? 우선 생각할 수 있는 것은 어차피 두려움과 함께 살아갈 수밖에 없는 우리로서는 두려움을 적대시하거나 부정적인 시각으로 보려 하지 말고 적당한 두려움은 삶에 도움을 준다는 긍정적인 생각을 해서 두려움의 고통을 줄여야 할 것이다. 또 그런 다음에는 그것에 빠지지 말고, 그것이 마치 남의 것인 것처럼 바라보면서 차분히 해결방법을 생각한다면 두려움으로부터 헤어날 수 있을 것이다.

다음으로 아무리 두려움의 종류가 많다 해도 그것은 두 가지로 분류할 수 있는데, 그 하나는 해결대책 수립이 가능한 것이고, 다른 하나는 해결대책 수립이 불가능한 것이다. 해결대책 수립이 가능한 것들은 두려워할 게 아니라 최선을 다해 대책을 마련하고 그 결과에 대해서는

전문부모의 길 74장

진인사대천명(盡人事待天命)의 마음으로 대한다면 두려움은 발붙이기 어렵다. 또한 해결대책 수립이 불가능한 죽음과 같은 두려움은 두려워해 봐야 아무 소용이 없는 만큼 체념하되, 죽음에 임박하여 해야 할 일이 많아 허둥지둥 하지 않도록 미리미리 준비를 해놓으면 마음의 안정을 찾기가 훨씬 수월해질 것이다.

아무튼 산전수전 다 겪으며 살아왔고, 이제 제3의 인생을 살아가는 사람에게는 대부분의 두려움은 이미 시효가 지나갔고, 설령 남아 있는 것들이라 해도 그 위력은 많이 약해져서 두려움에 얽매이지 않을 수 있는 경지에 다다랐다고 봐야 한다. 다만 죽음의 두려움을 체념만으로 넘겨버릴 수는 없는 노릇이니, 죽음을 초월한 경지까지 도달할 수 있도록 죽는 순간까지 한발한발 다가가는 정진이 필요하다.

III. 잘 익은 과일, 대자유인

62. 고통으로부터 자유로워지자

인간의 삶이란 즐거운 것도 많이 있지만, 살아가면서 받는 고통 역시 수없이 많다. 몸이 병들어 고통받고, 늙어서 고통받고, 죽음을 당하여 고통받고, 굶주려 고통받고, 학비가 없어 고통받고, 집이 없어 고통받고, 일자리가 없어 고통받고, 자식을 못 낳아 고통받고, 자식이 속을 썩여 고통받고, 짝이 없어 고통받고, 이혼당해 고통받고, 사랑하는 부모형제와 헤어져 고통받고, 원한이 있는 사람과 만나 고통받고, 폭력에 고통받고, 왕따를 당해 고통받고, 공부를 잘 못해 고통받고, 사고를 당해 고통받고, 전쟁으로 고통받고, 지진이나 수재 등 천재지변으로 고통받고, 종교갈등으로 고통받고, 사상과 이념차이로 고통받고, 학대를 받아 고통받고, 권력을 못 잡아 고통받고, 명예와 직위를 못 얻어 고통받고, 자기혐오와 죄의식에 사로잡혀 고통받는다.

이처럼 수없이 많은 고통에 대하여 우리는 어떻게 생각해야 하고 또 어떻게 대처해야 고통으로부터 자유로워질 수 있을까를 살펴보자.

첫째, 고통은 비록 견디기 어렵지만 몸에 좋은 약이라고 생각해 보라. 고통이 이왕 자기 앞에 놓였다면 두려워하거나 회피하려 들지 말고 몸에 좋은 약이라고 생각하면서 기꺼이 마시는 게 좋다. 예를 들어나는 학창시절 6년간이라는 기나긴 투병의 고통을 겪었지만, 이 고통은 나로 하여금 죽음을 심각하게 생각하는 계기를 마련해 주었고, 건강관리에 신경을 쓰게 해주어 술 담배는 물론 노름 등을 멀리하게 함으로써 건강을 유지하고 재산을 모을 수 있는 계기도 마련해 주었다. 투병하느라 빼앗기고 남는 짧은 시간에 집중적으로 학습하는 방법을 개발하는 계기를 마련해 주어 자식교육에도 도움이 되었고, 책까지 쓰게 되었으니 이 얼마나 좋은 약이 되었는가? 또 이탈리아에서 보기아스가 통치하던 30년 동안 사람들은 전쟁, 테러, 살인 등 유혈사태를 겪었지만, 그들은 미켈란젤로와 레오나르도 다빈치를 배출하고 르네상스시대를 열었다. 반면 스위스에서는 형제애를 갖고 500년 동안 민주주의와 평화를 누렸지만, 그들이 만들어낸 것은 뻐꾸기시계가 고작이었다. 또한 나병환자가 끔찍한 모습으로 변하는 것은 직접적으로 살을 썩게 만드는 병원체 때문만이 아니라, 팔다리에서 통증감각을 잃어 쥐가 손가락이나 발가락을 갉아먹어도 모르고, 손을 불 속에 넣어 먹을 것을 꺼내기도 하는 등 통증이 주는 보호장치가 없는 것이 더 문제가 되듯이, 고통이란 것이 좋은 약 구실을 하는 게 사실이다.

둘째, 고통이 자기만을 희생양으로 삼은 억울한 것이 아니라는 것을 생각하라. 내가 결혼을 하고 나서 이제 막 호강시켜 드릴 시기에 어머니가 불치병을 얻어 세상을 떠나게 되었는데, 나는 그 고통이 나만이 겪는 유별난 것이라는 생각이 들어 더욱 가슴 아팠다. 그러나 나중에 주위를 살펴보니 그런 경우는 많이 있었고, '나만이 겪은 고통이 아니었구나'라는 생각이 들어 한결 억울하다는 생각이 수그러들었다.

셋째, 고통이 지금 당장 죽는 것보다 더 큰 것인가를 생각하라. 아무리 고통이 커서 뼈를 깎고 애간장을 녹인다 할지라도 지금 당장 자기

Ⅲ. 잘 익은 과일, 대자유인

가 죽는 것과 비교해 본다면, 대부분의 경우에는 큰 불행으로 느껴지겠지만 그렇게 쓰라린 고통도 대단치 않은 일이나 고통스러워할 가치도 없는 하찮은 일로 생각될 수 있을 것이다.

넷째, 고통을 준 원인이 남의 탓이 아니라는 생각을 해보라. 일반적으로 고통을 당하면 자기를 희생자로 만든 대상을 찾아 비난하고, 이것이 계속되는 한 끝없는 고통을 느낀다. 그러나 예를 들어 남에게 돈을 떼였을 경우 그를 비난할 게 아니라 '전생에 그에게 빚진 것이 있어서 갚느라 그리된 게로군' 하고 마음을 돌려먹는다면, 이왕 받지도 못할 돈 때문에 고통받느라 건강까지 잃지 않아도 되듯이 말이다.

다섯째, 고통이 지금으로부터 100년이 지난 다음에도 똑같을까를 생각해 보라. 나도 젊었을 때에는 나를 괴롭히던 사람들을 몹시 증오했고, 증오하는 만큼 나 역시 고통을 받아 꿈도 자주 꿀 정도였다. 그러나 이제 지내놓고 보니 '그렇게도 미워했던 사람들은 어느덧 간 곳 없는데 괜스레 그런 고통을 받았었구나' 라는 생각이 들 듯이, 어떤 고통을 당할 때 이 고통이 100년이 지난 다음에는 어떻게 느껴질까를 생각해 본다면 그것이 얼마나 쓸데없는 것인가를 깨닫게 될 것이다.

여섯째, 고통을 준 상대가 남이 아니라 나와 한몸이라는 생각을 해보라. 나와 우주가 한몸이고, 나와 지구가 한몸이고, 나와 모든 생명체가 한몸이고, 나와 인류가 한몸이라는 것을 깨닫는다면 나의 몸, 나의 영혼, 나의 처자식, 나의 부모형제, 나의 일가친척, 나의 친구, 나의 재산, 나의 명예가 무슨 특별한 의미를 지닐 수 있어서 욕심내고, 집착하면서 고통을 받겠는가? 우주에서 온 몸과 영혼, 죽어 우주로 돌아가면 그만이라는 생각을 한다면 못 견뎌낼 고통은 없을 것이다.

아무튼 우리 인간존재가 고통에서 벗어나기를 소원하는 것이 매우

전문부모의 길 74장

타당한 목표인 것만은 확실하지만, 삶에 즐거움이 있으면 반드시 괴로
움도 있는 법이다. 고통은 우리 삶에 좋은 약 구실도 하는 것인 만큼
고통을 부자연스럽고 비정상적인 것으로 여겨 두려워하고 회피하고 거
부하지 말고 기꺼이 받아들여 소화시킴으로써 고통의 구속과 지배로부
터 벗어나 자유로운 존재가 되어야 할 것이다.

Ⅲ. 잘 익은 과일, 대자유인

63. 분노로부터 자유로워지자

아무리 양처럼 온순한 사람일지라도 철석같이 믿었고, 더구나 보은을 해도 시원찮을 사람한테 배신을 당했다든지, 단둘이 있는 장소도 아닌 여러 사람이 있는 장소에서 모욕을 당했다든지, 폭력이나 폭언이나 사기와 같은 억울한 일을 당했을 때에는 분노하는 게 인간이다.

더구나 성미가 호랑이처럼 사나운 사람은 이런 일을 당했을 때에는 말할 것도 없고, 사소한 일에도 화를 내고 그 강도가 지나쳐 어떤 때는 자제력을 잃어버려 마치 정신이상자처럼 굴기도 한다.

나의 할아버지나 외할아버지는 두 분 다 호랑이라는 별명이 붙어 특별히 호령을 하는 것도 아닌데 동네아이들은 슬금슬금 피해 다닐 정도였다. 이런 양쪽 피를 받고 타고난 나 역시 호랑이라는 별명이 따라붙었다. 나는 이 호랑이라는 별명이 나쁘지는 않았지만, 외가나 친가나 집안이 기운 것이 할아버지들의 호랑이 같은 성격 탓인 게 아닌가 해서 늘 조심하는 마음으로 이제까지 살아왔다.

세상만사가 나쁜 면이 있으면 좋은 면도 있는 법, 극성스러운 호랑이 성격 역시 나쁜 면만 있는 게 아니고, 제대로 쓰기만 하면 일처리도 딱 부러지게 잘할 수 있고, 자기자신에게도 엄격하여 남에게 폐를 끼

전문부모의 길 74장

치지 않고 자립할 수 있는 장점이 있다. 즉, 이런 성격의 사람은 공부를 할 때에나 일을 할 때에나 남에게 지면 분노하게 되므로 누구에게도 지지 않으려고 열심히 살아가는 것이며, 이런 종류의 분노는 바람직하다. 그러나 이러한 장점으로 집안을 일구어냈다손 치더라도 '호박씨를 까서 한 입에 털어넣는다'는 말과 같이 만일 극성스러운 호랑이 성미를 자제하지 못한다면 하루아침에 망할 수도 있는 게 문제이다. 그래서 예전부터 이렇게 불같이 화를 잘 내는 사람에게는 '참을 인(忍) 자 셋이면 살인도 면한다'라는 속담을 자주 들려주고, 참을 인자를 써주어 집안에 붙이게 하거나 직장 책상서랍에 넣어두고 수시로 보도록 하였다.

그러니 호랑이 성격을 타고난 나로서는 어떻게 해서든지 큰 탈없이 살아야겠다는 생각을 늘 하였고, 분노할 일이 생길 때마다 어떻게 처리하는 것이 옳은가를 늘 연구 분석하면서 살았다. 그러면 어떻게 사는 것이 분노한테 휘말리지 않고, 분노를 지배하면서 살 수 있는가를 살펴보자.

첫째, 참아야 복이 온다는 것을 되뇌며 살아야 한다. 예나 지금이나 분노가 치밀면 살인을 하게 될 만큼 무서운 감정이 분노이다. 분노의 불길이 끓어오를 때면, 중국의 저 유명한 한신 장군이 젊어서 자기를 모욕하는 건달패를 해치우지 않고 그의 가랑이 사이로 기어나가면서까지 참음으로써 마침내 성공하였듯이, 참아야 복이 온다는 것을 되뇌며 살면 분노를 자제하는 힘이 생긴다.

둘째, 남의 분노하는 것을 잘 보고 깨우치며 살아야 한다. 이 세상에 분노 잘하는 사람이 많다 보니 가정에서나 학교에서나 직장에서나 반면교사를 찾아내기란 어렵지 않다. 그런 일이 벌어질 때마다 '나라면 저런 식으로 분노하지는 않을 거야'라는 생각을 하면서 분노의 도가 너

Ⅲ. 잘 익은 과일, 대자유인

무 지나치다거나, 보기가 흉할 정도가 되어 품위가 떨어진다는 등의 분석을 하면서 살면, 자기가 분노하게 될 때 조절이 가능해진다.

셋째, 분노할 일을 되도록 피해가며 살아야 한다. 남의 일에 뛰어들어 시시비비를 가리려 하지 말고, 자기 비위에 맞지 않는다고 남의 언행에 잘난 체하고 나서서 질책하지 말며, 성깔이 조급하고 사나운 사람과는 되도록이면 만남이나 술자리를 피하고, 말을 조심해 다른 사람의 자존심을 건드리지 않도록 해서 분노할 일이 발생하지 않도록 미리 예방하며 살아가는 게 좋다.

넷째, 분노가 날 때 되도록이면 말은 하지 말고 표정만으로 끝맺음을 한다. 분노가 일 때마다 언성을 높이고 폭언을 하다 보면 주위 분위기도 나빠지고 볼썽사나워져 품위도 떨어진다. 평소에 권위를 세워 얼굴표정 하나로도 말로 분노한 이상의 효과를 올릴 수 있게 해서 어지간한 분노는 끝맺음을 하는 게 최선책이라고 하겠다.

다섯째, 작은 분노나 기회를 놓치면 안 되는 것은 즉석에서 푼다. 화가 났을 때 참기만 하는 게 능사가 아니다. 왜냐하면 상대방은 내가 무엇 때문에 화가 났을지도 모를 경우가 많으므로 분명하고 따끔하게 말해줄 필요가 있으며, 그래야만 속병도 생기지 않는다. 더구나 여러 사람이 모인 장소에서 모욕을 당했을 때에는 즉석에서 분노할 기회를 놓치고 말면 다시는 그런 기회가 오지 않아 두고두고 후회하며 고통받기 때문이다.

여섯째, 분노하되 상대방이 받아들일 만큼 한다. 집안식구나 직장에서 분노할 때에는 침착성을 잃고 너무 거칠고 모질게 화를 내서는 안 된다. 잘못된 점을 지적하면서 상대방을 보아가며 받아들일 만큼 하여야 효과도 있고 자기 성미에 못 이겨 이성을 잃는 일이 없어진다.

전문부모의 길 74장

일곱째, 분노할 가치도 없다고 판단될 때에는 침묵으로 제압한다. 상대방이 분노할 가치도 없는 사람이거나, 그가 말도 되지 않는 말로 화를 돋울 때에는 싹 무시하고 묵묵히 듣고만 있으면 상대방은 혼자서 길길이 뛰다가 그만둘 수밖에 없어 초라한 꼴이 되고 만다.

여덟째, 큰 분노는 며칠을 두고 되씹은 다음 확실하게 한다. 크게 화가 날수록 즉시 대응하다 보면 흥분해서 제대로 할 말도 못하고, 언성이나 높이고 폭언이나 퍼붓게 되므로, 이럴 때에는 아무소리 말고 듣고만 있다가 며칠을 두고 하나하나 꼼꼼히 따져 생각해 본다. 그리고 나서 적당한 시간과 장소를 정하여 목소리를 낮추고, 정리된 상대방의 잘못을 하나씩하나씩 들어 따지면, 워낙 준비가 완벽하기 때문에 상대방은 꼼짝없이 손을 들고 불상사도 일어나지 않는다.

아무튼 분노란 묘한 것이어서 분노해야 할 때 하지 못하면 업신여김을 받고, 너무 심하게 하다가는 원한을 살 뿐만 아니라 자제력을 잃어 살인까지도 하는 것이므로 분노를 지배하는 능력을 길러 분노로부터 자유로워질 수 있도록 노력해야 할 것이다.

그리고 제3의 인생을 제대로 살면 분노할 일이 거의 발생되지도 않고, 최선을 다해 살아가므로 자기 자신에 대한 분노도 없지만, 그렇다고 해서 얼마 남지 않은 생을 무사안일의 타성에 젖어 그날그날 어영부영 살아갈 일은 아니다. 인류의 대스승인 공자처럼 도(道)를 구하다 얻지 못하자 노년이 다가오는 것도 잊어버리고, 분한 마음을 일으켜 공부에 열중한 나머지 밥먹는 것도 잊어버렸듯이, 구도의 정열을 불태우기 위한 분노의 불길만은 꺼지지 않도록 해야 할 것이다.

Ⅲ. 잘 익은 과일, 대자유인

운명으로부터 자유로워지자

운명이란 우리 인간의 머리 뒤꼭지를 움켜잡고 일생동안 끈질기게 따라붙으면서 울리기도 하고 웃기기도 하는 짓궂은 녀석이다. 대부분의 사람들이 이 운명의 존재를 인정하고 싶어하지 않지만, 자기 의지와는 전혀 무관하게 이미 결정된 것이 너무 많아서 어떤 이는 수명이 길게 태어나고 어떤 이는 어려서 죽으며, 어떤 이는 잘생기게 태어나고 어떤 이는 못생기게 태어나며, 어떤 이는 튼튼하게 태어나고 어떤 이는 몸이 약하게 태어나며, 어떤 이는 총명하게 태어나고 어떤 이는 우둔하게 태어나며, 어떤 이는 부잣집에 태어나고 어떤 이는 가난한 집에 태어난다. 그뿐만 아니라 살아가면서 우연히 일어나는 일들도 자기의 의지와는 무관한 것이 많아서 어떤 이는 추락하는 비행기를 놓쳐서 살기도 하고, 어떤 이는 빨리 가려고 앞당겨 탔다가 죽기도 하며, 어떤 이는 한 장밖에 사지 않은 복권이 대박이 터지기도 하고, 어떤 이는 수백 장의 복권이 꽝이 되기도 하기 때문에 아무리 운명의 존재를 부정하려야 할 수 없는 게 사실이다.

그렇다고 해서 일체의 일은 이미 정해진 필연적인 법칙에 따라 일어나는 것으로, 인간의 의지로는 변경할 수 없다는 운명론은 믿을 바가 못되고 믿어서도 안 된다. 왜냐하면 잠을 자다가 자기집에 불이 나서 타 죽게 되었을 때, 운명론만 믿고 "내가 살고 죽는 것은 운명에 달려 있으니 살려면 가만히 있어도 살 것이고 죽으려면 밖으로 나가도 죽을 것이다" 라는 생각에 꼼짝 하지 않으면 불에 타 죽을 것이지만, 문 밖으로 빨리 뛰쳐나가면 살 수 있는 것처럼, 모든 것을 운명에만 맡기고 손끝 까딱 하지 않는 것과 어떤 역경에 처했다 하더라도 살려고 노력하는 것과는 그 결과가 크게 차이가 나기 때문이다. 그래서 사람들은 운명이 있다는 것을 믿고는 있지만 모든 것이 운명에 의해서만 결정된다고 보지 않으려 하고, 어떻게 해서든지 주어진 운명에서 벗어나 보려고 발버둥치며 살아간다. 그러나 운명의 굴레가 너무나 가혹하다고 느껴질 때에는 절망하기도 하고, 좌절하면서 하늘을 탓하기도 하고, 조상을 탓하기도 하고, 사주팔자를 탓하기도 하고, 국가와 사회를 탓하기도 하면서 운명의 지배를 벗어날 용기를 잃은 채 운명의 노예로 살아가기도 한다.

그러면 이와 같은 운명은 누가 결정하는 것일까? 어떤 이는 하늘이라 하고, 어떤 이는 우연이라 하고, 어떤 이는 전생의 과보라 하고, 어떤 이는 사주팔자라고 한다. 그러나 동서고금의 수많은 철학과 종교가 이 문제를 풀어보려고 무진 애를 써왔지만 아직까지 어느 누구도 이 운명에 관해서 명백히 밝혀내지 못했으며, 어찌 보면 이 문제는 영원히 풀 수 없는 수수께끼로 보아야 할 것이다. 그러나 이처럼 운명이 아무리 풀리지 않는 수수께끼라고 하지만, 그것이 분명히 존재하는 한 비록 그의 실체를 밝혀내지는 못한다 하더라도 운명과 삶과의 관계를 합리적이고 희망적으로 설명할 수 있는 이론을 찾아내야 할 것이다. 만일 운명이 어떤 절대자에 의해 주어지는 것이고 그 절대자에 의해 좌지

Ⅲ. 잘 익은 과일, 대자유인

우지되는 것이라고 가정한다면, 인간은 살아 있어도 자기 목숨이 자기 것이 아닌 절대자의 것이고, 인간은 절대자가 하라는 대로 하고 처분만 기다려야 하는 종속적이고 노예적인 위치로 전락하기 때문에 인간의 존엄성은 크게 훼손될 것이고, 인간의 의지가 전혀 감안되지 못하는 희망이 없는 것이고, 어떤 기준에 의해 정해진 것인지도 전혀 설명될 수 없는 비합리적인 가설임에 틀림없다.

그리고 사주팔자로 보는 가설은 한낱 한시에 태어나는 아이도 어떤 애는 부잣집에 태어나고, 어떤 애는 가난한 집에 태어나며, 어떤 이는 정승판서가 되고, 어떤 이는 비렁뱅이가 되는 것으로 보아 신뢰성이 떨어지고 비합리적이다. 한 번 받은 사주팔자는 일생동안 바뀔 수 없으니 나쁜 사주를 타고난 이에게 희망이 없기는 마찬가지다. 그러나 전생에 자기가 지은 과보로 운명을 설명하는 것은 운명 자체를 결정하는 주체가 남이 아닌 자기라는 점에서 종속적이거나 노예적이지 않아 인간의 존엄성이 지켜질 뿐만 아니라, 어떤 가혹한 운명을 타고났다 하더라도 자기과보이기 때문에 남을 원망하지 않으며, 또 과보라는 것이 고정적인 게 아니고 자기가 하기에 따라 얼마든지 바뀔 수 있다는 점에서 매우 희망적이고 합리적임에 틀림없다.

따라서 나는 운명을 과보로 만들어진 통장으로 설명하기를 좋아한다. 즉, 우리 인간이 전생에서 지은 과보에 따라 태어날 때 재물에 관한 통장, 명예에 관한 통장, 권세에 관한 통장, 수명에 관한 통장, 건강에 관한 통장, 배우자에 관한 통장, 자식에 관한 통장 등 여러 가지 통장을 가지고 나오는데, 예를 들어 어떤 이는 재물통장에 몇십억이 들어 있어 아무리 먹고 쓰고 놀아도 그 통장이 바닥이 날 때까지는 끄떡도 하지 않기도 하고, 바닥이 나서 비렁뱅이가 되기도 하며, 바닥까

·

전문부모의 길 74장

지는 나지 않았다 해도 조금밖에 남지 않아 내세에는 가난한 집에 태어날 것이다. 또 어떤 이는 마이너스 몇십억의 통장을 가지고 태어났기 때문에 아무리 잘살아 보려고 뼈가 빠지도록 열심히 일을 해도 그 통장의 빚이 없어질 때까지는 가난을 면할 수가 없어서 언뜻 겉만 보기에는 이 세상이 너무나 불공평하고 이해가 안 가서, 하늘탓, 조상탓, 정부탓, 사회탓, 부모탓을 해가며 불평불만을 늘어놓고 좌절하기도 하지만, 이와 같은 운명통장론을 이해한다면 남의 탓을 하지 않고 더 열심히 일을 계속해서 마이너스통장을 플러스로 만들어 부자가 될 것이다. 설령 이생에서 마이너스통장 빚을 다 갚지 못하여 부자까지는 못된다 할지라도 사는 형편이 나아질 것이며, 내생에는 빚이 적은 마이너스통장을 가지고 태어남으로써 이생보다는 잘사는 집에 태어날 수 있다는 희망을 가질 수 있으니 얼마나 좋은 이론인가 말이다.

권세에 관한 통장도 그렇다. 태어날 때 플러스통장을 가지고 나와 권세를 한껏 누린다 해서 안하무인격으로 권력을 휘두르며 약자나 핍박하고, 권력을 이용해 국민이나 우롱하고, 갖은 악행을 저지른다면, 내세는 고사하고 이생에서도 감옥을 갈 것이며, 내세에는 힘없는 백성으로 태어나 권세에 짓밟히는 억울한 신세가 될지도 모른다. 또 어떤 이는 마이너스의 권세통장을 가지고 태어나 처음에는 약자의 설움을 겪지만, 열심히 공부하고 성실히 자기가 맡은 일을 잘하다 보면 늦게나마 지위가 올라가 조그마한 권세라도 누릴 수 있고, 설령 이 세상에서는 꿈이 이루어지지 않는다 해도, 내세에는 플러스통장을 가지고 태어날 수 있으니 이생의 노력이 헛되지 않게 될 것이다.

건강에 관한 통장 역시 그렇다. 아무리 마이너스통장을 가지고 약한 몸을 받고 태어났다 하더라도, 항상 건강관리를 잘하고 술 담배나 노

·

Ⅲ. 잘 익은 과일, 대자유인

름 등을 멀리하면 약했던 몸도 점차 튼튼해질 수 있지만, 아무리 플러스통장으로 태어나 건강하다 해도 자기 건강에 너무 자신을 갖고 몸을 함부로 굴려 밤낮없이 술이나 마시고 담배나 피우며 기름진 음식으로 배를 채우다 보면, 어느덧 플러스통장은 바닥이 나 마이너스통장으로 바뀔 것이고, 건강을 잃는 신세가 되고 말 것이며, 내세에는 마이너스통장을 가지고 약한 몸을 받고 태어날 것이니 얼마나 공평하고 얼마나 합리적이며 얼마나 희망을 가지고 노력하게 하는 운명론인가 말이다.

다시 말해 운명론 하나만 놓고 보면 매우 불공평하고, 비합리적이며, 절망에 빠지기 쉽지만 이처럼 운명을 통장이론으로 설명하면 매우 공평하고, 합리적이며, 희망적임을 알게 된다. 따라서 우리 인간이 이 운명통장론을 믿고 살아간다면 플러스통장을 타고나 잘사는 사람이나, 마이너스통장을 타고나 못사는 사람이나 최선을 다해 열심히 살아가게 되어 좋다. 또 마이너스통장 때문에 불의의 화(禍)를 당한다 해도 누구를 원망하지 않고 순순히 받아들이기 쉽고, 플러스통장을 타고나 많은 복(福)을 누린다 해도 오만방자해져서 못사는 사람을 구박하거나 깔보지 않고 그들에게 베풀어 복을 더 지으며 살려고 노력할 것이다. 그리고 죽음을 맞이해서도 최선을 다해 좋은 일을 많이 하며 살아온 사람은 내생에는 이생보다 더 잘 살 수 있으리라는 희망까지도 가질 수 있으므로 죽음의 두려움을 조금이라도 덜 수 있어 좋을 것이다.

아무튼 운명통장론은 한마디로 말해서 주어진 운명의 지배를 받으며 꼼짝없이 운명의 노예로 살아가는 게 아니고, 자기의 의지와 노력에 따라 운명을 스스로 좌지우지할 수 있으므로 운명으로부터 자유로워지는 최상의 이론이라고 생각한다.

전문부모의 길 74장

불화로부터 자유로워지자

사람이 살아가는 데 화목은 매우 중요해서, 맹자는 천시(天時)는 지리(地理)만 못하고 지리는 인화(人和)만 못하다 하여, 인간관계에서 인화가 가장 중요함을 역설하였다. 또 우리가 늘 입에 올리는 가화만사성(家和萬事成)을 비롯하여 인화(人和)는 회사의 사훈이나 처세훈 속에 약국의 감초처럼 많이 들어 있다. 어찌 보면 인화가 이렇게 강조되는 것은 그것이 이루어지기가 얼마나 어려운 것인가를 반영하는 것으로, 우리 인간사회는 화목보다는 불화(不和)가 더욱 흔해서 툭 하면 토라져 있기도 하고, 언쟁이나 먹살잡이도 하고, 전쟁과 같은 큰 싸움을 하기도 하는 등 인간의 삶은 불화 속에서 이루어진다 해도 과언이 아닐 성싶다.

이러한 불화가 일어나는 원인은 너무나 다양해서 남의 험담을 한다든지, 남을 오해하고 의심한다든지, 남을 심하게 꾸짖는다든지, 잘 따지고 입바른 소리를 한다든지, 남을 얕잡아 보는 말을 한다든지, 남을 욕하거나 저주한다든지, 남을 중상모략한다든지, 남을 여러 사람 앞에서 망신을 준다든지, 이해관계에 따라 말을 바꾼다든지, 남과 약속한 비밀을 누설한다든지, 남의 종교를 헐뜯는다든지, 남의 고향을 욕한다

355

든지, 예의를 지키지 않는다든지, 배은망덕한 짓을 한다든지, 부조는
받고 입을 싹 씻는다든지, 세운 공을 독차지한다든지, 자기과실을 남
에게 덮어씌운다든지, 편가르기를 한다든지, 스스로 위대한 체 교만한
행동을 한다든지, 윗사람을 공경하지 않는다든지, 아랫사람을 핍박한
다든지, 말싸움에 꼭 이기려 한다든지, 자손간에 덕을 보려고 한다든
지, 꼭 참석할 경조사에 빠진다든지, 자기이익만 챙긴다든지, 남을 시
기 질투한다든지, 권모술수나 잔꾀를 부린다든지, 일처리를 불공평하
게 한다든지, 편애를 한다든지, 잘산다고 우쭐댄다든지, 집안 일을 송
사로 끌고 간다든지, 혈연은 가벼이 하고 남과 더 가까이 지낸다든지,
자기사상이나 견해만 옳다고 고집을 부린다든지 하는 등의 불화의 씨
앗은 너무나 많다.

　그뿐만 아니라 사람의 능력은 탁월해서 눈빛 하나, 얼굴빛이나 표
정, 말의 억양 하나만으로도 마음이 돌아서기도 할 만큼 크고 작은 수
없이 많은 불화 속에서 살아간다. 그리하여 가정에서는 부모자식간에
고부간에 부부간에 형제간에 토라지기도 하고 다투기도 하며, 학교에
서는 사제간에 친구간에, 직장에서는 상사와 부하 간에 동료간에 노사
간에, 사회에서는 종교간에 지역간에 정당간에 서로 불화하며, 국가간
에는 불화가 큰 전쟁으로까지 이어지는 게 우리 인류역사이다. 이러한
불화문제는 요즘 들어 더욱 심각하게 표출되어 부부간에 이혼으로 이
어지기도 하고, 직장에서는 상사와의 불화로 도저히 배겨나지 못해 고
민하고 심지어는 퇴직까지 하는 경우가 늘고 있다.

　이렇게 되는 이유는 여러 가지가 있겠지만, 우선 형제가 적은 가정
에서 귀엽게만 자라다 보니 사회물정을 너무 모르고 자란 데다가, 가정
에서나 학교에서나 사람되는 교육을 제대로 받지 못한 게 가장 큰 원인

전문부모의 길 74장

이다. 가령 어른 공경하는 마음과 어른에 대한 예절교육 하나만이라도 딱 부러지게 받고 직장엘 나갔다면 적어도 몇 안 되는 자기상사와 불화를 일으켜 직장을 다니네 못 다니네 하지는 않을 것이다. 왜냐하면 아무리 못된 상사라 할지라도 자기에게 순종하고 예의바르며, 뒷전에 가서 자기험담을 늘어놓지 않는 부하를 미워하지 않기 때문이다. 그러므로 학교성적도 중요하지만 공부를 잘해 일류대학을 나왔다 해도 사회생활에서나 부부생활에서 낙제생이 된다면 모든 것이 허사가 될 수 있으므로 반드시 가정에서는 사람되는 교육을 철저히 시켜 사회에 내보내야 할 것이다. 이에 관한 책으로는 내가 쓴 《자식에게 무엇을 가르쳐 세상에 내보낼 것인가》의 Ⅱ장에서 Ⅶ장까지를 참조하면 좋을 것이다.

그러면 우리 삶과 떼려야 뗄 수 없는 불화문제에 어떻게 해야 휘말리지 않고 조절하며 살아갈까를 살펴보자.

ㅇ 우선 수많은 불화의 원인을 공부하고 늘 염두에 두어 적어도 자기자신이 부당하게 불화의 원인을 제공하지 않겠다는 단단한 각오로 살아가야 할 것이다. 만일 그렇게 했는데도 불구하고 상대편의 잘못으로 불화가 발생된 경우에는 적어도 자기의 품위는 떨어지지 않으며, 화도 불러오지 않고, 해결하는 데 어려움도 덜 겪어 큰 문제가 안 된다.

ㅇ 또 불화는 우리의 삶 속에 늘 존재하는 것이며, 나 혼자만 잘한다고 해서 생기지 않는 것도 아니므로 설령 불화가 생겼다 해도 너무 심각하게 신경질적으로 초조하게 굴 게 아니라 시간이 가면 해결될 것이라고 생각하라. 더욱이 상대방이 자주 만나 부딪칠 일이 없는 경우라면 자기자신이 원인제공자가 아닌 바에야 풀어보려고 너무 연연할 게 아니라 담담한 심정으로 기다리는 게 좋다.

ㅇ 그리고 인간관계에는 불화 아니면 화목인 게 아니고, 불화도 화목도 아닌 덤덤한 관계가 더 많은데 이런 관계는 구태여 바꾸려고 애쓰지 말고

Ⅲ. 잘 익은 과일, 대자유인

그대로 유지하도록 하는 게 좋다.

○ 그러나 늘 만나거나 이해관계가 있는 사람과 불화가 생겼을 경우에는 그 원인제공자가 자기 자신인지 깊이 관찰해 봐야 하며, 만일 그렇다면 정중히 사과해야 하고, 원인제공이 상대편일 경우라 해도 섣불리 따지려 들어서는 안 된다. 목마른 놈이 우물 판다는 격으로 자기자신이 해결을 원한다면 자기마음을 바꾸는 수밖에 없다. 예컨대 상대방의 괴롭힘을 자기성장의 계기로 받아들인다든지, 자기를 절대로 내세우지 말고 자기자신을 낮춘다든지 하면 화목까지는 못 갈지 몰라도 불화만은 면할 수 있을 것이다.

아무튼 항상 자기를 내세우지 말고 자기자신을 낮추는 하심(下心)하는 자세로 말과 행동을 갈고 닦아 불화를 일으키지 말아야 한다. 부득이 이해가 엇갈리거나 사상과 견해가 달라 의견대립이 발생될 경우에는 자기자신의 주장이 옳은가를 다시 한번 돌아보고, 틀림없다는 확신이 서면 정정당당히 상대방을 설득하되, 도저히 상대방이 받아들이지 않을 때에는 역지사지(易地思之)로 입장을 바꿔놓고 상대방을 이해해 보려는 태도가 필요할 것이다. 그러나 애써 노력한 보람없이 진전이 안될 경우일지라도 섣불리 자기주장을 철회하거나, 상대방 주장에 동조하거나, 반대로 극단적으로 치달아 감정대립으로까지 이끌고 가거나 하지 말고 대립을 중단한다면, 불화로 인한 심각한 문제는 발생되지 않아 마음고생도 안하고 화(禍)도 면할 수 있으며, 대자유인을 향한 발걸음도 가벼워질 것이다.

과체중으로부터 자유로워지자

아마도 인류역사상 과다체중을 다이어트한 기록으로 가장 오래된 것은 지금으로부터 2,500여 년 전 불교의 초기경전인 쌍윳따니까야에 나오는 얘기일 것이다. 그 당시 꼬살라국의 빠쎄나디왕은 한 끼에 한 말 분량의 밥을 먹어치우는 대식가로, 요즘 말하는 뒤룩뒤룩 살이 찐 오비스(*obese*)였던 모양이다. 어느날 빠쎄나디왕이 배불리 밥을 먹고 가쁜 숨을 몰아쉬면서 석가모니를 찾아가 예배를 올리고 한쪽으로 물러앉았다. 이를 본 석가모니는 "언제나 마음에 새겨서, 식사분량을 아는 사람은, 괴로운 느낌이 적어지고, 목숨을 보존하여 더디 늙으리" 라는 시를 읊어주었다. 그러자 빠쎄나디왕은 따라온 신하에게 이 시를 외웠다가 자기가 식사를 할 때마다 읊으라고 명령했고, 그는 차츰 식사량을 줄여서 드디어 한 접시 분량으로까지 적게 먹기에 이르러 마침내 몸이 날씬해졌다. 그러자 빠쎄나디왕은 손으로 자기 몸을 만지면서 "참으로 세존께서는 현세에 유익함과 미래의 유익함, 이 두 가지 유익함을 나에게 자비로 베푸셨네" 라고 감흥에 젖어 노래했다고 한다.

이러한 빠쎄나디왕과 같은 오비스는 2,500년 전이 아니라 200년까지만 해도 먹을 것이 부족했던 시대라 매우 드물었다. 그래서 예전에

III. 잘 익은 과일, 대자유인

는 뚱뚱한 몸은 건강의 상징이며, 높은 지위와 능력을 보여주는 좋은 이미지였지만, 세상이 바뀌어 먹을 것이 흔해지면서 뚱뚱보가 많아진 오늘날에 와서는 의지가 약해 자기 몸관리도 못하고 돼지처럼 먹기나 하는 무능하고 지위가 낮은 천한 이미지로 평가받기에 이르렀다. 그리고 이렇게 살찌는 체질의 사람들은 그렇지 않은 이들을 부러워하고 자기체질을 탓하기 일쑤다. 그러나 사실 이처럼 살이 잘 찌는 체질은 자기몸의 잘못이 아니라, 오히려 이렇게 살이 잘 찌는 체질 덕분에 우리 조상들이 살아남을 수 있었고, 오늘날 우리들이 존재함을 알고 고맙게 생각하지는 못할망정 원망을 해서는 안 될 일이다.

우리 인류는 지난날 기나긴 수렵채집 시대를 겪어오면서 먹거리가 항상 일정할 수가 없었고, 저장능력도 갖추어지지 않았던 시대라 언제 굶을지도 모르는 상황이다 보니 먹을 것이 있을 때 되도록 많이 먹어 몸에 저장해 두는 것이 최선책이었다. 이 능력이 뛰어날수록 굶주릴 때 살아남을 수 있는 우량종이었고, 이 능력이 떨어지는 이들은 굶주릴 때 더 바삐 돌아다니며 먹이를 찾아야 살아남을 수 있는 열등종이었다. 그리고 특히 그 당시 지방이나 설탕이나 소금은 항상 부족해서 우리 인간의 미각은 이들 물질을 갈망하였으며, 이런 물질이 귀하다 보니 많이 섭취할수록 유리했고, 그래서 이것들을 구하려고 애쓰고 좀더 먹으려는 행동으로 발달해서 오늘날에도 이 세 가지 물질을 우리들은 맛있게 먹어치운다.

또한 우리 인간의 신진대사 체계는 활동적인 수렵채집의 역사 속에서 형성되었기 때문에 오늘날과 같이 우리들이 움직이지 않으면서 건강한 몸무게를 유지한다는 것은 불가능에 가깝다. 이처럼 우리 인간의 몸은 음식물이 들어오면 효과적인 장기 저장수단인 지방으로 바꾸는 능력을 조상들로부터 유전적으로 물려받았고, 또한 지방, 설탕, 소금을 선호하게 되었다.

오늘날에 와서 먹을 것이 풍부해져 몸 속에 지방을 저장할 필요가 없어지고, 지방, 설탕, 소금도 흔해져서 선호할 필요가 없어졌으며, 적게 움직이면서도 살아갈 수 있는 현대인에게는 이러한 유전적 유산은 큰 부담으로 남았다. 말하자면 너무나 짧은 시간에 우리 인간의 생활환경이 너무 급속히 변하였기 때문에 우리 몸은 미처 변할 채비도 못한 상태에서 예전의 우성인자가 열성인자가 되고 만 것이며, 적응을 할 수가 없어 돼지처럼 살이 찌게 된 것이다.

미국처럼 잘사는 나라는 과다체중이거나 뒤룩뒤룩 살이 찐 오비스들이 전체인구의 61%를 넘었다. 이러한 오비스들은 지하철에서 2인 좌석을 독차지하고, 병원에서는 뚱뚱보 침대라야 하며, 길을 걸을 때에는 한발짝한발짝 떼어놓기가 힘들어 헐떡이며 굼벵이처럼 가고, 더 심할 경우에는 혼자 밥도 못 먹어 먹여주어야 하고, 대소변도 받아내야 하는 경우까지 있다. 체중과다로 인한 폐해는 이렇게 겉으로 드러난 것 외에도 너무나 많고 심각하다. 심장에 부담을 주어 심근경색증이나 심장마비를 일으키기 쉽고, 심장이 펌프질하는 것을 방해하여 혈압을 증가시키며, 대장암, 유방암, 간암 등에 걸리기 쉽고, 관절에 무리를 주어 허리 하단부에 통증을 일으키며, 당뇨병에 걸릴 확률이 4배나 높아지고, 뇌졸중을 일으키는 등 나쁜 질병에 걸릴 확률이 높아진다. 또 하버드대 메이어 교수의 익살스러운 글인 《남편을 빨리 죽게 하는 열 가지 방법》 중에 '뚱뚱보로 만들어라'가 맨 먼저 올라가 있을 만큼 과다체중은 수명을 단축시키는 것이 분명하다.

예를 들어 미국에서 비만으로 인해 사망하는 사람이 연간 30만 명이

Ⅲ. 잘 익은 과일, 대자유인

나 되어 흡연으로 인한 사망 40만 명에 육박한다. 또한 설치류 실험에서 칼로리 섭취를 제한한 놈들이 정상적으로 섭취한 놈들보다 수명이 40~50%나 연장되는 것으로 보아 체중이 수명에 얼마나 영향을 미치는가를 알 수 있다. 그리고 체중이 과다한 사람 치고 부지런한 사람이 없을 만큼 대부분은 게을러서 취직하기도 힘들고, 승진에도 영향을 받으며, 남에게 혐오감을 주고 놀림거리가 되기도 한다. 심지어 얼마 전 40대 노동자가 살찐 국회의원 3명을 죽이겠다는 협박전화를 했다는데, 그 이유가 돼지처럼 잘 먹기만 하고 일을 게을리해 살이 찐 것이 미워서라니, 이처럼 살찐 것이 게으름으로 인식되고 혐오의 대상이 되기도 한다.

따라서 다이어트하는 방법이 없다면 몰라도, 내가 벌어 내밥 먹고 남으로부터 욕먹어가며 나쁜 병에 걸리고 수명이 짧아지도록 내버려두는 어리석은 짓은 하지 말아야 할 것이다.

과다체중인 사람이 다이어트를 하면 얻어지는 이득은 많이 있다. 살을 빼려면 반드시 운동을 해야 하므로 적당한 운동은 건강을 유지해 주고, 노화도 지연시켜 주며, 삶의 활력을 불어넣어 준다. 또 밥을 적게 먹어야 하므로 자기가 덜 먹은 양식이 굶는 사람에게 돌아갈 수 있다는 생각으로 그들에게 덜 미안해지고, 규칙적인 식사와 적당히 먹으니 잠을 잘 잘 수 있으며, 또한 채식을 많이 하고 육식을 적게 함으로써 자기자신으로 인한 살생이 줄어든다는 생각을 하여 죄책감을 덜 수 있다. 그리고 또한 채식 위주의 식사는 무엇보다도 열량에 비해 포만감이 커서 좋고, 현대사회의 예방가능한 질병인 뇌졸중, 심장마비, 암 등의 대부분이 고지방 육식으로 인한 해악이라는 점을 감안할 때 장수식품이어서 좋다. 예컨대 미국에 사는 일본인 가운데 일식을 주로 먹는 사

전문부모의 길 74장

람보다 육식을 위주로 먹는 사람들이 결장암에 걸릴 확률이 3배나 높다는 것 하나만 보아도 육식보다는 채식이 좋다는 것을 알 수 있다.

뿐만 아니라 다이어트를 한다는 것은 자기자신과의 싸움에서 이겨야 되는 것이니 체중이 줄어들면 가장 힘든 자기와의 싸움에서 이겼다는 성취감을 만끽할 수 있고 강한 의지력이 생겨난다.

그러면 혹자는 "누가 살을 빼면 좋은 줄 몰라서 안 빼는 줄 아느냐? 아무리 해도 안 되니까 못하는 거지"라고 항변할 것이다. 물론 살을 뺀다는 것이 말처럼 쉽지 않다는 것을 누구보다도 나는 잘 안다. 왜냐하면 나 역시 지난날 수렵채집시대의 우량종의 후손인 관계로 다른 사람보다 적게 먹고도 살이 잘 찐다. 그래서 나는 근 30년 동안 체중과 씨름을 하는데, 힘이 드는 것은 사실이지만 내 체중은 내 마음대로 조절이 가능하다. 말하자면 마음만 먹으면 식사량 조절과 하루 2~3시간 점심 후나 저녁 후 걷기만으로 한 달에 3kg는 너끈히 뺄 수 있어서 내 체중은 내 손 안에 있다고 보아도 된다. 그리하여 체중(kg)을 신장(m)의 제곱으로 나눈 수치인 BMI를 25로 유지해서 성인병 발병률 위험선을 넘지 않게 관리하는데, 체중이란 사람마다 적정치가 달라서 내 경우에는 이보다 더 줄이면 몸에 이상이 오기 때문에 이 정도로 조절하는 것이다. 그러면 나의 다이어트 비결을 소개하면 다음과 같다.

ㅇ 배가 부르게 먹고 빼야 지속할 수 있고 성공할 수 있어 밥보다는 소처럼 여물을 먹는다. 아침저녁으로 미역 건더기가 빡빡한 미역국에 밥 1/4공기 정도 넣고, 미나리나물 크게 한 접시와 고등어 한 토막을 먹는데, 이렇게 먹으면 배도 부르고, 아무리 오래 먹어도 물리지 않으며, 오래 씹을 수 있어 포만감을 더 느낄 수 있고, 건강에도 좋은 식단이다. 점심은 사무실 근처에서 밥량을 줄이고 채식 위주로 한다.

Ⅲ. 잘 익은 과일, 대자유인

○ 만보계 하나 차고 점심 후나 저녁 후 보통 걸음걸이인 시간당 6천 보 속도로 하루 2~3시간 걷는다. 비가 오나 눈이 오나 매일 하니 건강유지가 잘되어, 요즘 나는 살 잘 찌는 내몸 덕분에 매일 운동을 하는 것을 고맙게 느끼며 살아간다.

○ 체중계를 거실에 놓고 매일 몸무게를 달고 기록한다. 변동이 클 때에는 원인을 분석하면 재미도 있고 다이어트를 효율적으로 할 수 있어 좋다. 특히 주의할 점은 일단 한 번 올라갔던 최고중량까지는 몸 속에 지방창고를 채우려는 힘이 작용하여 쉽게 올라가므로 어떤 환경이라도 최고치를 올리지 않도록 하는 게 중요하다.

아무튼 우리 몸은 적게 먹고 많이 움직이면 살도 찌지 않고 건강하도록 만들어져 있는 만큼, 또 아무리 물만 먹어도 살이 찐다는 사람일지라도 먹으니까 살이 찌는 것이므로, 밥 대신 여물을 먹고 현재까지보다 더 움직인다면 살은 빠진다. 과다체중을 조절 못해 존귀한 인간으로서 인간답게 능력발휘도 못하고 남의 놀림거리나 되고, 건강도 잃고, 수명도 짧아지는 체중에 이끌려다니지 말고 체중조절을 마음대로 할 수 있는 자유를 누려야 할 것이다.

더구나 대자유인을 향해 살아가는 제3의 인생에서는 단단한 각오로 적게 먹고 정진해서 과체중으로부터 자유로워져야 할 것이다.

전문부모의 길 74장

67. 중용의 도(道)로 넓고 밝은 세상을 이루며 살아가자

　중용(中庸)의 도라 하면 잘 알지 못하는 사람은 뜨겁지도 차갑지도 않은 미적지근한 것쯤으로 잘못 생각하기 쉽지만, 중용은 그런 것이 아니고 극단에 치우치지 않는 상태에서 찾아내는 진실하고 숭고한 도이다. 그래서 공자는 무슨 일을 하거나 너무 극단적인 일을 하지 않음으로써 중용의 도를 실행에 옮긴 성인이며, 석가모니는 죽음 직전까지 몰고간 극단적인 6년 고행이 잘못되었음을 알고 그 고행을 그만두고 중도(中道)를 택함으로써 깨달음을 얻을 수 있었던 것이다.

　석가모니가 중도를 가르친 일화 가운데 거문고의 비유는 유명하다. 즉, 중도란 "거문고의 줄을 너무 팽팽하게 조여도, 너무 느슨하게 해도 제소리가 나지 않지만 알맞게 조절하면 아름다운 소리가 나는 것과도 같다"라고 하였던 것이다.

　중용은 또한 자기자신에게 알맞는 체중과도 같아서 살이 너무 쪄도 나쁘고, 너무 말라도 나쁜 것과 같다. 그렇다고 해서 일률적으로 체질질량지수 BMI가 얼마면 좋고 얼마면 나쁜 것이 아니다. 인종에 따라, 사람 골격에 따라, 성별에 따라 알맞는 체중은 다르고, 또한 나이에 따라, 하는 일에 따라 다를 수 있듯이, 중용이란 때와 경우에 따라 변

Ⅲ. 잘 익은 과일, 대자유인

화하는 가장 알맞는 상태나 정도를 뜻하는 것이다. 이처럼 중용이나 중도의 중(中)은 양극단을 평균한 중간치를 뜻하는 것이 아니고, 어느 한쪽으로 극단적으로 치우치지 않고 그때에 가장 알맞는 상태를 말하는 것이므로 중용의 도에 맞는 행동을 하면 어떤 경우에도 허물이 없다. 그러나 반대로 극단에 치우치면 언뜻 보기에는 매력적이고 흥분을 줄지 모르지만 사실은 매우 해로운 것이어서, 사람은 편협해져서 품격이 떨어지고 행동반경이 좁아지며, 안정을 해치고 적을 만들어 원한을 사 화를 불러오고 고통을 받는다.

나는 해방후 혼란기와 6 · 25 전쟁을 겪으면서 극단적인 삶이 얼마나 무서운가를 두 눈으로 똑똑히 확인할 수 있었다. 그 당시 우익과 좌익의 싸움은 치열해서, 인민군이 밀려내려 오자 극단적 우익들을 잡아다가 죽도록 때리거나 죽였고, 국군이 다시 돌아오자 이번에는 극단적 좌익들이 똑같이 두들겨 맞고 죽어가야 했다. 그러나 그런 가운데서도 우익이면서도 이성을 잃지 않고 바르게 일처리를 했던 사람들이나, 좌익이면서도 역시 이성적으로 일처리를 했던 사람들은 구사일생으로 살아남을 수 있었으니, 바로 이들이 중용의 도로 살아온 사람들임을 알수 있었다. 이처럼 중용의 도란 우익 때는 우익에 붙고 좌익 때는 좌익에 붙는 기회주의자나 회색분자의 행동이 아니고, 극단에 치우쳐 감정과 분노의 노예가 되어 법에도 없는 폭력이나 살인을 저지름이 없이 정정당당하게 이성적으로 자기의 이념을 충실하게 이행하는 행위다.

이렇게 세상이 어지러울 때에는 중용은 사람의 목숨을 보존시키기도 할 만큼 위력을 발휘하지만, 중용이란 지켜지기가 매우 어려울 뿐만 아니라 지킬 생각조차 없는 사람도 많다 보니 극단에 치우친 행동은 끊임없이 일어난다. 예를 들자면 이승만 정권의 3 · 15 부정선거도 극단

·

전문부모의 길 74장

이요, 박정희 정권의 유신개헌도 극단이고, 그렇다고 해서 박 대통령의 공적을 무시하는 것도 극단이다. 김일성의 6·25 남침은 극단 중의 극단이고, 김정일 정권의 인민을 굶겨 죽이면서까지 군비를 확장하고 핵개발을 하는 것도 극단이다. 또한 이스라엘이 2,000년 전의 자기 땅을 찾겠다고 평화롭게 사는 팔레스타인인을 몰아내는 것도 부족해 마구 죽이는 것도 극단이고, 이들의 부당한 짓을 막아 주지는 못할망정 뒤를 봐주고 핵개발까지 묵인해 주는 미국의 행위도 극단이며, 그렇다고 해서 9·11 테러를 감행한 아랍인들도 극단이다. 또한 그 보복을 핑계삼아 아프가니스탄과 이라크를 침공한 미국의 행위도 극단임에 틀림없다.

그리고 6·25 때 미국의 도움으로 공산화를 면하고 오늘날 이만큼 살게 되었는데 이제 와서 반미를 외치며 국익에 반하는 짓을 하는 것도 극단이고, 옛 고구려가 자기나라였다고 억지를 써 자칫 잘못하다가는 북한정권이 몰락할 경우 지배권을 주장할지도 모를 만큼 엉큼한 중국에 의지하려 드는 친중도 극단이다. 또한 현정권의 입맛대로 똑같은 국회에서 결의한 탄핵결의는 국민이 반대한다고 해서 쿠데타 행위이고, 수도이전 결의는 국민이 반대하지만 국회결의를 존중해야 한다고 억지춘향의 논리를 펴는 것도 극단이다. 공정성이 생명인 KBS 공영방송의 편파성은 괜찮고, 시장원리에 따라 경영하는 민영일간지의 편파성을 문제삼는 것은 극단이고 순진한 국민을 희롱하는 짓이 된다. 또 가정에서는 경우에 따라, 아이에 따라 아이에게 약이 되는 최소한의 회초리마저 절대로 안 된다는 것도 극단이요, 자식을 잘 길러보겠다고 어린아이를 저녁 늦게까지 이 학원 저 학원으로 돌아다니게 하는 것도 극단이다. 벼락부자가 된 졸부가 자식에게 지나친 상속을 해주어 자식

·

Ⅲ. 잘 익은 과일, 대자유인

을 망치는 것도 극단이요, 자식이 부모상속 못 받을까 봐 멀쩡한 부모를 정신병원에 입원시키는 것도 극단이요, 의식불명 상태인 환자를 편히 죽을 권리까지 빼앗아 몇 년씩 산호호흡기를 끼워 놓는 생명존중 사상도 극단이다. 정력에 좋다면 무엇이든지 마구 먹어치우는 것도 극단이요, 운동이 몸에 좋다고 컨디션이 나쁜 날에도 똑같은 정도로 하다가 생명이 위태로워지는 것도 극단이요, 날씬해야 한다고 무리하게 살을 빼다가 건강을 해치는 것도, 될 대로 되라고 마구 먹어 뒤룩뒤룩 돼지처럼 살이 찌는 것도 극단이다. 또한 일이 조금 풀린다고 우쭐대고 오만방자해지는 것도, 일이 안 풀린다고 의기소침해지고 우울증에 빠지는 것도 극단이요, 누가 보아도 마땅히 물러나야 할 사람이 자리에 연연하여 눌러앉아 있는 것도 극단이다. 싸울 힘이 있는데도 겁이 많아 폭력배의 횡포에 맞서지 못하는 비겁함도, 힘도 없으면서 목숨을 걸고 대드는 만행도 극단이요, 적군이 쳐들어오는데 살인을 안 한다고 싸우지 않아 더 많은 국민이 죽어가는 것을 보고만 있는 것도 극단인 반면, 피라미 한 마리도 놀이삼아 잡는다면 그것 또한 극단이다. 또 아무리 자기 종교가 제일이라고 생각한다지만 온세계를 자기네 종교일색으로 만들겠다는 허황된 꿈을 꾸고 갖은 짓을 다하는 것도 극단이요, 남의 종교를 우상숭배라 하여 단군상이나 불상을 훼손시키고 사찰에 방화하는 만행을 저지르는 것도 극단이요, 평화로운 가정에 시집가 시어머니가 믿는 종교를 핍박하고 괴롭히면서 형제간에 우애를 끊어지게 하고 집안을 쑥대밭으로 만드는 것도 극단이다. 사고로 의식불명이 되어 죽어가는 사람의 종교를 존중해 주지는 못할망정 마음대로 개종시켜 장례지내는 것도 극단이요, 한 종교를 국교로 정해놓고 착실히 믿는 종교국가에 무리하게 비집고 들어가려고 "당신네가 못사는 것은 당

·

전문부모의 길 74장

신네 종교탓이다" 라고 허튼 소리를 하다가 목숨까지 위태로워지는 것
도 극단이다. 경기부양시킨다고 카드를 남발시켜 국민을 신용불량자로
만들어놓는 것도 극단이고, 미전향 간첩을 북송시키고 쌀을 퍼주면서
도 국군포로나 납북어부 송환은 말도 꺼내지 못하는 것도 극단이요,
공산정권이 인권을 유린하고 경제파탄이 극에 달한 것을 뻔히 보면서
도 민족통일만이 좋다고 어떤 체제통일도 좋다고 하는 것은 극단 중의
극단이 아닐 수 없다. 이외에도 우리나라는 물론 지구촌에는 이성을
잃고 날뛰는 극단주의자들이 너무나 많으며, 이들은 자기들이 저지른
죄업에 따라 고통을 받을 수밖에 없을 것이다.

　여기 큰 방 안에 파리들이 있다고 가정하자. 어떤 놈은 천장이 좋다
고 천장에 붙어 있고, 어떤 놈은 방바닥이 제일이라고 방바닥에, 어떤
놈은 동쪽 벽에, 어떤 놈은 서쪽 벽에, 어떤 놈은 남쪽 벽에, 어떤 놈
은 북쪽 벽에 붙어 있다. 이놈들은 극단을 좋아하다 보니 극단에 달라
붙어서 다른 곳은 알려고 하지도 않고 무조건 나쁘다고 욕만 한다. 그
런데 엉뚱한 놈 하나가 극단을 버리고 넓은 빈 공간을 훨훨 날아다닌
다. 마치 극단을 버리고 중용의 도로 살아가려는 도인같이 그놈은 자
유가 무엇인지 아는 놈 같다. 이처럼 극단을 버리면 행동이 자유로워
지고 생활터전이 넓어지며, 시야가 확 트이고, 극단에 달라붙은 파리
처럼 파리채에 비명횡사할 걱정도 없어진다.

　아무튼 중용이란 우리가 살아가는 데 최선의 덕목이요, 최고의 지혜
인 만큼 실행하기 어렵다고 포기하지 말고 힘쓴다면 이 혼탁한 세상도
점차 맑아지고 안정을 찾을 수 있을 것이며, 몸과 마음이 자유로워져
대자유인을 향한 발걸음도 한층 가벼워질 것이다.

Ⅲ. 잘 익은 과일, 대자유인

종교로부터 자유로워지자

종교만큼 자유를 구속시키는 것은 없다는 생각이 든다. 이 지구상에 종교의 종류가 무려 10만 개를 넘다보니 이런 것도 있고 저런 것도 있어서 한마디로 잘라 말할 수는 없지만, 대체로 종교란 우선 우리 인간의 시야를 좁게 만든다. 마치 우물안 개구리가 돈짝만한 하늘밖에 볼 수 없듯이, 종교 속에 빠져버리면 그들이 보여주는 세상이 전부인 양 그것만 보도록 강요받아 시야와 생각의 폭이 좁아지고 만다. 따라서 이 넓은 우주와 만물을 바로 보고 바로 생각할 우리의 자유를 박탈당하고 만다.

또 종교는 수없이 많은 집회와 계율을 통해 행동의 자유마저 제한시킨다. 예를 들자면 이슬람교의 경우 하루 다섯 차례의 예배를 해야 한다든지, 한 달 동안 금식을 해야 한다든지, 술과 돼지고기, 개고기를 먹지 말아야 한다든지, 심지어 밥을 먹는 방식, 오줌 누는 방식, 목욕하는 방식, 옷 입는 방식에 이르기까지 일일이 정해진 규율에 따라야 하므로 행동의 자유를 빼앗긴다.

또한 집착으로부터 자유로워지기는커녕 어떤 종교는 인간이 갖는 가장 강한 집착인 목숨에 대한 집착보다도 더욱 강화시켜 자살폭탄 테러

전문부모의 길 74장

도 서슴지 않고 하게끔 부추기기도 한다.

또 인간을 위한 종교라면 마땅히 불화와 갈등을 없애주고 고통을 덜어주어야 함에도 불구하고, 특히 유일신을 믿는 이슬람교, 크리스트교, 유대교의 경우에는 불화를 조장시키고 전쟁을 일으켜 고통받게 하기 일쑤여서 불화나 분노로부터의 자유 및 고통으로부터의 자유를 박탈하는 행동을 서슴없이 하여왔고, 현재까지도 계속한다.

역사적으로 볼 때 지속적이면서도 피비린내 나는 종교전쟁, 이교도들에 대한 박해와 처형, 마녀사냥들이 행해져 왔으며, 이들은 "믿지 않는 자를 살해하라!", "저주받는 이단자를 사형에 처하라!", "신의 적들을 제거하라!" 등의 슬로건을 내걸고 만행을 저질렀던 것이다. 이들의 만행은 무고한 사람들의 팔다리를 잘라 불구자로 만들기도 하고, 물에 빠뜨려 죽이기도 했으며, 사지를 찢어죽이기도 하고, 교수형이나 화형이나 십자가형에 처하기도 하는 등 인간으로서는 하지 못할 짓을 서슴지 않았던 것이다.

이러한 종교에 의한 불화와 전쟁은 현재에도 지속돼서 9 · 11 사태와 같은 미국에 대한 이슬람 과격단체의 공격이라든지, 이스라엘의 무자비한 무력에 대항한 팔레스타인의 비인간적인 자살폭탄 테러라든지, 러시아와 체첸 사태라든지, 구유고연방 내전이라든지, 이외에도 레바논전쟁, 아일랜드전쟁 인도-파키스탄전쟁 등 수없이 많은 전쟁이 종교분쟁이 원인이 되어 일어난다.

UN 통계에 따르면 현재 지구상에서 일어나는 전쟁의 90%가 종교와 관련이 된 것이라고 하니 종교가 아무리 인류에게 공헌한 것이 많다 하더라도 이 한 가지 사실만으로도 종교로서 존재가치를 상실했다고 봐야 한다. 마치 아무리 능력이 있어 많은 공적을 쌓았고, 좋은 일도 많

Ⅲ. 잘 익은 과일, 대자유인

이 한 사람일지라도 만일 그가 살인을 저질렀다면 벌을 받아야 하고 감옥에 격리 수용되어야 하듯이 말이다. 말하자면 우리 인간이 살아가는 데는 10선(善) 보다 1악(惡) 을 저지르지 말도록 해야 한다는 것이다.

이러한 종교에 의한 불화와 갈등은 다종교 국가인 우리나라에서도 심하게 일어나 장승이나 단군상을 파괴한다든지, 불상의 목을 자르거나 몸체에 빨간 페인트로 십자가를 긋는다든지, 얼마 전에는 서울시장이라는 사람이 공식집회에서 시장명의로 서울시를 자기가 믿는 절대자에게 봉헌한다는 말을 해서 양식 있는 이들의 빈축을 사기도 하는 등, 종교가 인간을 불화와 고통으로부터 자유롭게 해주지 못하는 게 현실이다.

종교는 외톨이로서의 자유를 박탈해 갈 뿐만 아니라, 원죄니 지옥이니 종말이니 해서 두려움으로부터의 자유마저 저해한다. 특히 종말론에 빠지면 종말론적 특성을 지닌 독특한 종교적 인성을 형성해서 그들 스스로 자기의 성숙을 이루지 못한다. 즉, 자신이 자기의 책임주체가 되지 못하여 두려움으로부터의 자유는 고사하고 자립도 못하는 인간으로 전락하고 만다.

또한 종교는 돈으로부터의 자유마저 빼앗기가 일쑤여서 자칫 잘못하다가는 자기의 전재산을 바치는 일이 생기기도 한다. 그렇게까지는 가지 않아도 빠듯한 돈으로 살아가야 하는 사람에게는 항상 헌금에 대한 강박관념 속에서 살아가야 하는 고통을 준다. 이렇게 볼 때 종교에 따라 정도의 차이는 있을지언정, 종교란 그 속에 들어가고 나면 우리 인간의 자유는 박탈 내지 저해받을 수밖에 없는 것이라고 봐야 한다.

그렇다면 무엇 때문에 종교 속으로 들어가야 하는가? 물론 종교의 긍정적인 면이 있어서 신앙심이 깊을수록 범죄율이 낮아진다든지, 술

전문부모의 길 74장

이나 마약중독에 덜 빠진다든지, 더 건강해지고 투병이 잘된다든지, 소속감을 갖는다든지, 이혼율이 감소한다든지 하는 등의 효과가 있는 것도 사실이지만, 이런 것들은 비종교인들 가운데에도 얼마든지 있기 때문에 이러한 것들을 특별히 종교적 효과로 간주하기는 어렵다.

그보다는 '차라리 저 사람이 종교인이 아니었더라면 더 좋았을 텐데' 라고 주위사람들을 안타깝게 하는 경우가 더 많을 만큼 어떤 종교인은 그 인성이 대단히 배타적이고, 독선적이며, 권위주의적이고, 자기탐닉 적인 경우가 있다. 자기 세상만을 절대시하고, 그 안에 머물면서 자기 와 다른 모든 것을 정죄하거나, 저주하거나, 증오하기도 한다. 또 어 떤 종교인은 종교인이 아닌 다른 사람보다도 더 초조하고, 불안해하 며, 깊은 죄의식에 빠져 스스로 서지 못한 채 의타적이며, 때로는 자 학적인 모습을 드러내기도 한다. 대개 이런 종교인들에게는 광기와 광 신이라는 수식어가 붙게 마련이고, 이들의 행동은 상식 이하의 사람됨 을 나타낸다.

이처럼 종교가 인간을 해방시켜 자유자재한 대자유인을 만들어주는 게 아니라 종교라는 제도 속에 인간을 구속시켜 자유를 박탈하고, 이 교도와는 불화와 갈등을 조장할 뿐더러, 전쟁을 비롯한 온갖 만행도 불사하는 것이 이른바 세계 속에서 강력한 교세를 자랑하는 세계종교 의 현주소인 것이다.

그렇다고 해서 종교인 모두가 그렇다는 게 아니고, 우리 모두가 종 교인이 되어서는 안 된다는 얘기는 더더욱 아니다. 다만 이미 종교에 발을 들여놓은 사람이라면, 자기 종교만이 절대적 진리라는 생각을 잠 시 접어두고, 이웃 종교들도 공부해서 광기나 광신에 빠지지 말아야 할 것이다. 아직 종교에 발을 들여놓지 않은 사람으로서 지금부터 기

Ⅲ. 잘 익은 과일, 대자유인

존종교 중에서 하나를 선택하려는 사람은 경솔하게 남의 말에 귀를 기울여서는 안 되고 몇 가지 종교를 골라 심도있게 공부하고 분석하여 어느 것이 가장 자기취향에 맞고, 어느 것이 가장 미래지향적이며, 어느 것이 가장 인류의 행복에 기여할 수 있는가를 판단하여 신중히 선택해야 할 것이다. 그리고 일단 발을 들여놓은 다음에라도 너무 성급히 깊은 데까지 들어가려 하지 말고 차근차근 살피며 소화되는 만큼 깊이를 더해가야 할 것이며, 항상 종교가 인간을 위해 존재하는 것이지 인간이 종교를 위해 존재하는 것이 아니라는 것을 명심한다면 종교로부터 최소한의 자유는 확보하게 될 것이다.

그러나 아직 종교에 발을 들여놓지 않은 사람으로서 가장 바람직한 최선의 길은 기존 종교를 선택하기보다는 이 종교 저 종교를 두루 공부하면서 시야를 넓히고 배움의 폭과 깊이를 더한 다음, 궁극적으로 스스로 자유자재한 대자유인이 되어 종교로부터 완전한 자유를 얻는 길이라 하겠다.

전문부모의 길 74장

피해야 할 종교와 이상적 종교

우주만물이 한뿌리에서 나왔고, 모든 생물이 한조상에서 나온 슈퍼 패밀리라는 것은 어떤 생물도 미토콘드리아를 그들의 세포내 소기관으로 똑같이 가지고 있다는 사실 하나만으로도 입증되는 사실이다. 뿐만 아니라 현존하는 우리 인간도 비록 피부색이 조금 다르고 생김새가 다르기는 하지만 어떤 인종과도 남녀가 결합을 하면 아이를 낳을 수 있는 한할아버지 자손임이 밝혀졌다. 사정이 이렇다 보니 우리 인간의 종교 역시 그 뿌리는 하나일 수밖에 없다는 것을 쉽게 짐작할 수 있다. 다만 대부분의 주요 종교들이 남긴 역사흔적이 불과 3,000여 년밖에 안 되어 그 이전 관계를 잘 알 수 없을 뿐이지 우리 인류가 아프리카에서 나올 때부터 정령숭배 형태의 종교는 있었다고 보아야 한다.

이것은 문화인류학의 아버지라고 불리는 타일러가 "정령숭배는 인간의 태초의 신앙형태일 뿐만 아니라 모든 인간에게 보편적인 것이며, 신까지도 정령의 한 형태에 지나지 않는다"라고 역설한 것만 보아도 알 수 있다. 예를 들어 종교의 원조격인 힌두교의 신들도 그들 나름대로 힘이 있다고 느껴지는 폭풍, 불, 태양 등 76개의 자연의 대상물을 신으로 삼았으며, 유대교가 절대시하는 유일신인 야훼도 원래는 농축

Ⅲ. 잘 익은 과일, 대자유인

민인 이스라엘사람들이 애타게 기다리던 폭풍우의 신이었다. 이처럼 인간의 필요에 의해 신이 만들어지다 보니 신의 능력을 아무리 과대포장해서 전지전능한 창조주로 만들어 놓았다고 해도, 인간이 만들어 놓은 신의 능력은 인간의 능력을 초월할 수 없는 한계를 가진다. 따라서 전지전능하다는 창조주의 능력은 과학문명의 발달로 시험대에 올라 갖가지 추태가 벌어진 것이다.

예컨대 절대자가 겨우 7천여 년 전에 천지를 창조했다고 한다든지, 지동설을 주장하던 코페르니쿠스나 갈릴레이를 박해했다든지 지금까지도 우리 인간을 비롯한 모든 생물이 한조상으로부터 진화해 왔다는 것을 받아들이지 못하는 우매하고 독선적인 행동을 한다.

그렇다고 해서 절대신의 존재를 부정하고 싶지는 않다. 왜냐하면 인간들 중에서 절대신을 믿는 종교를 필요로 하는 사람이 있고, 그래야만 행복해질 수 있다면 존재나 비존재를 누구도 증명할 수도 없는 사실을 가지고 왈가왈부하는 것은 아무 소용이 없는 일이기 때문이다. 다만 절대신을 진실로 믿고 따르려 한다면 절대신의 품위를 손상시키지 않는 것이 믿고 따르는 자의 도리일 것이다.

만일 그들의 말대로 절대신이 존재한다면 우매한 인간들이 절대신 자신을 무능하게 만드는 현실을 놓고 얼마나 분통이 터지고 답답하겠는가. 따라서 더 늦기 전에 지금이라도 그들의 경전에 나타나 있는 비과학적이고 잘못된 것들은 "절대신이 한 말이 아니고 우매한 성직자들이 지어낸 것이니 고치겠다"고 선언한 다음 바로잡아 놓는다면, 절대신의 명예회복은 가능할 것이다. 그런 뒤 절대신은 추상적 존재로서만 인정하고, 시시콜콜 인간사에 감놔라 대추놔라 하는 인격신으로 만들지만 않는다면 비록 절대적 유일신을 고집한다 해도 다른 종교와 대화

전문부모의 길 74장

가 가능해지고, 이런 종교는 새롭게 거듭나 앞으로 발전할 수 있게 될 것이다.

여하튼 종교와 신의 뿌리가 하나이다 보니 어떤 종교도 완제품 상태로 포장되어 하늘에서 뚝 떨어진 것일 수는 없다. 이에 대해 미국 클레어몬트 신학대학의 라일리 교수는 자신의 책《하나님의 강》에서 "우리가 절대적이라고 믿는 기독교 역시 아주 작은 물줄기가 흘러오면서 계속 여기 저기서 조그만 물줄기, 큰물줄기, 아주 큰물줄기와 합쳐져서 오늘에 이른 것이다"라고 말한다.

예를 들자면 기독교의 어머니격인 유대교만 보더라도, 유일신관을 비롯한 천사장, 사탄, 육체부활, 심판, 낙원, 지옥, 세상종말 등의 개념이 처음부터 있었던 것이 아니고, BC 586년 유대왕국의 멸망으로 유태인이 바빌론으로 포로가 되어 끌려간 후 BC 538년 포로에서 풀려날 때까지 그곳에서 배화교인 조로아스터교로부터 배웠다는 것이다. 그러므로 유대교에서 잉태한 기독교 역시 조로아스터교의 영향을 크게 받은 꼴이 되었고, 그 후에 유대교와 기독교의 물줄기에서 갈라져 나온 이슬람교 역시 마찬가지이다.

이들 종교뿐만 아니라 세계종교의 하나로 현재 서양에서 점차 선호되는 불교 역시 석가모니가 깨달아 단독으로 만든 종교가 아니다. 석가모니 역시 힌두교의 바탕이 없었다면 아무리 홀로 깨달았다 해도 그와 같은 불교가 탄생되지 못했을 것이다. 또한 불교는 그 후 중국을 거치면서 도교와 유교 사상을 받아들였고, 우리나라에서는 산신신앙 등을 받아들여 오늘날의 한국불교가 된 것이다. 이처럼 모든 종교는 서로서로 영향을 주고받으면서 변화해 왔고, 앞으로도 변화해야만 살아남을 수 있을 것이다. 왜냐하면 살아있는 모든 것은 신진대사를 하며

III. 잘 익은 과일, 대자유인

변화해야만 살아갈 수 있기 때문이다.

그러므로 어떤 종교만이 절대적 진리라는 것은 존재할 수 없는 것인 만큼, 종교를 새로이 선택하려는 사람은 어떤 종교를 피해야 할 것인가를 고려하는 게 중요하다.

첫째, 배타적이어서 갈등을 일으키고 전쟁을 일삼는 종교는 피해야 한다. 인간이 인간을 위하여 만들어놓은 종교라는 것이 아직도 부족종교의 솜털을 벗어내지 못해서 인류의 평화와 안녕에 기여하지는 못할망정 허구한 날 이교도들과 싸움을 한다면 아무리 백 가지 유익한 점이 있다 하더라도, 이 한 가지 사실만으로도 이런 종교는 피해야 한다. 그렇게 할 때 교세가 약화되어 전쟁이 줄어들든지 또는 종교 자체가 변화해서 평화의 종교로 되는 계기가 마련될 수가 있기 때문이다.

둘째, 인간을 노예로 만드는 종교는 피해야 한다. 인간에게 "네 자신이 하느님이다" 라든지 "네 자신이 부처님이다" 라면서 그런 경지로까지 끌어올리지는 못할망정 인간을 절대자의 노예로 만들어 인간의 존엄성을 훼손시키고 노예근성을 키워줌으로써 홀로 서지 못하고 의지하게 만드는 종교는 피해야 한다.

셋째, 비과학적이고 자연파괴적인 종교는 피해야 한다. 이 지구촌에서 살아가는 모든 생물이 형제인 만큼 되도록 살생을 하지 말고 살아야 한다고 가르치지는 못할망정 학문을 하는 학교에서조차 아직까지도 진화론을 부정한다든지, 모든 자연은 인간을 위해 만들어놓은 것이니 마음대로 정복하고 지배해도 된다는 자연파기적인 종교는 피해야 마땅하다.

넷째, 자유를 심하게 속박하고 재정적 부담이 큰 종교는 피해야 한다. 잦은 집회로 사람을 괴롭히고, 그것도 본인의사에 따라 가기 싫으

전문부모의 길 74장

면 안 갈 수 있도록 내버려두는 게 아니고 두 번 세 번 전화를 걸어 안 나갈 수 없게 만드는 등 자유롭게 살 수 없게 스트레스를 주거나, 헌금 역시 자유의사에 따라 안 할 수도 있고 조금 할 수도 있는 게 아니고 일정률 이상을 내도록 강요해서 헌금이라기보다는 강탈당하는 상태가 된다든지 하는 행위를 일삼는 종교는 피하는 게 좋다.

다섯째, 가족의 가치를 소홀히 하는 종교는 피해야 한다. 인간이 행복하게 잘살고 발전하려면 뭐니뭐니해도 가족이 제구실을 할 때 가능하다. 요즘처럼 미성년 자식을 둔 부모의 이혼이 늘어나 편모나 편부 밑에서 고통받는 아이들이나 시설에 버려져 몸과 마음에 상처받고 자라나는 아이들을 생각할 때 매우 가슴 아픈 일인데, 이것으로 끝나지 않고 이들이 문제아로 성장한다면 우리 인류의 미래는 어두워질 수밖에 없다. 따라서 종교는 무엇보다도 가족의 가치를 중요시해야 함에도 불구하고 그렇지 못한 종교들이 있다. 예를 들자면 기독교는 부모의 권위보다 절대자의 권위를 앞세우다 보니 가족의 가치를 약화시키며, 불교는 윤회를 끊고자 자식을 불필요한 존재로 생각함으로써 가족의 가치를 소홀히 하는 경향이 있다. 그러나 반대로 유교는 자식을 통해 영생을 꾀하므로 가족의 가치를 가장 중하게 여긴다.

이처럼 이 종교는 이래서 안 되고 저 종교는 저래서 안 되고 하다 보면 마땅히 꼭 믿어도 좋은 종교가 나타나지 않는 게 사실이다. 말하자면 인류의 평화와 행복을 가져올 만한 이상적인 종교는 이 세상에 아직 존재하지 않는다고 해도 과언이 아니다. 따라서 이상적인 종교가 출현하기 전까지는 꼭 믿어야 한다면 기성종교 중에서 흠이 적은 것을 골라야 할 것이다. 만일 기성종교 중에서 마음에 드는 것이 없고 능력이 있는 사람이라면 수운 최재우가 유불선 + 무속 + 기독교를 배합하여 홀룡한 천도교작품을 만들어 냈듯이 종교를 만드는 것도 좋을 것이다. 그리하여 이 지구상에 몇억 개의 종교가 만들어지고, 가족단위나 동호인 단위로 종교가 만들어지거나, 교주 혼자만의 종교가 만들어진다 해도 오늘날과 같은 종교로 인한 인류의 불행은 없을 것이며, 인간의 질은 더 높아질 수도 있을 것이다.

또한 이렇게 많은 종교가 생겨나면 인간들은 맛있는 음식을 찾아먹듯이 자기취향에 맞는 종교를 찾아 믿을 수 있게 될 것이며, 더 나아가 자기취향에 맞는 맞춤형 종교문화도 생겨날 수 있을 것이다.

또한 현실적으로는 일생을 몇 단계로 나누어 가령 제2인생에서는 가족의 가치를 중요시하는 유교에 심취하고 제3의 인생에서는 깨침을 중시하는 불교나 노장사상 속에 파묻혀 도를 이루는 것도 한 가지 방법일 것이다.

70. 노화극복의 망상으로부터 자유로워지자

예전에 우리 조상들의 대부분은 나이가 먹어 늙어가는 것을 체념하면서 담담한 심정으로 받아들였다. 그러나 오늘날에는 노화를 질병이라고 해서 "이 병을 고치면 노화를 지연시키거나 중단시켜 수명을 크게 연장시킬 수 있다"는 허황된 선전에 현혹되어 노화를 자연스럽게 받아들이지 못하고 어떻게 해서든지 벗어나 보려고 집착하는 이들이 많다.

지난 수백 년 동안 의학이 이룩한 업적과 공중보건상의 발전으로 우리 인간의 평균수명이 늘어난 것은 사실이지만, 최고수명만은 늘어나지 않는다. 다시 말해 100여 년 전에도 몇몇 사람들은 115세까지 살았고, 122세까지 산 사람도 있지만, 오늘날에도 이 수치는 변하지 않는다. 이것 하나만 보더라도 노화는 질병이 아니며, 굳이 질병이라고 한다면 누구나 앓아야 하는 불치병인 셈이다. 따라서 우리 인간은 영원히 살 수가 없어서 80세가 되면 우리의 절반쯤이 죽고, 100세가 되면 99%가 죽으며, 115세가 되면 거의 모든 이들이 죽어야만 한다.

또한 이러한 노화와 죽음은 우리 인간에게만 있는 것이 아니다. 지난 수세기 동안 과학자들이 쥐, 개, 원숭이, 새, 파리, 벌레 등을 포함한 각종 동물에 대한 수명연장 실험을 해왔지만, 궁극적으로 모든

Ⅲ. 잘 익은 과일, 대자유인

동물은 노화되어 일정시점이 되면 결국 죽는다는 동일한 결과를 보여주었다.

더구나 유아기에는 사망률이 높다가 10~15세에 낮아지고, 사춘기가 끝난 이후에 다시 급격하게 증가를 보여 예를 들어 35세 사망률은 25세의 두 배가 되는 것처럼, 80세까지 약 10년마다 두 배씩 증가한다는 곰페르츠의 사망률법칙이 우리 인간에게만 적용되는 것이 아니고, 개나 쥐나 원숭이들도 이 법칙에 따른다. 예컨대 인간의 수명은 대략 60~90년이고, 사냥개인 비글의 수명은 8~14년으로 사람의 일주일이 비글의 하루에 해당된다고 볼 때, 이것을 곰페르츠 사망률법칙에 적용해 보면 정확하게 비례한다.

이처럼 우리 인간뿐만 아니라 다른 동물들도 동일한 사망률법칙에 따라 노화와 죽음이 이루어진다는 점을 보더라도 노화는 질병이 아닌 어떤 생물학적인 이유가 있는 필연성으로 이루어진다는 것을 짐작할 수 있다.

진실이 이렇다 보니 노화에 대한 원인규명이 쉽지 않아 노화에 관한 학설이 난무한다. 예를 들자면 노화가 유전자 속에 미리 프로그램되어 있다가 일어난다는 프로그램설, 몸 안에 들어온 산소의 일부가 완전히 환원되지 않고 활성산소가 되어 몸에 해를 입혀 노화가 일어난다는 활성산소설, 단백질을 합성할 때 DNA의 유전자 정보가 실수를 저질러 이상한 단백질을 합성함으로써 노화가 진행된다는 오류설, 텔로미어라는 염색체 끝부분에 있는 DNA 꼬리가 세포분열이 거듭될수록 점점 닳아 짧아지기 때문에 세포분열 횟수에 한계가 생기고 손상을 입어 노화가 일어난다는 DNA 손상설, 여성의 폐경이나 갱년기 장애처럼 호르몬의 기능이 쇠퇴함 따라 노화가 진행된다는 호르몬설, 우리 몸을 감염으로부터 지키기 위해 분비되는 위험한 화학물질이 도리어 우리 몸의 조직까지 손상시켜 결국 노화와 암을 일으킨다는 면역계설(免疫系說), 뼈나 힘줄 등을 구성하는 단단한 단백질인 콜라겐 중 단백질의 분자와 분자 사이에 다리가 생겨 세포의 활용을 저하시킴으로써 노화가 일어난다는 가교설 등 수많은 학설이 난무한다. 이처럼 노화에 관한 학설이 많다는 것은 노화가 단순히 한두 가지 원인에 의해 일어나는 것이 아니고 여러 가지 원인이 복합되어 일어난다는 것을 의미할 뿐만 아니라, 아직까지 노화의 원인구명이 제대로 되어 있지 않다는 것을 의미하기도 한다.

또한 노화를 방지하기 어려운 점은 설령 노화의 원인이 예를 들어 100가지로 모두 밝혀졌다 하더라도 대부분 그 원인을 깨끗이 제거할 수 없다는 점이다.

예컨대 위에서 설명된 면역계만 보더라도 감염으로부터 몸을 보호하기 위해 분비되는 위험한 화학물질이 노화를 일으킨다고 해서 깨끗이 제거해 버린다면 질병에 감염되어 더 빨리 죽을 수도 있다.

펩시노겐이라는 위장호르몬을 많이 분비하는 사람은 각종 감염들을 효율적으로 막아낼 수 있는 반면 위궤양에 걸리기 쉬워 결국 나이가 들면 위궤양으로 사망할 가능성이 높아지는데 그렇다고 해서 펩시노겐의 분비를 막을 수는 없다.

생애 초기에 철분을 충분히 흡수하는 능력을 지닌 사람은 철분결핍으로 인한 빈혈을 방지하는 이익을 얻은 반면 과다하게 흡수된 철분이 축적되어 간을 파괴시킴으로써 중년 이후에 혈색증에 걸려 사경에 이를 수 있으므로 철분흡수 능력을 제거할 수는 없다.

많은 사람들의 몸 속에는 통풍까지 일으킬 정도로 다량의 요산이 존

Ⅲ. 잘 익은 과일, 대자유인

재하는데 이 요산은 산화방지제 역할을 하여 산소로 인한 독을 효과적으로 제거해서 평균수명이 늘어나고 암발병률도 낮아지므로 늙어 통풍에 걸려 고통을 받는다고 해서 요산을 제거할 수 없다.

노화의 원인인 줄 뻔히 알면서도 그 원인을 제거하면 더 큰 손실을 초래하기 때문에 울며 겨자먹기식으로 그냥 놔둘 수밖에 없는 것들이 많이 있다.

또한 인간의 생식기간인 12세~50세가 되기 전에 나타나는 치명적인 병을 유발하는 유전자는 다음 세대로 유전되지 못하지만, 생식기간이 지난 50세 이후에 나타나는 치명적인 유전자는 생식에 의하여 제거가 불가능하다. 그러므로 인간의 수명을 획기적으로 늘리기 위해서는 이와 같이 쌓여 있는 치명적인 유전자를 모두 제거해야 하므로 인간의 수명제조는 불가능에 가까울 수밖에 없다.

이뿐만 아니라 인간이나 포유동물들은 생식기간 이후까지 생존하면 신체의 각 부분이 취약해져서 심장혈관계의 막힘으로 심장병이나 심장마비를 일으킨다든지, 면역체계의 약화로 전염병에 걸린다든지, 골격체계의 약화로 골다공증에 걸린다든지, 감각체계의 약화로 시각이나 청각을 상실한다든지 하는 점이다. 이처럼 유전자는 생식을 하기에 충분할 정도로만 수명을 보장하기 때문에 일단 성적 성숙기에 도달하면 생명유지를 맡는 유전프로그램의 효율성은 떨어지기 시작한다. 따라서 오늘날과 같이 우리 인간이 생식연령 50세를 훨씬 넘어 산다는 것은 진화의 관점에서 볼 때 인간의 수명이 과도하게 설계되었음을 말해주는 것인데, 이미 과도하게 설계된 인체를 다시 수명연장을 위해 설계변경을 한다는 것은 매우 어렵다.

그러므로 과학적 측면에서 볼 때 노화나 질병이나 죽음은 살아있는 생물기계가 보증기간을 넘어서까지 가동됨에 따라 필연적으로 발생할 수밖에 없는 부작용으로 봐야 할 것이다.

사정이 이러함에도 불구하고 몰지각한 극단적인 생명연장론자들 가운데에는 노화가 일종의 질병에 불과한 것이며, 모든 사람들이 장수의 기능성을 타고나지만, 불건전한 생활, 유해한 환경, 일부 활력물질의 부족 때문에 노화가 일어나고 질병에 걸려 죽는다고 주장한다.

그러나 이들 수명연장론자들의 수명을 보면, 달리기의 효과를 주장하던 장거리선수 짐 픽스는 52세가 되던 해에 평소처럼 달리기를 마친 후 심장마비로 죽었고, 비타민 C가 감기와 암을 예방한다고 열렬히 주장하던 라이너스 폴링은 93세에 암에 걸려 사망했으며, 유기농산물을 먹으면 100세까지 살 수 있다고 주장하던 제롬 로데일은 72세에 TV인터뷰중에 심장마비로 죽었고, 성장호르몬의 노화방지 효과를 주장하던 대니얼 루드먼은 67세에 폐혈관 색전증으로 사망했다. 이처럼 식습관을 바꾸거나 비타민이나 노화방지제, 호르몬제 들을 먹으면 수십 년을 더 살 수 있다고 주장하는 사람들은 사실 예전의 길거리 약장수와 다를 바 없는 것이다.

다만 매일 한 시간 정도의 활발한 운동을 한다든지, 과일 채소 등을 많이 먹고 지방질 섭취를 줄인다든지, 매일 숙면을 취한다든지, 머리를 많이 쓴다든지, 스트레스를 적게 받는다든지, 매일 신체마사지를 한다든지, 적당한 섹스를 한다든지 하는 등의 건강과 장수를 위한 처방에 따라 생활한다면 삶의 질은 높아질 것이다.

그러나 그간의 연구결과에 따르면 건전한 생활방식을 유지하는 집단의 기대수명이 그렇지 못한 집단에 비해 불과 900일 정도밖에 늘어나지 않는 것으로 보아 수명연장은 크게 기대할 것이 못된다.

.

Ⅲ. 잘 익은 과일, 대자유인

따라서 생애 전기간 동안 건강프로그램을 지키며 살아간다 해도 노화과정을 중단시키거나 거꾸로 돌릴 수는 없는 노릇이고, 다만 나이와 더불어 건강이 나빠지는 속도를 늦출 수 있을 뿐이다. 생활방식과 건강보조식품의 복용여하와는 관계없이 일부는 젊은 나이에 죽고, 일부는 고령까지 살며, 대부분의 사람들은 이 양극단 사이의 나이에 사망하도록 되어 있는 것이 생물학적 현실이다.

그러나 우리 인류는 현재 주어진 수명에 만족하지 못하는 게 사실이어서 노화방지와 수명제조에 대한 연구를 지속할 것이고, 먼 훗날 언젠가는 유전자 조작을 통하여 우리 인체의 설계도를 변경해서 노화를 중지시키고 수명을 크게 연장시킨 신생인류의 시대가 올지도 모른다. 하지만 그렇게 될 확률은 매우 낮고, 설령 그것이 이루어진다 해도 그 시기는 요원하므로 이 시대에 사는 우리 인류와는 직접적인 관계가 없는 일이 된다.

따라서 피할 수 없는 노화를 막고 하루라도 더 길게 살아보려고 안간힘을 써가며 정력과 시간을 소모시킬 게 아니라, 어떻게 하면 오늘을 더 건강하고 행복하게 살 수 있을 것인가에 힘을 쏟는 것이 지혜로운 삶이며, 노화극복의 망상으로부터 자유로워지는 길이 되는 것이다.

전문부모의 길 74장

71. 당당하고 멋진 노인으로 다시 태어나자

　우리가 어릴 때만 해도 환갑이 지난 노인은 한 동네에 몇 안 되었으므로 희소가치가 있었으며, 그래서 극진한 대접도 받았다. 그러나 요즘 와서는 70이면 아기요, 80이면 젊은이라는 우스갯소리가 오고갈 만큼 노인들이 많다 보니 희소가치는커녕 안할 말로 혐오의 대상이 되어간다 해도 지나친 말이 아니다.

　그런데 노인들이 이런 대접을 받는 것은 단순히 희소가치만의 문제가 아니다. 우선 지난 농경사회에서는 노인은 경제적 가치가 있었다. 즉, 그들은 뜰에 말리는 곡식도 돌봐야 하고, 소나기라도 쏟아지면 말리던 곡식이나 빨래도 걷어들이고 장독뚜껑도 덮어야 하고, 돼지밥도 주어야 하며, 텃밭을 매기도 하고, 길쌈준비를 하는 등 일손이 부족하다 보니 할 일이 많았다. 또한 노인들은 대개 죽을 때까지 경제권을 쥐고 있었으므로 자식등에 얹혀 사는 게 아니고 오히려 자식들을 부양하며 살아가는 형태여서 당당할 수 있었다. 또 노인들이 병들었을 때에는 의료비라야 한약 몇 첩이 고작이었으며 요즘처럼 종합병원을 드나들며 비싼 의료비를 지불하지 않았다. 또 여행도 없던 때라 관광비용도 필요치 않았다.

Ⅲ. 잘 익은 과일, 대자유인

코끼리를 비롯한 망토개코원숭이, 코뿔소, 물소 등의 늙은 동물들이 젊은것들로부터 존중을 받아가며 살아가는 이유가 그들의 나이 때문이 아니라 그들의 경험이 도움을 주기 때문인 것처럼, 농경사회에서 노인의 경험은 젊은이들에게 도움이 되었던 것이다. 이런 복합적인 요인에다가 투철한 효사상까지 합쳐져 노인들의 천국을 이룰 수 있었고, 더구나 농촌사회는 익명성의 도시와는 달리 불효를 저지르고서는 살아갈 수가 없었다는 것도 크게 작용했다.

또한 예전에는 노인들의 수명이 요즘보다 훨씬 짧아서 모시고 산다 해도 몇 년만 고생하면 되었으므로 요즘보다는 부담이 크지 않았다. 이와 같은 점을 생각해볼 때 요즘과 같은 도시산업사회에서는 노인은 효용가치는 거의 없고 부담만 가중시키는 존재로 전락하고 말았다는 것을 알게 된다. 따라서 노인들은 이 점을 빨리 깨우쳐서 자식에게 의지하려 하고, 늙었다는 유세나 부리려다가 버림받지 말고 스스로 서고, 스스로 먹고, 스스로 품위를 지키고, 스스로 할 일을 찾아서 젊은이들에게 짐이 되지 않을 때 비로소 한 인간으로서 대접받을 수 있다는 사실을 알아야 할 것이다. 그러면 어떻게 살아가는 것이 당당하고 멋진 노인이 되는 길인가를 살펴보자.

첫째, 어떤 종류의 응석도 부리지 말고 살아야 한다. 사람에 따라 차이가 있기는 하지만, 늙으면 외롭기도 하고, 여기저기가 저리고 쑤셔서 밤잠을 설치기도 하고, 고혈압이다 당뇨다 해서 늘 약을 먹기도 하며, 기운이 약해져서 힘든 일을 할 수 없는 등 보증기간이 훨씬 지난 인체는 마치 노후된 자동차와 같아서 고장도 잦고 터덜대는 데다가, 늙으면 어린애처럼 남이 무엇을 도와줄 것이라는 기대하는 심리마저 작용해서 응석을 부리는 것을 본다. 그러나 저 살기도 바빠서 허둥대

·

전문부모의 길 74장

는 자식들이나 가까운 친인척에게 하소연이나 하고 우는소리나 하면서 어린아이처럼 응석을 부린다면 그야말로 골칫덩어리 늙은이로 취급받는다. 이것을 젊은이의 입장에서 생각해볼 때 이미 자기 자신들보다 더 많이 살면서 더 많은 혜택을 받은 처지에서, 안 할 말로 자기들보다 더 오래 살지도 모르는 노인이 오래 산다는 것에 대한 감사하는 마음은 갖지 못할망정 젊은이들에게 잘해주지 않는다고 섭섭해 하고 원망이나 한다면 이치에 맞지 않는 일이다. 따라서 어른이면 어른답게 아무리 몸이 아프고 외롭다 해도 응석을 부리지 말고 스스로 해결할 때 어른으로서의 품위가 지켜지는 삶이 될 것이다.

둘째, 굶어죽는 한이 있더라도 구걸은 하지 않는다는 각오로 살아야 한다. 구걸하지 않는 노인이 되려면 젊어서 열심히 일하고 저축을 해서 노후대책을 잘 세워 경제적 자립을 하는 것이 최상이지만, 만일 노후대책이 충분치 못할 때에는 처음부터 자식에게 의지하려 들지 말고 무슨 일을 해서라도 자립할 수 있는 길을 찾아야 할 것이다. 노인들도 일을 하려고 마음만 먹으면 굶어죽지 않을 만한 일거리는 얼마든지 있으므로 비렁뱅이가 되지 말고 자기가 벌어먹는 인간다운 인간이 되어야 한다. 만부득이 몸에 병이 들어 돈을 벌 수도 없고, 벌어놓은 돈도 없어서 자식의 도움을 받을 수밖에 없을 때에는 굶어죽지 않을 정도로 최소한의 도움만 받아야 할 것이다. 그리고 이 경우에도 가능한 한 자식과 한집에 들어가 사는 것보다도 제주도의 안거래 박거래처럼 완전히 독립된 가구에 살면서 자식들의 삶에 영향을 덜 주는 것이 노후대책을 세워놓지 못한 비렁뱅이 부모가 지켜야 할 최소한의 도리이다.

셋째, 죽을 때까지 할 수 있는 일을 찾아 일을 하며 살아야 한다. 일반적으로 늙으면 일을 하지 않고 놀아야 한다든지, 일을 하려 해도 할

·

Ⅲ. 잘 익은 과일, 대자유인

일이 없거나 능력이 떨어져 놀 수밖에 없다는 생각을 하기 쉽다. 그러
나 역사적으로 보더라도 미켈란젤로는 대표적인 그림 몇 점을 여든이
넘은 나이에 그렸고, 괴테는 여든이 넘어서도 글을 썼으며, 에디슨은
아흔두 살에도 여전히 발명을 하였고, 프랭크라이트는 아흔의 나이에
가장 창의적인 건축가로 인정받았다. 쇼는 아흔에도 여전히 희곡을 썼
고, 모제스는 일혼아홉에 그림을 그리기 시작했으며, 플라톤은 여든한
살에 저술을 하다가 죽었고, 이소크라테스는 유명한 연설문을 아흔네
살에 썼으며, 고르기아스는 일백일곱 살까지 살면서 연구와 일을 멈추
지 않았듯이, 몸이 쇠약해지면 쇠약해진 대로 거기에 알맞는 일을 찾
아 죽는 순간까지 일을 하겠다는 각오만 되어 있다면 할 일은 얼마든지
있다.

　물론 노인들이 할 일이란 이런 거창한 것만을 이야기하는 것이 아니
고, 취미로 하는 글쓰기, 그림그리기, 조각, 서예, 공예품 만들기와
같은 창작형을 비롯하여, 여유가 되면 수집 취미도 좋고, 노래부르기
나 춤추기도 좋으며, 게이트볼이나 수영 등의 운동도 좋고, 공부나 종
친회 일 같은 종교적인 일도 좋을 것이므로 자기가 하고 싶고 자기 분
수에 맞는 것을 골라 죽는 날까지 한다면 본인도 즐겁고, 보는 이도 즐
겁고, 무엇보다도 죽어있는 화석이 아니라 살아 움직이는 품위있고 존
귀한 인간으로서 대접받으며 살아갈 수 있다.

　넷째, 추한 모습을 멋진 모습으로 바꾸며 살아야 한다. 젊음은 그것
자체가 아름다움이듯이 늙음은 그것 자체가 추함이라는 것을 우리 늙
은이들이 인정해야 한다. 추한 노인이란 일그러지고 추한 얼굴, 이마
에는 밭고랑 같은 주름살, 여기저기 덕지덕지 붙어있는 검버섯, 두 뺨
이나 입가에 움푹 패인 주름들, 보기 흉한 가죽만 남은 피부와 그 밑에

전문부모의 길 74장

앙상하게 드러난 뼈마디들, 코밑은 언제나 축축하고, 다리는 휠 대로 휘어 있고, 등은 구부러지다 보니 마치 고릴라와 같고, 이가 다 빠진 입과 바싹 마른 몸에서는 고약한 냄새를 풍긴다.

물론 모든 노인들이 다 이런 것은 아니고 학처럼 깨끗이 늙어가는 이들도 많지만, 대개 노인이 거처하는 방이나 종묘공원처럼 노인들이 많이 모여 있는 장소엘 가면 악취가 진동하여 숨을 쉬기가 어려울 때가 많이 있다. 따라서 노인이 되면 젊은이들보다 더 자주 매일같이 목욕하고 속옷을 갈아입고 방 청소는 물론 환기를 잘해야 하고, 말끔하고 단정한 옷차림을 해야 할 것이다. 또한 추하다는 것은 단지 용모나 악취만의 문제가 아니다. 길거리에서 술을 먹고 비틀거리며 게걸댄다든지, 엄숙해야 할 고궁에서 오디오를 크게 틀고 다닌다든지, 종묘같이 신성한 장소나 여러 사람이 보는 공원 같은 데서 함부로 방뇨를 하거나 가래침을 뱉고 쓰레기를 버린다든지, 윗통을 벗어붙이고 자리를 깔고 누워있다든지, 금연구역에서 담배를 피운다든지, 욕지거리를 하며 큰 소리로 싸운다든지 하는 등의 추함도 큰 문제가 된다.

왜냐하면 늙은 것이 죄는 아니지만 그렇다고 해서 특권이 주워진 것은 더욱 아니다. 노인들이 추한 모습을 하고 추한 행동을 하여 젊은이들의 혐오의 대상이 되면 될수록 그렇지 않아도 의료보험이다, 국민연금이다 해서 곱게만 보일 수 없는 노인들이 제대로 인간대접을 받기란 점점 더 어려워지고 말 것이다.

이처럼 추한 모습을 보이지 않는다는 소극적인 태도도 중요하지만, 좀더 적극적으로 멋진 노인이 되기 위해서는 마크 트웨인 하면 순백색의 정장차림이 생각나고, 메리언 무어 하면 삼각모자가 떠오르듯이, 옷 한 가지 모자 하나라도 자기개성을 살려 정체성을 나타낸다든지,

·

III. 잘 익은 과일, 대자유인

노인들이 너무 많이 모여 있는 장소를 피한다든지, 자원봉사나 소외집단의 권익보호에 앞장선다든지, 정의사회 구현에 나선다든지 하는 등의 일을 솔선수범하며 살아간다면 노인들의 추한 모습은 멋진 모습으로 바뀔 수 있게 될 것이다.

아무튼 고령화된 도시산업사회에서 쓸모가 없어진 노인이란 존경의 대상은 고사하고 혐오의 대상이 되기 십상인데, 그렇다고 해서 살아 있는 목숨을 어찌할 수도 없는 노릇이고 보면, 노인 스스로 인간의 존엄성을 굳건히 지켜가며 살아갈 수밖에 없다. 그러기 위해서는 젊은이들의 눈치나 살피면서 비굴하게 살 것이 아니라 정신적으로나 경제적으로나 완전히 자립을 해서 스스로 자기를 지켜나가고, 권리도 자기 스스로 지켜나가야 하며, 누구에게도 예속되지 않으면서 마지막 순간까지 자기가 할 수 있는 일을 하거나 도를 닦아나갈 때 노인은 혐오의 대상이 아닌 존경의 대상이 되어 당당하고 멋진 노인으로 다시 태어날 수 있을 것이다.

전문부모의 길 74장

72. 장수는 스스로의 힘으로 하도록 제도화하자

내가 존경하던 분이 88세의 미수(米壽)에 큰 병을 얻어 대학병원 중환자실에 입원했다는 소식을 듣고 급히 찾아가 면회를 한 일이 있었다. 늘 건강하였고 뚜렷한 삶의 철학도 가졌으며 사회에서 큰 일을 많이 한 분이었는데 갑자기 신장을 비롯한 여러 곳이 망가져 매일 혈액투석도 하고, 여기저기에 호스를 주렁주렁 달아서 말도 제대로 못했고, 손발은 침대에 묶인 상태였다. 그런데 나를 보자마자 애원하는 눈빛으로 "가! 가!"라는 외마디 말만 되풀이해서 의아하게 생각한 나는 "이 어른이 망령이 나신 겐가"라는 생각을 하는데 옆에 있던 가족 말이 나더러 가라는 얘기가 아니고, 하루 빨리 집으로 데리고 가달라는 호소를 하는 것이란다. 오죽 가고 싶었으면 중환자실을 벗어난다는 것이 죽음을 의미한다는 것을 잘 알면서 저토록 가자고 애원을 하는 것인가 라는 생각이 들어 깊은 연민의 정을 느꼈다.

나는 중환자실에서 나와 가족에게 퇴원을 권유해 보았지만 법적인 문제로 의사가 허락하지 않는다는 것이다. 그렇다면 입원실이 있는 작은 병원으로 옮기면 고생하는 기간이 짧아질 수 있을 게 아니냐는 권고만 하고 돌아왔지만, 기어이 그렇게도 못하고 그 후 근 1년 동안 중환

Ⅲ. 잘 익은 과일, 대자유인

자실에서 투병 아닌 투병을 하다가 가엾게 돌아갔고, 그 부인은 노구를 이끌고 중환자대기실에서 그 기나긴 날 동안 새우잠을 자야했으니 이것이 과연 누구를 위한 의료행위인지 알 수 없는 노릇이다.

만약 그 분이 돈이 없거나, 아는 의사가 없어 입원을 할 수 없었거나, 가족의 체면이 크게 중요하지 않았다면 조용히 집에서 몇 개월간 앓다가 품위있는 마지막 삶을 마감했을 것이다. 그리되면 사망년월일이 약 10개월 가량 앞당겨졌을 것이지만, 인간의 존엄성을 유지하면서 병문안 오는 사람들과 똑바른 발음으로 이야기를 나누기도 하고, 가족들과 지난날을 회상하면서 작별의 정을 나눌 수도 있었을 것이다. 그런데 살벌한 중환자실에 있다 보니 가족이나 친지면회도 어렵고, 여기저기서 신음소리만 들려오고, 살아서 나가는지 죽어서 나가는지 중환자들의 빈번한 교체를 바라보아야 했으니 원수라면 돈이 있는 게 원수요, 아는 의사가 있는 게 원수요, 주위 체면을 중시하는 가족의 체면이 원수라고밖에 볼 수 없다.

이처럼 아무리 입원을 해서 최첨단 시설, 최첨단 의술, 최첨단 의약품으로 치료한다 해도 결국 고생만 하고 돈만 쓰고 죽고 말 것이라는 것을 누구보다도 잘 아는 의사, 또한 가족들 그리고 분별력있는 환자까지, 더구나 환자가 그렇게도 애원하는데 누구를 위하여 무엇 때문에 입원을 시켜놓고 비싼 의료비를 낭비하며 환자와 가족들이 고통을 받아야 하는가? 더구나 치료를 받으면 병을 고칠 수도 있고, 일을 할 수도 있는 젊은이들을 위한 병상을 차지하고, 젊은이들의 의료비를 축내고, 그들에게 무거운 짐을 지우는지 모를 일이다. 현재 서울대병원 어떤 의사의 진찰을 받으려면 무려 10년이나 대기해야 한다니 명 짧은 사람은 진찰을 받기 전에 죽고 말아야 한다는 얘기가 되는 현실 속에서

전문부모의 길 74장

가망이 전혀 없는 환자에게 이렇게 기나긴 날을 입원시켜 놓고 바쁜 의사들의 시간을 빼앗는 것이 과연 생명존중 사상이며 윤리도덕적이라고 말할 수 있겠는가?

이제 지구촌은 고령화사회로 변모되어서 산업혁명 전까지는 경제적으로 풍족한 나라에서 65세 노인과 마주칠 확률이 1/40이었으나 현재에는 1/7이고 불과 몇십 년 안에 그 확률은 1/4이 될 것이다. 달리 말한다면 인류가 이 지구상에 태어나 지금까지 65세가 되도록 산 사람의 총숫자 중 절반 가량이 지금 현재 살아 숨쉰다는 것이다.

고령화사회는 최근 급격히 형성되는 것이어서 어느 나라도 이에 대한 경험도 없고 대비도 되어 있지 않아 향후 많은 문제를 일으키게 될 것이다. 고령화 사회에서 당장 문제가 되는 것은 노인들이 쓰는 의료비가 기하급수적으로 늘어나서 가장 잘사는 미국을 비롯한 어떤 부자나라도 무제한으로 의료비를 쓸 수 있는 재정적인 여유를 가진 나라가 없다는 점이다.

비근한 예로 우리나라만 해도 노인의 의료비가 1년 사이에 무려 38%나 증가하며, 이는 전체인구의 7%인 노인인구가 국민건강보험 의료비의 30%를 사용하는 꼴이다. 이대로 가다가는 모든 환자에게 가능한 모든 의료서비스를 제공할 수 없는 시대가 오고 말 것이다. 따라서 의료비 측면에서만 보더라도 가망이 없는 고령자에게 최첨단 수명연장 장치를 달아놓고 그들을 기괴한 미라나 산송장으로 만들면서 의료비나 축내는 일만이라도 당장 그만두어야 할 것이다.

한정된 의료비를 누가 먼저 쓸 것인가 하는 문제는 정하기 어려운 일이지만, 적어도 평균수명을 넘게 사는 고령자는 이미 많이 살았을 뿐만 아니라 국가사회에 기여할 일도 젊은이들보다 적을 수밖에 없으

Ⅲ. 잘 익은 과일, 대자유인

며, 또 기계가 이미 낡아서 최첨단 의술에 의존하거나 또는 안 하거나 수명에 크게 영향을 미치지도 못하는 나이가 되었으므로 이들이 젊은 이들에게 순위를 양보하는 것이 순리다. 더구나 80이나 90이 넘은 고령자는 스스로의 힘으로 장수할 수 있는 유전적 혜택을 받고 태어난 사람들이므로 가벼운 감염치료나 하는 정도로 장수를 해나가도록 제도화하는 것이 좋을 것이다. 따라서 연령에 따른 의료보험 사용 및 의료기관 이용의 기준을 설정해 본다면 다음과 같다.

	의료보험 치료	자비 치료
평균수명~80세	전의료기관(단 종합병원 입원은 연간 30일 이내로 한정)	전의료기관
80세 ~ 90세	의원급 이하 의료기관	전의료기관(단 종합병원 입원은 연간 30일 이내로 한정)
90세 이상	보건소, 양로원의 의료시설	의원급 이하 의료기관

사실 85세 이상 노인들은 암이나 동맥경화와 같은 퇴행성 질병보다 감기나 폐렴과 같은 감염에 의한 질병으로 세상을 뜨는 수가 많으므로 이처럼 기초적인 의료서비스를 제공하는 것만으로도 장수에는 지장이 없다. 그리고 만일 암과 같은 질병에 걸린다면 간단한 수술로 치유가 능한 경우 이외에는 천명으로 받아들이는 것이 환자나 가족을 위해서 바람직한 일이다.

또한 고령자가 병원에 가서 이것저것 진단을 받고 치료를 받는 것은 신체적으로나 정신적으로나 감당하기가 어려워서 더욱 몸이 쇠약해질 수도 있고, 없던 병을 얻을 수도 있으며, 치료 안 하는 것보다 수명이 단축될 수도 있으므로 80~90이 넘은 고령자에게는 무조건 병원엘 끌

전문부모의 길 74장

고다니는 것이 좋은 것만도 아니다. 따라서 우리는 이들 고령자들의 삶을 얼마간 연장시키려는 데 신경을 쓰지 말고 살아 있는 동안 자립적인 존엄한 삶을 누릴 수 있도록 존중해 주는 것이 더 중요하다.

그리고 위와 같은 제도가 수립되면 환자나 가족이나 의사나 불필요한 데 시간과 정력과 돈을 낭비하지 않고 체념해야 할 때 체념할 수 있는 장치가 되어 자식들의 노부모 기피현상도 줄어들 수 있을 것이다.

노인에 대한 제도나 정책에 대한 말이 나온 김에 한마디 덧붙인다면, 종로 한복판에 노인회관을 두고 종묘공원 등에서 급식을 하니 이 일대는 젊은이들의 기피장소가 되며, 외국관광객에게도 좋은 인상을 주지 못하는 게 사실이다. 따라서 서울외곽 동서남북 지하철종점 근처에 노인회관과 공원을 하나씩 만들어 운영한다면 젊은이들이 노인을 보는 눈도 달라지고, 도시도 밝고 활기찬 모습이 될 수 있을 것이다.

또한 고령자가 급속히 늘어남에 따라 각종 연금이 바닥나고, 그때마다 국민세금으로 메우다 보면 정작 써야 할 곳에 국민세금이 쓰이지 못하고 젊은이들의 부담만 점점 무거워져서 고령자를 보는 눈은 더 험악해질 것이다. 따라서 연금제도는 각 개인이 불입한 금액을 기준으로 예를 들어 불입금액의 100%를 수령했으면 그 이후부터는 10%를 감액해서 지급하고, 500%를 받았으면 50%를 삭감해서 받게 한다면 저항할 명분이 적어 가능할 것이다. 물론 최저 생명유지비 이하로의 삭감은 곤란한 일이므로 가령 쌀 2가마니 정도까지만 되도록 감액하는 것이 좋을 것이고, 이렇게만 된다면 고령자가 급증한다 해도 연금고갈 문제는 크게 해소될 것이다.

물론 어떤 이는 "늙은이는 죽으란 말이냐"라고 항의하겠지만, 일반적으로 이미 세상을 오래 살면서 삶이라는 특권을 누려온 고령자들은

·

Ⅲ. 잘 익은 과일, 대자유인

어느 계층보다도 자기자신보다는 국가사회를 먼저 생각하고 자손들을 위하여 희생할 마음자세가 되어있는 만큼 삭감한 돈을 국방비나 교육비에 정직하게 사용만 해준다면 이런 저런 고생쯤은 달게 받을 수 있을 것이다.

아무튼 젊은 사람이라면 한 가닥의 희망만 있더라도 끝까지 붙들고 늘어져 살려보려고 노력하는 것이 좋겠지만, 이제 고령이 된 노인을 애써 고쳐보았자 몇 해나 더 살지 알 수 없는 것을 의사의 주머니 때문에, 자식들의 체면 때문에, 환자의 허욕 때문에 고액의 치료비를 소비한다는 것은 아름다운 일이라고 보기 어렵다.

결국 장수할 사람은 병원엘 가지 않아도 오래 살고, 죽을 사람은 아무리 발버둥쳐도 죽을 수밖에 없는 것이 생명의 본질이요 우리 인간의 숙명이다. 장수라는 것은 자력이 아닌 타력에 의해 병상에 눕혀 놓고 호스나 주렁주렁 달아놓아 몇 달이나 며칠 정도 수명을 연장시킨다고 해서 되는 것이 아니므로 스스로의 힘으로 할 수 있게끔 보건위생에 신경을 쓰고 감염에 희생되지 않을 만큼만 힘쓸 수 있도록 제도화하는 것이 좋을 것이다.

전문부모의 길 74장

73. 죽음으로부터 자유로워지자

내가 서울에 와서 고등학교에 다닐 때 할아버지가 위독하시다는 말을 듣고 시골에 내려갔다. 누워계시던 할아버지는 나를 반기시며 일으켜달라고 하시더니 이런저런 말씀을 하시다가 느닷없이 "네 애비같이 살다간 인생이 좋았다는 느낌이 드는구나" 하시는 것이었다. 아니 68세까지 사셨고 가난한 집에 어려서 양자로 들어와 자수성가로 시골부자가 된 입지전적이신 분이 26세밖에 살지 못한 둘째 아들의 인생이 좋았다고 하시니 놀라지 않을 수 없었다. 그래서 "왜요?"라고 여쭈어보았더니, "네 아비는 비록 짧게 살다 갔다만은 이 세상에 나와 장가도 들어보았고, 자식도 낳았고, 공부도 하고 직장도 다녀봤으며, 깨끗이 살다갔으니 더 이상 무엇을 바라겠느냐?"라는 말씀이셨다. 이 말씀을 들으면서 오죽 세상살이가 고달프셨으면 저런 말씀을 하시나 하는 생각이 들어 마음이 무거웠다. 어찌 되었던 간에 할아버지는 죽음을 담담한 심정으로 받아들이고 계시다는 것을 느낄 수 있었고, 인생이라는 게 오래 산다는 것이 그리 중요한 게 아니고 어떻게 살다 가느냐가 더 중요하다는 생각을 하고 계시다는 것을 알 수 있었다. 이 말씀을 듣고 나는 짧게 살더라도 바르고 깨끗하게 후회 없는 삶을 살아야겠다는 각

III. 잘 익은 과일, 대자유인

오를 더욱 다졌다.

우리 집안은 예전부터 과부집안이라는 별호가 붙을 만큼 남자들이 단명해서 우리 아버지가 26세에, 나보다 일곱 살 위인 종형이 29세에, 큰아버지가 34세에 돌아가셨으니 애초부터 나는 장수는 꿈도 꾸지 않았고, 40세까지만 살면 좋겠고, 만일 50세 넘어까지 산다면 그것은 덤으로 사는 인생이 될 것이라고 입버릇처럼 말하며 젊은 날을 보냈다. 그러니 자연 죽기 전에 해야 할 일이 많을 수밖에 없었으며, 언제나 계획을 세워놓고 하루하루를 헛되이 보내지 않으려고 노력하는 삶을 살게 된 것이다.

그리고 이렇게 산 데에는 또 다른 이유가 있었는데 그것은 다름 아닌 내가 26세에 회사에 입사한 그해 여름에 부패한 음식을 먹고 식중독에 걸려 사경을 헤매다가 살아난 사건이었다. 어찌나 심했든지 고통은 말할 것도 없고, 온몸에 두드러기가 2~3㎝ 두께로 났고, 이 두드러기가 내장까지 났기 때문에 누워서 숨을 쉴 수가 없어 앉아서 견디어야만 했다. 의사가 하는 말이 "이런 환자는 받지 말았어야 했는데 회사 지정병원이라 할 수 없이 받았다"면서 생명이 위태롭다는 것이었다.

그런데 참 이상한 일이었다. 죽을지도 모른다는 말을 내 귀로 똑똑히 듣고도 공포 같은 것은 전혀 없고 오직 죽기 전에 단 하나뿐인 누나나 만나봐야겠다는 생각이 들어 옆에 계신 어머니에게 빨리 연락을 하라는 얘기를 했을 뿐이다. 나는 당장 숨이 차고 창자가 끊어지는 듯한 고통을 참아내기에 바빴고, 외아들이 죽을지도 모른다는 얘기를 들은 어머니의 표정에서도 두려움 같은 것은 볼 수가 없었고, 비장함 같은 것만 느껴져 대단한 분이라는 생각이 들었다. 이렇게 해서 나는 죽음 직전의 실습을 톡톡히 한 셈이 되었고 며칠 후 상태가 호전되어 의사로부터 이제 죽을 고비를 넘겼다는 말을 들었다.

그런데 이 말을 듣고 이제 살았구나 하는 기쁨도 잠시 창 밖에서 들려오는 새의 지저귐이나 라디오에서 흘러나오는 소리를 들으면서 한없는 허무감을 느꼈다. 왜냐하면 내가 지금쯤 죽어 없어졌어도 저 새는 변함없이 지저귀었을 것이고, 저 라디오도 변함없이 소리를 낼 것이라는 생각이 들면서 나라는 존재가 한없이 보잘것없고, 한없이 미약하다는 것을 절실히 느꼈기 때문이다. 그래서 나는 그때 생각하기를 호랑이도 죽으면 가죽이라도 남기는데 사람으로 태어나 아무 흔적도 남기지 못하고 죽을 수야 없지 않은가 라는 오기가 생겼으니, 돌이켜보면 이 사건은 결과적으로 전화위복이 되어준 셈이다.

그리하여 나는 그때부터 관입전 손익계산서(棺入前損益計算書)를 마음 속에 만들어가면서, 언제 죽어도 관 속에 들어가면서 뒤돌아볼 때 적어도 몇 가지는 적자가 아닌 흑자마감이 되었구나 하는 만족감을 가질 수 있도록 삶을 마감해야겠다는 결심을 하게 되었다. 그래서 나는 이것저것에 손대기보다는 한두 가지에 집중적으로 투자를 해서, 한 가지가 이익이 나면 다른 것을 선택하는 식으로 공부할 때에는 공부에만 힘쓰고, 일을 할 때에는 일에만 힘쓰고, 자식을 기를 때에는 자식 기르는 데 힘쓰고, 은퇴 후에는 창작활동에만 힘쓰듯이 한 가지 한 가지씩 마감을 하면서 살게 된 것이다.

물론 나 역시 죽음이란 떠올리기 기분좋은 단어는 아니지만, 이처럼 죽음이란 단어는 나에게 큰 힘을 실어주어 나로 하여금 쉬지 않고 달릴 수 있게 한 원동력 역할을 해준 게 사실이다.

만일 이 세상에 죽음이 없다면 어찌될 것인가를 한 번 생각해 보라. 우선 박테리아가 현재와 같은 번식속도로 늘어나면서 죽지 않는다면,

Ⅲ. 잘 익은 과일, 대자유인

불과 36시간 만에 우리들의 종아리만큼 온 지구의 표면을 덮을 것이
고, 그로부터 한 시간 후에 우리 키를 넘을 것이며, 몇 달 후에는 우리
지구는 저 우주를 향해 빛의 속도를 팽창해 나가는 괴물로 변하고 말
것이다.

또 만일 다른 생물은 죽음이 있고 우리 인간만 죽지 않는 일이 벌어
진다면 이 지구는 천당이 아니라 지옥으로 변하고 말 것이다. 왜냐하
면 아무리 먹고 아무리 살이 쪄도 죽을 염려가 없으니 폭식가들은 하마
처럼 살이 쪄서 굴러다닐 것이고, 아무리 굶어도 굶어죽지 않으니 거
식증인 사람은 나무젓가락처럼 뼈만 남아 돌아다닐 것이며, 누구도 골
치 아픈 자식을 낳지 않으려 할 테니 귀여운 아이들은 보기 힘들어질
것이고, 아무리 물이나 공기나 토양이 오염된다 해도 죽을 염려가 없
으니 오물과 쓰레기는 아무 데나 버릴 것이며, 누구도 힘들여 일하고
청소하려 들지 않을 테니 온세상은 악취가 진동하는 오물투성이의 돼
지우리꼴이 되고 말 것이기 때문이다.

물론 이처럼 죽음이라는 것이 살아 있는 생물이나 우리 인간에게 꼭
필요한 것이라는 것을 잘 안다고 해도 우리 자신이 그것을 받아들이기
는 힘든 게 사실이다. 왜냐하면 생명이란 단 하나밖에 없는 것이어서
한 번 잃고 나면 끝장이고, 더구나 재생이 불가능한 일회성이기 때문이
다. 그렇다고 해서 누구도 피할 수 없고 언제 닥쳐올지도 모르는 죽음
을 마냥 멀리하려고만 하고 두려워하기만 한다면 죽음으로부터 헤어날
수가 없어 제대로 된 삶을 살 수 없다. 그러면 죽음으로부터 자유롭게
살 수 있으려면 어떻게 해야 할 것인가?

첫째, 죽음과 친해질수록 죽음으로부터 자유로워진다.

우리 조상들은 환진갑이 지나면 자기가 묻힐 묘지를 만들어 놓기도

·

전문부모의 길 74장

하고, 수의나 관을 만들어 놓기도 하며, 죽어 들어갈 자기 관 속에 들어가 누워보기도 하는 등 죽음과 친해지는 지혜를 발휘하였다. 또한 죽고 난 후에도 집을 아주 떠나가는 것이 아니고, 혼백이 되어 3년상이 날 때까지 아침저녁으로 상식을 받아먹을 수 있고, 3년상이 끝나면 사당에 머물면서 제사와 차례는 물론이고, 계절마다 시제를 받아먹고, 새로운 음식이나 과일이 나면 제일 먼저 대접받고, 아침저녁은 물론 외출입할 때마다 인사를 받을 수 있었으니 그 당시 조상은 지금 살아 있는 부모보다도 더 극진한 대접을 받았으므로 죽은 후 두려움이 적을 수밖에 없었고, 죽음과 친해질 수밖에 없었던 것이다. 지금이야 유교 집안이라 해도 그렇게까지는 대접을 못 받는다 해도 얼마동안의 상식과 제사와 차례 때 집에 들러 자손들도 만나고 차려준 음식도 먹을 수 있으므로 좋다는 생각을 하면 죽음과 꽤 친해질 수 있다.

또한 불교에서는 자손들이 49재다 천도재다 해서 돌아가신 분을 왕생극락하게 하므로 그것 또한 죽음과 친해질 수 있는 방법이며, 기독교 역시 살아서 열심히 믿고 하라는 대로 잘 따르면 죽어서 천당엘 간다고 하므로 그것 또한 죽음과 친해질 수 있는 방법이다.

그리고 사후에 영혼이 없다고 믿는 사람 또한 잘못된 일로 지옥갈 걱정도 없고, 죽음과 함께 모든 것이 깨끗이 끝나는 것이므로 그것은 그것대로 깔끔해 죽음과 친해질 수 있는 방법 가운데 하나라고 생각한다. 다만 죽은 후에 영혼이 없다고 믿는 것보다는 있다고 믿고 살아가는 것이 더 낫다는 생각이 들 뿐이다. 왜냐하면 영혼이 있다고 믿으며 되도록 살아서 좋은 일을 많이 해서 좋은 곳에 가기를 염원하며 살았다가, 만일 영혼이 없으면 그것으로 손해볼 일이 없지만, 만일 없다고 믿고 사느라 아무 준비도 못했는데 죽어보니 영혼이 있다면 낭패가 되

Ⅲ. 잘 익은 과일, 대자유인

기 때문이다.

둘째, 후회 없는 삶을 살수록 죽음으로부터 자유로워진다.

알고 보면 죽음이라는 문제는 결국 삶의 문제일 따름이다. 왜냐하면 아무도 죽었다가 다시 살아온 경험이 없는 만큼 죽은 후에 일은 아무도 모르는 일이다. 죽은 후의 문제란 존재할 수도 없고, 다만 문제가 있다면 죽음의 문턱까지 가는 살아 숨쉬는 동안의 문제만 있기 때문이다. 따라서 어떻게 죽느냐의 문제가 아니고 어떻게 끝까지 잘 사느냐의 문제가 바로 죽음의 문제인 것이다. 그래서 언제 죽음의 문이 나타난다 해도 골인지점까지 존엄한 인간으로서의 품위를 잃지 않고 꿋꿋하게 다가갈 수 있는 만반의 준비가 되어 있을수록 좋은 것이다.

우선 후회 없는 삶이란 사람마다 가치관이 다르므로 한마디로 말하기는 어렵지만, 2등인 자립인간으로 살았으면 족할 것이고, 더 나아가 1등인 보시인간으로 살았다면 더할 나위 없이 잘산 인생임에 틀림없다. 여기에 좀더 구체적인 욕심을 부린다면 학문을 연마하고 사회에 기여하여 그 공적을 인정받았다든지, 자식을 낳아 자기자신의 유전자를 남기고 그 자식이 사회에 기여하게 만들었다든지, 돈을 열심히 벌고 저축해서 죽음의 문턱까지 남의 도움을 받지 않을 수 있게 하고 더 나아가 남은 돈을 사회에 환원한다든지, 책을 써서 후진에게 도움을 준다든지, 예술적 작품을 만들어 인류문화에 기여한다든지 하는 등의 일을 했으면 더욱 좋을 것이다.

또한 죽음의 문턱에서 생각해야 할 일은 이른바 죽을 복을 타고나지 못해서 반신불수가 되어 몇 년간 간병이 필요할 경우 어떻게 하겠다든지, 불치병에 걸렸을 때에는 수명연장 치료를 거부하고 마약 등 고통완화제 사용은 최대화 해달라는 등의 존엄한 죽음을 위한 선언서를 작성해 둔다든지, 죽은 후에 자식들이 상속문제로 다투지 않도록 미리미리 조치하고 유서를 남겨놓는다든지 하는 등의 준비를 해놓으면 후회 없는 삶의 멋진 마무리일 것이다.

이렇게 일생을 살아온 사람은 죽음의 문턱에 다가갈 때에도 대인다운 풍모를 잃지 않고 위엄을 갖추며 마음의 평정을 얻는다. 더구나 고령이 될수록 기력도 떨어지고, 세상사에 진력이 나기도 하며, 여기저기가 저리고 쑤시다 보면 골인지점이 나타나면 담담한 심정으로 삶을 마칠 수 있다.

사람에 따라서는 앉아서 골인지점이 나타나기를 마냥 기다리지 않고, 더 이상 살아보았자 할 일도 없고, 남에게 도움이 안될 뿐만 아니라 자칫 잘못하다가는 정신까지도 오락가락하든지, 반신불수가 되든지 할 것을 걱정해서 골인지점을 자기 스스로 정하고 단식을 한다든지, 호흡조정을 한다든지 해서 접근하기도 하는데 100세를 전후한 노인이라면 자기의 건강상태를 보아 한 번 택해볼 만한 지혜로운 방법 중의 하나라고 생각한다.

아무튼 어느 누구도 죽어본 일이 없기 때문에 죽음 앞에서 큰소리칠 수 없는 게 사실이지만, 적어도 죽음과 친해질 수 있는 모든 방법을 강구하고, 죽음의 문턱까지의 삶에 대한 준비를 착실하게 한 사람이라면 죽음에 얽매이지 않고 살아있는 동안 자유롭게 살아갈 수 있을 것이다. 또 한 발 더 나아가 이러한 세속적인 방법에만 안주하지 말과 삶과 죽음이 둘이 아니고 하나라는 깨우침의 단계를 지향하여 제3인생의 마지막을 투자한다면, 설령 그 단계까지는 가지 못했다 하더라도 적어도 죽음 앞에서 허둥대고 울고불고 하는 추태는 면할 수 있을 것이므로, 존귀한 인간으로서의 마지막 삶을 잘 마무리할 수 있을 것이다.

Ⅲ. 잘 익은 과일, 대자유인

74. 공(空)의 깨달음

서양사상은 과학도 그리고 철학도 유(有)인가 무(無)인가 하는 두 개의 대립된 개념을 가지고 삼라만상의 본질을 논하려고 하였다. 따라서 그들에게는 공(空)의 개념이 없었으므로, 예컨대 고전역학시대에는 진공(眞空)은 단순히 '아무것도 없는 공간'이라고 생각했다.

그러나 현대의 소립자 물리의 이론에서는 진공으로부터 소립자들이 스스로 생겨났다가 다시 진공 속으로 사라지므로 물질과 빈공간과의 구별은 사라졌다. 다시 말해 양자, 반양자 및 파이중간자로 불리는 3개의 소립자가 아무것도 없는 진공 속에서 형성되어 나타났다가 다시 진공 속으로 사라져 없어지므로 진공이라는 것이 완전히 비어 있는 것이 아님이 밝혀진 것이다.

즉, 공간은 비어 있는 것이 아니고 마당(場, *field*)으로 이루어져 있으며, 거기에는 항상 에너지가 존재한다는 것을 의미한다. 따라서 물질이란 에너지가 많이 집중된 곳이고 마당은 에너지가 조금 집중된 곳일 따름이므로 물질과 마당은 질적으로 다른 것이 아니라 양적으로 다를 뿐이라고 생각할 수 있는 것이다.

이처럼 아무것도 없는 텅 빈 것으로 생각되었던 진공에서 끊임없이 소립자가 만들어지고, 물질이 만들어지며, 태양도 지구도 모든 천체도 탄생되고, 현재에도 많은 별들이 만들어진다. 그러므로 서양에서는 과학의 덕분으로 진공이 유라든가 무라든가 라는 단순한 개념으로 설명될 수 없다는 것을 알게 된 것이다.

그런데 이러한 진공에 관한 사실은 2,500여 년 전에 붓다가 깨달은 사항과 너무나 같다는 데 놀라지 않을 수 없다. 즉, 석가모니도 깨닫기 전에는 진공은 완전한 무(無)의 세계라고 생각했고, 진공은 인간을 비롯한 산천초목과 같은 물질세계와는 아무 연관이 없는 별개의 세계로 생각되던 것이, 깨닫고 보니 우주의 삼라만상이 다 진공에서부터 생성소멸됨을 알았다는 점이다.

이리하여 동양에서는 서양과 달리 유(有) 무(無) 뿐만 아니라 공(空)이라는 개념이 예로부터 생겨났으며, 불교에서는 공(空)을 불교의 최고의 진리로 설정하였고, 공성(空性)을 파악하는 것을 근본으로 삼게 되었다.

그러나 불교의 이와 같은 공은 어떤 것이라고 말할 수는 있을지 몰라도 쉽게 파악될 수 있는 것이 아니어서, 깊은 생각과 직접적인 경험의 결합에 의해서만 완전히 파악할 수 있는 것이다.

공(空)에 관한 예를 들자면, 여기 한 그루의 나무가 있을 때 우리는 그 나무를 다른 것과 구별하여 독립된 실체로 생각하는 경향이 있는데, 가만히 생각을 해보면 나무는 독립된 존재가 아니고 수많은 관계 속에서 존재함을 알게 된다. 즉, 잎사귀에 떨어지는 비와 나무를 흔드는 바람과 내리쪼이는 햇볕 그리고 나무를 받쳐주는 땅과 땅으로부터 빨아들이는 물과 영양분, 이런 것들이 나무의 한 부분을 이룸을 알게 된다. 따라서 궁극적으로 우주 속의 모든 것이 나무를 나무로 만들도록

·

Ⅲ. 잘 익은 과일, 대자유인

돕는 것이며, 나무 혼자서는 도저히 있을 수 없고, 또한 나무는 순간 순간 변하므로 나무는 한순간도 똑같은 나무가 아닌 것이다. 이처럼 나무가 독립된 실체로서 존재하지 못하고 수많은 관계 속에서만 존재할 수 있다는 것이 바로 공(空)의 의미인 것이다.

그리고 나무가 공인 것처럼 자아(自我) 역시 공인 것이다. 우리가 깊이 생각해 보면 나 자신이 주위의 다른 모든 것의 한 부분임을 알게 된다. 즉, 자아는 궁극적으로 우주의 다른 모든 것과 마찬가지로 분리되어 존재하는 것이 아니라는 사실이다. 이처럼 나무나 자아뿐만 아니라 일체의 사물 중에 어느 한 가지라도 그 자체로서 독립적으로 존재하는 것은 없으며, 또한 사상이나 사유도 상호의존적일 수밖에 없기 때문에 공(空)인 것이다.

따라서 불교에서 말하는 공(空)은 만물에는 항상하며 변하지 않는 실체가 없다는 뜻이며, 여기에서 한 걸음 더 나아가 우리가 보거나 듣거나 하는 다섯 개의 감각기관으로 받아들이는 정신활동까지도 모두 실체가 없는 공(空)이라는 것이다.

따라서 '나다 나다'라고 여기는 것은 아집이 중심이 되어 거짓으로 만들어진 것이므로 그 중심을 쳐부순다면 거짓으로 만들어진 나는 소멸하여 무아(無我)의 경지에 이를 수 있으며 공(空)에 머물 수 있다. 여기서 무아라고 해서 자기존재 자체가 없다는 말이 아니고, 거짓으로 만들어진 개별적이고 독자적인 자아가 없어진다는 것을 의미하며, 무아의 경지에 이르면 나와 남이 둘이 아닌 자타불이(自他不二)를 깨닫고, 온세계가 바로 자기라는 세계즉자기(世界卽自己)를 깨닫는다.

붓다는 이러한 세계를 연기(緣起)의 세계라고 말한다. 즉, 무수한 원인과 조건에 의하여 생멸을 반복하는 세계이기 때문에 '이것이 있다

(有)’라고 말하여 고정시킬 수 없고, ‘이것이 없다(無)’라고 말하여 단멸시킬 수도 없는 그런 세계가 바로 연기의 세계인 것이다.

또한 인간의 생사(生死)도 마찬가지여서 살아간다는 것도 죽음으로 나아가는 일이므로 생과 사를 분리해서 생각할 수가 없다. 따라서 있다, 없다, 산다, 죽는다는 식으로 한쪽만을 단정해서 고집하는 것은 사물의 실상이 아니라고 붓다는 말한다. 다시 말해 이 세계의 모든 실상은 공(空)이고 무아라는 얘기이며, 그렇기 때문에 죽음을 극복할 수 있다는 뜻이 된다.

다시 말해 공(空)의 경지에 이르면 거짓으로 세워진 자아를 제거해 버릴 수 있어 자신과 타자(他者)와의 구별이 없기 때문에 죽어야 할 자신은 소멸하고, 이것이 죽음을 극복하는 해결법이 되는 것이다. 달리 표현한다면 참다운 자아는 태어나지도 않았으니 죽지도 않는 것이며, 또 공(空)에 머물면서 거짓 나를 쳐부순다면 거짓으로 만들어진 나는 없어지기 때문에 나고 죽는 일이 없어진다는 이치이다. 이것이 무아(無我)의 깨달음이고 불생불멸(不生不滅)의 뜻인 것이다.

그러나 문제는 어떻게 해서 깨달음의 경지인 공(空)의 경지에 머물 수 있느냐 이다. 붓다는 참선을 통해 한순간 한순간 주의를 기울여 바른 생각을 지속시키는 것이 깊어지면 집중력이 더욱 커지고, 그 결과 공(空)에 머물 수 있다고 하였다. 즉, 용맹정진하여 삼매를 실천해 가는 경지가 바로 공(空)에 머무는 경지를 의미하는 것이므로 일반인들이 쉽게 이를 수 있는 경지가 아님을 알 수 있다.

석가모니가 2,500여 년 전 보리수 아래에 가부좌를 틀고 앉아 선정삼매에 들어 있었다. 깊이 깊이 통찰한 결과 우주만물이 어느 것 하나 실체가 있는 것이 아니고, 항상 변하고 인연따라 생겨났다가 없어지

Ⅲ. 잘 익은 과일, 대자유인

고, 없어졌다가 다시 생겨나는 무상(無相)의 이치를 깨달았다.

그리고 이어 자아(自我) 역시 자립적이며 독립적이며 단일적인 실체로서의 자아란 존재하지 않는다는 무아(無我)의 이치를 깨달았다. 이리하여 모든 것이 공(空)하다는 공(空)의 이치를 깨달은 붓다는 공의 경지에 머물면서 진공과 물질이 둘이 아니어서 진공에서 물질이 생겨나고 물질이 진공 속으로 사라진다는 색즉시공공즉시색(色卽是空空卽是色)의 깨달음이라든지, 우주와 내가 둘이 아니어서 내가 우주이고 우주가 나라는 우주즉아(宇宙卽我)의 깨달음이라든지, 나와 남이 둘이 아니어서 내가 남이고 남이 나라는 깨달음이라든지, 삶도 죽음도 없다는 불생불멸(不生不滅)의 깨달음이라든지, 시간과 공간에 대한 집착을 버려 시간과 공간이 둘이 아닌 해탈의 깨달음이라든지, 아무것에도 얽매이지 않는 자유자재한 경지에 이르는 열반의 깨달음이라든지, 삼라만상이 모두 부처라는 깨달음 등 수없이 많은 것을 깨달은 것이다. 이러한 깨달음의 대부분이 현대과학에서 속속 증명되고 있으니, 예컨대 우주가 진공으로부터 만들어졌다든지, 물질과 진공의 구별이 없어졌다든지, 모든 생물이 한뿌리에서 나온 같은 형제라든지 하는 등을 볼 때 붓다의 깨달음은 가히 놀랄 만한 일이 아닐 수 없다.

그러므로 예전과 달리 오늘날 이 시대를 살아가는 우리들은 조금만 노력하여 과학을 알고 깊이 생각한다면 그리 어렵지 않게 이러한 공(空)사상을 알고 공감도 할 수 있으므로 쉽게 다가갈 수 있는 것은 사실이지만, 이렇게 지식으로서 안다는 것과 지혜로서 몸소 깨닫는다는 것과는 아주 다르다는 것을 알아야 한다. 예를 들어 자타불이를 말하는 사람일지라도 엄동설한에 길가에 쓰러져 얼어죽어 가는 이가 있을 때 추위를 무릅쓰고 자기 옷을 벗어줄 수 없는 한 그는 아는 자이지 깨달은 자가 아니며, 불생불멸을 말하는 사람일지라도 죽음의 문턱에서 옷을 갈아입듯 담담함 심정으로 죽음을 받아들이지 못하는 한 그는 아는 자이지 깨달은 자가 못되듯이 말이다.

따라서 진정으로 공(空)의 깨달음을 얻어 깨달은 자가 되려면 용맹정진하여 선정삼매에 들어 공의 경지를 체험할 수 있어야 하고, 언제나 공의 경지에 머물면서 중생을 구제할 수 있어야 할 것이며, 이때 비로소 대자유인이 될 수 있는 것이므로 제3인생의 최대목표로 삼아야 할 것이다.

Ⅲ. 잘 익은 과일, 대자유인